KB175215

유럽연합의 규범통제제도

- 유럽연합 정체성 평가와 남북한 통합에의 함의 -

김 용 훈

景仁文化社

서 문

'여러 요소들이 조직되어 하나의 전체를 이룸'을 뜻하는 '통합'만큼 매력적인 말이 또 있을까? 그 반대말인 분열, 분할 그리고 분리 등을 생각해보면 정말로 그러한 것 같다. 그를 반영하듯 정치권 그리고 많은 사회단체들은 너무나 쉽게 통합을 자신들의 정책수단으로 혹은 목표로 삼고 있다. 어찌 보면 이는 우리 사회에서 통합을 이루는 것이 얼마나 어려운 가를 반증하는 것이기도 할 것이다. 국내 상황이 그렇다. 살아온 터전과 언어가 같고 이념이 유사한 국내 상황이 그러하다면 국제사회에서 통합을 논하려는 시도는 무모하다고까지 평가할 수 있을 것이다. 실제로 국제정세의 안정이 국내적인 안정과 통합의 전제조건이기 때문에 국제수준에서는 단지 '세력균형'이라든가 '집단안전보장' 정도의 논의만 이루어지고 있는 것이 사실이다. 국제관계에서 중요한 것은 그저 외교 관계 그리고 이를 통한 평화 보장 정도일 뿐이다.

그런데 국제적인 수준에서의 통합에 대한 본격적인 화두를 던져주는 실체가 등장하였다. 주지하다시피 이는 '유럽연합(European Union)'이다. 유럽연합은 국제기구로 의도되었지만 유럽통합의 기치를 내걸고 경제·사회 그리고 정치적 영역에까지 그 통합의 범위를 확대해 나가고 있다. 연합 시민권(citizenship)의 창설, 연합 통화(EURO)의 도입과 유통, 비록 빛을 보지는 못하고 실패로 돌아갔지만 유럽정치공동체조약(안) 그리고 유럽통합헌법조약(안) 등의 시도 등은 그를 명시적으로 보여주고 있는 것이기도 하다. 단일 유럽건설은 이미 단테와 칸트가 주장한 바 있었으며 근래에는 생시몽, 콩트, 마치니 그리고 프루동 등의 수많은 사상가들도 이에 동참하여 이론적 토양을 제공하였는데 마침내 모네의 이론적 기반 위에 프랑스 슈망 장관의 제의로 유럽연합(당시 유

iv

럽공동체)은 본격적인 장정에 나서게 된다. 파리조약·로마조약을 신호
탄으로 단일유럽법, 마스트리히트 조약, 암스테르담 조약, 니스조약을
거쳐 그리고 현재의 리스본 조약에 이르기까지 유럽연합은 자신의 통
합을 구체화하고 있다. 이에 유럽연합의 통합에 관한 많은 연구가 아주
자주 눈의 띈다. 유럽연합의 통합 현상이 이례적이라는 이유가 클 것이
라고 생각되지만, 연합의 통합에 대한 연구는 긍정적인 평가가 일반적
이다. 심지어 유럽연합의 통합과 관련한 사항을 동아시아 통합과 남북
한 통일에 대한 연구에 적용하고 있기까지 하다. 그런데 현 유럽연합의
통합 과정을 객관적으로 조망하면 그와 같은 연구에 의구심을 던질 수
도 있을 것 같다. 현재 유럽연합의 경제적 위기 극복을 위한 돌파구가
유럽연합 자신이 아닌 여전히 회원국 차원에서 시도되고 있다는 사실
을 간과할 수는 없기 때문이다. 유럽연합의 통합 과정에서 회원국의 영
향력을 무시할 수는 없는 것이다. 그렇다면 유럽연합의 통합과정에 대
해서는 보다 객관적인 입장을 가지고 바라볼 필요가 있다. 이와 같은
문제의식에서 본 연구는 기획되었다. 통합의 열병을 앓고 있는 유럽연
합이 통합의 난관에 봉착했을 때마다 통합의 물꼬를 튼 것이 누구인지,
과연 통합의 주인공은 누구인지가 본 연구의 주요 테마인 것이다. 당해
연구를 수행하는 데에 있어 보다 객관적인 입장을 견지하려고 하였기
때문에 유럽연합 혹은 유럽연합 사법재판소의 입장과 논리에만 천착하
지 않았으며 회원국 최고재판소의 입장까지 분석하여 유럽연합의 정체
성에 대한 보다 객관적인 평가를 시도하였다. 물론 유럽연합의 통합 노
력과 성과에 대해 넋을 잃고 감탄만 할 일은 아니다. 우리가 참고할만
한 대목을 찾지 못하는 것도 아닐 것이다. 이에 필자의 박사논문을 발
전적으로 수정·보완한 본서의 말미에는 남북관계의 진전을 위하여 과
연 유럽연합으로부터 얻을 수 있는 교훈이 무엇인지, 유럽연합의 성공
적인 법질서의 달성이 우리 남북한 법제도 틀의 고안을 위하여 어떠한
시사점을 주는 지를 조심스럽게 고찰하였다.

　지금까지 학문의 길을 그나마 걸어올 수 있었던 것은 수많은 분들의

도움이 있었기에 가능했습니다. 학문적 방황을 하고 있을 때에 흔쾌히 제자로서 받아 주시고 해외 출장 중에도 논문을 쓰고 있는 제자를 위하여 친히 관련 문헌을 사주시기까지 하시며 끊임없는 사랑을 베풀어 주신 성낙인 교수님께 먼저 감사드립니다. 사실 교수님의 지도와 배려가 없었다면 길고 긴 학문의 여정에 조그마한 마침표 혹은 쉼표조차 찍지 못했을 것입니다. 그리고 끊임없이 학문에 헌신하는 것에 대한 자부심과 자신감을 심어 주신 정종섭 교수님, 박사과정뿐만 아니라 박사 논문 심사 중에도 논문의 길을 잡아 주신 송석윤 교수님, 논문 심사 중에 때로는 질책으로 때로는 애정 어린 지도로 논문에서 눈을 떼지 못하게 해 주신 변해철, 김종철, 이우영 교수님께도 감사의 말씀을 드립니다. 교수님들이 계셔서 혼자 시도했으면 엄두도 못 냈을 성과를 이루어낼 수 있었습니다. 이와 같은 도움이 있었음에도 당해 연구에 오류나 부족한 점이 있다면 그는 전적으로 필자의 부족함 때문입니다. 그리고 지금의 저를 있게 해준 사랑하는 가족에게도 감사의 마음을 표현하여야 할 듯합니다. 아버님의 사업 부도로 부모님과 떨어져 있어야 했던 어린 삼남매를 손수 양육하여 주신 할머니, 그 무서운 췌장암 투병 중에도 가족만을 생각하시다 하나님 곁으로 가신 할머님께 먼저 사랑한다는 말을 전하고 싶습니다. 그리고 책상에 앉아 있는 것이 곤혹스러울 수밖에 없는 어린 시절에 삼남매 옆에서 더불어 책을 읽으시며 공부에 대한 동기를 불어 넣어 주시고, 신앙과 경건함의 의미를 일깨워주신 아버지, 어려운 가정 형편 중에도 낙관적인 생각을 심어 주시며 학문적 꿈을 키울 수 있도록 헌신하여 주신 어머니 그리고 항상 옆에서 응원하여 주고 있는 형님·동생 내외에게도 감사의 마음을 전합니다. 그리고 항상 기도로 후원하여 주시는 구본홍 목사님, 때마다 힘이 되는 말씀으로 격려하여 주시는 이규호 목사님에게도 감사하다는 말씀을 드려야할 것 같습니다. 사실 주위의 모든 분들에게 감사의 마음을 지면으로 표현하려면 당해 책의 분량으로는 그를 다 담아낼 수 없을 것 같습니다. 모든 분들에게 감사드립니다.

　마지막으로 저를 지금까지 인도하여 주시고 생이 마감하는 날까지 그리고 영원히 함께 하여 주실 하나님께 감사드리며, 지금까지 그러하였듯 평생 제 발의 등과 길의 빛이 되어 주실 말씀으로 머리말을 맺으려고 합니다.

여호와께서 이와 같이 말씀하시되 지혜로운 자는 그의 지혜를 자랑하지 말라 용사는 그의 용맹을 자랑하지 말라 부자는 그의 부함을 자랑하지 말라 자랑하는 자는 이것으로 자랑할지니 곧 명철하여 나를 아는 것과 나 여호와는 사랑과 정의와 공의를 땅에 행하는 자인 줄 깨닫는 것이라 나는 이 일을 기뻐하노라 여호와의 말씀이니라(예레미야 9:23-24).

목   차

제 1장
서   론

제 1 절 문제의 제기 및 연구의 목적

오늘날 국제사회의 새로운 주체로 등장한 실체로 유럽연합(European Union)을 꼽을 수 있다. 유럽연합은 기존의 국가뿐만 아니라 일반 국제기구와도 차별적인 모습을 보이며 통합을 가속하고 있는 대표적인 실체이기 때문이다. 무엇보다 유럽연합은 이전에 서명되고 발효가 예정되었던 유럽통합헌법초안[1]을 통하여 여타의 국제적인 실체와 더욱 명확한 차별화를 기하고 있었다. 결국 유럽연합 차원에서의 헌법보유 시도는 실패로 끝나기는 하였지만 유럽연합은 국제적인 법질서와 구별되는 자신만의 법질서(legal order)를 통하여 통합을 위한 동력을 유지하고 있다.[2] 유럽헌법 조약을 대체하는 리스본 조약의 체결과 발효[3]를 통해 그 통합의 과정을 어렵게나마 이어가고 있기 때문이다.

유럽연합은 통합에 대한 명확한 목적을 가지고 있는 듯이 보인다. 특히 유럽연합의 통합과 관련하여 유럽연합 사법재판소(The Court of Justice of European Union)는 유럽연합법질서가 국제법상 하나의 차별화된 법질서라는 선언[4]을 통하여, 종래의 일원론, 이원론 식의 관념으로부터 연합법질서를 탈피시키는 데에 결정적인 기여를 하고 있을 뿐

---

1) 당초의 계획에 따르면 유럽헌법조약은 2006년 11월 1일자로 발효할 예정이었으나, 2005년 5월 29일과 6월 1일에 프랑스와 네덜란드에 의해 부결됨으로 교착상태에 빠져 있다가 2007년 6월에 있은 정상회의를 통해 종국적으로 무산되었다. 그로 인하여 유럽연합의 통합은 답보 상태에 빠졌던 것이 사실이지만 현재에는 한때 개혁조약(Reform Treaty)이라고 불리던 리스본 조약이 통합을 지속할 수 있는 물꼬를 터놓았다.

2) Paul Craig, "Constitutions, Constitutionalism and the European Union" 7 *European Law Journal* 125, 150, 2001.

3) 리스본 조약에 대한 대략적인 소개는 김대순, "2007년 리스본 조약의 개관," 국제법학회논총 제53권 제1호, 145-167면 참조.

4) Case 26/62, *Van Gend en Loos* 26/62, [1963] ECR 1 at 2.

만 아니라[5] 유럽연합만의 고유한 법체계를 확립함[6]으로써 유럽연합의 통합을 구체화하고 있다. 유럽연합 사법재판소에 의하여 공동체법 우위의 원칙은 확보될 수 있었던 것인데, 유럽연합은 특히 이를 통하여 법치공동체로서의 발전을 위한 기반을 마련할 수 있었다. 결국 유럽연합은 법률에 의해서만 결속될 수 있는 법적 공동체를 확립하고 있으며[7] 특히 현재는 공동의 법을 마련하고 보유함으로써 통합을 강화해 나가고 있다는 평가가 가능하다. 즉 유럽연합은 자신의 입지를 확보하고 통합을 진전시키기 위해서 무엇보다 자신의 법규범에 대한 고양된 효력 보장과 당해 법규범의 효력 유지, 나아가 법질서의 통일성 확보를 중요하게 상정하고 있는 것이다. 뿐만 아니라 유럽연합은 통합을 위하여 주권의 이전, 유럽연합법 우위 또는 유럽연합법의 직접 효력 등의 기제를 만들어 내는 등 통합의 추진을 위한 노력을 본격적으로 경주하고 있기도 하다. 그런데 이와 같은 유럽연합에 의한 통합 일변도의 일방적이고 과감한 시도는 회원국과의 갈등을 야기할 수도 있을 것인데 유럽헌법조약 제정의 좌절이나 독일 연방헌법재판소의 리스본 결정에서 볼 수 있듯이 그와 같은 갈등은 실제로 드러나고 있다. 그럼에도 불구하고 여러 갈등 상황에 봉착하고 있는 유럽연합의 통합이 좌초되지 않고 현재 진행형이 되고 있는 이유는 무엇일까? 이는 유럽연합이 회원국의 불만과 회원국과의 갈등을 최소화하며 통합을 구체화하고 있기 때문인 것으로 보인다. 그렇다면 이를 위하여 유럽연합은 우선적으로 구성원 행위의 합법성과 법질서의 통일성을 확보하여야 할 것인데 과연 연합이

---

5) 김대순, 국제법론(삼영사, 1995), 346면. 실제로 공동체 법질서와 다른 여타의 초국가적 레짐의 특별한 특징으로 국제법과 국내법의 이분법적인 모습이 분명치 않다는 점이 종종 지적되고 있다(José de Areilza, "Sovereignty or Management?: The Dual Character of the EC's Supernaturalism - Revisited"(Harvard Jean Monnet Working Paper No. 2/95, 1995); Joseph H. Weiler, *The Constitution of Europe*(Cambridge University Press, 2004), p. 292).

6) Case 6/64. Costa v. *ENEL* 〔1964〕 ECR 585.

7) 토마스 오퍼만(이상해 역), "확대되고 있는 '대 유럽연합'에서의 EU법의 효력", 법학연구(부산대학교 법학연구소), 제46권 제1호(2005. 12), 318면.

이를 위한 제도를 보유하고 있는지에 대해서는 의문이 드는것이 사실이다. 사실 그와 같은 사항은 통상적인 국가의 경우 사법심사제도를 통하여 달성되고 있는데 국가의 옷을 입지 않은 유럽연합이 과연 그와 같은 제도를 보유하고 있는지 의구심이 들기 때문이다. 하지만 통합의 주도권을 회원국에게 빼앗긴다면 유럽연합은 통합을 더 이상 구체화적으로 실현할 수 없을 것이므로 연합 역시 위에서 언급한 제도를 보유하여야만 할 것이다.

그런데 유럽연합은 자신의 법규정을 통하여 사법심사제도(the system of judicial review)를 직접적으로 보유하고 있다. 리스본 조약 제263조 상으로 인정되는 제도가 그것인데, 이 제도는 유럽연합 사법재판소에 권고와 의견 이외에 유럽중앙은행의 조치, 이사회와 위원회의 조치와 입법적 조치 그리고 제3자에 대하여 법적 효력을 발하는 것으로 예정된 유럽의회와 유럽이사회의 조치의 합법성을 심사할 수 있는 권한을 부여하고 있는 제도이다. 물론 유럽연합 사법재판소는 모든 경우에 유럽기관의 조치에 대하여 심사할 수 있는 것은 아니고 권한의 부재, 필수적인 절차 요건의 위반, 제 조약 또는 그 적용되어야 할 법규범의 위반 그리고 권한의 남용 등을 근거로 하여 당해 사법심사권한을 행사할 수 있을 뿐이다. 그런데 유럽연합이 자신의 통합을 구체화하기 위해서는 행정쟁송으로서의 역할을 수행하는 당해 사법심사제도만을 도입하는 것으로는 부족하다. 왜냐하면 유럽연합이 주도하는 통합의 진전을 위해서는 법질서의 통일성 역시 고려되어야 하는 것인데 이 사법심사제도는 개인의 권리 보호보다는 유럽연합 기관의 법적 행위에 대한 합법성 통제를 위하여 도입된 제도로서 달리 말해 규범통제로서의 기능보다는 기관 조치의 합법성을 심사하는 기능에 주안점을 두고 있는 제도이기 때문이다. 그런데 국제법과 구별되는 유럽연합만의 새로운 법질서(new legal order)가 존재한다고 여겨지는 연합의 현 상황을 고려한다면 연합을 위한 법질서를 창설하고 유지시키는 제도가 있다고 예상해 볼 수 있다. 이 역시 유럽연합은 보유하고 있는데 선결적 부탁절차가 그것이다. 선결적 부탁절차란 EU법상의 법률문제, 다시 말해 EU법의 해석과 EU 기관 행위의 유효성 문제가 회원국의 법원이나 재판소에 제기되는 경우 특정한 법원이나 재판소가 만일 그 문제에 대한 (유럽연합 사법재판소의) 결정이 자신의 판결에 필요하다고 판단한다면, 유럽연합 사법재판소에 대하여 평결을 내려줄 것을 부탁할 수 있도록 하는 제도를 의미한다. 유럽연합은 당해 제도를 통하여 유럽연합법과 회원국 법 간의 해석과 적용의 통일성을 기하고 있다는 점에서 이 선결적 부탁절차를 규범통제로 상정할 수 있는 것이다. 결국 유럽연합은 통상적인 국가와는 달리 사법심사제도를, 하나는 행정쟁송의 기능을 수행하는 제263조상의 사법심사제도를 통하여 다른 하나는 규범통제제도로서의 기능을 수행하는 제267조 상의 선결적 부탁절차를 통하여 구체화하고 있다고 할 수 있다.

그렇다면 국가와는 달리 유럽연합은 왜 사법심사제도를 이원화하여 보유하고 있을까? 이는 유럽연합의 현 정체성을 대변해 주는 가장 대표적인 사항이라고 할 수 있을 것이다. 사실 유럽연합의 정체성에 대한 상당히 많은 학문적 연구가 이루어져 왔다. 유럽연합이 연방국가형성의 잠재적 특수성을 갖고 있는 지역통합체라는 견해8)에서부터 유럽연합이 일종의 연방국가로 분류될 수도 있다는 견해도 존재한다. 이에 따르면 유럽연합은 회원국의 정부와 시민들에 대하여 직접적으로 결정을 내리는 역량을 가지고 있기 때문에, 국가 연합과 연방제의 특색을 포함하고 있다는 결론을 얻어낼 수 있다.9) 나아가 유럽연합의 차원에서는 정부가 두 개의 다른 수준들로 존재하고 각자는 자신의 정책분야의 범위에서 최상에 있을 뿐만 아니라 시민들은 자신의 정부의 수준에서 더욱 많은 정체성을 확보하고 있으며, 유럽연합 조약들은 회원국의 영토 보전을 보장하고 있다는 이유로 유럽연합의 연방국가성이 인정될 수 있다는

---

8) Neil Nugent, *The Government and Politics of the European Union*(Duke University Press, 2003), p. 430.

9) R. Daniel Kelemen, "The Structure and Dynamics of EU Federalism," 36 *Comparative Political Studies* 185, 2003.

견해도 존재한다.[10] 하지만 이 견해들은 유럽연합의 정체성에 정당성을 부여하려는 목적을 가지고 제시됐다는 점에서 무비판적으로 받아들일 수만은 없는 견해들이다.

오히려 유럽연합 차원에서의 사법심사제도 운영에 대한 구체적인 연구는 사법심사제도가 국가가 보유하고 있는 가장 대표적인 제도라는 점에서 유럽연합의 국가성 혹은 정체성 판단에 있어 보다 객관적 좌표를 제공해 줄 수 있다고 보인다. 그러므로 현재 아직도 혼란스러운 상황에 처해 있는 유럽연합의 제도, 특히 연합 차원에서 존재하는 사법심사제도에 대한 면밀하고 종합적인 탐구는 연합의 정체성 판단에 객관성을 더할 것이며 그를 통한 좌표 설정을 통하여 연합의 정체성에 대한 보다 구체적인 판단도 용이하게 할 것이다.

제 2 절 연구의 범위

이 논문에서는 유럽연합이 과연 국가가 보유하고 있는 규범통제제도에 상응하는 제도를 보유하고 있는 지에 대한 연구를 그 주요 목적으로 삼았다. 당해 논문에서는 사법심사, 특히 규범통제에 중점을 두고 논의를 전개해 나가려고 한다. 그렇지만 사법심사(judicial review)의 외연은 미국의 사법심사제도와 같이 상정할 수 있으므로, 이 논문 역시 사법심사를 법령이 그 상위법인 헌법에 위배되는 지의 여부를 일반 법원에서 심사하는 것 외에 일종의 행정쟁송 기능까지 포함하여 연구를 수행할 것이다. 통상적으로 사법심사에서 규범통제란 의회가 제정한 법률이 최고 법규인 헌법에 위반되는 것으로 인정되는 경우에 일반 법원이나 특별한 재판기관에 의해 그 법률의 효력을 상실케 하거나 그 적용을 거부하는 제도를 일컫는 경우를 말하지만, 광의의 사법심사는 사법부

---

10) David Mckay, *Designing Europe: Comparative Lessons from the Federal Experience*(Oxford University Press, 2001), p. 8.

혹은 독립된 제3의 기관이 법령에 근거한 행정기관의 행위에 대한 합헌
성을 심사하는 것까지 포함하기 때문에 본 논문에서는 사법심사제도의
범위를 그와 같이 설정하도록 한다는 것이다. 이와 같은 사법심사제도
에 대한 연구는 유럽연합 차원에서의 사법심사제도에 관한 연구에도
실제로 유용하다고 보인다. 유럽연합의 경우에도 과연 넓은 의미에서의
사법심사제도 즉 행정쟁송제도나 규범통제제도를 실제로 보유하고 있
는지에 대한 심도있는 논의는 유럽연합 차원에서의 사법심사제도와 관
련한 전반적인 사항을 객관적으로 검토할 수 있도록 하여 줄 것이기 때
문이다.[11] 그런데 유럽연합 차원의 사법심사제도에 대한 연구를 본격화

---

11) 이와 관련한 연구가 전무한 것은 아니다. 오히려, 유럽연합에서의 사법심사제도
를 테마로 하여 이루어진 연구가 다음과 같이 적지 않다. 사법심사제도를 취소소
송과 부작위소송을 중심으로 논의하고 선결적 부탁절차를 별도로 논의를 하는
경우(Trevor C. Hartley, *The Foundations of European Community Law*(Oxford
University, 2007); Margot Horspool & Matthew Humphreys, *European Union
Law*(Oxford University Press, 2008); George A. Bermann, Roger J. Goebel,
William J. Davey, Eleanor M. Fox, *Cases and Materials on European Union
Law*(West Group, 2004); John Fairhurst and Christopher Vincenzi, *Law of the
European Community*(Pearson Longman, 2003); Alexander H. Türk, *Judicial
Review in EU Law*(Edward Elgar Publishing, 2009); 김대순, 「EU법론」(삼영사,
1995)), 사법심사제도에 선결적 부탁절차까지 포섭하여 논의를 하는 경우
(Richard Gordon, *EC Law in Judicial Review*(Oxford University Press, 2007); 박
노형, "EC 사법법원에 의한 회원국 행위의 사법심사-개인의 주도에 의한 경우를
중심으로-," 법학논집 제27집(1992)), 사법심사제도에 대한 명확한 언급 없이 소
위 사법심사제도(취소소송)와 선결적 부탁절차를 다루고 있는 경우(이성덕, 유럽
연합 사법제도론(진원사, 2007)), 선결적 부탁절차에 대한 언급 없이 취소소송을
의미하는 소위 사법심사제도에 대해서만 다룬 경우(William Rawlinson &
Malachy Cornwell-Kelly, *European Community Law─A Practiiot
ner Guide*─(London: Sweet & Maxwell, 1994); Adam Cygan, Recent developments
in judicial review and article 230 EC, ERA Forum 발표 자료(2003)), 사법심사제
도에 대한 별 다른 언급 없이 취소소송과 선결적 부탁절차에 대해 다룬 경우
(Paul Joan George Kapteyn, "Administration of Justice", P. J. G. Kapteyn, A. M.
McDonnell, K. J. M. Mortelmans, C. W. A. Timmermans and L. A. Geelhoed
(eds.), *The Law of the European Union and the European Communities-with*

하기 전에 우선적으로 유럽연합이 사법심사제도의 활용을 위해 전제되는 요건을 보유하고 있는지 살펴볼 필요가 있다. 당해 요건에 대한 평가에 있어 부정적인 결론을 내리게 된다면, 사법심사제도에 대한 연구는 그 적실성을 잃어버리게 될 것이기 때문임은 물론이다. 이에는 특히 사법심사제도 운영과 관련하여 특히 중요한 유럽연합차원에서의 헌법 문제 나아가 유럽연합법의 우위성 여부를 중점적으로 다루어야 한다. 대외적 독립성, 대내적 최고성의 특징을 지닌 주권을 보유하고 있는 회원국의 헌법과 유럽연합법의 관계가 확정되어야 보다 설득력 있는 사법심사제도에 대한 논의가 가능할 것이다. 그런데 피상적으로 유럽연합법 질서를 들여다보면 유럽연합법 우위의 원칙을 어렵지 않게 발견할 수 있고 당해 원칙을 도그마로 받아들일 수도 있다. 하지만 이는 유럽연합 사법재판소의 발명품일 뿐이라는 점에서, 나아가 아직 주권을 충만하게 보유하고 있는 회원국과 회원국 차원에서의 재판소가 여전히 유효하게 존재하고 있다는 점에서 당해 원칙을 무비판적으로 수용할 수만은 없다. 그러므로 유럽연합법 우위의 원칙을 고찰함에 있어서는 보다 객관적인 입장을 견지하기 위하여 유럽연합 특히 유럽사법재판소의 견해에 편향되어서는 안 될 것이고 회원국 특히 법원들의 견해 역시 중요하게 다루어져야 할 것이다. 나아가 과연 회원국의 국내법 특히 헌법의 경우에도 유럽연합 차원의 사법심사제도에 의하여 영향을 받고 있는지에 대한 고찰은 연구의 객관성을 높이는 데에 기여할 것이다. 그런데 아직 완전한 국가로서의 옷을 입지 못한 유럽연합에 대하여 회원

---

reference to changes to be made by the Lisbon Treaty-(Wolters Kluwer, 2008) 등이 대표적이다. 특히 Paul Joan George Kapteyn, Ibid.에서는 취소소송을 직접소송의 관점에서 선결적 부탁절차를 유럽연합 사법재판소와 국내회원국 법원 간의 협력 차원에서 기술을 하고 있다. 나아가 사법심사에 대한 별다른 언급 없이 선결적 부탁절차에 대해서만 다룬 문헌(김두수, EU소송법상 선결적 부탁절차(한국학술정보, 2005); 김두수, EU법론(한국학술정보(주), 2007)도 존재한다. 하지만 대부분의 연구가 사법심사제도에 대한 명확한 개념 설정 없이 취소소송과 선결적 부탁절차에 대한 연구만 이루어지고 있어서 결국 유럽연합차원에서 존재하는 진정한 사법심사제도에 대한 논의는 전무한 것으로 보인다.

국은 여전히 "조약의 주인"이라는 지위를 점하고 있다는 점을 고려한다면 결국 연합은 회원국들의 영향으로부터 완전히 벗어나 있다고 볼 수는 없을 것이다. 그렇다면 유럽연합은 그 통합을 추진하는 과정에서 회원국의 국내 상황으로부터 역시 자유롭다고 할 수는 없다. 지금까지 대두된 통합의 위기가 회원국 내에서 이루어진 여러 국민투표의 부결로 말미암았다는 것은 그것을 보여주는 것이다. 그러므로 유럽연합의 통합에 대한 통합 현실주의자들과 이상주의자들 간의 논쟁에 대한 담론은 유럽연합의 정체성에 대한 또 하나의 평가 도구로서 사용할 수 있을 것이기 때문에 이에 대한 논의 역시 이루어질 것이다.

제 3 절 용어의 정의

부결된 유럽헌법 조약은 기존의 유럽연합 통합에 관한 두 핵심 조약인 유럽연합조약(TEU: Treaty of European Union)과 유럽연합 기능조약(TFEU: Treaty on the Function of the European Union)을 통합하도록 예정되어 있었지만 리스본 조약은 유럽헌법조약과는 달리 두 개의 핵심 조약을 한 개의 문서로 통합하지 않았다. 이에 따라 현재 리스본 조약은 두 개의 문서로 이루어져 있으며 보통 제 조약(the Treaties)이라고 명명되고 있다. 이와 같은 이유로 구체적인 조문을 언급할 때에는 당해 조문이 유럽연합조약의 조문인지 혹은 유럽기능조약의 조문인지 혼동할 수 있다. 하지만 유럽연합조약의 경우에는 유럽연합의 운영에 있어서의 기본 원칙만을 제시하고 있음에 비하여 유럽연합 기능 조약(TFEU)은 유럽연합이 구체적인 기능을 수행하는 데에 필요한 조문을 담고 있기 때문에 보통 리스본 조약을 언급할 때에는 당해 유럽연합 기능 조약을 염두에 두고 언급하는 것이 보통이다. 본 논문의 경우에도 리스본 조약이라고 하는 경우 특별한 경우가 아닌 한 「유럽연합 기능에 관한 조약」을 상정하도록 할 것이다.

나아가 리스본 조약에서는 기존의 유럽연합 사법기구의 명칭에 관하여 적지 않은 변경을 가하고 있다. 즉, 리스본 조약은 기존의 유럽연합법원(European Court of Justice)을 유럽연합 사법재판소(Court of Justice of European Union)로 기존의 제1심 재판소를 일반재판소(General Court)로 그리고 기존의 사법패널(judicial panel)을 전문재판소들(specialized courts)이라고 각 재판소들을 새롭게 명명하고 있는 것이다.12) 본 논문에서도 리스본 조약의 규정에 따라 위의 용어를 차용할 것이지만 구 유럽법원(ECJ: European Court of Justice)의 경우에는 '유럽연합법원' 등의 용어를 사용할 수 있음을 밝혀 둔다.

---

12) 김대순, 국제법론(삼영사, 2009), 1526-1527면.

제 2장
유럽연합에서 사법심사제도의 확립과 운영

제 1 절 유럽연합 차원에서의 법질서

1. 유럽연합의 국가성과 그 한계

유럽연합의 정체성에 대한 합의가 존재한다고 볼 수는 없다. 국가, 초국가, 연방국가, 연합국가, 국가연합과 같은 개념들을 통해 유럽연합에 대한 정체성을 밝히려는 시도가 없는 것은 아니지만, 유럽연합의 특수성 때문에 유럽연합의 실체를 종국적으로 밝히는 것은 쉬운 일이 아니다. 유럽연합을 '주권국가의 자발적인 연합체'[1]로 상정할 수 있다 하더라도 연합의 회원국들이 자신의 주권의 일부만을 이양함으로써 유럽연합이라는 하나의 연합체를 구성하고 있다는 점을 고려한다면, 결국 기존 국가와는 다른 실체로서 유럽연합의 성격과 기능을 규명할 수밖에 없을 것이다.[2]

사실 상당수의 연방주의자와 무정부주의자들은 전통적인 주권이론이 그의 수명을 다했기 때문에 역사의 뒤안길로 사라져야 함을 주장해왔다.[3] 특히 유럽연합과 관련하여 주권은 실제와는 일치하지 않는 신화

---

1) Werner Weindenfeld, *Die europäische Verfassung verstehen*(Bonn: Bertelsmann Stiftung, 2006), S. 14.

2) 독일 연방헌법재판소는 유럽연합을 국가연합체(Staatsverbund; an association of states)로 명명하고 있다. 이는 *Brunner v. European Union Treaty*(〔1994〕 1 *Common Market Law Review*(이하 *CMLR*) 57에서 선언되었는데(Paul Craig & Grainne de Burca, *EU Law*(Oxford University Press, 2008), pp. 360-363), 독일 연방헌법재판소는 최근의 리스본조약 결정에서도 "유럽연합이 국가연합(Verbund)과는 달리 주권적 권력이 이전된 주권국가의 연합(Staatsverbund)으로서 의도되었다고 평가하고 있다(Lisbon Decision, Para. 229)." 여하튼 당해 표현이 여전히 국가를 나타내는 표현이 아님은 재론을 요하지 않는다.

3) Preston King, *Federalism and Federation*(Beckenham: Croom Helm, 1982), Chapter 11.

일 뿐이며 지나치게 규범적이라는 주장도 있다.4)

하지만 회원국과의 관계를 고려하면 유럽연합 차원에서도 주권을 논할 필요가 있는데 이를 위하여 특히 *Costa v. ENEL* 사건이 중요하다. 당해 사건에서 유럽연합법원(ECJ)은 다음과 같이 선언하였다.

> 존속기간이 무제한이며, 자신의 기관들, 자신의 인격, 자신의 법적 능력과 국제적인 수준에서의 대표능력을 보유하는 보다 특별하게, 회원국의 주권의 제한과 회원국으로부터의 권력의 이양으로부터 야기되는 진정한 권력을 보유하는 공동체를 창설함으로써 회원국들은, 비록 제한적인 분야이기는 하지만, 자신들의 주권적 권리를 제한하였고, 그에 따라 그들의 국민들과 자신들을 구속하는 일련의 법을 창설하였다.5)

당해 결정문에서의 '주권의 제한'이나, '주권의 이전'이라는 표현을 감안하면, 유럽연합이 회원국에 의하여 부여된 완전한 형식의 주권을 보유하고 있다고 할 수는 없다. 달리 말해, 유럽연합이 자신만의 주권을 보유하고 있다고 확정적으로 결론내릴 수 있는 것은 아니다.

뿐만 아니라 유럽연합의 국가성과 관련하여 현재 언급되는 치명적인 문제는 민주적 취약성(democratic deficit)이다. 이를 보완하기 위해서 유럽의회의 권한을 강화하여야 한다는 주장에 따르면, 당해 민주주의의 취약성과 관련된 문제는 유럽의회에 의한 초국가적인 감시의 필요가 받아들여지고, 적어도 유럽의회와 회원국의 국내 의회 간의 명확한 권력 분장의 필요가 받아들여질 때 해결될 수 있다고 한다.6) 그에 따라

---

4) Michael Newman, *Democracy, Sovereignty and the European Union*(London: Hurst & Company, 1996), p. 9.

5) Case 6/64. *Costa v. ENEL* 〔1964〕 ECR 585. 본문은 다음과 같다.

   By creating a Community of unlimited duration, having its own institutions, its own personality, its own legal capacity and capacity of representation on the international plane and, more particularly, real powers stemming from a limitation of sovereignty or a transfer of powers from the States to the Community, the Member States have limited their sovereign rights, albeit within limited fields, and have thus created a body of law which binds both their nationals and themselves.

6) Michael Newman, *Democracy, Sovereignty and the European Union,* p. 199.

유럽의회는 통합주의적 방향(an integrationist direction)으로 유럽연합을 추진시킬 것이며, 회원국 내 정부와 의회들 중 일부는 그와 같은 과정을 지지할 수 있다는 것이다. 하지만 마스트리히트 이후의 위기가 여전히 관찰되고 있기 때문에 정치적 지도자들은 현 리스본 조약 이후의 통합을 진전시키는 문제와 관련하여 특히, 유럽연합 차원의 민주적인 정당성을 강화하는 데 적지 않은 어려움을 겪고 있다.

  그와 같은 민주적 취약성에 대한 논의에도 불구하고 연방주의자의 견해에 의하면, 유럽연합은 현재 연방이 되는 과정에 있다고 일반적으로 평가받고 있다.[7] 나아가 회원국들은 지역적·지방적인 권력 그리고 자치 정부를 추구하는 회원국 자신에 의하여 아래로부터의 도전을 받고 있는데 비하여 유럽연합차원에서의 중요한 권한은 연합 쪽으로 이동하고 있다고 여겨지기도 한다. 뿐만 아니라 유럽연합은 회원국을 능가하는 과정 중에 있는 완전히 새로운 실체로서 간주되고 있으며, 그로 인하여 현재에는 유럽연합 차원에서의 강화된 민주적인 기구가 필요하다는 점이 오히려 강조되고 있다.[8] 민주적 취약성이라는 치명적인 약점을 지닌 유럽연합으로서는 그 극복을 통하여 나름대로의 국가성을 강화하고 있다는 것이다. 하지만 다음의 사항을 고려한다면 현재 유럽연합의 국가성에 대하여 이루어지고 있는 연방주의자들의 긍정적인 평가에 중점을 둘 수는 없을 것 같다.

---

7) 당해 논의에 대해서는 다음의 문헌을 참조. Murray Forsyth, "Federalism and Confederalism" in Brown (ed), *Political Restructuring in Europe: Ethical Perspectives*(London: Routledge, 1994.); John Pinder, *European Community - The Building of a Union*(USA: Oxford University Press, 1995); Michael Burgess, *Federalism and European Union: Political Ideas, Influences and Strategies in the European Community, 1972-1987*(London, Routledge, 1989); Lucio Levi, "Recent Developments in Federalist Theory" in Levi, Altiero Spinelli (ed), *Federalism in Europe and the World*(Milan: Franco Angeli, 1990).

8) Michael Newman, *Democracy, Sovereignty and the European Union,* p. 17.

1) 국가의 개념

막스 베버는 지배사회학에서 통치를 위한 물리적 강제력의 정당한 독점을 국가의 특징으로 보았으며, 특히 지역, 권력 독점, 관료제와 지배를 근대 국가의 주요한 특징으로 상정하였다.[9] 그렇다면 지배 형태로서의 국가는 정치 단위로서의 법의 창출과 유지, 사회질서의 유지를 주관하며, 이에 합당한 관료 조직과 국가조직을 보유하여야 한다.[10] 이러한 기본적인 국가의 개념을 기반으로 한다면 유럽연합의 국가성 판단에 있어 부정적인 평가를 할 수만은 없다. 유럽연합은 자신만의 법질서(European Union legal order)를 보유하고 있으며, 여러 기관과 그에 소속된 관료 조직을 통해 그만의 질서를 유지하고 있기 때문이다. 하지만 그와 같은 제한된 사항만을 통하여 유럽연합의 국가성을 종국적으로 판단하는 것은 유럽연합에 대한 정체성 평가에 정확한 지침을 제공해 주지 못한다고 할 수 있다. 오히려 다음의 사항을 중심으로 유럽연합의 실체를 보다 명확히 파악할 수 있을 것이며 이를 통하여 연합의 국가성에 대한 평가를 보다 객관적으로 수행할 수 있을 것이다.

2) 권력의 비독점과 권력분립원리의 미비

권력의 독점을 정치 체계의 또 하나의 주요 특징으로 볼 수 있지만, 유럽연합이 경찰, 군대 등과 같은 강제기구, 즉 권력행사적인 의미에서의 권력을 독점하고 있다고 할 수 없다. 특히 유럽연합 차원에서는 유

---

9) Max Weber, *Wirtscharft und Gesellschaft*(Tuebingen: Mohr Siebeck, 1976), 1, § 17.
10) Klaus Schlichte, Der Staat in der Weltgesellschaft. Politische Herrschaft in Asien, Afrikaund Latinamerika(Frankfurt a. M.: Campus, 2005). 나아가 옐리네크는 국가를 '시원적 지배력이 부여된 정주하는 인간의 단체통일체'라고 정의하고 있으며 특히 법적으로는 권력을 항상 자기 자신에서 얻는 것이라고 평가하고 있다(게오르그 옐리네크(김효전 역), 일반국가학(태화출판사, 1980), 170면).

럽경찰을 강화하는 과정에서 상당히 힘든 과정을 겪고 있으며, 나아가 안보와 방위 정책을 구축하는 데에도 상당한 어려움에 직면하고 있다는 사실을 볼 때 오히려 이는 유럽연합에 대한 국민국가, 즉 회원국의 배타성을 그대로 보여주고 있을 뿐이다. 그러므로 권력의 독점을 국가에 있어서의 본질적인 요소로 하는 한, 유럽연합은 국가와 같은 권력을 독점하고 있다고 볼 수는 없기 때문에, 국가성의 평가에 있어 부정적인 판단을 할 수밖에 없다.

그렇다면 유럽연합은 권력분립원리를 완비하고 있다고도 할 수 없다. 물론 각료이사회와 집행위원회 간에 일정한 기능적 권력분립이 존재한다고 볼 수 없는 것은 아니다. 각료 이사회는 집행위원회의 제안에 따라 입법행위를 할 뿐만 아니라 회원국들의 일반적인 정책들을 조정·결정하고 있으며, 집행위원회는 유럽연합의 발전을 위한 중장기 전략개발, 입법과정에서의 법률초안 작성, 양자 및 다자간 무역협상에서 유럽연합의 대표, 유럽연합 예산 관리, 조약의 심사와 집행 등을 맡고 있기 때문이다. 이를 고려하면 유럽연합 차원에서 존재하는 행정 및 입법적 기능을 부인할 수만은 없다. 나아가 유럽연합 사법재판소 역시 유럽연합 차원에서 사법부의 역할을 충실히 수행하고 있기 때문에 유럽연합은 사법권한 역시 보유하고 있다고 볼 수 있다.

하지만 유럽의회는 유럽연합 차원의 완전한 입법부라고 할 수 없으며, 집행부의 경우도 이사회와 위원회를 통하여 이원화되어 있다는 것을 고려할 때, 유럽연합 차원에서 권력분립원리가 완전히 실현되고 있다고 결론을 내릴 수 없다. 오히려 유럽연합의 경우에는 전체 정책 영역에서 기관의 권력이 상호 연계된 특성을 가지고 있다고 보는 것이 보다 타당할 것이므로,11) '3권의 분립'이라는 기준을 엄격하게 적용한다면 결국 유럽연합의 제도적인 특성을 통한 연합의 국가성 판단은 부정적일 수밖에 없다.

---

11) 정재각, "유럽연합: 정치체계에서 국가성과 유럽의회의 논의", 한·독 사회과학논총 제17권 제3호(2007년 겨울). 125면.

3) 유럽연합 차원에서의 국민·문화의 부재

유럽연합 차원에서 국적을 보충하는 시민권 개념이 존재하고 있기는 하다. 하지만 유럽연합은 전체적인 동일성을 갖는 국민을 보유하고 있지 않기 때문에 기본적으로 민주 통치의 대상을 결여하고 있다고 할 수밖에 없다. 그렇다면 유럽연합 차원에서 민주주의가 존재한다고 하더라도 이는 시민 없는 민주주의가 존재하고 있는 것이지,12) 거기에 '단체적 아이덴티티' 혹은 '우리로서의 감정'이 있는 것은 아니다.13) 결국 유럽연합의 시민은 통합을 지향하는 정치적인 유럽사회를 필요로 하고 있으나 정치적 통합의 유럽사회는 아직 존재하지 않고, 오로지 '유럽유형의 사회'만 존재하고 있다고밖에 할 수 없는데 이 또한 유럽연합의

---

12) 유럽연합은 국가별로 분리되고 조직화된 국민들로 구성되어져 있기 때문에 구조적으로 어떠한 다수도 없는 소수로 연결되어 있는 실체일 뿐이며 그로 인하여 정치적 통일성을 갖추지 못하고 있는 것이 사실이다(R.M. Lepsius, Die Europäische Union als Herrschaftsverbund eigener Prägung, in C. Joerges and Y. Mény and J.H.H. Weiler (eds.), *What Kind of Constitution for What Kind of Polity?*(2000), p. 203, 201(아르민 폰 복단디(Armin von Bogdandy, 박진완 역), "유럽을 위한 헌법원리", 헌법학연구 제13권 제3호(2007. 9.), 928면에서 재인용).

13) 실제로 유럽연합 차원에서의 공적 권력(public power)은 유럽연합의 인민으로부터 야기되는 것이 아니라 회원국 간의 협의를 통해서 도출되고 있다. 이로 인하여 유럽연합의 민주적 취약성을 보완하는 데에 있어서 치명적인 약점이 발견되는 데, 특히 커뮤니케이션의 부재 현상이 그것이다. 결국 유럽연합에서 민주주의 형성의 주요한 장애물은 인민으로서의 유럽시민의 연대감의 부족이 아니라 그들의 취약한 집단적 정체성과 초국가적인 담화에 대한 낮은 능력이라고 할 수밖에 없는 것이다(Dieter Grimm, "Does Europe Need a Constitution?" 1 *European Law Journal* 3, 1995, pp. 291-297). 나아가 유럽연합 차원에서는 연합의 전반적인 특징으로 인하여 민주주의의 성장에 큰 장애가 있는 것이 사실이다. 특히 국민국가와 대조해 볼 때, 유럽연합의 완전한 크기, 나아가 구성적 다양성, 대부분의 유럽연합의 시민들과 중심기관 사이에 존재하는 물리적 거리, 단지 적당하게 축소될 수 있는 유럽연합의 헌법의 복잡성은 통상적으로 대의기관을 선거하는 방식에 의한 민주주의 원리의 실현에 대하여 보다 큰 제한을 가하고 있다(아르민 폰 복단디(Armin von Bogdandy, 박진완 역), "유럽을 위한 헌법원리", 923면).

국가성을 판단하는 데 있어 부정적인 논거로 작용하는 것이다.

유럽연합의 국가성과 관련하여서는 문화의 문제 역시 제기될 수 있다. 유럽연합은 서구 유럽국가들을 중심으로 통합을 이어 오다 최근 들어 동구권 국가들까지 회원국으로 포용하고 있다. 하지만 이와 같은 지속적인 회원국의 확대가 동일 문화의 확대를 의미하는 것은 아니다. 터키가 사형 제도를 폐지하면서까지 유럽연합에 가입을 시도하고 있지만 그 뜻을 이루지 못하는 이유가 문화적인 차이 때문이라는 사실을 결코 부인할 수 없다. 그러므로 결국 유럽연합은 최소한의 정치문화를 갖는 것에도 적지 않은 어려움을 겪고 있다고 할 수 있으며, 그로 인하여 아직 경제적·정치적·언어적·문화적으로 완전히 통합을 달성한 실체라고 할 수는 없는 것이다. 그렇다면 유럽연합은 완전한 국가가 아니며 단지 국민국가사회 정도의 실체일 뿐이라고밖에 할 수 없을 것이다.[14]

4) 유럽연합의 민주적 정당성

국가성과 관련하여 유럽연합에 대하여 꾸준히 제기되는 문제는 민주적 정당성의 문제이다.[15] 특히 민주적 정당성의 논의를 심화시키기 위해서 가장 중요한 것은 바로 국민을 대표하는 의회라고 할 수 있는데

---

14) Claus Offe, "Gibt es eine europäische Gesellschaft? Kann es sie geben?", *Blätter für deutsche und internationalle Politik*, vol. 4, 2001, S. 423-435.

15) 물론 유럽연합의 민주적 정당성에 대한 긍정적인 평가가 없는 것은 아니다. Andrew Moravcsik 교수는 유럽인권법원의 재판관들이 직접 선거에 의하여 선출된 것이 아님에도 불구하고 당해 법원의 결정은 높은 수준의 사회적 지지를 받고 있다는 점, 민주주의 시행에 있어 인민의 결정·참여가 중요한 것이 사실이지만 유럽연합의 경우에는 그 광대한 범위로 인하여 인민의 반응을 높은 수준으로 요구하는 것이 힘들다는 점 나아가 시민들이 관심을 보이는 분야에 유럽연합이 관할권을 보유하고 있지도 않다는 점 등을 근거로 하여 현재 유럽연합이 충분한 민주적 정당성을 향유하고 있다는 평가를 내리고 있다(Andrew Moravcsik, "In defense of the 'Democratic Deficit': Reassessing Legitimacy in the European Union," 4 *Journal of Common Market Studies*, Volume 40, 2002, pp. 615-617).

유럽연합의 경우에도 민주주의의 고양과 관련하여 중요하게 다루어져
야 하는 기관은 역시 연합의 의회인 유럽의회라고 할 수 있다.16) 유럽
연합의 통합에 있어 주요한 도전과 비난이 유럽의회의 미약한 권한과
그로 인한 유럽연합의 민주적 취약성에 집중되었던 것은 그를 반영하
는 것이다. 이에 따라 유럽연합은 유럽의회의 입지 확보를 위하여 적지
않은 노력을 기울이고 있다. 1979년의 첫 직접선거를 통하여 유럽의회
를 구성하였을 뿐만 아니라17) 유럽의회의 주요한 권한인 입법권한과
예산권한을 꾸준히 강화하고 있는 것은 당해 노력의 대표적인 예이다.
하지만 유럽연합 내 완전한 민주주의가 확립되었다고 평가하는 것은
아직 시기상조이다. 유럽의회는 직접선거로 선출되어 유럽연합시민의
대표기관이라는 평가를 받고 있기는 하지만 현재 보유하고 있는 권한
을 면밀히 관찰한다면 당해 의회의 민주적 정당성에 대하여 긍정적인
평가를 내릴 수는 없기 때문이다. 유럽의회의 주요한 권한인 입법권한
을 상정하는 경우 유럽연합에서의 민주적 취약성은 더욱 구체화된다.
유럽의회의 입법과 관련한 권한이 계속 강화되고 있으며 특히 리스본

---

16) 정재각, "유럽연합 : 정치체계에서 국가성과 유럽의회의 논의", 131면에서도 유
    럽연합의 '완전한 의회주의화(volle Parlamentarisierung)'가 유럽연합의 민주주의
    화(Demokratisierung)임을 지적하고 있다. 나아가 Eddie Moxon-Browne, "Citizens
    and Parliaments," Brigid Lawfan(ed.), *Constitution-Building in the European
    Union*, Institute of European Affairs, 1996, pp. 78-80에서도 유럽연합 차원에서
    의 책임 혹은 민주적 정당성의 제고를 위해서는 유럽연합의 입법적 권한
    (legislative powers)을 강화하여야 한다고 언급하고 있다. 이는 유럽의회가 구성
    원에 의하여 직접 구성되는 가장 민주적인 기관이기 때문이기도 하다(Jian Junbo,
    "Impact of the Eastern Enlargement on the EU's Legitimacy," Dai Bingan and Jain
    Junbo (eds.), *The Enlarged European Union*(Nomos, 2008), p. 132).
17) Margot Horspool & Mattew Humphreys, *European Union Low*, p. 96. 사실 설립
    조약의 경우에도 연합의회의 구성에 대해서 규정하고 있었다. 즉 의회는 공동체
    에서 함께 선발된 회원국 국민의 대표들로 구성이 된다고 규정하고 있었는데
    (ECSC Treaty, art. 20; EURATOM Treaty art. 107; EEC Treaty art. 137), 이후
    1984년 선거에서는 각 국가의 국내적인 선거 절차에 따라 의회 선거가 실시되었
    다(*Ibid.*, p. 97).

조약을 통하여 유럽연합은 민주적 취약성의 문제를 해결하기 위한 갖
가지 노력을 기울이고 있지만[18] 입법절차에 관여하는 기관인 위원회와
이사회에 비하여 의회의 권한은 여전히 미약하다는 사실을 부인할 수
는 없다. 특히 유럽의회는 자신의 입법안을 제안할 수 있는 권한을 여
전히 보유하고 있지 못하고 있을 뿐만이 아니라[19] 유럽연합의 회원국
들도 유럽의회에 대하여 권한을 부여하는 것에 적극적인 입장을 취하

---

18) 리스본 조약에서는 공동결정절차가 명시적으로 일반적인 입법절차로 규정되어
   (운영조약 제289조 제1항 및 제294조) 유럽의회는 일정한 법률을 제지할 수 있는
   거부권을 향유할 수 있게 되었고(Arndt/Fischer, *Europarecht*(9. Aufl., 2008), S.
   43(정문식, "리스본 체제에서 유럽연합 의회의 역할과 의미 변화," 전남대학교
   법학연구소 공동학술대회 자료집, 2010.4, 76쪽에서 재인용)), 이사회와 의회의
   절차실무에서의 협력적 구조를 통하여 의회의 입법절차에서의 효율성을 도모할
   수도 있게 되었다. 나아가 유럽의회의 유럽위원회에 대한 통제 권한(제290조 제1
   항, 제2항), 예산권한(운영조약 제314조), 무역정책과 국제조약에 대한 동의 권한
   (운영조약 제207조 제2항, 운영조약 제218조 제6항) 그리고 조약 개정권한(연합
   조약 제48조 제3항 제2절) 등을 통하여 의회의 권한은 전반적으로 고양되었고
   유럽의회가 재적의원 과반수로 유럽위원회 위원장을 선출할 수 있게 되어 유럽
   연합 차원의 의회 민주주의 원칙이 상당 정도 강화되었다는 평가를 받고 있기는
   하다(Opperman/Classen/Nettesheim, *Europarecht*(4.Aufl., 2009), § 7, Rn. 49.). 하
   지만 민주주의 논의의 근본적인 전제조건이이라고 할 수 있는 유럽대중 혹은 인
   민을 규정할 수 없다는 문제제기(Dieter Grimm, "Does Europe Need a
   Constitution?", p. 289; Michelle Cini(ed.), *European Union Politics*(Oxford
   University Press, 2003), pp. 365-381; Dieter Grimm, "The Achievement of
   Constitutionalism and its Prospects in a Changed World", Petra Dobner and
   Martin Loughlin(eds.), *The Twilight of Constitutionalism*(Oxford University Press,
   2010), p. 17)에서 알 수 없듯이 민주적 정당성 측면에서 유럽연합은 적지 않은
   문제점을 부담하고 있다고 할 수밖에 없다.
19) 유럽의회의 권한 강화는 곧 유럽위원회의 권한 감소로 연결되는 것이기 때문에
   리스본 조약상으로도 유럽위원회가 입법제안권을 여전히 독점하고 있다(리스본
   조약 제289조 제1항). 사실 애초에 국제기구적인 색채를 띤 유럽연합으로서는 효
   율적인 기능과 운영에 집중할 수밖에 없었고 이는 결국 유럽연합 의회보다는 유
   럽위원회와 이사회에 권한을 집중시키는 결과를 초래하고 말았는데(김용훈, "유
   럽연합의 민주주의 결여 극복 노력의 함의", 원광법학 제27권 제1호(2011.6), 174
   면), 이와 같은 유럽연합의 조직 상 특징은 현재에도 유지되고 있는 것이다.

고 있지도 않다. 요컨대 직접민주주의가 아닌 대의민주주의가 보편화된 현대 입헌주의 국가에서 민주주의 원리의 실현은 결국 의회를 통하여 이루어지고 있는 상황을 감안한다면 유럽연합의 민주적 정당성에 대한 평가는 부정적일 수밖에 없는 것이다.

5) 유럽연합의 국가성에 대한 평가와 시사

그렇다면 유럽연합의 기구와 제도들은 기존의 국가 나아가 국제기구가 보유하고 있는 것과는 다른, 그만의 독특한 특징을 보유하고 있다고 할 수 있다. 그러므로 기존에 존재했던 정부형태를 감안하는 경우, 대통령제, 내각제, 준대통령제의 어느 것에도 연합을 포섭할 수는 없을 것 같다.[20]

유럽연합과 국가와의 비교를 전제로 하는 경우 유럽연합을 분류하는 것에 적지 않은 어려움이 존재한다. 하지만 그와 같이 유럽연합의 국가성이 부정적인 평가를 받고 있는 것은 사실이지만, 그렇다고 하여 향후 유럽연합이 초국가적인 형태로, 민족국가들의 연합체로, 혹은 궁극적으로 국가와 비슷한 수준으로 발전할 수 있는 가능성을 전혀 부인할 수는 없다. 유럽연합이 현재 하나의 정치 체계로서 주요한 국가적 통치기능을 수행하며,[21] 연합이 국가로서 권력을 독점하고 있는 것은

---

20) 정재각, "유럽연합: 정치체계에서 국가성과 유럽연합의 논의", 125면. 다만 Wilhelm Knelagen, "Regierungssystem sui generis? Die institutionelle Ordung der EU in Vergleichender Sicht," *Zeitschrift für Staats- und Europawissenschaft* 1, 2005, S. 7-33에서는 유럽연합의 특징과 그 운영에 대한 연구들은 유럽연합의 체계가 정부 간 세미 대통령제 혹은 내각제형태로서 세미대통령제로 변모하고 있음을 지적하고 있다.

21) 이중 대표적인 것이 구성원들에 대한 기본권보장이라고 할 수 있다. 유럽연합은 기본권의 최적 보장이라는 자신의 의무를 이행하는 한 연합 구성국과 연합국민들에게 의무 이행을 요구할 수 있는 헌법차원의 권한을 통하여 자신의 통치권을 구체화하고 있기 때문이다. 이와 같은 유럽연합의 권한은 한 국가가 가지는 모든 영역에 걸쳐 있다고 할 수 있기 때문에 어느 한 특수한 영역에 한정된 조약의

아니지만, 제한적으로나마 통치행위와 유사한 기능을 하고 있다는 점에 주목할 필요가 있기 때문이다. 즉, 유럽연합은 정치적인 차원에서 영향력 있는 결정들의 준비, 산출, 집행, 감독 기능을 수행하고 있으며, 자신의 법규범을 양산하여 그 영향력을 강화하고 있다. 나아가 유럽연합의 구속력 있는 여러 입법형식과 결정을 통해 비록 유럽연합이 아직 국가는 아니지만 일응 국가의 통치권과 유사한 권한을 행사하고 있다고 할 수도 있다.[22] 하지만 유럽연합의 현 정체성에 대한 보다 객관적인 판단을 위해서는 그의 법질서에 대한 연구 또한 이루어져야 할 것이다.

2. 유럽연합 법질서의 정체성

1) 유럽연합 법질서를 통해서 본 연합의 현 정체성

유럽연합 사법재판소는 지속적으로 회원국의 국내법에 대한 유럽연합법의 우위성에 대해 강조하고 있다. 특히 유럽연합 사법재판소는 *Costa v. ENEL* 사건에서 당해 원칙을 개발한 이후, 줄기차게 이 원칙을 고수하고 있을 뿐만이 아니라 관련 조약들이 법의 지배(rule of law) 원리에 기반한 공동체의 헌법적 헌장(constitutional charter)이 되었음을 선언하고 있다.[23] 유럽연합 사법재판소는 그와 같은 선언을 통해 자발적인 초국가적 기구이자 궁극적인 정당화 메커니즘으로서의 유럽연합의 통합에 기여하여 왔다고 할 수 있다.[24] 특히 유럽연합은 그 초기부터

권한과는 명확히 차별적인 모습을 보이고 있는 것이 사실이다(윤재만, "헌법이론과 '유럽헌법조약'의 헌법성", 토지공법연구 제38집(2007. 11.), 232면).

22) Christoph Gusy, "demokratiedefizite postnationaler Gemeinschaften unter Berüksichtigung der EU," 45 *Zeitschrift für politik* 3, 1998, S. 267-281.

23) Case 294/83, *Parti Écologiste 'Les Verts' v. European Parliament*, 1986 ECR 1339, 1365 para 23; Opinion 1/91, 1991 ECR I-6079, I-6102 para. 21; Case C-2/88, *Zwaltveld*, 1990 ECR I-3365, I-3373, para. 16.

24) Peter L. Lindseth, The Contradictions of Supernationalism: European Integration

초국가적 입헌주의(transnational constitutionalism)에 대한 광범위한 담론에 관여해오고 있으며, 유럽인권법원의 규범과 목적에 명백히 자신을 일치시키고 있을 뿐만이 아니라 시장에 기반한 질서가 아닌 권리에 기반한 질서로 자신의 법질서를 조정하고 있다. 급기야 경제적 시장 통합의 목적을 가지고 있었던 본래의 유럽경제 공동체는 점차적으로 복잡하고 포괄적인 초국가적 법적 과정(comprehensive transnational legal process)으로 대체되고 있으며 특히 최근에는 인권보호체제로의 변환을 병행하고 있다는 평가를 받고 있다.25) 결국 유럽연합 차원에서는 유럽 중심적 사고를 통해서 유럽연합법의 우위성과 그 헌법화가 어렵지 않게 받아들여지고 있다고 보인다.26)

2) 유럽연합법의 회원국 내에서의 지위

유럽연합법 우위의 원칙이 유럽연합 사법재판소에 의하여 개발되고 유럽연합 통합을 위한 기본적인 운영원리로 작동하고 있다 하더라도, 당해 원리가 회원국 차원에서 당연히 수용되고 있는 것은 아니다. 특히 독일연방헌법재판소가 이 원리에 대해 반대 입장을 적극적으로 고수하고 있다는 점에서 이러한 사정을 어렵지 않게 확인할 수 있다. 연방헌법재판소는 유럽연합법과 국내법의 관계에 대하여 다루기 전에 유럽연합법 우위의 원리가 유럽연합 사법재판소에 의하여 개발되었다는 점을 강조하면서, 기본적으로 당해 원리에 대하여 반대의 의사를 분명히 하고 있는 것이다. 사실 국내법과 연합법은 별개의 법질서를 이루고 있기 때문에 연합법을 국내법 혹은 기존의 국제법이라고 할 수는 없다.27) 특

---

and the Constitutional Settlement of Administrative Governance, 1920s-1980s(Ph. D. dissertation, Department of History, Columbia University, 2002), pp. 366-369.

25) Gráinne de Búrca & Oliver Gerstenberg, "The Denationalization of Constitutional Law" 47 *Harvard International Law Review* 1, 2005, p. 255.

26) Joseph H. Weiler, *The Constitution of Europe*, p. 295.

27) BVerfGE 22, 293(296); 31, 145(173f); 37, 271(277f., 280).

히 연합법은 자체적으로 독일 내에서 효력을 가질 수는 없으며 독일이
국내적으로 이를 적용하고자 하는 조치를 취하는 경우에만 효력을 가
질 수 있을 뿐이다.[28] 나아가 스페인[29]이나 프랑스[30]의 법원 등 적지
않은 수의 유럽연합 회원국 법원들[31] 역시 지금까지 유럽연합 사법재
판소의 권위를 처음부터 순순히 인정하여 왔다고 할 수는 없다. 그러므
로 적지 않은 유럽연합 회원국의 법원들, 특히 독일 연방헌법재판소의
견해에 따르면 유럽연합법이 회원국 법에 대하여 우위의 지위를 가진
다는 도그마를 당연하게 받아들일 수는 없는 것이다. 어떤 이들은 유럽
연합법우위의 근거로 독일 기본법 제24조를 들기도 하는데, 독일 연방
헌법재판소는 기본법 제24조[32]를 통하여 유럽연합법 우위의 원칙이 당
연히 도출되는 것이 아니기 때문에,[33] 유럽연합의 기능을 위하여 당해
원칙이 필수적인 것으로 보고 있지도 않다.[34] 그렇다면 유럽연합 사법

---

28) BVerfGE 45, 142(169); 52 , 187,(199); 73, 339(375); 89, 155(190)
29) 대표적으로 Judgement of Apr. 28, 1987 cited in Judgement of Apr. 17, 1989,
   93 IL.R. 579, 581(1993).
30) 대표적으로 Judgement of May 24 1975, Cour de Cassation, 1975 Cass. ch. mix. 6.
31) 하지만 영국의 경우에는 유럽연합 사법재판소의 입장에 비교적 적극적으로 순응
   을 하고 있는 것으로 보인다. 영국의 법원은 회원국 국내법원이 공동체 조치의
   무효를 선언할 수 없다는 Foto-Frost 원칙을 원용하는 경우가 적지 않았기 때문
   이다. 특히, *Factoname* 사건(*Regina v. Secretary of State for Transport, EX parte
   Factoname Ltd.*)에서 영국법원은 공동체법 하의 사인의 잠재적 권리를 보호하기
   위하여 임시조치(interim relief)를 부여하였고, 이는 의회주권의 원칙을 희생시켰
   다는 평가까지 받고 있다(Lenore Jones, "Opinions of the Court of the European
   Union in National Courts," Thomas M. Franck & Gregory H. Fox(eds.), *International
   Law Decisions in National Courts*(Transnational Publishers, Inc., 1996), p. 240).
   심지어 Bridge 경은 "의회주권 원칙의 제한은 의회주권의 원칙과 유럽법원의 판
   결 간의 합의의 근거로서 영국이 유럽공동체법을 제정할 때 받아들여졌다"라고
   까지 언급하였다(〔1991〕1 A. C. 603, 659.).
32) 독일 기본법 제24조 제1항
   법률에 의하여 연방은 이의 주권적 권리를 국제기구에 이전할 수 있다(Der Bund kann durch
   Gesetz Hoheitsrechte auf zwischenstaatliche Eirichtungen übertragen).
33) BVerfGE 37, 271 (278 f.); 73, 339 (374 f.).
34) Dieter Grimm, "Defending Sovereign Statehood against Transforming the European

재판소의 견해와는 달리 유럽연합법우위의 원리가 회원국을 포함한 유럽연합의 영역에서 보편적으로 받아들여지고 있다고 할 수는 없을 것이다.

3) 회원국에 의한 유럽연합 정체성의 평가

유럽연합의 통합에 물꼬를 트고 주도권을 획득한 회원국이 독일이기는 하지만[35] 유럽연합 통합의 심화에 대하여 회의적인 시각을 통해 지속적인 긴장관계를 형성하고 있는 회원국 역시 독일이다. 독일은 유럽연합 통합의 장정에서 지속적으로 자기 주권의 침해, 나아가 회원국 주권의 침식에 대해 방어적인 입장을 견지하고 있는 대표적인 국가이기 때문이다. 유럽연합의 1차적 법원이라고 할 수 있는 법규범에 대하여 사법심사의 가능성을 서슴없이 인정하고 있으며 직접적으로 이에 대한 심사를 행하고 있다는 사실이 그러한 태도를 직접적으로 보여 주고 있는 것임은 물론이다. 다음에서 제시하는 판례가 대표적이라고 할 수 있는데, 이를 통해 유럽연합 자신에 대한 평가가 아닌 회원국 차원에서의 유럽연합에 대한 평가를 보다 객관적으로 파악할 수 있을 것이다.

(1) *Internationale Handelsgesellshaft* 사건

당해 사건[36]에서 독일연방헌법재판소는 우선적으로 유럽연합의 독특한 특징에 대하여 부인하지 않았다. 연방재판소는 공동체법을 국내법체계의 구성부분이거나 국제법의 구성부분에 속한다고 보지 않았으

Union into a State," 5 *European Constitutional Law Review*, 2009, p. 355.

35) 프랑스의 슈망 장관의 제의를 독일이 받아들임에 따라 유럽철강공동체가 출범을 하였고 유럽통합헌법의 좌초이후 통합의 물꼬를 튼 이가 독일의 메르켈 총리라는 것은 주지의 사실이다.

36) Bundesverfassungsgericht(Judgement of 29 May 1974, 37 BVerfGE 271; English translation in 〔1974〕 2 *Common Market Law Review* 540).

며, 단지 자율적인 법원(an autonomous legal source)으로부터 유래하는 독립적인 법체제(an independent system of law)를 형성하고 있다는 점에 주목하여 고유한 공동체(*sui generis* community)로서의 유럽연합을 인정하였기 때문이다(〔19.〕 2.). 하지만 다음과 같은 독일연방헌법재판소의 설시는 유럽연합법에 종속되어 있지 않은 독일 국내법, 나아가 회원국 국내법의 지위를 부각시키고 있다.

유럽연합법원은 헌법이 유럽공동체 법의 규칙과 상응하는 지 여부를 판단할 수 없을 뿐만 아니라 독일 연방헌법재판소 역시 공동체 2차적 법원이 공동체 제1 차 법원에 부합하는 지의 여부에 대하여 판단할 수 없다(〔20.〕). 그렇다면 공동체가 난관에 빠질 수 있다고 하여도 공동체법이 국내법보다 항상 우위에 있다고 할 수는 없게 된다. 그러므로 국가 간 기관에 대하여 주권적 권리를 이전할 수 있다고 규정하고 있는 독일 기본법 제24조의 규정을 그대로 받아들여서는 안 된다. 기본법 제24조는 독일 기본법의 전체적인 맥락에서 이해되어야 하고, 해석되어야 하기 때문이다. 다시 말해 당해 규정은 헌법의 기본 구조를 개정하도록 하는 가능성을 열어두고 있지 않다. 물론 회원국 국내적인 차원에서 유효하고 적용가능한 공동체법을 수용할 수는 있겠지만 독일의 국내 구조를 침해하며 독일의 유효한 헌법적 정체성을 침해하는 방향으로 독일 기본법이 개정될 수 있는 가능성은 애초에 봉쇄되어 있는 것이다. 사실 당해 기본법 제24조는 실제로 주권적 권리를 이전할 수 있는 권한을 부여하지 않고 있다(〔22.〕 3.).

기본권을 다루는 헌법의 부분은 양도할 수 없는 유효한 독일연방공화국 헌법의 필수적인 특징이며 헌법의 헌법적 구조를 형성하고 있다. 특히 공동체법과 회원국 국내법이 충돌할 수 있는 가정적인 상황에 있어 그리고 헌법상의 기본권 보호에 있어 어느 법이 우위를 차지하고 그에 따라 나머지 법을 무효화시킬 수 있는 지가 문제된다. 이와 같은 규범의 충돌 상황에서 공동체의 권한을 보유하고 있는 기관이 조약 메커니즘에 따라 규범충돌 상황을 자발적으로 해소하지 않는다면 헌법상의 기본권의 보장이 우위를 차지하게 되는 것이다(〔22.〕 4.).

결론적으로 관할권에 대한 조약 규정에 따라 유럽연합법원이 자신의 법규범인 공동체법 규범의 법적 유효성에 대하여 판단할 수 있다고 할 수 있겠지만 구속력이 있는 독일연방공화국 혹은 다른 회원국 국내법의 부수적인 문제에 대하여서까지 판단할 수는 없다(〔26〕 (a)).

이에 따르면 유럽연합 사법재판소의 판사는 자신들의 전략이 실패하였다고 생각할 수 있다. 유럽연합법 우위의 확립을 위한 그들의 노력에도 불구하고 독일연방헌법재판소는 공동체 규정이 만일 기본법의 기본권 규정과 상충한다면 독일 내에서는 적용되지 않을 것이라고 선언하였기 때문이다. 하지만 독일연방헌법재판소가 유럽연합법에 대하여 소극적이고 적대적인 입장만을 견지하고 있는 것은 아니다. 독일연방헌법재판소는 위에서 다룬 *Internationale Handelsgesellshaft* 사건에서 문제가 된 공동체 조치가 기본법과 상충하지 않는다고 지적하면서, 단지 유럽공동체 차원의 기본권 보호가 충분치 않다는 점만을 문제로 삼았기 때문이다. 즉 독일 연방헌법재판소는 공동체 차원의 기본권의 보호가 기본법의 요건을 충족할 수 있을 정도로 충분히 발전하였다고 여기면 관련 공동체 법규범에 대하여 우호적인 입장을 견지하고 있는 것이 사실이다. 나아가 독일 연방헌법재판소는 유럽연합 사법재판소가 공동체법과 기본권과의 상응을 확보하도록 하는 임무를 부담한다는 점을 부인하지 않고 있으며 유럽연합 사법재판소 역시 회원국 헌법에 의하여 보호받고 인정받는 기본권과 상충하는 조치를 취하지 않을 것이라고 선언하고 있다.37) 하지만 만일 유럽연합 사법재판소가 당해 임무를 성실히 수행하지 않는다면, 독일 법원이 이러한 임무를 다시 담당하게 될 것이라고 독일연방헌법재판소는 보고 있으며, 만일 공동체법 하에서의 기본권 보호 수준이 문제된다면 자신의 입장을 재고할 것이라는 점 역시 분명히 하였기 때문에 결국 연방헌법재판소는 여전히 기본법 상의 기본권 규정이 독일 내에서는 공동체 조약보다 우위의 지위를 차지한다는 입장을 견지하고 있다고 할 수 있다.38) 나아가 유럽연합 사법재판소와의 관계설정에 있어서도 독일 연방헌법재판소는 상당히 적극적인 입장을 보지하고 있는데, 이는 이후의 사건에서도 어렵지 않게 관찰되는 사항이다.

---

37) *Nold v. Commission,* Case 4/73, *Common Market Law Review* 338, 354(1974, Para. 13 of the judgement).
38) Trevor C. Hartley, *European Union Law in a Global Context*(Cambridge University Press, 2004), pp. 311~312.

(2) *Brunner v. European Union Treaty* 사건

당해 사건[39]에서 독일연방헌법재판소는 일단 유럽연합 차원에서의 시민권 도입에 대하여 의미를 부여한다. 회원국 차원에서 공통적으로 존재하는 국적만큼은 아니지만 마스트리히트 조약에 의하여 창설된 당해 시민권 개념은 각 개별적인 회원국 사이에서 지속적인 법적 유대가 맺어지는 것을 가능하게 하였기 때문이다. 하지만 민주주의 측면에서는 유럽연합이 치명적인 약점을 지니고 있다고 지적되었다. 연방헌법재판소에 따르면 주권적 권한을 행사하는 기구의 정책결정과정과 추구되는 다양한 정치적 목적은 일반적으로 인식되어지고 이해된다. 그러므로 투표권을 부여받은 시민들은 그들 자신이 복종하는 주권(sovereign authority)을 가지고 자신의 언어로 의사소통을 할 수 있게 되는 것인데, 유럽연합 차원에서는 회원국 의회와의 소통을 통해서 이러한 민주적 정당성은 충족되고 있을 뿐이다. 결국 유럽연합의 민주적 기반은 통합의 과정에서 형성되고 있으며, 통합이 진전됨에 따라 번성하는 민주주의는 결국 회원국 차원에서 유지가 된다는 것을 알 수 있다. 만일 개별적인 회원국의 국민들이 그들 자신의 의회를 통하여 민주적 정당성을 부여하게 된다면, 공동체의 권한과 기능의 확대에 대한 제한은 민주적 원리에 의하여 정해져야 하며 이에 따라 각 회원국의 국민들이 그들 자신을 위한 공적 권위의 출발점이 되어야 한다. 나아가 일반적으로 국가는 개별 국민들이 정치적 의사 결정의 과정에서 형성하고 발전시킬 수 있는 것이어야 하며, 나아가 국가는 각 개별 국민들을 정신적, 사회적 그리고 정치적으로 묶을 수 있는 그들 자신의 중요한 활동영역을 확보하고 있어야 한다.

하지만 유럽연합은 여전히 자신의 존립기반을 주권국가로서 여전히

---

39) Ruling of the Federal Constitutional Court, Second Division, 12 October 1993, 2 BVR 2134/92, 2 BVR 2159/92(*Brunner v. European Union Treaty*). Stephen Weatherill, *EU Law -Cases & Materials*-(Oxford University Press, 2006), pp. 692-693.

존속하고 있고 국제적인 문제에 있어 그들의 정부를 통하여 행위하는
회원국으로부터의 정당화에 두고 있으며 그에 의하여 통합과정이 규제
되고 있는 것이 사실이다. 나아가 독일의 경우 선거권자들이 연방참사
원에 대한 투표의 방식으로 주권적 권력을 특정 기관에 위임했다는 점
을 고려한다면 결국 연방참사원이 유럽연합에서 독일의 회원자격 유지
에 대하여 종국적인 결정권을 가지고 있다고 할 수밖에 없다.40) 물론
마스트리히트 조약이 유럽통합의 새로운 국면을 이루고 있는 것을 부
인할 수는 없다. 체결당사국의 명백한 의사에 따라 기구의 민주적이고
효율적인 기능을 강화하려고 하였기 때문이다. 이에 따라 민주주의 원
리의 강화가 유럽연합의 모든 기구에서 고양되는 것을 기대할 수 있게
되었지만 유럽연합은 구 TEU 제6조에 따라 회원국의 국가적 정체성과
민주적 원리에 기반을 두고 있는 정부의 시스템을 존중할 것이기 때문
에 연합의 발달은 위에서 제시한 개념적 체제를 회피할 수 있다고 보이
지는 않는다.

그러므로 독일연방헌법재판소에 따르면 유럽연합은 일반 국제기구
의 수준을 벗어난 고유한 실체로서 인정받을 수는 있지만 그렇다고 하
여 연합이 독일, 나아가 회원국의 주권을 침식하는 방식으로 통합을 강
화할 수는 없다.41) 왜냐하면 유럽연합이 애초에 설정된 권한의 한계를
벗어나는 경우, 독일연방헌법재판소, 나아가 회원국 재판소는 그 유럽
연합 기관의 행위를 심사할 수 있을 뿐만 아니라 실제로도 그러할 가능
성을 인정할 수밖에 없기 때문이다.

---

40) 독일 연방헌법재판소는 조약의 주인이 유럽연합이 아니라 회원국 자신이라는 점
    을 강조한 것인데 이에 따르면 결국 독일을 비롯한 회원국들이 무제한의 기간
    동안 연합 조약에 대한 가입을 확인하고 당해 가입을 종국적으로 되돌릴 수 있는
    "조약의 주인들(masters of treaties)"이라고 할 수 있다(Kay Hailbronner and
    Hans-Peter Hummel, "Constitutional Law", in Werner F. Ebke and Matthew W.
    Finkin(eds.), *Introduction to German Law*(Kluwer Law International, 1996), pp.
    75~76).
41) *Ibid.*, p. 75.

(3) 리스본 조약에 대한 독일연방헌법재판소 결정

2009년 6월 30일 독일연방헌법재판소의 제2재판부에 의하여 유럽연합의 제1차적 법원은 다시 한 번 위헌심사를 받았다. 이는 리스본 유럽연합 개정조약에 대한 동의법률과 동반법률의 헌법적합성에 대한 권한쟁의 심판과 헌법소원청구에 대한 결정으로 리스본 조약을 직접 대상으로 하지는 않았지만 유럽연합의 정체성에 대한 중요한 판시내용을 담고 있기 때문에 유럽연합이 회원국 차원에서 어떠한 지위를 점하고 있는지를 가늠할 수 있는 또 하나의 중요한 결정이라고 할 수 있다. 우선 이 사건에서 독일연방헌법재판소는 유럽 통합 과정에서 독일 의회에 포기할 수 없는 대표의무를 부과하는 민주적 결정권을 보장하였고, 개인으로서의 시민을 민주주의의 수호자로 부각시켜 시민 자신을 공동책임을 지는 감시자로 상정하였다.[42]

특히 독일연방헌법재판소는 유럽연합의 정치적 형성권의 범위가 부분적으로 연방국가를 형성할 정도로 향상되고 두드러지게 확대·심화되고 있다는 점을 인정하기는 하였지만 연합은 결국 조약의 목적을 위하여 주권을 계속 유지하고 있는 국가를 통하여 형성되고 국제법에 의하여 조직된 지배단체일 뿐이라는 점을 더욱 부각시켰다. 유럽연합의 연방국가로의 이전은 새로운 헌법을 통하여 회원국의 국민들에 의해서만 가능하다는 점이 지적되기도 하지만 기본법이 존재하는 한 독일의 동의로 연합이 국가로 변모할 수는 없을 것이기 때문에 유럽연합은 결국 국가들의 연합(an association of states; Staatsverbund)으로 남아있을 수밖에 없다는 것이다.[43] 그러므로 유럽통합에 대한 우선적 책임은 국민

---

42) 아르민 폰 복단디(Armin von Bogdandy, 박진완 역), "유럽을 위한 헌법원리", 108면.

43) Dieter Grimm, "Defending Sovereign Statehood against Transforming the European Union into a State", pp. 359-360. 즉, 유럽연합은 리스본 조약을 통하여 국가로 변형되지 않고 있으며 독일의 주권에 대하여 어떠한 영향도 끼치지는 못하고 있다(*Ibid.*, p. 362). 기실 이는 이전의 유럽연합의 정체성에 대한 독일 연방헌법재판소의 견해와 크게 다르지 않다. 즉, 마스트리히트 조약과 관련한 자신

을 위하여 행위하는 국가의 헌법기관에 부과될 수밖에 없게 된다. 더불어 연방헌법재판소는 유럽의회의 문제점에 대하여서도 지적하였는데,44) 유럽의회의 구성원들은 평등원칙에 적합하게 선출되지 않았을 뿐만 아니라 구성국가들 사이의 이해관계에 대한 초국가적 조정에 대해서도 권위 있는 정치적인 지도적 결정을 내릴 역량을 보유하고 있지 않기 때문에 하나의 의회정부를 구성할 수도 없고 유럽연합 차원의 정당정치를 실현할 수도 없다는 것이다.45) 이와 같이 유럽연합이 가지는 정체성의 한계로 말미암아 독일연방헌법재판소는 헌법적 정체성의 유지와 선거권의 효력 나아가 민주적 자결의 유지를 위하여 자신의 관할권 범위 내에서, 유럽연합 권력이 고권적 행위를 통해 독일의 헌법적 정체성을 침해하지 않고 연합 자신에게 부여된 권한을 명백히 넘지 않도록 감시하는 것이 필요하게 된다.46)

당해 결정에서 독일연방헌법재판소는 이전의 결정과 유사하게 유럽연합의 국가성에 대해 부정적인 판단을 하고 있으며, 그로 인하여 유럽통합의 주도권이 결국 회원국에게 있다는 점을 지적하고 있다. 즉 연방헌법재판소에 따르면, "국민을 대표하는 독일연방의회에 의하여 구성된 연방정부가 독일에서의 정치적 발전에 대한 형성적 영향력을 유지하고

의 결정에서 독일 연방헌법재판소는 유럽연합의 성격을 '동맹국가의 연합(confederation of allied States)'으로 파악하였고 이로 인하여 결국 마스트리히트 조약의 핵심 부분이었던 유럽국가의 인민에 기반한 유럽연방국가의 개념은 거부되었기 때문이다. 물론 연방헌법재판소는 향후 유럽연합이 그와 같은 실체로 발전할 수 있는 가능성까지 완전히 부인한 것은 아니다(Kay Hailbronner and Hans-Peter Hummel, "Constitutional Law", p. 74).

44) 이는 자연스럽게 유럽연합 차원에서의 민주적 취약성(democratic deficit)에 대한 비판으로 이어지고 있음은 물론이다. 즉, 유럽연합 차원에서의 민주적 정당성의 강화는 유럽의회의 권한 강화를 통하여 달성될 수 있다고 여겨지고 있는 것이다(*Ibid.*, p. 77).

45) Dieter Grimm, "Defending Sovereign Statehood against Transforming the European Union into a State", p. 362.

46) *Ibid.*, p. 358.

있는 한에서는, 국민을 통한 독일연방의회의원의 선거가 연방적 그리고 초국가적 지배연합체제 하에서 연방의회의 중요한 역할의 수행을 보장한다. 독일연방의회가 자신의 독자적인 과제와 권한에 대하여 실질적인 정치적 중요성을 가지거나 혹은 연방의회에 대하여 정치적으로 책임을 지는 연방정부가 유럽의 결정절차에 대하여 결정적인 영향력을 행사할 수 있는 경우가 바로 여기에 해당하게 된다."47) 또한 당해 사건에서 독일연방헌법재판소는 독일의 유럽연합으로부터의 탈퇴 가능성에 대해서도 지적하였는데48) 이와 같은 점들을 전반적으로 고려한다면 유럽연합의 국가성에 대한 긍정적인 판단은 상당한 정도의 어려움에 봉착할 수밖에 없다.

4) 유럽연합과 회원국 간 긴장관계

전술한 바와 같이 유럽연합 사법재판소와 독일연방헌법재판소는 유럽연합의 정체성에 대해 전혀 다른 입장을 가지고 있다고 할 수 있다. 유럽연합과 달리 독일연방헌법재판소는 유럽통합이 독일에서의 민주적 지배체제의 공동화를 초래해서는 안 된다는 점을 지적하고 유럽통일은 주권국가들의 조약 연합을 바탕으로 하여 구성국가들 속에서 충분한 경제적, 문화적, 그리고 사회적 형성의 영역을 보장해주지 않는 형태로 실현되어서는 안 된다는 점을 특히 강조하고 있다. 나아가 민주주의 실현에 있어 매우 중요한 실질적 영역에 있어서 통치권(고권)의 양도가 허용되는 한에서 이에 대한 매우 엄격한 축소적 해석이 명령되어져야

---

47) Baumgart, *Nuue Justiz*, 2009, S. 314(아르민 폰 복단디(Armin von Bogdandy, 박진완 역), "유럽을 위한 헌법원리", 125면에서 재인용).

48) 만일 유럽연합이 회원국에 대한 법적 의존성을 제거하려 하고 나아가 자발적인 실체(autonomous-supporting entity)로 변모하려는 시도를 한다면, 독일은 탈퇴 규정을 이용하여 EU를 떠날 수밖에 없다는 것이다. 나아가 이의 가능성은 조약상으로도 보장이 되고 있다(Dieter Grimm, "Defending Sovereign Statehood against Transforming the European Union into a State", p. 360).

한다는 점 역시 지적하고 있다. 하지만 독일연방헌법재판소는 독일이 유럽연합의 회원국이라는 점을 무시할 수만은 없을 것이고 회원국으로서의 책임과 의무에 대하여도 고민하여야 한다. 따라서 독일은 유럽연합의 회원국 지위에서 유럽연합에 대한 통치권의 양도가능성을 인정하고 있기는 하지만 앞서 본바와 같이 이의 범위는 매우 제한적으로 해석되고 있는 것이고 그로 인하여 독일 나아가 회원국의 입장에서 유럽연합의 입지는 좁을 수밖에 없다.

그렇지만 유럽연합 차원에서 이루어지고 있는 자신의 정체성확보를 위한 노력을 간과할 수는 없다. 특히 이와 같은 입장을 직접적으로 대변하고 있는 유럽연합의 기관은 유럽연합 사법재판소임은 물론이다. 유럽연합 사법재판소는 사법적극주의(judicial activism)의 입장에서 공동체법 우위의 원칙을 개발하였고, 회원국 영역에서의 유럽연합법의 직접효력 원칙을 고안하여 자신의 입지를 지속적으로 강화하고 있기 때문이다. 그런데 유럽연합이나 독일을 비롯한 회원국 모두 유럽연합이 국제기구가 아닌 고유한 실체라는 것에 대해서는 합의를 하고 있는 것으로 보인다. 국제기구의 경우 인정될 수 없는 유럽연합의 사법제도와 예산 집행,49) 나아가 법제정과 집행에 대해 대부분의 회원국들은 수용하고 있는 것이 사실이기 때문이다. 그렇다면 유럽연합은 전문성의 원리나 효율성의 원리와 같이 국제기구에게 일반적으로 부과되는 행동에 있어서의 제한으로부터 자유롭다고 할 수 있다. 즉, 유럽연합은 이와 같이 자신의 행동반경에 대한 명백한 제한이 없는 상황에서 자신의 영향력을 확대하려는 시도를 지속적으로 할 수 있는 것이며 실제로도 하고 있다. 물론 여전히 권한 부여의 원칙(the principle of conferred power)에 의하여 일정 권한만을 배타적으로 행사할 수 있는 것이 사실이지만, 자신에게 부과된 권한의 확대를 위하여 부단한 노력을 기울이고 있는 것을 어렵지 않게 관찰할 수 있다. 하지만 이와 같은 태도는 주권국가로

---

49) 대표적인 국제기구라고 할 수 있는 국제연합은 예산 확보의 어려움으로 인하여 적지 않은 어려움을 겪고 있는 것이 사실이다.

서 유효하게 존재하고 있는 회원국들에게 불편하게 작용할 수 있다. 이
러한 지속적인 연합의 노력은 급기야 회원국의 주권을 침해할 수 있는
가능성까지 상정할 수 있게 하기 때문이다. 더욱이 자신의 불명확한 정
체성으로 말미암아 입지를 더욱 강화하려고 하는 유럽연합과 자신의
주권 침해에 대해 우려하는 회원국은 원칙적으로 갈등을 일으킬 개연
성을 안고 있기 때문에 이와 같은 유럽연합과 회원국 간의 불편한 관계
는 쉽사리 해소될 것으로 보이지도 않는다. 결론적으로 현재 유럽연합
의 차원에서 유럽연합과 회원국 모두는 자신의 입지를 확보하고자 하
는 노력을 기울이고 있으며, 이러한 상황은 양자 간에 상당한 긴장을
초래하고 있다고 할 수 있다.[50]

---

50) 독일과 이탈리아 법원을 위시한 적지 않은 유럽연합의 회원국들이 유럽법과 상
충하는 국내법을 폐지하는 것을 거부하고 있을 뿐만 아니라 특히 독일 연방헌법
재판소는 유럽연합법에 대한 심사의 가능성을 공공연히 인정하고 있음에도 불구
하고 유럽연합 사법재판소는 유럽법규범에 위반된다는 이유로 적지 않은 회원국
국내법을 무효라고 선언하고 있다. 하지만 그와 같이 유럽연합 사법재판소가 유
럽연합의 정책 형성에 주도적인 역할을 수행하고 있지만 통합의 진전을 위해서
는 회원국 국내법원과의 지속적인 협력이 필수적으로 요구되기 때문에 현재 유
럽연합 사법재판소는 회원국 정부를 자극하거나 회원국의 이익에 영향을 끼치는
판단을 상당히 자제하고 있는 것이 사실이다. 심지어 유럽연합 사법재판소의 판
단(*Commission v. Greece*)과 상충하는 입법을 한 회원국의 조치, 즉 자신의 영토
에 외국인들의 두 번째 거주지를 금지한 덴마크의 입법까지 허용하고 있을 정도
이다. 이는 여전히 회원국이 유럽통합의 주요한 행위자(significant actors)로 간주
되고 있는 정치적 환경에서(J. Richard Piper, The *Major Nation-States in the
European Union*(Pearson Education Inc., 2005), pp. 52～54) 활동할 수밖에 없는
유럽연합 사법재판소로서는 어쩔 수 없는 입장이라고 생각된다. 물론 현재 회원
국 국내법원도 유럽연합법 우위의 원칙을 수용하고 유럽법과 상충하는 국내법을
무효화하는 등 약간은 유보적인 입장을 취하고 있는 것이 사실이기는 하지만
(Ralph H. Folsom, *European Union Law in a Nutshell*(West Group, 2005), pp.
85～87), 위와 같이 양자 간의 긴장 관계는 현재에도 완전히 해소되고 있는 것은
아니다.

제 2 절 유럽연합 상위법의 문제

유럽연합의 정체성과 관련하여 직접적으로 문제되는 것은 유럽연합
법의 지위 문제이다. 이와 관련하여 유럽연합법 우위의 원칙은 EC 조약
에서 형식적인 근거가 없음에도 유럽연합 사법재판소에 의하여 새로운
법질서(new legal order)라는 개념의 기반위에서 도출된 원칙이다.[51] 이
에 따르면 국내적 지위에 상관없이 EU 법의 적용을 방해할 수 있는 국
내법은 국내법원에 의하여 국내적인 수준에서 무효로 선언되어야 한
다.[52] 하지만 그러한 조건이 국내법을 직접 무효화시키는 것을 수반하
는 것은 아니라는 점과 아울러 국내법원은 유럽연합법의 조치에 대해
헌법적인 심사(constitutional review)를 할 수 있는 권한을 종국적으로
보유하고 있다는 점을 고려한다면,[53] 당해 유럽연합법의 우위의 원칙에
대한 객관적인 접근과 분석이 필요할 것이다. 특히 위와 같이 유럽연합
의 관점뿐만 아니라 회원국의 관점 역시 면밀히 관찰할 필요가 있다.
나아가 이에 대한 분석은 유럽연합 차원에서의 사법심사제도 보유의
전제조건에 대한 분석이기도 하기 때문에 더욱 중요하다고 할 수 있을
것이다.

1. 사법심사에 대한 수권규범으로서의 유럽연합법

일반적인 의미에서 헌법은 수권 규범으로서의 지위를 점하고 있다
고 할 수 있다. 사법심사에서는 더욱 그러하다. 권력분립과 대의민주주
의 원리에 위배된다고 할 수 있는 사법심사를 헌법이 직접 규정함으로

---

51) Paul Craig & Gráinne de Búrca, *EU Law*, p. 343.
52) *Ibid*.
53) *Ibid*.

써 사법심사에 대한 정당성과 타당성에 대한 이의 제기를 원천적으로 봉쇄할 수 있기 때문이다.[54]

　그런데 유럽연합의 경우에도 설립 조약이 국내적인 차원에서 헌법의 지위를 점하고 있는 것은 아닌데, 사법심사제도에 대한 명백한 규정이 없음에도 당해 연합법을 근거로 유럽연합 기관의 행위에 대한 규제를 행하는 사법심사제도가 행해진다면, 그에 대한 기관의 반발이 야기될 수 있기 때문에 그는 명문으로 정하여 두는 것이 낫다고 할 수 있다. 따라서 현재 유럽연합에서의 제1차적 법원이라고 여겨지는 여러 설립 조약은 당해 사법심사제도에 대해 직접적으로 규정하고 있었으며, 나아가 현재 회원국의 비준을 거쳐 효력을 발한 리스본 조약에서도 역시 당해 사항에 대한 명확한 규정이 존재하고 있다.

2. 척도규범으로서의 유럽연합 상위법

1) 척도규범으로서의 헌법의 최고성

　기실 국내적인 수준에서의 헌법재판은 헌법을 기준으로 하여 관련 사건을 해결한다. 다시 말해 헌법을 기준으로 하여 특정 법률, 명령, 처분 등의 위헌 여부를 결정하게 되는 것이다. 그렇다면 국내적인 차원에서의 헌법은 특정 법률, 명령 그리고 처분 등의 위헌여부를 결정하는 데 있어 기준이 되는 척도 규범으로서의 지위를 점하고 있다고 할 수 있다. 이에 따라 법령이 헌법에 위배되는지 여부를 판단하는 데에 있어서 그 척도규범은 심사대상이 되는 법령에 비하여 우월하여야 함은 물론이다. 결국 헌법은 다른 판단 대상이 되는 법규범에 비하여 한 차원 높은 법규범이어야 하기 때문에 상위 규범으로서의 지위에 위치시켜야 하는 것은 재론을 요하지 않는 사항이라고 할 수 있다.

---

54) 김운용, 위헌심사제도론(법문사, 1998), 133면.

2) 유럽연합법 우위의 원칙

연방국가의 경우에는 일반적으로 연방법 우위의 원칙이 확립되어 있다.[55] 이를 통해 연방과 주간의 관계가 일원화·획일화될 수 있으며, 연방국가 차원에서 법질서의 통일성을 확보할 수 있다.

그런데 유럽연합 사법재판소 역시 자신의 사법적극주의적인 입장에 따라 유럽연합법 우위의 원칙을 확립하였다. 이 원칙에 따라 연합법은 관계된 연합법 규정의 성격에 상관없이, 그리고 국내법 규정의 성격에 상관없이 나아가 연합법 규정이 국내법보다 이전에 혹은 이후에 제정된 여부와 상관없이 회원국의 국내법에 우선하게 된다.[56] 당해 유럽연합법 우위의 원칙의 일관된 적용을 위하여 유럽연합 사법재판소는 급기야 유럽연합법 우위의 원칙을 통해 연합법 규정이 '(회원국의) 국내적 차원의 헌법'보다도 우월하여야 한다는 다소 과격한 주장을 하고 있다. 특히 유럽연합 사법재판소는 자신의 법원(法源)이었던 연합의 법질서 정립을 위하여 심혈을 기울이는 와중에 그와 같은 우위의 원칙을 다소 독단적으로 만들어 내었는데 이는 통합을 위한 것임은 물론이거니와 연합법원(法源)의 일관된 적용을 위해서도 필수적인 사항이라고 확신하였기 때문이다. 이와 같은 원칙은 먼저 *Van Gend en Loos* 사건[57]

---

55) 물론 연방법이 모든 사항에 있어 주법에 대하여 우위의 지위를 점하고 있는 것은 아닌데 이는 연방국가의 특수성 때문이다. 하지만 일반적으로 헌법은 상위법 (higher law)의 지위를 점하고 있기 때문에 다시 말해 다른 법들과 정부가 제정한 법적 조치들보다 우위에 있기 때문에 헌법과 상충하는 법·조치들은 법적 효력 (legal force)을 가질 수 없다(Dieter Grimm, *"Does Europe Need a Constitution?"*, p. 9).

56) 이는 특히 *Amministrazione delle Finanze v. Simmenthal*(Case 106/77) 〔1978〕 ECR 629에서 선언이 되었다. 다음과 같다.

It follows from the foregoing that every national court must, in a case within its jurisdiction, apply Community law in its entirety and protect rights which the latter confers on individuals and *must accordingly set aside any provision of national law which may conflict with it, whether prior or subsequent to the Community rule.*

57) Bernard Rudden & Diarmuid Rossa Phelan, *Basic Community Cases*(Oxford

에서 언급되었는데, 당해 사건은 국적국의 관세율 변동으로 인해 피해를 입은 사기업이 '회원국 내에서는 새로운 관세를 도입하지 않아야 함을 규정하고 있었던 당시 EEC 조약 제12조'를 벨기에가 위반했다고 주장하며 제소를 한 사건이었다. 당해 사건에서 유럽연합법원은 개별 기업 혹은 개인도 유럽공동체법을 원용할 수 있음을 들어 유럽공동체 차원의 법이 개인에게 직접적 효력이 있음과 그 법이 사적 당사자들에게도 직접 적용된다는 취지의 판시를 하게 된다. 하지만 이에서는 공동체법 우위의 원칙이 피상적으로 다루어졌을 뿐이고[58] 오히려 당해 원칙은 *Costa v. ENEL* 사건[59]에서 직접적으로 선언되었다고 할 수 있다. 당해 사건에서 유럽연합법원은 유럽공동체법이 국내적 차원에서도 회원국의 헌법보다 우월하다고 판단하였는데, 이후 *Franz Grad* 사건[60]에서는 지침과 회원국에 대한 결정도 직접적인 효력이 있다고 선언하여 회원국에 대한 유럽연합법의 우위를 확보하기 위한 유럽연합 사법재판소의 노력은 줄기차게 이루어지고 있다고 할 수 있다. 이를 두고 연방국가에 있어서의 연방법우위의 원칙이 유럽연합의 경우에도 유사하게 적용이 되고 있다는 주장이 없는 것은 아니지만[61] 이는 유럽연합 사법재판소의 사법적극주의에 따라 특히 정책을 위하여 독단적으로 개발된 원칙이라는 것을 고려하면 당해 주장에 대해서는 면밀한 검토가 병행되어야 할 것이다.

특히 유럽연합법우위의 원칙의 확립을 통하여 유럽연합 사법재판소

University Press, 1997), pp. 11-31.

58) Paul Craig & Gráinne de Búrca, *EU Law*, p. 345.

59) David W.K. Anderson, *References to the European Court*(London Sweet & Maxwell, 1995), p. 4, 22, 25, 68; Vincent Kronenberger(ed), *The European Union and the International Legal Order : Discord or Harmony?*(T.M.C Asser Press, 2001), p. 276.

60) Bernard Rudden & Diarmuid Rossa Phelan, *Basic Community Cases*, p. 187.

61) 연방법 우위의 원칙과 EU법 우위 원칙의 직접적인 분석은 Elizabeth, F. Defeis, "A Constitution for Europe? A Transatlantic Perspective", 19 *Temple International and Comparative Law Journal* 351, 2005, pp. 368-373 참조.

는 공동체법의 직접적용성의 원칙과 직접효과의 원칙을 도출하게 된
다.62) 직접적용성이란 EU법이 회원국의 국내법질서에 편입되는가와 관
련한 문제를 말하며63) 직접효과란 자연인 및 법인이 EU법을 국내법원
에서 직접 원용할 수 있는가와 관련한 문제를 말한다.64) 즉 직접적용성
은 EU법이 권한을 가진 공동체 기관에 의해 채택되는 것에 따라 EU법
을 국내법화하기 위하여 회원국에서의 실시 조치를 요구하지 않고 직
접 회원국 법질서의 일부가 되어 공동체 전역에서 일률적으로 적용되
는 것을 말한다. 이 때문에 회원국에게는 유럽연합법 특히 규칙과 동일
한 내용의 국내법을 제정하는 것이 금지된다. 그리고 직접효력의 원칙
에 따라 개인은 국내법원에서의 소송에서 EU법을 직접적인 근거로 하
여 자신의 권리 실현 및 상대방의 권리 주장에 대해 반박하는 것이 가
능하게 되는데 이 또한 EU법의 구체적인 내용과 조건에 따라 인정되고
있다.

유럽연합법우위의 원칙의 확립은 연합 내 법질서가 일관되게 즉 통
일적으로 적용되는 것을 가능하게 하기 때문에 연합의 일관된 통합을
위하여 특히 중요하다고 할 수 있다.65) 그런데 유럽연합법 우위의 원칙

---

62) 직접 효력의 원칙은 유럽연합법의 최고성의 원칙과 연계가 되어 있다고(linked)
여겨지기 때문에(Lenore Jones, "Opinions of the Court of the European Union
in National Courts", p. 235) 유럽연합법 최고성의 원칙과 관련하여 당해 직접효
력의 원칙 역시 다루어져야 할 필요가 있다(Allan Rosas and Lorna Armati, *EU
Constitutional Law*(Hart Publishing, 2010), p. 55).

63) 이는 일원론적 국가 즉 국제법을 국내법의 일부로서 자동적으로 수용하고 있는
국가에서 흔히 관찰되는 것이다. 수용이론에 따라 조약규정이 국내이행입법의
도움 없이 자동적으로 국내법 질서의 일부를 형성할 때, 당해 규정은 직접 적용
성이 있다고 여겨지는 것이다(김대순, 국제법론, 202면).

64) 즉, 조약 규정이 그 자체로 개인에게 국내재판소에서 원용될 수 있는 권리를 부
여하거나 혹은 의무를 부과하기에 충분할 때 당해 규정은 국내적 직접효력이 있
다고 여겨진다. 하지만 유럽연합 사법재판소는 술어의 문제로서 직접 적용성과
직접 효력을 엄격하게 구분하고 있지는 않으며 재판에서 문제되는 문제는 대부
분이 직접효력에 관한 것이다(위의 책, 202면).

65) 실제로 통일적인 공동시장의 창설의 목적은 만일 유럽연합법이 여러 회원국의

과 직접적으로 관련이 있는 절차는 선결적 부탁(preliminary ruling)절차
이다. 당해 절차는 회원국의 국내법원이 특정 규정의 유럽연합법에의
위반여부가 불확실한 경우, 그 규정을 유럽연합 사법재판소에 부탁하여
당해 재판소가 연합 법원(法源)에의 위반여부를 판단한 후에 국내법원
이 당해 소송을 계속 진행하는 절차66)를 말한다. 하지만 당해 절차의
경우 특별히 부탁될 수 있는 대상이 공동체(당해) 조약의 해석, 공동체
기관, 공동체 중앙은행의 행위의 유효성과 해석, 그리고 이사회의 행위
에 의해 설립된 기관들의 규정의 해석 등에 제한이 되고 이를 부탁할
수 있는 재판소도 무한정 인정되는 것은 아니어서 일정 정도 한계를 지
니고 있는 것이 사실이다. 나아가 유럽연합 사법재판소가 부탁된 문제
를 판단한 뒤 최종 결정을 하지만 결국 부탁한 국내 법원에게는 사건을
반송할 수 있을 뿐이어서 연방국가의 최고 재판소가 향유하는 권한에
까지는 미치지 못하고 있다.67)

그렇지만 당해 절차를 통해 회원국 국내 법원이 특정 사건을 판단하
는 경우 하나의 결정적인 기준을 직접적으로 제공받는다는 점과 실제
로 유럽연합 사법재판소가 당해 절차를 통해 공동체법 우위의 원칙을
확립할 수 있었다는 점에서 이 절차의 중요성을 무시할 수만은 없다.
즉 회원국차원의 법적용과 연합 차원의 법적용이 일치하지 않는다면
유럽연합법 우위의 원칙은 무의미한 원칙이 되어 버리고 말 것인데 유
럽연합은 선결적 부탁 절차를 통해 그와 같은 결과를 방지하고 있는 것
이다. 유럽연합 사법재판소는 선결적 부탁 절차를 통하여 유럽연합법우
위의 원칙을 더욱 강화하는 첨병 역할을 하고 있어서68) 유럽연합법 질

국내법에 종속된다면 손상될 수 있다(Paul Craig & Gráinne de Búrca, *EU Law*
, p. 344).

66) 김대순, 「EU법론」, 1307면.

67) Anthony Parry and James Dinnage, *Parry & Hardy: EEC Law*(London: Sweet
& Maxwell, 1981), §10-11. 하지만 우리 헌법재판소의 경우 만일 특정 규정에
대해 위헌 결정을 한다면 당해 규정이 하급심법원으로 반송되지 않고 그 자체로
서 일반적 효력을 가지게 되어 당해 판단은 종국적 판단이 된다.

68) 김대순, 국제법론(삼영사, 1998), 423면; Trevor C. Hartley, *The Foundations of*

서의 확립을 위한 유럽연합 사법재판소의 역할과 그의 기여를 높이 평
가할 수밖에 없을 듯하다.

이와 같은 공동체법우위의 원칙은 유럽헌법초안 제 I -5a조에서 규
정되기에 이른다. 즉 당해 조문에서는 "유럽연합헌법과 유럽연합 기구
들에 의하여 채택된 법은 유럽연합에게 부여된 권한을 행사함에 있어
서 회원국의 법에 우선한다."라고 규정하여[69] 유럽연합법 우위의 원칙
을 명문화하였다. 이전에도 유럽연합의 초국가적 특징 중 대표적인 사
항으로 독자적인 유럽연합법 질서의 형성과 발전, 유럽연합법의 직접적
효력 발생과 강제적 구속력 등을 들 수 있었던 것이 사실이었는데,[70]
이와 같은 초국가적인 특징은 급기야 공동체법우위의 원칙을 통해 헌
법초안에 규정됨으로써 보다 강화되었던 것이다.

하지만 리스본 조약의 경우에는 당해 사항이 규정되지 않았다. 회원
국의 주권 침식에 대한 우려로 말미암아 전반적으로 연방국가적인 특
징이 많이 후퇴한 리스본 조약에서는 당해 사항이 반영되기가 어려웠
기 때문이다. 물론 판례에 의해 본 원칙은 유럽연합 운영 상의 한 가지
원칙으로 자리잡았기 때문에 여전히 유럽연합 사법재판소는 연합의 운
영에 있어 당해 원칙을 적극 활용할 수 있을 것으로 예상된다.[71] 하지
만 리스본 조약에서 당해 원칙이 규정되지 않았다는 것은 함의하는 바
가 적지 않다. 유럽연합 사법재판소의 사법적극주의적인 입장으로 말미
암아 회원국과의 논의 없이 만들어 낸 당해 원칙이 연합 차원의 보편적
인 원칙으로 받아들여지고 있는지에 대해서는 재론을 요할 수밖에 없
기 때문이다. 그렇다면 유럽연합법 우위의 원칙에 대한 규정을 포기한

European Community Law, p. 269.

69) 원문은 다음과 같다.

The Constitution, and law adopted by the Union's Institutions in exercising competences
conferred on it, shall have primacy over the law of the Member States.

70) 손희만, "유럽연합에서의 초국가적 공동체 헌법의 발전에 관한 연구", 국제지역
연구 제8권 제1호, 69면.

71) Council of the European Union, Presidency Conclusion - Brussels, 21/22 June
2007., p. 16., 각주 1)부분.

리스본 조약은 연합차원의 정책과 회원국의 입장 간의 팽팽한 긴장관계를 여실히 드러내 주고 있는 대표적인 예라고 할 수 있을 것이다. 그러므로 유럽연합법 최고성의 원칙을 조망하는 데에 있어서도 당해 원칙이 유럽연합 차원의 보편적인 원칙(universal principle)인지에 대해서는 객관적인 입장을 견지하여야 할 필요가 있다.

3) 유럽연합법 우위성(Supremacy of EU Law)의 의미

언급한 바와 같이 유럽연합법 우위성의 원칙이 척도 규범과 관련하여 회원국 차원에서의 다른 모든 법규범에 대해 우위를 담보하는지에 대해서는 재론을 요한다.

당해 우위성에 대해 유럽연합의 법규범은 직접적인 규정을 보유하고 있지 않았다.[72] 하지만 유럽연합 사법재판소는 유럽연합 조약의 목적(object of the Treaty)을 위해 그와 같은 유럽연합법의 우위성을 도출하였는데 조약상으로 예정된 구조(structure)를 창설하기 위해서도 당해 연합법의 우위성은 필수적으로 요구되는 사항이었기 때문이다.[73] *Costa v. ENEL* 사건에서는 유럽연합법의 최고성에 대한 원칙적인 선언이 있었는데, 특히 *Simmenthal* 사건[74]에서의 다음과 같은 설시는 유럽연합법 최고성의 원칙에 대한 유럽연합 사법재판소의 입장을 단적으로 보여주고 있다고 할 수 있다.

〔14〕 공동체 법의 규칙은 효력이 존재하는 한 전 회원국의 영역에서 충만하고 일관되게 적용이 되어야 한다. 〔17〕 더욱이 공동체 법의 우위의 원칙에 따라 공동체 규정에 양립하지 않는 특정 국내 입법 조치의 채택은 배제된다. 〔20〕 만일 국내법원이 공동체법원의 선례 혹은 결정에 따라 공동체법을 즉각적으로 적용을

---

72) Nigel Foster, *Foster on EU law*(Oxford University Press, 2006), p. 141.
73) Stephen Weatherill, *EU Law -Cases & Materials-*, p. 89.
74) Case 106/77 *Amministrazione delle Finanze v. Simmenthal* 〔1978〕 ECR 629, Court of Justice of European Communities.

하지 않는다면 당해 규정의 효력은 손상을 입을 수 있다. 〔21〕 모든 국내법원은
자신의 관할권 하에서 공동체 법을 완전하게 적용하여야 하며 공동체 법이 개인
에게 부여한 권리를 보호하여야 한다. 나아가 공동체 법과 양립하지 않는 국내법
의 규정을 (공동체 규칙의 선후에 상관없이) 제외시켜야 한다.

이와 같이 애초에 유럽연합 사법재판소는 국내법에 대한 연합법의
우월성(precedence)을 인정하였고 그로 인하여 그의 최고성 또한 어렵지
않게 인정할 수 있었다. 특히 재판소는 *Ministero delle Finanze v. In.
Co. Ge' 90 Srl and others* 사건75)에서 공동체 법과 충돌하는 국내법을
다루도록 요구받는 국내법원에 대하여 공동체법을 우선 시켜야 한다는
의무를 부과하기까지 하였다.

4) 유럽연합법 우위성의 범위

(1) 우위성에 대한 유럽연합 사법재판소의 입장

유럽연합법의 우위성은 일반적으로 회원국 국내법 특히 일반법에
대한 우위성을 의미한다고 간주하기는 어렵다. 국내적인 차원에서 헌법
이라는 법규범이 국내적인 최고성, 대외적인 독립성이라는 특성을 가지
고 있다는 점에서 알 수 있듯이, 유럽연합법의 우위성이라고 하더라도
회원국의 헌법보다 우위를 차지하고 있다고 상정하는 것이 수월한 것
은 아니기 때문이다. 특히 유럽연합법의 우위성을 논하는 데에 있어서
국내법이라고 할 때에는 소위 일반 국내입법 즉 법률을 지칭하는 것이
었으며, 유럽연합 사법재판소 또한 일반 국내법을 상정하고 유럽연합법
의 우위성을 선언한 적이 적지 않았다.76) 그렇다면 유럽연합법이 국내
헌법에 대해서도 우위를 차지하는 지에 대해서는 의문이 들 수 있다.
특히 이와 관련하여 국내 법원과 유럽연합 사법재판소의 관할권이 심

75) Joined Cases C-10/97 to C-22/97 *Ministero delle Finanze v. In. Co. Ge' 90 Srl
   and others* 〔1998〕 ECR-Ⅰ-6307 629, Court of Justice of European Communities.
76) Nigel Foster, *Foster on EU law(Oxford University Press, 2006)*, p. 144.

하게 충돌하고 있다는 것에서 알 수 있듯이 이는 매우 복잡하고 미묘한
문제이다.

당해 문제와 관련하여 *Internationale Handelgesellshaft* 사건77)에서는
공동체부담금이 독일 헌법인 기본법에 위배되는 것은 아닌가 하는 사
항이 문제되었는데 유럽연합 사법재판소는 회원국 법원이 공동체법에
대해 심사할 권한을 보유하지 않는다는 다소 전향적인 판단을 하게 된
다. 그렇다면 과연 유럽연합 사법재판소가 국내 헌법에 대해 유럽연합
법의 우위를 선언하고 효과적으로 당해 국내 헌법을 심사할 수 있는 지
위에 있는가? 결국 유럽연합 사법재판소는 공동체 법질서와 국내 법질
서가 별개의 것이라고 선언하였고 나아가 국내 법원은 공동체법의 우
위에 대하여 문제를 제기할 수 없는데 반하여 유럽연합 사법재판소는
국내 헌법이 공동체법과 양립하지 않는다는 점을 선언할 수 있음을 확
인하여78) 상당히 적극적인 입장을 견지하고 있다고 할 수 있다.

이와 관련 *Simmenthal* 사건79)에서도 이탈리아 헌법과 유럽공동체법
간의 충돌이 문제되었는데 특히 공동체법과 양립하지 않는 국내법이
국내적 차원에서의 특별한 조치 없이 무효가 될 수 있는지가 문제되었
다. 당해 사건에서 하급법원은 공동체법 규정과 국내법 규정이 상충하
는 상황에 직면하였는데 당시 이탈리아 헌법에 따르면 국내법 규정에
대해 무효를 선언할 수 있는 권한은 오로지 이탈리아 헌법재판소가 보
유하고 있었다. 당시 하급법원은 이 문제를 헌법재판소에 부탁하게 되
는데 이는 결국 공동체법을 국내법 관행으로 대체하는 즉, 공동체 판례
법에 어긋나는 결과를 야기할 뿐만이 아니라 공동체법과의 관계에서도
이탈리아 헌법의 요구(constitutional requirements)와 상충하는 것이었다.
그러므로 이에 대하여 치안판사(Italian Magistrate)는 공동체법에 위반

---

77) Case 11/70 *Internationale Handelsgesellschaft mbH v Einfuhr- und Vorratsstelle
   für Getreide und Futtermittel* (17 December 1970).
78) 서보건, "유럽헌법과 국내법 간의 효력", 유럽헌법연구 Ⅰ(영남대학교 출판부,
   2006. 2), 197면.
79) Case 106/77 *Amministrazione delle Finanze v. Simmenthal* 〔1978〕 ECR 629.

되는 국내법이 이후 별개의 국내 조치 없이 무효가 되는지에 대해 유럽
연합법원에게 선결적 부탁을 제기하게 되었던 것이다. 당해 사건에서
유럽연합법원은 유럽연합법상의 직접효력의 원칙은 회원국의 헌법에
의존하는 원리가 아니며 공동체법 자체가 권리의 근원을 이룬다는 점
을 지적하여 국내 법원에 공동체법과 상충하는 국내 입법을 적용하지
말아야 하는 의무와 공동체 차원에서 보장되는 권리에 따라 그에 합당
한 효력을 부여하여야 하는 의무를 부과하였다. 특히 유럽연합법원은
직접 효력이 인정되는 공동체법은 그에 양립하지 않는 새로운 국내 입
법조치의 유효한 채택을 배제하며 국내 법원 역시 (공동체 법과) 모순
되는 국내법을 배제하여야 한다고 설시하였다. 그러므로 만일 공동체법
에 위반되는 국내법이 채택되는 경우에는 당해 법이 채택되는 즉시 무
효가 되는 것이며 추후 별도의 국내적인 차원의 조치가 필요하지 않게
된다. 그와 같은 유럽연합법에 대해 상충하는 국내법을 허용하는 경우
공동체의 존립에 치명적인 위해가 되기 때문이다.[80]

나아가 유럽연합법에 따라 국내법적인 원칙 또한 포기되어져야 하
는 경우가 적지 않다. 특히 앞서 본 바와 같이 *Factortame* 사건[81]에서
영국의 의회 주권의 원칙은 유럽연합법에 양보하여야만 했다. 사실 기
존 영국에서는 의회주권의 원리로 말미암아 국내 법원은 의회의 법안
을 배제하거나 적용을 거부하는 권한을 보유할 수 없었기 때문에 의회

---

80) Nigel Foster, *Foster on EU law*, p. 145.

81) Joined Cases C-46/93, C-48/93, *Brasserie du Pêcheur SA v Bundesrepublik
Deutschland and The Queen v Secretary of State for Transport, ex parte:
Factortame Ltd and others.* 특히 법원은 당해 사건에서 다음과 같이 설시하였다.

회원국에게 책임을 부담하게 할 수 있는 공동체법의 위반행위에 의하여 개인에 대하여 발
생한 손실과 피해를 보상하여야 한다는 원리의 적용은 당해 위반이 직접적으로 적용될 수
있는 공동체법의 규정과 관련 있는 경우에는 무시될 수 없다.

본문은 다음과 같다.

The application of the principle that Member States are obliged to make good loss and damage
caused to individuals by breaches of Community law for which they can be held responsible
cannot be discarded where the breach relates to a provision of directly applicable Community
law(http://www.ena.lu/, 2010년 6월 7일 방문).

의 법안에 대해 법원이 직접 심사를 한다는 것은 상정하기가 힘든 상황
이었다. 하지만 공동체 법원은 당해 사건에서 공동체법상의 권리가 충
분하게 보장받는 것이 국내 기관에 의하여 방해받지 않도록 하여야 하
며 이에 따라 국내 절차는 변경되어야 한다는 다소 급진적인 선언을 하
고 말았다.82) 이는 공동체법이 국내 절차에 직접 침투(penetrated)하는
것을 의미하였는데83) 정책(policy)을 판단의 주요 논거로 삼고 있는 유
럽연합법원으로서는 일관성 있는 판단이었을지는 모르지만 회원국의
협력을 전제로 하지 않고서는 자신의 판결의 실효성을 보장할 수 없는
유럽연합법원의 입지적 한계를 고려하면 다소 무모한 판단이라는 것을
부인할 수는 없을 것이다.

(2) 유럽연합법 우위성의 회원국 차원에서의 관철

유럽연합 사법재판소의 견해에 따르면 유럽연합법의 독특한 특징
때문에, 연합법은 회원국이 자신의 규칙과 헌법조항에 따라 임의대로
법의 충돌상황을 해결하는 것을 인정하지 않는다. 나아가 유럽연합 사
법재판소는 회원국들이 자신의 권한과 주권을 연합에 대해 (그들의 동
의한 분야에 한정되기는 하지만) 이전(transfer)시켰기 때문에 그에 따라
연합법이 회원국의 법에 대해 우위의 지위를 차지하고 있다는 점을 강
조한다. 특히 공동체법의 집행을 위하여 회원국은 자신의 입법권을 공
동체에 대해 이전시킨 것으로 간주되고 있는데, 만일 회원국이 자신의
후속 국내법과 헌법규정에 의하여 공동체법의 효력을 무효화시키거나

---

82) 당시 영국에서는 추밀원에 대한 소제기에 대해서 임시조치를 부여하지 않았었다.
    하지만 "공동체법 하에서 주장된 실재하는 권리에 따라서 판결의 충만한 효과를
    보장할 수 있도록 임시 조치가 부여되어져야 한다"라고 유럽연합법원은 선언하
    였던 것이다(Case C-213/89 *R v. Secretary of State for Transfort, ex p.
    Factoname Ltd, and others* 〔1990〕 ECR Ⅰ-2433 para. 21).

83) Nigel Foster, *Foster on EU law*(Oxford University Press, 2006), p. 146; Paul
    Craig & Gráinne de Búrca, *EU Law*(Oxford University Press, 2008), p. 349 역시
    당해 사건과 관련하여 국내법질서에 대한 유럽연합법의 침투를 언급하고 있다.

정지시킨다면 그와 같은 공동체에 대한 주권의 이전은 의미가 없어질
뿐만 아니라 연합의 존립 또한 위험해질 것이다. 그렇다면 유럽연합의
존재와 기능을 위한 전제 조건은 모든 회원국에서의 공동체법의 일관
되고 획일적인 적용(consistent and uniform application)이라고 할 수 있
다. 이를 위해서는 물론 유럽연합법이 국내법에 대해 우위를 차지하여
야 하는데 이로 인하여 유럽연합 사법재판소는 국내법의 체결 선후에
상관없이 유럽연합법에 충돌하는 회원국의 모든 법규범은 폐지되어야
한다고 선언하였던 것이다.84)

  그렇다면 유럽연합 차원에서는 유럽연합법이 회원국 차원의 헌법을
포함한 모든 법보다 우위를 점하고 있다는 유럽연합법의 우위성(supremacy
of European Union Law)의 원칙이 회원국에서 실제로 관철되고 있는지
가 문제로 부각된다. 그런데 회원국의 동의와 협력을 전제로 유럽연합
법의 집행과 적용이 이루어지고 있다는 점을 감안한다면85) 당해 원칙
이 완전한 수준으로 회원국 차원에서 실현되고 있다고 볼 수는 없을 듯
하다. 리스본 조약의 위헌 여부와 관련한 사건86)에서 독일 연방헌법재
판소의 견해가 이를 극명하게 드러내 주고 있음은 물론이다. 하지만 유
럽연합 사법재판소는 회원국법이 아닌 자신의 유럽연합법을 유럽연합
의 법질서 내에서의 척도 규범으로서 기꺼이 채용할 것이다.

(3) 유럽연합법 우위성의 범주

  유럽연합법의 경우에도 국내법의 경우와 마찬가지로 그의 지위, 효
  력과 관련한 법규범의 단계적 구조가 존재한다. 유럽연합의 성립 초
기에는 파리 조약과 로마 조약 같은 설립 조약이 1차 법원으로 제정되
었으며 이후 여러 조약들이 그와 같은 1차 법원의 역할을 담당하고 있

---

84) Cases C-10-22/97 *Ministero delle Finanze v. In. Co. Ge' 90 Srl and others*
   〔1998〕 ECR I -6307, para. 21.
85) Paul Craig & Gráinne de Búrca, *EU Law*(Oxford University Press, 2008),, p. 353.
86) Decision of 30 June 2009(2 BvE 2/08, 5/08, 2 BvR 1010/08, 1022/08, 1259/08,
   182/09).

다. 당해 조약은 유럽연합 차원의 공동법령의 주요 구성부분으로서 유럽연합의 설립을 규정하는 파리 조약과 로마조약, 유럽통합을 규정한 단일유럽의정서(Single European Act)[87], 마스트리히트 조약[88], 암스테르담 조약[89] 그리고 니스 조약[90] 그리고 리스본 조약에 이르기까지 적지 않은 개정 조약들이 이의 주축을 이룬다. 당해 조약의 제정과 개정은 정부간 회의를 거쳐 마련되며 회원국 의회의 비준 또는 국민투표로 확정된다. 그런데 이와 같은 유럽연합법에서의 1차 법원뿐만 아니라 2차 법원 또한 그의 중요성을 무시할 수 없다. 유럽연합의 존립과 기능 나아가 연합의 구체적인 운영을 위하여 당해 2차 법원이 주요한 역할을 담당하고 있기 때문이다. 구속력이 있는 규칙(regulation), 결정(decision), 지침(directive)과 구속력은 없지만 실질적인 역할을 수행하고 있는 의견 (opinion)과 권고(recommendation)가 그것이다. 즉 이사회, 유럽의회 및 집행위원회는 조약을 집행하기 위한 법령을 제정하는데, 당해 공동법령은 2차적인 법원이 되고 있다. 특히 규칙은 제정주체에 따라 이사회 규정과 집행위원회 규정으로 나눌 수 있는데, 이는 일반 시민은 물론 각 기관과 회원국 전체에 적용된다. 나아가 규칙은 국내법과 같은 효력을 가지고 있으며 각 회원국이 별도의 국내적인 입법조치를 취하지 않아

---

87) 단일 유럽의정서는 4대 생산 요소의 자유이동을 보장하여 단일 시장을 완성하였으며, 사회정책 및 환경분야로 공동정책을 확대하고 의회의 의사결정 참여를 확대하였다. 즉, 당시 아직 미진한 경제적인 차원에서의 통합에 중점을 둔 것이 당해의정서의 주요한 특징이었다.

88) 마스트리히트 조약은 외교안보내무사법 분야로 공동정책을 확대하고 유럽시민권 제도와 공동통화정책을 실시하여 유럽연합을 개편하도록 한 조약이었다. 통화동맹 관련 사항이 덴마크에서의 국민투표에서 부결됨에 따라 영국과 덴마크를 통화동맹에서의 예외를 인정하고 발효하게 된다(이희범, 유럽통합론(법문사, 2007), 126면).

89) 암스테르담 조약은 동유럽 국가의 본격적인 가입에 따라 유럽연합 기관을 구체화하고 외교안보정책과 의사결정 절차를 강화한 조약이었다(위의 책, 126면).

90) 니스 조약은 유럽연합의 확대에 따른 집행위원회 구성과 이사회 의사결정절차를 개편하였다. 당해 조약은 아일랜드의 주민투표에서 부결되었으나 재투표에서 통과하여 2003년 2월에 발효하였다(위의 책, 126면).

도 직접 국내법 질서에 적용되며, 국내적인 이유를 들어 이를 수정하거나 일부만을 적용할 수도 없다. 그리고 지침은 회원국 전체를 대상으로할 수도 있으나 특정 사안에 대해 특정 국가를 상대로 발하는 경우가보통인 유럽연합의 법규범을 말한다. 각 회원국은 지정된 기간 내에 지침에 맞는 법령을 제정하여야 하며 부과된 지침의 범위 내에서 그 시행절차에 융통성을 둘 수 있다. 나아가 결정은 회원국의 전부 혹은 일부국가에 적용되며 입법기능보다는 법집행을 위한 행정 기능을 수행하기위해 활용되는 규범을 말한다. 결정은 주로 특정 개인 혹은 기업에 공동 기금의 지원, 공동법령의 적용 혹은 면제, 특정 제품에 대한 반덤핑관세 부과 등 개별적인 사안에 대한 결정 내용을 전달하는 데에 주로활용된다. 나아가 법적 구속력이 없는 권고와 의견은 정책 결정 과정에서 관계기관 간에 교환된 메모 협조문, 가이드라인 등을 말한다. 유럽연합 사법재판소는 특정 사건에서 이를 의무적으로 판단 기준으로 삼아야 하는 것은 아니지만 실제로 법원은 최종 판결 시에 이들을 참고자료로 적극 활용하고 있기 때문에 당해 법규범의 중요성을 간과할 수만은없다.

언급하였듯이 일반적으로 유럽연합법이 회원국의 법규범에 대해 우위를 점하고 있다는 원칙은 유럽연합 사법재판소에 의하여 줄기차게선언되고 있다.[91] 이와 같이 유럽연합법 우위의 원칙을 고려하는 경우,

---

91) 세 공동체를 창설한 로마조약은 공동체 법령이 회원국에 직접 적용된다는 조항외에 회원국 법령과 공동체 법령의 관계를 직접적으로 규정하지 않음으로서 회원국의 법과 공동체 법 간의 우선순위의 문제가 계속 갈등의 소지를 가지고 있기는 하였지만 앞서 살펴 본 바와 같이 *Costa v. ENEL* 판결에서 공동체 법령이회원국 법령에 우선한다는 원칙이 선언됨에 따라 유럽연합의 차원에서 당해 문제는 해결되었다고 할 수 있다. 즉, 1962년 이탈리아 정부가 ENEL 전력회사를국유화하자 배당금을 받지 못하게 된 Costa는 이탈리아 정부를 상대로 정부의국유화는 공동체 정책에 위반됨을 주장하며 밀라노 법원에 제소하였는데 밀라노법원의 선결적 부탁절차를 통한 유권해석을 부탁받은 공동체 법원은 국유화는주권에 관한 사항이라는 이탈리아 정부의 주장을 배척하고 "공동체는 일반적인국제기구와 달리 독자적인 기구와 법체계를 갖추고 있으며 회원국은 조약가입과

당해 우위를 점하는 당해 유럽연합법에 실제적으로 1차 법원뿐만 아니라 2차 법원도 포함될 수 있다고 볼 수 없는 것은 아니지만[92] 유럽연합 사법재판소의 견해를 적극적으로 동의하고 있지 않은 회원국 법원의 입장을 고려한다면 그와 같은 결론을 섣불리 내릴 수는 없다.

(4) 유럽연합법 우위 원칙의 실제

결국 유럽연합법규범 중 유럽연합법 우위의 원칙을 적용할 수 있는 법규범은 무엇인지에 대해 아직 명확한 기준이 설정되었다고 볼 수는 없다. 단지, 구체적인 사건에서 유럽연합 사법재판소는 회원국 국내법과 충돌하는 2차적 법원을 포함한 유럽연합법의 우위성을 선언하고 있을 따름이다. 회원국 차원에서 당해 사항이 보편적으로 관철되는지 나아가 회원국들이 당해 사항에 대해 동의하는지는 별개의 문제인 것이다. 그러므로 유럽연합법이 연방국가가 보유하고 있는 것과 같은 최고

동시에 공동체 법령에 기속된다"라고 하며 공동체법 우위의 원칙을 확립하였던 것이다.

92) 유럽연합법의 우위성과 관련하여 2차 법원의 포섭여부에 대하여 이를 긍정하는 견해가 없는 것은 아니며(Paul Craig & Gráinne de Búrca, *EU Law*, p. 344에서는 지위와 상관없이(of whatever rank) 유럽연합법 중 직접적으로 적용 가능한 법규범은 국내법에 대하여 우선적으로 적용되어야 한다고 언급하고 있다; 나아가 이는 유럽연합 사법재판소의 견해이기도 한데(Allan Rosas and Lorna Armati, *EU Constitutional Law*, p. 56), 재판소는 유럽연합법 질서의 내부적인 위계질서를 제1차적 유럽연합법(EC Treaty와 ECHR를 포함) 〉국제협정/국제기구의 결정 〉규칙과 지침으로 대표되는 제2차적 유럽연합법 〉헌법을 포함한 국내 법규범으로 상정하고 있기 때문이다(Lavranos, N., *Legal Interaction Between Decisions of International Organizations and European Law*(Europa Law Publishing Groningen, 2004(Nikolaos Lavranos, "The Interface between European and National Procedural Law: UN Sanctions and Judicial Review", in D. Obradovic and N. Lavranos(eds.), *Interface between EU Law and National Law*(Europa Law Publishing, 2007), p. 355에서 재인용)), 그와 같은 사항을 보여 주는 사건도 관찰되기는 한다(1999.10.26. Case C-285/98 *Tanja Kreil vs. Bundespublik Deutschland*).

법으로서의 헌법을 보유하고 있는지에 대해서는 의문을 가질 수밖에 없다. 물론 유럽연합(유럽연합 사법재판소)의 입장에서는 연합법을 최고법으로 상정하여 통합을 구체화하는 것이 자신의 지상사명(Supreme Mission)임을 부인할 수는 없을 것이다.

제 3 절 유럽연합에서 사법심사제도의 필요성

1. 헌법적 규범으로서의 유럽연합법규범

유럽연합이 헌법화(constitutionalization)를 이룬 대표적인 초국가적인 기구로 인정을 받고 있다는 견해에 따르면93) 이의 법규범 역시 헌법적 법규범(constitutional legal norm)이라고 어렵지 않게 상정할 수 있다. 실제로 설립조약은 유럽연합 사법재판소에 의하여 초기부터 공동체의 헌법적 문서(constitutional document)로 간주되어오고 있다. 비록 당해 EEC 조약이 국제협정의 형식으로 체결된 것이 사실이지만 당해 조약은 법적 공동체의 헌법적 문서라는 점이 유럽연합 사법재판소에 의하여 지속적으로 부각되고 있는 것이다.94) 그런데 독일연방헌법재판소 역시 EEC 조약은 어떤 의미에서 공동체의 헌법이라고 언급한 적이 있다.95) 1980년대에 이르러서는 설립조약들이 법의 지배에 기반을 하고 있는 헌법적 헌장(constitutional charter)이라고까지 불리고 있으며,96) 유럽연합의 조약은 조약 형태의 헌법(constitution in the form of treaties)으로까

---

93) Peter L. Lindseth, *The Contradictions of Supernationalism: European Integration and the Constitutional Settlement of Administrative Governance*, p. 363.
94) Case 249/83 *Les Verts* 〔1986〕 ECR 1339, 1369.
95) BVerfGE 22, 293, 296.
96) Opinion 1/91, 1991 ECR Ⅰ-6079, Ⅰ- 6102 para. 21; Case C-2/88, *Zwaltveld*, 1990 ECR Ⅰ-3365, Ⅰ-3373, para. 6.

지 규정되기도 한다. 그러므로 유럽연합이 이제는 통합주의적 체제와 회원국과의 관계에서 존재하는 권력, 권리와 의무를 규제하는 독특한 법질서를 보유하게 되었다는 평가[97]가 어색하지 않은 것이 사실이다.

2. 조약으로서의 유럽연합법규범

하지만 유럽연합법의 헌법적인 특징은 회원국 차원에서 그대로 인정을 받는 것은 아니다. 특히 독일연방헌법재판소는 현재의 유럽연합이 국가를 구성하지 않고 있음은 물론 회원국에 의하여 만들어지고 지지되는 정치적 실체(political entity)일 뿐이라고 강조하고 있으며, 나아가 유럽연합의 공적 권력이 본래적인 것이 아닌 회원국으로부터 유래된 것이라는 점과 이의 권한에 대한 이질적인 결정 그리고 권한 부여의 원리를 강조하여 유럽연합의 정체성에 대한 공격을 본격화하고 있다. 또한 독일연방헌법재판소는 그를 위하여 연합의 법적 기반의 조약적 성질을 강조하고 있기도 하다.[98] 그렇다면 유럽연합은 이의 법적 기반을 스스로 확보하고 있지 못하고 오히려 관련 조약을 체결하였던 회원국으로부터 취득하였다고 할 수밖에 없을 것이다.[99]

이에 따른다면, 구체적인 경우에 유럽연합이 이의 계약적 한계(contractual boundaries) 내에 존재하는지, 나아가 회원국의 헌법적 정체성을 존중하고 있는지의 여부를 심사하기 위하여 회원국의 헌법재판소

---

97) Alan S. Milward & Viebeke Sørensen, "Independence or Integration? A National Choice," in Milward et al.(eds.), *The Frontier of National Sovereignty: History and Theory, 1945-1992*(Routledge, 1994), p. 19.

98) Dieter Grimm, "Defending Sovereign Statehood against Transforming the European Union into a State", p. 364.

99) *Ibid.*, p. 360; 즉, 회원국들은 종종 동 조약"들"의 주인(Herren der Verträge)으로 불리어지고 있으며(Hans-Wolfgang Arndt, *Europarecht*(C. F. Müller, 2001), S. 81) 그에 따라 회원국 기관의 관여 없이는 연합 조약의 변경 역시 가능하지 않다고 할 수 있다(BVerfGE 89, 155ff).

에 의한 외부적 통제(external control)의 필요성을 인정할 수밖에 없다.[100] 나아가 회원국 법원은 "유럽연합법 우위의 원리"와 관련하여 이는 단지 현재의 법적 상태를 확인하는 것일 뿐이라는 견해를 고수하고 있다. 현 리스본 조약도 국제조약에 의하여 변형된 제도로서의 속성을 보유하고 있는 유럽연합을 바꾸지 못하고 있기 때문에 회원국 내에서의 연합법의 법적 유효성은 이를 국내적으로 적용하려는 국내질서에 여전히 의존하고 있다고 할 수 있다. 그러므로 리스본 조약도 회원국을 유럽연합법을 적용하는 질서에 포섭시키지 못한다면 회원국이 당해 법규범의 국내적인 적용을 위한 법적 조치를 부인하는 것을 금지할 수 없게 되는 것이다. 특히 독일연방헌법재판소는 EU법이 국내질서에 합치하는 지의 여부를 심사할 수 있는 권한과 나아가 당해 EU법이 기본법의 헌법적 정체성을 침해하는지의 여부를 판단할 수 있는 자신의 심사권한을 줄기차게 주장하고 있기 때문에[101] 유럽연합법은 종국적으로 국제조약의 성격을 상당히 보유하고 있다고 볼 수밖에 없다.[102]

3. 유럽연합법질서의 특징과 당해 법질서 내에서의 사법심사

독일연방헌법재판소는 유럽연합과 관련한 조약의 효력 여부에 대하여 독자적인 판단을 하고 있다. 연방헌법재판소에 따르면, 만일 유럽

---

100) Dieter Grimm, "Defending Sovereign Statehood against Transforming the European Union into a State", p. 361.
101) Lisbon Decision, para. 334.
102) 이는 스웨덴의 국내법질서 상으로도 인정되는 사항이다. 스웨덴의 경우 조약은 직접 효력을 가지지 못하며 국내적인 차원에서 적용되기 위해서는 이원론적인 입장에 따라 편입절차를 거쳐야 하는 데, 스웨덴이 유럽연합에 가입하여 유럽연합법 역시 국내법(statute)에 의하여 스웨덴 법질서에 편입될 수 있었기 때문이다(Jan de Meji, "The Kingdom of Sweden", in Lucas Prakke and Constantijn Kortmann(eds.), *Constitutional Law of EU 15 Member States*(Kluwer Legal Publisher, 2004), p. 849).

연합의 기관이나 기구가 가입에 대하여 규정하고 있는 조약에서 허용하고 있지 않는 방식으로 유럽연합 조약을 다루거나 고양을 시키는 경우에 그로 인한 입법적인 기제는 독일의 주권적 영역에서 더 이상 법적으로 구속력을 인정할 수 없게 된다. 사실 헌법적인 이유로 독일의 국가기관들은 독일의 영역 내에서 그와 같은 법규범들을 적용하는 것이 금지되고 있는데 그로 말미암아 독일의 연방헌법재판소는 유럽연합 기관과 기구들의 법적 기제가 그들에게 부여된 주권적 권리의 한계 내에 있는지 혹은 그들이 당해 한계를 위반했는지에 대해서 심사할 수 있게 되는 것이다.103) 이에 따르면 결국 국내 법원은 유럽연합의 입법기제가 특정한 권한 위임의 원리에 상응하는지의 여부에 대한 최종적인 해석(the ultimate interpretation)의 권한을 가지고 있다고 할 수 있다.104) 이와 같은 점을 상기한다면 유럽연합법 우위의 원칙이 과연 객관적인 타당성을 지닌 원리인지 의문이 생길 수밖에 없다. 특히 독일연방헌법재판소는 헌법에 의하여 요청되는 심사권의 행사105)는 계속되고 있는 유럽 통합 과정에서 리스본 유럽연합조약(Treaty on the European Union) 제4조 제2항 제1문에 의하여 인정된 주권적 구성국가들의 기본적·정치적 그리고 헌법적 구조를 보장하는 것이며 이와 같은 통치권의 행사는 기본법의 유럽법친화라는 근본원칙의 구체적 행사과정에서 나온 것이라는 점을 지적하여106) 자신의 심사의 정당성을 도출해 내고 있다.

---

103) 58 BVerGE 1 at 30 et seq; 75 BVerGE 223 at 235, 242. 이는 리스본 조약과 관련한 독일 연방헌법재판소의 결정에서도 지적되고 있다(Dieter Grimm, "Defending Sovereign Statehood against Transforming the European Union into a State", p. 361).

104) Heinz Hauser and Alexia Müller, "Legitimacy: The Missing Link for Explaining EU Institution Building" 50 *Aussenwirtschaft*(1995), pp. 17, 30.

105) 특히 독일 연방헌법재판소는 유럽연합의 기관과 제도들의 법률제정행위가 공동체법과 유럽연합법의 보충성 원칙을 준수하면서 통치권의 양도에 있어서 그들에게 부여된 제한된 개별적 위임의 한계 내에서 행하여졌는지를 심사하고 있다(아르민 폰 복단디(Armin von Bogdandy, 박진완 역), "유럽을 위한 헌법원리", 117면).

106) 위의 글, 117면.

그런데 유럽연합법원은 *Internationale Handelsgesellshaft* 사건107)에
서 오히려 회원국 법원이 공동체법에 대해 심사할 권한이 없다고 선언
하고 있다. 특히 당해 사건에서 유럽연합법원은 공동체 기관에 의하여
채택된 조치의 유효성을 판단하기 위하여 국내법의 법적 규칙과 개념
에 호소하는 것은 공동체법의 일관성과 유효성에 불리한 영향을 끼치
게 된다는 점도 아울러 지적하고 있는데 결국 유럽연합의 정체성과 법
규범에 대한 입장에서 유럽연합과 회원국 특히 독일의 입장은 극명하
게 대조를 보이고 있다고 할 수 있다. 이는 Joseph Weiler가 적절히 지
적하였듯이 유럽연합의 시스템이 초국가성의 이중적인 특성을 보유하
고 있기 때문이 아닌가 한다. 즉 유럽연합법의 우위성 원칙과 관련하여
하나의 차원에서는 유럽연합 사법재판소에 의한 당해 원칙의 한도에
대한 상세한 설명이 제시되고 있지만 또 다른 차원에서는 이의 전폭적
인 수용여부가 회원국의 헌법적 질서에의 수용과 개별 회원국의 최고
법원에 의한 이의 확정에 달려 있다고 제시되고 있는 것이다.108) 나아
가 현 유럽연합의 영역과 관련하여 유럽연합은 두 가지 수준(하나는 국
내, 다른 하나는 초국가적 수준)에서 정당한 헌법적 통치방식이 서로
연계되어 있는 연방 유형의 시스템(federal-type system)을 구성하고 있
다는 점이 지적되기도 한다.109) 이와 같은 유럽연합의 구조적인 특징으
로 말미암아 유럽연합법 우위의 원칙을 조망하는 데 있어서 유럽연합
과 회원국 간에는 상당한 정도의 괴리가 존재하고 있다고 할 수 있다.
결국 유럽연합법의 위상에 대한 그와 같은 의견 차이는 결국 양 주체에
의한 상대방의 법규범에 대한 심사의 가능성을 방치할 수밖에 없었던

---

107) Case 11/70 *Internationale Handelsgesellschaft mbH v Einfuhr- und Vorratsstelle
für Getreide und Futtermittel2* (17 December 1970).
108) Joseph Weiler, "The Community System: the Dual Character of Supernationalism"
1 *Yearbook of European Law* 267, 1981, pp. 275-276.
109) Peter Lindseth, "Delegation is Dead, Long Live Delegation: Managing the
Democratic Disconnect in the European Market-Policy," in Joerges and De
housse(eds.), *Good Governance in Europe's Integrated Market*(Oxford Uni
versity Press, 2002), p. 157.

것으로 보인다. 회원국은 유럽연합법에 대한 사법심사의 가능성을 당연
히 인정하고 있는데 유럽연합 사법재판소 역시 회원국 법에 대한 사법
심사의 가능성을 인정하고 있는 것이다.110) 물론 유럽연합 사법재판소
는 국내 법원과의 충돌을 회피하는 방식을 선호하고 있으며111) 국내법
원 역시 유럽연합법 우위성의 원칙에 대하여 원칙적으로 수용하는 입
장을 견지하고 있기 때문에112) 그들 간의 인식의 차이가 심각한 문제를

---

110) 유럽연합 차원에서 존재하는 초국가적 형태의 사법적 약정 메커니즘(judicial
commitment mechanism)은 연합 규범의 합법성에 대한 사법심사뿐만이 아니라
조약에 규정되어 있는 시장통합의 목적과 회원국법의 합치성에 대한 정밀한 심
사의 가능성 역시 수반하고 있는 것이 사실이다(Peter L. Lindseth, The
Contradictions of Supernationalism: European Integration and the Constitutional
Settlement of Administrative Governance, p. 364).

111) Case C-446/98 *Fazenda Pública v. Câmera* 〔2000〕 ECR Ⅰ-11435, paras.
36-38. 나아가 유럽연합 사법재판소는 공동체법에 위배되는 회원국 국내법 규
정이 무효(non-existence)라는 위원회의 주장을 받아들이지 않았다(Cases
C-10-22/97 *Ministero delle Finanze v. In. Co. Ge' 90 Srl and others* 〔1998〕
ECR Ⅰ-6307, para. 21). 이와 같은 경우 유럽연합 사법재판소는 문제의 회원국
국내법규정을 폐지시키거나 무효화시키는 것이 아니라 국내 법원이 이를 적용
하지 말아야 한다는 식의 판결을 내리고 있다.

112) 프랑스와 이탈리아, 폴란드 등 대부분의 회원국은 일정한 조건 하에서 유럽연합
법 우위의 원칙을 수용하고 있기 때문이다. 물론 대부분의 국가가 헌법에 대한
유럽연합법 우위의 원칙이 아닌 법률에 대한 우위를 인정하고 있을 뿐이며, 나
아가 이탈리아 법원은 유럽연합법의 기본권 침해여부에 대한 종국적인 결정권
한을 자신이 보유하고 있다고 주장하고 있다. 덴마크 법원의 경우에도 국내법질
서 내에 기본권을 보호하는 데에 있어 EU의 권한의 적절한 한계가 준수되었는
지를 확인하는 국내 법원의 최종적인 역할을 강조하고 있어서 당해 원칙을 전
폭적으로 수용하고 있는 것은 아니다(Carlsen v. Prime Minister, Judgement of
the Højesteret, 6 Apt. 1998 〔1999〕 3 Common Market Law Review 854; 이에
대한 자세한 내용은 다음을 참조. K. Høegh, "The Danish Maastricht
Judgement" 24 European Law Review (1999), p. 80. 아일랜드 대법원의 견해에
대해서는 Crotty v. An Taoiseach 〔1987〕 IR 713 참조). 다만, 영국의 경우에는
유럽연합법과 국내법이 충돌하는 경우, 전자에 유리하게 해결되고 있는데 특히
EU법의 우위성에 대한 영국차원의 수용은 1972 European Communities Act를
통하여 구체화되고 있어서 그 차별성을 엿볼 수 있기는 하다(회원국 견지에서

야기하고 있지는 않지만 여하튼 유럽연합법 우위의 원칙이라는 것이 유럽연합의 영역에서 절대적으로 그리고 충만히 인정되고 있는 원칙이라고 할 수는 없을 것이다.

4. 유럽연합 사법심사제도의 필요성

1) 유럽연합 법질서의 확립

결국 유럽연합 사법재판소는 *Simmenthal* 사건이나 *Internationale Handelsgesellshaft* 사건 등에서 유럽연합법의 우위성을 단호하게 주장하고 있지만 유럽연합법 질서는 여전히 이차원의 특징(bi-dimensional character)을 가지고 있다.[113] 즉 유럽연합 사법재판소의 일관된 입장과는 별개로 회원국의 견해 역시 유효하게 존재하고 있는 것이다. 하지만 유럽연합의 경우에도 국가와 동일하다고 할 수는 없지만 그와 유사한 정도의 법규범과 법질서가 존재하고 있는 것은 사실이다. 당해 법질서가 전제되지 않는다면 유럽연합법 우위의 원칙에 대한 언급은 애초에 시도할 수 없기 때문이다. 그렇다면 유럽연합 차원에서의 법질서는 유럽연합의 통합과 그 기능의 효율화를 위하여 필수적으로 고수되어야 하는 것이라고 할 수 있다. 만일 당해 법질서가 준수되지 않는다면 유럽연합 차원의 행위자들의 조치 등에 대한 합법성을 확보할 수 없게 될 것이며, 법질서의 통일성 역시 확보하는 것이 요원해질 수밖에 없을 것이다. 이는 결국 유럽연합의 존립과도 직결되는 사항임은 물론이다. 그렇다면 유럽연합이 보유하고 있는 법질서를 수호하고 이의 준수를 확보할 수 있는 제도를 회원국의 그것과 별도로 연합은 보유할 수밖에 없다.

바라본 유럽연합법 우위의 원칙에 대한 자세한 사항은 Paul Craig & Gráinne de Búrca, *EU Law*, pp. 353-377 참조).
113) *Ibid.*, p. 377.

2) 법치주의를 통한 통합의 진전

유럽연합 사법재판소는 유럽연합 수준에서의 법의 지배를 확보하기 위한 자신의 역할을 충실히 수행하고 있다는 평가를 받고 있다.[114] 이로 인하여 유럽연합은 법치공동체라는 명칭을 얻게 되었을 뿐만 아니라,[115] 법의 지배 원리를 통하여 그 통합의 수준을 강화하고 있는 것 역시 사실이다. 그런데 이와 같이 유럽연합 사법제판소가 유럽연합 수준에서의 법의 지배, 달리 말해 법치주의를 확보하기 위하여 각고의 노력을 기울이고 있는 것은 나름의 이유가 있다. 앞서 유럽연합의 국가성에 대한 고찰을 하면서 보았듯이 유럽연합은 그 민주적 정당성에 있어 심각한 문제를 안고 있다. 그러므로 애초에 인민의 혁명이나 동의에 기반을 하고 출범을 한 실체가 아닌 유럽연합으로서는 인민과의 직접적인 연계를 확보하는 것에 상당한 부담과 어려움을 간파했던 것이고 결국 통합의 방향타를 쥐고 있는 회원국의 지도자 나아가 자신의 주요 기관들을 중심으로 통합의 방향을 설정하게 되었고 이를 위하여 결국 민주주의보다는 법치주의를 통한 통합에 집중하였던 것이다.[116] 요컨대 민주주의 측면에서의 한계를 절감한 유럽연합은 법치주의를 통하여 통합의 진전을 도모하였다고 할 수 있으며 결국 현재까지의 연합의 통합은 아래로부터의 통합이라기보다는 위로부터의 통합이라는 결론을 내릴 수 있는 것이다.[117]

---

114) 서보건, "유럽헌법과 국내법 간의 효력", 215면.
115) Paul Kirchhof, "The Balance of Powers between National and European Institutions" 5 *European Law Journal,* 1999, pp. 227-228.
116) 지난 유럽법학의 구심점 역시 민주주의라기보다는 법치주의였던 것이 사실이다 (Armin von Bogdandy, "Grundprizipien", Armin von Bogdandy und Jurgen Bast (hrsg.), *Europaisches Verfassungsrecht*(Springer, 2009), S. 36).
117) 김용훈, "유럽연합의 민주주의와 법치주의", 공법연구 제39집 제4호(2011.6.), 93면. 통합을 심화시키기 위하여 민주주의 원리보다는 법치주의 원리를 강화하고자 하는 유럽연합의 노력은 지속되고 있다. EU는 통상적으로 민주주의 원리의 관점에서 제기되는 책임성과 투명성에 대한 비판도 법치주의 원리를 통하여

3) 유럽연합 법질서와 법치주의 확립을 위한 제도

법치주의 요소를 바라보는 시각이 다양한 것은 사실이지만[118] 그 대표적인 요소로 「성문 헌법의 우위성 확보, 권력분립의 원리와 규범통제제도를 포함한 사법심사제도 등을 통한 국민의 기본권 보장」 등을 들 수 있다. 특히 이 중 사법심사제도는 그 운영을 통하여 법치주의의 실질적인 측면을 지속적으로 보장한다는 점에서 특히 중요하다고 할 수 있다. 다시 말해 사법심사제도를 통하여 (실질적) 법치주의의 확립을 도모할 수 있는 것이다. 이는 유럽연합도 예외는 아니다. 유럽연합 자신도 자신의 통합의 진전을 위한 주요 수단으로 삼은 법치주의의 확보와 운영을 위해서는 나아가 연합법질서의 독자적인 확보를 위해서는 사법심사제도가 필요하다고 할 수 있기 때문이다.

그런데 실제로 유럽연합도 그와 같은 제도를 보유하고 있어서 주목을 요한다. 사법심사제도(the system of judicial review)가 그것인데, 당해 제도를 통하여 유럽연합 사법재판소는 유럽연합 기관들의 행위의 합법성을 심사할 뿐만 아니라 유럽연합 차원의 궁극적인 법질서의 통일성을 이루고 있기 때문이다. 특히 리스본 조약 제263조에서 이를 규정하고 있는데 당해 제도는 리스본 조약뿐만 아니라 연합의 창설 초기부터 지금까지 유럽연합차원의 법질서의 통일성을 높이는 데 기여해 오고 있다. 그런데 사법심사의 범위에는 규범통제와 행정쟁송 모두 포섭될 수 있다

극복하고자 시도하고 있는데, 이는 유럽회계감사원(European Court of Auditors)을 통하여 구체화되고 있기 때문이다(이에 대해서는 김용훈, EU 법제도 개혁의 함의, EU Brief(Yonsei-SERI Centre, 2011.10), 26~29면 참조).

118) Geoffrey de Q. Walker, *The Rule of Law: Foundation of Constitutional Democracy*(Melbourne University Press, 1988), pp. 24-42에서는 ① 사적인 폭력과 강제의 억제 ② 법아래에서의 통치 ③ 법적 안정성, 일반성, 평등성 ④ 법과 사회 윤리의 전반적 일치 ⑤ 법 집행을 위한 전문적 기구의 존재 ⑥ 사법심사제도의 확립 ⑦ 사법부의 독립 ⑧ 독립된 법률가 집단의 존재 ⑨ 공평무사한 재판의 실현 ⑩ 법원에의 접근 가능성 ⑪ 재량행위의 합리적 통제절차 및 제도 그리고 ⑫ 법준수의 법의식 등을 법치의 요소로 들고 있다.

는 점을 감안한다면 리스본 조약 제236조에서 규정된 제도가 그와 같은 규범통제와 행정쟁송의 역할을 충실히 수행하고 있는 지 의문이 든다. 일단 결론부터 언급하면 이 제도는 행위자들의 행위의 합법성을 심사하는 마치 행정쟁송제도로 볼 수는 있지만 규범통제제도라고 할 수는 없다. 하지만 법치주의의 확립을 위한 통합의 진전 나아가 연합법 질서의 확보를 위해서는 특히 규범통제제도가 필요하므로 유럽연합 역시 규범통제제도로서의 사법심사제도를 보유하여야 함은 물론이다.

제 4 절 유럽연합에서의 사법 심사의 전제조건

1. 의 의

사법심사는 입법부가 입법한 법률에 의해 헌법이 침해되는 것을 방지하여 헌법의 최고규범성과 헌법질서를 수호·유지하고 국민주권에 바탕을 둔 입헌주의를 실현할 뿐만 아니라 국회의 입법권의 남용으로부터 국민의 기본권을 보호하고 다수의 횡포가 법률의 형식으로 나타날 때, 이를 억제, 소수를 보호하여 실질적인 민주주의를 실현하는 데에 그 목적을 두고 있는 제도이다.[119] 즉, 사법심사 특히 위헌심사는 단순히 당사자 간의 분쟁을 해결하는 차원에 머무르는 제도가 아니라 헌법상의 여러 가치, 즉 인간의 존엄성, 민주적 기본질서, 자유와 평등, 사회정의, 나아가 인간다운 생활을 할 권리 등과 같은 가치를 사법적인 방식을 빌려 구현한다는 나름대로의 제도적 의의를 보유하고 있다고 할 수 있다.[120] 입헌민주주의 국가에서 소수의 권리를 보호하고 핵심적인 가치를 다수의 횡포로부터 보호하는 기능을 담당하고 있는 사법심사의

---

119) 정종섭, 헌법학원론(박영사, 2009), 1436면.
120) 김운용, 위헌심사제도론, 114면.

기능[121]은 보통 사법부가 담당하고 있다. 그런데 그와 같은 사법부 역시 자신의 사법심사 권한을 남용할 가능성을 완전히 배제할 수는 없기 때문에 그에 대한 견제 장치 역시 필요로 하게 된다. 물론 성공적인 사법심사제도의 운영을 위해서는 다음에서 제시하는 전제 조건이 충족되어야 할 것이다.

그런데 현재의 유럽연합은 국제기구에 머무르지 않고 그 통합을 더욱 본격화하고 있다. 유럽연합 차원에서 주권, 민주적 정당성에 대한 고민이 본격적으로 제기되는 것은 우연이 아니라고 생각된다. 자신의 정체성의 유지와 효율적인 기능의 수행을 통한 지속적인 통합의 확보를 위해서는 무엇보다 내부적인 법질서를 완비하고 통합의 동력을 확보하는 것이 필요하다. 그렇다면 국가와 같이 유럽연합에게도 사법심사제도는 필요하다고 할 수 있다.[122] 그러므로 유럽연합에 있어서 사법심사제도의 필요성을 감안한다면, 다음에서 제시하고 있는 사법심사제도의 전제 조건 역시 유럽연합에게도 요구되는 것이라고 할 수 있을 것이다.

2. 사법심사의 전제 조건

1) 심사의 기준으로서 최고 법규범의 존재

보통의 사건을 다루는 재판에서는 법률을 적용규범으로 하는 것이 일반적이나 사법심사 특히 위헌심사에서는 법률 아닌 헌법을 적용규범

---

121) Wojciech Sadurski, *Rights Before Courts-A Study of Constitutional Courts in Postcommunist States of Central and Eastern Europe*(Springer, 2005), p. 108.

122) 유럽연합의 성공적인 제도적 운영을 위해서는 전체 연합의 차원에서 유럽연합법의 통일적인 적용(uniform application of EU law)이 필요하다고 할 수 있기 때문이다(Joakim Nergelius, Xavier Groussot, Timo Minssen, "Preliminary Rulings and Article 234(3) EC", 당해 문헌은 다음의 사이트 참조. http://potionline.net/Items/enforcement_docs/Preliminary%20Rulings%20234EC% 20(Forshufvud,%20Lindsay,%20Sum).pdf).

으로 한다. 사법심사는 이해관계 당사자 간의 법적 분쟁을 해결하는 것
에 그 본래의 의의가 있는 것은 아니기 때문이다. 그렇다면, 사법심사
특히 위헌심사를 담당하는 헌법재판소의 법정에서는 법률, 판결, 그리
고 행정행위까지도 모두 헌법이라는 척도에 비추어 심사되어야 할 사
실로 나타날 뿐이다.[123] 사법심사에서도 청구된 법적 분쟁의 해결을 목
적으로 한다는 점을 부인할 수는 없지만, 당해 절차에서는 헌법을 정점
으로 한 국법체계의 통일성과 일관성을 위한 규범통제가 주로 이루어
진다는 점에서 더 큰 의미를 부여할 수 있다. 특히 사법심사에서 헌법
은 최고의 상위법규범으로서의 지위를 향유하며 나아가 사법심사권의
법적 근거를 마련하여 주는 수권규범으로서의 역할과 법령의 위헌 여
부를 심사하는 데에 직접적인 기준이 되는 척도규범으로서의 역할을
담당하고 있다. 헌법은 자신의 가치에 대한 침해를 방지하고 자신의 법
적 실효성을 보장하기 위하여 사법심사제도의 근거로서 나아가 이의
판단 기준으로서 직접 작용하고 있는 것이다. 그렇다면 결국 사법심사
를 위해서는 법질서 내에 최고규범성의 지위를 향유하는 헌법이 존재
하여야 한다.

2) 독립적인 사법심사 기관의 존재

사법심사 특히 위헌심사를 제도적인 측면에서 조망하는 경우, 어떤
국가기관으로 하여금 심사를 행하도록 할 것인지가 주요한 문제로 부
각된다. 사법심사 특히 위헌심사는 입법부가 제정한 입법에 대하여 헌
법의 기준에 따라 심사하는 것이기 때문에, 보다 중립적이고 객관적인
지위를 향유하는 기관으로 하여금 당해 심사를 맡기도록 하는 것이 적
절하다. 그렇다면 사법심사를 독립성이 상당히 보장받는 사법부에게 맡
기는 것을 우선 고려할 수 있다. 하지만 사법심사·위헌심사가 활발하게

---

123) Ernst Friesenhabn, "Wesen und Grenzen der Verfassungsgerichtkeitsbarkeit", in: *Zeitschrift für Schweizerische Recht,* NF, Bd. 73, 1954, S. 140.

운용되고 있는 몇몇 나라를 감안한다면, 당해 심사를 위한 기능을 반드시 기존의 사법부에게 위임하고 있는 것 같지는 않다. 일반법원이 사건 소송에 부수하여 행하는 위헌심사 즉, 일반법원에 의한 사법심사제도가 존재하고 있는 것124)이 사실이기는 하지만, 특별법원으로서 헌법재판소에 의한 헌법재판제도를 도입하는 나라가 적지 않으며, 일반법원이나 헌법재판소와는 다른 헌법위원회에 의한 심사 제도를 도입하는 나라 역시 적지 않게 존재하기 때문이다. 프랑스가 가지고 있는 헌법평의회 제도 역시 그 중 하나의 유형으로 분류할 수 있다.125) 결국 이와 같은 유형 중에서 어느 것을 채택할 것인지는 개개 나라의 역사·전통·사상에 따라 그리고 정치적으로 결정될 문제이지만 입법부 그리고 행정부와는 독립된 기관에게 사법심사의 기능을 담당하게 하고 있다는 점에서 공통된 특징을 발견할 수는 있다. 즉, 사법심사의 성공적인 운영을 위해서는 독립적이고 중립적인 지위를 향유하는 별도의 기관이 완비되어야 하는 것이다.

---

124) 특히 미국에서의 사법심사는 본질적으로 사법부의 고유권한으로 인식되고 있기 때문에, 위헌법률심사권은 모든 일반 법원에게 귀속되고 있다. 그러므로 위헌법률심사를 비롯한 소위 헌법재판권만을 담당하는 독립적인 헌법재판기구는 존재하지 않으며, 연방법원과 주법원이 모두 위헌법률 심사권을 가지고 있다. 따라서 미국에서의 헌법재판은 행정재판이나 상사재판과 같은 일반 재판과 구별되는 특수한 지위에 있는 것이 아니다. 모든 법원은 재판의 종류와 상관없이 모든 재판에 동일한 소송 절차를 적용하여 사건을 심판하기 때문에 미국식 사법심사에서 일정한 종류의 사건을 헌법문제와 관련한 사건으로 범주화하는 것은 원칙적으로 인정되지 않는 것이다(Vicky Jackson and Mark Tushnet, *Comparative Constitutional Law*(Foundation Press, 1999), p. 461). 이에 따라 위헌 결정의 효력이 당해 사건으로 제한되기는 하지만, 미국은 선례구속의 원칙에 의하여 이의 문제를 상당 부분 해결하여 가고 있다(강승식, "위헌법률심사제의 유형에 관한 연구", 한양법학 제16집, 6면).

125) 김운용, 위헌심사제도론, 23-24면.

3) 국민적 합의 - 민주적 정당성의 문제

민주주의적 법치국가에 있어서는 모든 분쟁은 국가최고기관 상호 간이든 국가기관과 개인 간이든 연방과 주(州)간이든 혹은 주(州) 상호 간이든 그 분쟁 대상의 종류를 불문하고 재판절차에 의해서 해결되는 것이 법치 국가의 이상에 합치된다고 할 수 있다. 그러므로 위헌입법심 사권은 바로 법치국가 사상의 결과라고도 볼 수 있는 것이다. 그런데 국가기관의 민주적 정당성의 경우 국민주권의 원리에 입각한다면 국민 에 의한 직접선거로 구성된 국가 기관의 민주적 정당성이 가장 강하다 고 할 수 있다.126) 그러므로 국민의 직접 선거로 구성된 것도 아니고, 다른 국가기관에 의하여 간접적으로 구성된 사법부 혹은 제3의 독립기 관이 의회의 입법에 대해 심사를 하도록 하는 것은 적지 않은 문제를 야기할 수밖에 없다. 하지만 헌법의 핵심적인 가치를 보호하고 소수자 의 권리를 다수의 횡포로부터 보호할 목적으로, 다시 말해 민주주의의 오작동을 시정하기 위하여 도입된 것이 사법심사제도라는 점을 감안한 다면, 민주적 정당성의 크기만을 들어 사법심사제도의 의의를 재단할 수는 없을 것이다.

그렇다고 하여 사법심사를 담당하고 있는 기관의 민주적 정당성을 전혀 무시할 수 있다는 것은 아니다. 민주적 정당성이란 국민의 정치적 합의를 의미한다.127) 국민주권 하의 대의민주주의체제에서 국가 기관 의 하나인 사법심사기관 역시 주권의 일부인 당해 사법심사권한을 행 사하고, 나아가 행사하는 권한이 헌법에 대한 해석과 법률에 관한 심사 이기 때문에 그에 상응하는 민주적 정당성을 구비하여야 하는 것은 당 연한 것이다.128) 이러한 민주적 정당성을 충족하려면 국민적 정당성의

---

126) 배준상, "헌법재판과 입법권", 고시연구(1991. 10), 34-36면.

127) 이광윤·이봉한, "헌법재판기관의 구성 원리와 우리 제도의 개선방향", 성균관법 학 제16권 제3호(2004). 239면.

128) 특히 헌법재판의 민주적 정당성에 관한 연구로는 남복현, "헌법재판의 민주적 정당성", 전북산업대학 논문집 제13집(1991), 429면 이하 참조.

요구와 다원적 민주주의 나아가 절차적 민주주의의 요구를 충족하여야 한다. 이를 위하여 구체적으로 국민들에 의하여 직접 선거를 통해 사법심사기관을 구성하는 방법도 있을 수 있겠지만, 재판관에 대한 신임투표로 연임여부를 결정하는 방법, 민주적 정당성을 지닌 입법기관에서 재판관을 선출하는 방법 그리고 기타 국가기관에서 선출하여 국회의 승인을 받는 등 사법심사 기관을 구성하는 것에는 여러 가지 방식들이 존재한다. 이를 통하여 사법심사의 정당성을 획득할 수 있을 것이고 사회 구성원들의 합의와 동의를 자연스럽게 이끌어 낼 수 있는 것이다. 그렇다면 사법심사를 담당하는 기관이라고 하여 민주적 정당성과 전혀 무관하다고 할 수는 없는 것이며 특히 그의 구성방식 역시 사법심사의 민주적 정당성을 확보하는 방향으로 이루어져야 할 것이다.

4) 법질서의 통일성

법질서의 통일성은 현실이 아니라 과제라고 할 수 있다.[129) 그러므로 오늘날 일반적으로 통일성 원리는 논리적 원리가 아닌 입법자 혹은 해석자에 대한 실천적 요청으로 이해되고 있다. 그런데 법질서의 통일성을 통하여 법적 안정성을 이룰 수 있고 안정적인 분쟁 해결을 도모할 수 있기 때문에 당해 질서의 통일성은 결코 포기할 수 없는 가치이다. 우리 헌법에서는 독일 기본법 제20조 제3항[130)과 같은 법질서의 통일성을 명확히 전제하는 규정이 없지만 헌법의 법치 행정의 원리를 포함

---

129) Karsten Schmidt, "Einheit der Rechtsordnung - Realität? Aufgabe? Illusion?", K. Schmidt(hrsg.), *Vielfalt des Rechts - Einheit der Rechtsordnung?*(Dunker & Humbolt, 1994), S. 28(오세혁, 규범충돌 및 그 해소에 관한 연구-규범 체계의 통일성과 관련하여-서울대학교 법학학위 논문, 2002. 2., 57면에서 재인용).
130) 독일 기본법 제20조 제3항
　입법은 헌법질서에 구속되고 행정과 사법은 법률과 법에 구속된다(Die Gesetzg ebung ist an die verfassungsmäßige Ordnung, die vollziehende Gewalt und die　Rechtsprechung sind an Gesetz und Recht gebunden).

하는 법치국가 원리 특히, 위헌법률심사제도 등을 통하여 법질서의 통일성은 묵시적으로 수용되고 있다.[131] 즉, 법질서의 통일성의 달성을 위하여 위헌법률심사제도인 사법심사제도는 필히 요구되는 것이며 이의 성공적인 운영을 위해서는 역시 법질서의 통일성이 요구되는 것이다. 이렇게 법질서의 통일성과 사법심사제도는 서로 밀접한 관련을 맺고 있다고 할 수 있다. 사법심사 운영의 성공을 위해서는 헌법과 같은 최고 법규범이 존재하여야 하며 결국 이를 통하여 법질서의 통일성을 도모할 수 있는 데 이와 같은 법질서의 통일성의 달성은 다시 헌법을 기준으로 하는 사법심사제도의 성공을 위한 전제조건이 될 것이기 때문이다. 그런데 사법심사의 척도규범으로서 그와 같은 헌법이 필요한 것이 사실이지만, 사법심사 혹은 위헌심사가 헌법만을 기준으로 자신의 기능을 다 하는 것은 아니다. 입법부에 의한 법률을 심사함에 있어서는 헌법을 기준으로 판단할 것이지만 그 이하의 법규범을 심사함에 있어서는 헌법뿐만 아니라 법률 역시 그 심사기준이 될 수 있기 때문이다. 그렇다면 전체적인 법질서의 통일적인 관리와 운영을 위한 사법심사를 위해서는 결국 잘 정돈된 법질서가 필히 요구된다고 할 수 있다. 물론 이를 통해 보다 진전된 형태의 법질서의 통일성을 발전적으로 이룰 수 있을 것이다.

3. 유럽연합의 경우

동유럽의 정치적 붕괴 이후 더욱 가속화된 서유럽공동체의 경제적·정치적 통합은 유럽연합 내에서의 유럽 시민의 자유로운 이동·체류와 단일통화인 유로(Euro) 제도를 정착시켰으며, 회원국도 동유럽에까지 확산되어 2010년 현재 27개국이 되었다. 경제적 결속, 회원국의 가입확

---

131) 오세혁, 규범충돌 및 그 해소에 관한 연구 – 규범 체계의 통일성과 관련하여 –, 58면.

대와 더불어 유럽연합은 정치적 결속과 유럽 시민의 기본권 보장을 위
하여 2000년 니스 조약의 부속형태로 유럽연합의 미래에 관한 선언을
채택하였고, 이후 Laeken 유럽이사회, 유럽미래 회의, 정부 간 회의의
활동 등을 통해 유럽헌법을 시도하였으며132) 이제는 리스본 조약을 통
하여 통합과정을 점검하고, 통합의 강도를 더욱 강화하고 있다. 특히 유
럽연합은 민주주의의 요구보다는 법치주의의 원리에 따라 그 통합의
정도를 강화하고 있는 것으로 보인다. 통합의 물꼬를 튼 것이 1차적인
법원으로 여겨지는 여러 가지의 조약이었으며, 통합의 구체화를 위하여
제2차적인 법원으로 불리는 법규범을 유럽연합은 적극적으로 활용하고
있기 때문이다. 나아가 유럽연합은 이와 같은 제도를 활용하여 이제는
유럽정치공동체의 설립가능성까지 고려하고 있기까지 하다.133)

　　지금까지의 안정적인 통합과 향후 계속적인 통합의 진전을 위해서
는 유럽연합 자신의 법질서가 필수적으로 요구된다. 그렇다면, 사법심
사 혹은 위헌심사가 공권력이 헌법의 의사에 어긋나게 행사되거나 혹
은 행사되지 않음으로써 헌법이 침해되는 경우를 대비하여 헌법을 정
점으로 한 국법체계의 통일성과 일관성을 보장하기 위한 제도적 장치
라는 것을 감안하고,134) 유럽연합 역시 자신의 지속적인 통합을 위하여
자신만의 법체계를 보장할 필요가 있다는 것을 고려한다면 연합도 그

---

132) 박인수, "EU 헌법의 주요 내용과 특징", 유럽헌법연구 Ⅰ(영남대학교 출판부,
　　 2006), 2면.
133) 채형복, 유럽헌법론(높이깊이, 2006), 13면. 물론, 이는 유럽연합의 연방국가로
　　 서의 가능성을 의미하는 것이다. 물론 유럽연합의 통합에 있어, 연방국가에 대
　　 한 합의나 목표가 명확히 존재하는 것은 아니지만 유럽연합 내에 연방주의에
　　 대한 논의가 전혀 없는 것도 아니다. 실제로 1991년 마스트리히트 조약의 체결
　　 을 위한 정상회의의 준비 기간 동안 유럽연합의 설립을 위한 조약인 TEU 상에
　　 '연방 방향으로 진전하고 있는(evolving in a federal direction)'이라는 문구의 삽
　　 입 여부에 대하여 반대하는 영국 정부와 타 회원국 간의 의견 충돌로 인하여
　　 당해 문제가 본격화된 적이 있었다(Neil Nugent, *The Government and Politics
　　 of the European Union*, p. 468).
134) 김운용, 앞의 책(각주 66), 18면.

와 같은 사법심사제도가 필요하다는 결론에 어렵지 않게 도달할 수 있
다. 그렇다면, 유럽연합도 사법심사제도의 구비를 위한 위와 같은 요건
을 갖추어야 할 것이다.

1) 유럽연합 차원에서의 헌법의 문제

헌법은 물적 관할과 지위의 관점에서 다른 법규범들과는 구별되는
법규범이다. 전자와 관련하여 정치적 권력의 창출과 행사에 직접적으로
관여를 하며, 후자와 관련해서는 모든 여타의 법규범에 대하여 우위의
지위(take precedence over)를 점하고 있는 규범이 바로 헌법인 것이다.
특히 당해 헌법을 만듦으로써 정치적 권력이 전제적인 방식이 아닌 일
단의 규칙에 따라 행동하는 것을 가능하게 하며, 약간의 기본적인 가치
와 절차가 일상의 정치적 논쟁으로부터 보호되고, 이용될 수 있게 된
다.135) 요컨대 헌법은 정치적 규칙을 위한 정당화 원리를 규정하고 이
의 행사를 위한 기본적인 적법성의 조건을 규정하는 문서라고 할 수 있
다. 그러므로 모든 헌법들은 제도와 국가권력의 행사에 대한 규정을 보
유하게 되는 것이다. 나아가 헌법은 법적 효력의 기반 위에서 사회의
통합을 위한 중요한 요소로 기능하게 된다.136)
그런데 유럽연합은 조약을 통하여 통합을 이어가고 있는 정부 간 협
력에 머무르고 있는 실체일 뿐이어서 회원국으로부터의 주권의 완전한
이전은 아직 실현되고 있지 않다.137) 이로 인하여 유럽연합은 아직 완

---

135) 이상 Dieter Grimm, "Integration by Constitution," 3 *International Journal of Constitutional Law* 2 & 3 (Special Issue), 2005, pp. 193-194.

136) Michael Kammen, *A Machine That Would Go of Itself*(Knopf); Jürgen Heideking, "Der Symbolische Stellenwert der Vsrfassung in der politischen Tradition der USA", in Hans Vorländer(ed.), *Konsens durch Verfassung*(Dunker & Humbolt), p. 123(*Ibid.*, p. 201에서 재인용).

137) Dieter Grimm, "Does Europe Need a Constitution?", *1 European Law Journal* 3, p. 283. 주권이 집단의 능력을 조합하고 집중화하며 나아가 구현하는 절대적

전한 수준의 헌법을 보유하지 못하고 있다. 물론 자신의 법규범을 만듦으로써 정치적 권력이 전제적인 방식이 아닌 일단의 규칙에 따라 행동하도록 도모하고 있으며 유럽연합 사법재판소는 이를 기준으로 유럽연합의 기관과 회원국 행위의 합법성을 심사하고 있다는 점에서 유럽연합 차원에서 헌법이 존재한다는 주장이 있을 수는 있다.[138) 하지만 유럽연합 차원의 법규범은 정치적 권력의 창출과 행사에 직접적으로 관여하지 못하고 있는 사실과, 유럽연합법질서를 이루고 있는 회원국 법규범까지 상정한다면 통상적인 헌법과 같이 모든 여타의 법규범에 대하여 우위의 지위(take precedence over)를 점하고 있다고 할 수는 없다. 특히 유럽연합의 권한 행사는 전적으로 연합의 헌법적 규범(constitutional norm)에 의하여 이루어지고 있는 것이 아니고 오히려 회원국의 의사에 의하여 영향 받을 수 있기 때문에 유럽연합 차원에서의 헌법에 대한 판단은 더욱 부정적일 수밖에 없다.[139) 유럽연합 차원에서의 1차적 법원인 설립조약과 그 개정 조약을 헌법이라고 주장할 수도 있겠지만,[140) 당해 조약 이원에는 유럽차원의 공적 권력(public power)이 없을 뿐만 아니라 이는 회원국에 의하여 단지 조약을 통하여서만 개정될 수 있기 때문에, 당해 조약을 유럽연합 차원의 직접적인 헌법으로 상정할 수도 없다.[141)

유럽연합 사법재판소는 유럽연합법을 헌법적인 문서(constitutional

인 힘이라는 것(Ulrich K. Preuss, "Discerning Constitutions from Statehood - Is Global Constitutionalism a Viable Concept?", Petra Dobner and Martin Loughlin(eds.), The Twilight of Constitutionalism(Oxford University Press, 2010), p. 33)을 염두에 둔다면 더욱 그러하다.

138) Jo Shaw and Antje Wiener, "The Paradox of the 'European polity'," in Maria Green Cowless and Michael Smith(eds.), *The State of the European Union*(Oxford University Press, 2002), p. 88.

139) Dieter Grimm, "Does Europe Need a Constitution?", p. 288.

140) 당해 조약은 유럽연합이 2차적 법원을 생성하고, 적용하고 나아가 집행하는 여러 가지 다양한 조치를 위한 기반과 체제를 형성하기 때문이다(*Ibid.*, p. 290).

141) *Ibid.*, p. 291.

document)로 평가하고 있지만,[142] 이를 통하여 유럽연합이 헌법을 보유하였다는 종국적인 결론을 내릴 수는 없는 것이고 오히려 이는 유럽연합법을 심사기준으로 활용하기 위한 유럽연합 사법재판소의 노력의 일환이라고 파악하는 것이 적절할 것이다.

2) 척도규범으로서의 유럽연합법

Simmenthal 사건 등에서 유럽연합법이 회원국의 헌법보다 우위에 있다고 주장하는 명제가 유럽연합법이 곧 헌법이라는 것을 담보하지는 않는다. 그렇다고 하여 유럽연합 차원에서의 헌법이 존재하지 않는다는 것이 유럽연합 차원에서의 법적 효력을 인정할 수 있는 법규범이 없다는 것을 바로 의미하지도 않는다. 유럽연합 사법재판소가 직접적으로 유럽연합법을 헌법이라고 명명하지는 않지만, 여러 원칙을 통하여 이에 대하여 의미 부여를 하려고 부단히 노력을 하고 있는 것이 사실이기 때문이다. 나아가 실제로 이를 준수하려는 적지 않은 의사가 관찰되고 있는 것[143] 역시 사실이기 때문에 유럽연합법을 결국 유럽연합 차원에서

---

142) Case 294/83, *Parti Écologiste 'Les Verts' v. European Parliament*, 1986 ECR 1339, at 1365 para 23. 이와 같은 견해를 고수한다면 유럽연합 차원에서도 헌법재판제도가 존재한다고 볼 수 있을 것이다. 하지만 앞서 보았듯이 유럽연합이 보유하고 있는 헌법이 일반 연방국가가 보유하고 있는 헌법이 아니듯이 유럽연합 차원의 헌법재판 역시 일반적인 의미의 헌법재판이라고 단정할 수는 없다. 김용훈, "유럽연합의 헌법재판제도", 유럽헌법연구 제9호(2011.6), 115~130면에서는 규범통제 중심으로 운영되고 있는 다소 불완전한 헌법재판제도로 평가하고 있다. 기능적 의미에서의 헌법재판이 현대국가의 중심적인 과제로 되고 있다는 사실을 감안한다면(이헌환, "현대 사법제도의 경향과 특징-세계국가들의 헌법규정을 참고로-", 세계헌법연구 제16권 제4호(2010.12), 155면), 불완전하기는 하지만 위와 같은 유럽연합의 헌법재판제도는 연합의 정체성 평가에 긍정적인 요인으로 작용할 것이다. 그런데 헌법재판제도가 규범통제제도로 구체화된다는 것을 고려하면 결국 유럽연합의 헌법재판제도에 대한 보다 구체적인 고찰 역시 연합의 규범통제제도를 중심으로 이루어져야 할 것이다.
143) 1966년도에 독일연방정부는 연방 세관원에 대하여 유럽연합법원의 결정이 연방

의 일응 유효한 법으로 상정할 수 있다. 그렇다면 위에서 언급한 바와
같이 유럽연합법은 유럽연합의 차원과 회원국의 차원에서 개별적으로
조망할 수 있는 이차원의 특징(bi-dimensional character)을 가지고 있다
는 평가가 가능하다. 결국 각자 자신의 효력을 위한 법원(legal source)
과 유효성의 조건을 가지고 있다고 보는 것이 적절한 것이다.[144]

그러므로 유럽연합 사법재판소는 자신의 법질서 수호를 위하여 일
단 유럽연합법의 지위와 효력을 확보한 후 자신의 사법심사제도에서
이를 척도규범으로 활용하고 있다고 보인다. 특히 유럽연합 사법재판소
는 연합법에 대하여 연합 차원에서의 최고성의 지위를 선언하고 있기
때문에, 자신의 사법심사제도를 위한 척도 규범으로 이를 활용하는 것
에 치명적인 문제가 있는 것은 아니다.

정부의 충분히 타당한 주장과 상충한다는 이유로 이를 무시하라는 지시를 내렸
다(July 7, 1966(ⅢB. 4-V 8534-1/66), Der Betrieb(1966), 1160, quoted in Karen
J. Alter, "The European Court's Political Power", 19 *Western European Politics,*
1996, pp. 458, 475). 유럽연합법원에 대한 국내 집행부의 우위성을 주장하려는
그와 같은 시도는 정부의 지시에 저항하는 독일 법학자들과 독일수출협회에 의
한 (반대) 캠페인을 유발하였으며 급기야 의회 내에서 정부의 명령을 법치국가
의 원리와 어떻게 조화시킬 수 있을 것인지에 대한 공식적인 논의까지 촉발시
켰다(Gert Meier, "Der Streit um die Umsatzausgleichsteuer aus integrationspolitischer
Sicht," 3 *Recht der Internationales Wirtschaft,* 1994, S. 75-77). 결국 국내 정치
의 영역에서 유럽연합 사법재판소의 규범적인 권위는 유럽연합 사법재판소와
모든 수많은 회원국 법원과 기능의 협력 속에서 도출된다는 것을 알 수 있다
(Anne-Marie Burley & Walter Mattli, "Europe Before the Court: A Political
Theory of Legal Integration" 47 *International Organization,* 1993, p. 75). 나아
가 유럽연합 조약의 내용에 대한 기본적인 결정권은 여전히 회원국이 보유하고
있는 것이 사실이지만, 유럽연합 조약은 기본적으로 법적 구속력을 인정받고 있
다(Dieter Grimm, "Does Europe Need a Constitution?", p. 299).
144) *Ibid.,* p. 289.

3) 유럽연합 차원에서의 사법심사 기관

앞서 살펴본 바와 같이 기본권의 효과적인 보호를 위하여 사법심사의 기능은 독립적인 기관에 부여하는 것이 적절하다.[145] 특히 입헌민주주의 국가에서 헌법이 정하는 기본권을 실현하는 제1차적인 임무는 국가에 부과되어 있기 때문에 국회, 정부, 법원 등이 가장 먼저 당해 의무를 이행하여야 하지만, 그들이 당해 의무를 이행하지 않거나 권한을 남용하는 경우에는 헌법재판소와 같은 기본권 보장의 최후 보루로서의 역할을 수행하는 독립적인 기관을 둘 수 있다.[146] 하지만 다른 기관보다 법원이 어떠한 지속적인 가치를 명확히 하기 위한 헌법을 해석하는 데에 있어 잘 준비되어 있는 기관이라는 점에서 사법심사의 임무를 별도의 기관이 아닌 법원에게 부여하는 경우도 적지 않은 것이 사실이다.[147] 법원은 정치적 과정이 침해받았다고 할 수 있는 경우에 정부의 행위를 심사하는 최후보루(backstop)로서 기능하는[148] 가장 덜 위험스러운 부(the least dangerous branch)로 상정할 수 있기 때문이다[149]

---

145) Wojciech Sadurski, *Rights Before Courts-A Study of Constitutional Courts in Postcommunist States of Central and Eastern Europe*, p. 108.

146) 정종섭, 헌법소송법(박영사, 2008), 6면.

147) 물론 사법심사의 기능을 헌법재판소와 같은 별도의 기관에 부여하거나 혹은 법원에 부여하는 경우에 있어, 양자의 차이가 전혀 없는 것은 아니다. 미국식의 사법심사와 같이 법원에게 사법심사의 기능을 맡기는 경우에는 사건성과 쟁송성이 강하게 지배하게 되지만 헌법재판소와 같은 별도의 기관에게 사법심사의 기능을 부여하는 경우에는 사건성과 쟁송성의 법리가 그대로 적용될 수는 없기 때문이다(위의 책, 10면).

148) 사법심사를 민주주의의 보루라고 보는 다른 입장으로 C. Perry Patterson, "Judicial Review as a Safeguard to Democracy", 29 *Georgetown Law Journal* 829, 1941, p. 830. 참조. 특히 Patterson은 민주주의가 곧 제한 민주주의(limited democracy)라는 점에서 그와 같이 주장한다.

149) Alexander Bickel 교수는 그 이유로 법관의 종신직 보장과 고립적 지위, 법관의 법이론 교육과 경험 그리고 법관의 독특한 능력과 여가 등을 제시하고 있다 (Alexander Bickel, *The Least Dangerous Branch*(Yale University Press, 1962).

유럽연합의 경우에도 유럽연합 사법재판소라는 기타 기관들과 독립적인 지위를 향유하는 유럽연합만의 사법부가 존재한다. 특히 당해 재판소는 유럽연합 차원의 기본권 보호와 유럽연합법의 헌법화(constitutionalization of Treaties)로 대표되는 법질서의 통일성의 확립을 위한 역할을 적극적으로 수행하고 있기 때문에150) 국내적인 차원의 사법부와 유사한 기관으로 상정할 수 있다. 그렇다면 일단 유럽연합 차원에서도 사법심사제도의 전제 조건 중의 하나인 독립적인 사법기관이 존재한다고 할 수 있을 것이다.

4. 유럽연합 차원에서의 사법심사

유럽연합이 통합주의적 체제와 회원국과의 관계에서 존재하는 권력, 권리와 의무를 규제하는 독특한 법질서를 보유하게 되었다는 평가151) 에 의하면 유럽연합 차원에서도 사법심사의 필요성을 인정할 수 있다. 그리고 만일 당해 사법심사제도가 발견된다면, 유럽연합 역시 사법심사의 전제되는 요건들을 보유하고 있다고 일응 예견해 볼 수 있다. 실제로 유럽연합이 국제적인 무대에서 활동을 하고 있음에도 불구하고 최고의 지위를 향유하는 법규범152)과 독립적인 사법기관을 보유하여 사

---

150) Takis Tridimas, *The General Principles of EU Law*(Oxford University Press, 2007), p. 5; Christiaan Timmermans, "The Constitutionalisation of the European Union", 21 *Yearbook of European Law,* 2002, p. 1.

151) Alan S. Milward & Viibeke Sørensen, "Independence or Integration? A National Choice," in Milward et al., *The Frontier of National Sovereignty: History and Theory,* 1945-1992, p. 19.

152) 이는 이전에도 언급을 하였지만 유럽연합 사법재판소의 입장에서 그러하다는 것이다. 유럽연합 주도의 통합의 진전을 위해서는 그와의 충돌을 허용하지 않는 자신의 법규범을 확보하여야 할 것이지만, 당해 사항이 회원국 차원에서 보편적으로 받아들여지고 있는 것이 아니기 때문이다. 특히 MacCormick 교수는 공동체법의 최고성이 유럽연합법에 대한 회원국의 전적인 종속(subordination)을 의

법심사제도의 전제되는 요건을 보유하고 있음은 지금까지 고찰한 바와 같다. 통상적으로 국제적인 차원에서의 사법심사는 국제재판소가 국제 법에 의거하여 분쟁당사국들에게 구속력 있는 결정(판결)을 내리는 경 우를 총칭하는 것으로 국제재판을 일컫는 것이라는 것을 염두에 둔다 면153) 유럽연합 차원에서 사법심사제도의 전제조건에 대한 고찰은 유 럽연합의 사법심사제도가 국가의 그것에 상당 정도 닮아 있다는 것임 을 어렵지 않게 상정할 수 있도록 한다. 즉, 유럽연합의 경우에는 회원 국의 그것과는 별도154)의 사법심사제도가 독립적으로 존재하고 있다고 볼 수 있는 것이다.

그런데 사법심사의 전제 조건 중에 독립적인 사법심사기관의 설치 와 독자적인 법질서의 확립은 정책적인 판단과 정책 결정자들의 합의 로 어렵지 않게 획득할 수 있다는 점을 고려하면, 유럽연합의 사법심사 와 관련하여 가장 문제되는 것은 아무래도 민주적 정당성(democratic legitimacy)이라고 할 수 있을 것이다. 민주적 정당성이 국민의 합의와 그들의 자발적인 참여로 얻을 수 있다는 것을 고려하면, 유럽연합은 아 직 연방국가에서의 국민을 보유하고 있지 않으므로155) 자신의 수준에

미하지는 않는 것이고 특히 이는 회원국 헌법의 전체에 대한 복종 역시 의미하 지 않는 것이라고 한다(N. MacComick, "Beyond the Sovereign State," 56 *Modern Law Review* 1, 1993).

153) *Handbook on the Peaceful Settlement of Dispute between States*, §§ 165∼167 at pp. 54∼55(김대순, 국제법론, 1176면에서 재인용).

154) 그러므로 유럽연합 차원에서의 사법심사는 회원국 차원에서 이루어지는 국내 법원에 의한 국제법규범에 대한 사법심사제도와는 구별되는 것이다. 사실 국가 적인 수준에서 이루어지는 국제법규범에 대한 사법심사에 대한 논의는 일반적 이라고 할 수 있다. 하지만 이는 성선제, "조약의 사법심사", 법학연구(충남대학 교 법학연구소) 제20권 제1호(2009. 6.), 25∼30면에서와 같이 결국 국내의 사 법심사제도를 전제로 하여 그 대상으로 국제법규범을 상정할 수 있느냐의 논의 라는 점에서 유럽연합 차원에서의 사법심사제도에 대한 논의와는 그 궤를 달리 하고 있다.

155) 유럽연합 차원에서 연방국가에서와 같은 국민이 존재하지 않는 것은 당연하다. 유럽연합이 연방국가가 아닐뿐더러, 유럽연합의 법규범에서는 연방국가에서의

서는 여전히 민주적 정당성의 존재를 완전히 확보할 수는 없기 때문이다.[156) 그런데 유럽연합은 사법심사제도의 운영에서 민주적 정당성의 문제에 대해서는 그다지 고민을 많이 하지는 않는 것 같다. 민주적 정당성을 충분히 확보하지 못하고 있음에도 사법재판소는 통합을 위하여 오히려 정책에 기울어진(policy-oriented) 판결과 사법적극주의적 태도를 통한 다소 급진적인 판결을 내리고 있는 데, 이는 그를 반영하고 있는 것이다.

국민에게 인정되는 국적(nationality)을 인정하지는 않고 있기 때문이다. 유럽연합 차원에서는 국민이 아닌 시민권(citizenship) 개념이 인정되고 있기는 하지만 이는 국내 시민권을 보충(supplement)하는데 불과하기 때문에 EU 동맹국의 국적을 창설하는 것이 아니라 기껏해야 단지 회원국의 시민권 내지 국적을 보완하는 나아가 그것에 종속할 뿐이다(김은경, "유럽연합 시민권의 법적 개념과 의미", 유럽연구 통권 제17권(2003년 여름), 305~326면). 그러므로 유럽연합 차원에서는 유럽연합의 시민과 별도로 민주적으로 조직화된 구성국가의 국민만이 조직화된 결사체로서 유럽연합의 의사결정에 적극적으로 참여할 수 있다(아르민 폰 복단디(Armin von Bogdandy, 박진완 역), "유럽을 위한 헌법원리", 917면).

156) 하지만 유럽연합 차원에서도 민주주의의 취약성에 대한 고민은 계속되고 있으며 이의 해결을 위하여 유럽연합은 지속적으로 노력하고 있는데 이는 안정적인 통합을 위하여 필수적으로 확보되어야 하는 사항이기 때문이다. 대의 민주주의가 일상화된 상황 하에서는 유럽연합의 경우에도 유럽의회의 권한과 지위를 중심으로 자신의 민주주의에 대한 제고를 고려할 수밖에 없을 것이다.

제 3장
유럽연합 사법심사제도와 행사 주체

제 1 절 유럽연합에서의 권력분립 실현

1. 유럽연합 차원에서의 보충성의 원리

유럽연합은 권력분립원리를 보유하고 있을까? 권력분립원리라 하면 대의제 국가에서 다양한 국가작용으로 나타나는 국가적 과제를 그 성질과 기능에 따라 여러 국가기관에 분산시킴으로써 기관 상호 간의 '견제와 균형'을 통하여 국민의 자유와 권리를 보호하려는 국가기관의 구성 원리를 말한다.[1] 하지만 보통 특정 국제기구의 헌장 속에서 정의된 그 국제기구의 목표는 회원국이 부여한 권한을 초과할 수 없도록 하는 것이 보통이므로 유럽연합의 차원에서도 권력분립 원리를 손쉽게 찾을 수는 없을 것 같다. 그런데 유럽연합의 경우 그 권한행사·배분과 관련하여 공식적으로 채택한 원리는 비례성의 원리와 보충성의 원리이다. 그렇다면 이를 통하여 유럽연합 내 권력분립원리의 구현 여부와 그 운영의 모습에 대한 보다 구체적인 고찰을 시도해 볼 수는 있을 것이다.

1) 리스본 조약 이전 유럽연합의 경우

위에서 제시한 권력분립원칙을 고려한다면 유럽연합 내에 그와 같은 권력분립 원리가 엄격하게 작동하고 있다고 볼 수는 없다. 유럽연합의 운영에 있어서 "연합은 회원국의 차원에서 그 목적이 성취될 수 없는 사안에만 연합 차원에서 조치를 취하는 것으로 연합의 행위를 한정한다"[2]는 보충성의 원칙이 주요 원칙으로 자리 잡고 있기 때문이다. 따

---

1) 이와 같은 권력의 분할과 견제·균형을 통하여 독재로부터 국민을 보호하는 효과를 도모할 수 있게 된다(*Black's Law Dictionary*(West Group, 1999), pp. 1369-1370).

라서 유럽연합의 경우에도 회원국이 전반적으로 권한을 보유하는 것이 원칙이며 연합의 권한은 예외적인 것이라는 결론에 도달하게 된다. 이전의 EC 설립조약에서도 공동체는 애초에 일반적인 권한을 부여받은 것은 아니었으며 조약상의 여러 활동을 수행하는 데에 있어 행사할 수 있는 권한은 보충성의 원리에 따라 설립조약의 개개 수권조항에서 부여받은 권한뿐이라고 할 수 있었다.3) 과거 EC 조약 제235조에서는 보충성의 원리와 관련하여 다음과 같은 규정을 두고 있었다.

"공동시장의 운영에 있어 공동체의 목표를 실현하기 위하여 공동체의 행위가 필요한 것으로 입증될 경우, 본 조약이 권한을 명시하지 않은 경우에도 집행위원회의 제안과 유럽의회의 자문절차를 거쳐 회원국의 만장일치에 의하여 이사회가 적절한 조치를 취한다."

이는 이후 유럽공동체 조약 제5조에서도 반영되고 있는데4) 유럽연합은 결국 보충성의 원칙을 꾸준하게 채택하여 오고 있다는 평가가 가능하다. 즉, 보충성의 원칙은 유럽공동체 차원에서 진작부터 도입을 하고 있었던 원칙이었다.5) 이와 같은 보충성원칙 도입의 주요한 이유 중

---

2) 장경원, "EU행정법의 작동원리로서 보충성의 원칙," 행정법연구(2007년 상반기), 317면.

3) 박재창, "유럽연합의 공동체 권한과 회원국가권한의 배분에 관한 연구 : 보충성 원칙을 중심으로", 국제정치논총 제37집 2호(1998), 137면.

4) 당해 규정은 다음과 같다.
"공동체는 이 조약에서 부여받은 권한과 할당받은 목표와 범위 내에서 행동한다(제1문). 공동체는 자신의 배타적 권한에 속하지 않은 분야에 있어서 보충성의 원칙에 따라 제안된 행위의 목표를 회원국들에 의하여 충분히 달성할 수 없고 그에 따라서 제안된 행위의 규모나 효과에 의하여 공동체가 더 잘 달성할 수 있는 경우에만 그리고 당해 범위 내에서 행동한다(제2문). 공동체의 행위는 당해 조약의 목표를 달성하는 데에 필요한 수준을 넘을 수 없다(제3문)."
물론 제3문의 경우는 직접적으로 비례성의 원칙을 규정하고 있는 것이다.

5) 그 이전의 1951년 파리 조약 제5조에서도 "공동체는 유럽공동체 조약 제308조가 정하거나 상황이 요구되는 경우에만 생산에 관한 행동을 집행한다"라고 규정하여 보충성 원칙은 묵시적으로 조약에 반영되어 있었다(전 훈, "유럽헌법상의 보충성의 원칙", 유럽헌법연구 I (영남대학교 출판부, 2006), 176면).

의 하나는 위원회의 과도한 권한 강화시도라고 할 수 있다. 공동체 통합과정 중에 공동체권한의 확대는 유럽연합의 중앙집권주의를 심화시켰는데 위원회가 특히 연합 조약의 수호자로서의 역할을 담당함으로 인해 연합의 중앙집권주의를 위한 그의 권한은 계속 강화되어 왔던 것이 사실이다. 이와 같은 위원회의 과도한 권한강화에 위기를 느낀 회원국이 이를 교정하기 위한 방편으로 도입·적용한 것이 보충성의 원칙인 것이다. 다시 말해 유럽연합 차원에서 보충성의 원칙은 유럽연합 권한의 지속적인 강화로 인한 회원국 자신의 권한 침해에 대한 우려를 불식시키기 위하여 도입된 원칙이라고 보는 것이 적절하다.

나아가 이는 회원국 차원의 판례상으로도 직접적으로 반영이 되고 있었는데 특히 영국 런던의 소음과 공해를 줄이기 위하여 런던 내에서 화물자동차의 야간 교통을 금지시킨 *Regina* 사건[6]이 대표적이다. 당해 사건에서 원고는 교통규제 당국의 요구사항이 유럽연합의 관련 지침 (directive)과 EEC 제30조에서 요구하는 것 이상을 요구하는 것이어서 유럽연합법에 위배된다고 주장하였는데, 이에 대해 Lord Templeman은 "환경의 질을 보존·보호·개선한다는 공동체 목표의 달성은 개별 회원국 차원에서의 행동을 필요로 한다"고 하여 보충성의 원칙을 원용하였던 것이다.[7]

2) 리스본 조약에서 유럽연합의 권한

리스본 조약 제5조 제1항에 따르면 유럽연합의 권한의 한계는 (권한) 부여의 원칙(the principle of conferral)에 의하여 결정되며, 특히 연합의 권한 행사는 보충성의 원칙과 비례성의 원칙에 의하여 규율을 받

---

6) *Regina v. London Boroughs Transport Committee, ex p. Freight Transport Association Limited and Others,* 〔1992〕 1 *Common Market Law Review* 5.

7) 김대순, "마스트리히트 유럽동맹조약에 나타난 보충성의 원칙에 관한 연구," 국제법학회논총 제39권 제2호(1994.12), 75면.

는다. 특히 제2항에 의하면 권한 부여의 원칙에 따라 유럽연합은 조약에서 정해진 목적을 달성하기 위하여 회원국에 의하여 부여된 권한의 한계 내에서 행위를 하여야 한다. 이에 따라 조약에서 연합에게 부여되지 않은 권한은 여전히 회원국이 향유하게 된다. 회원국이 잠재적인 전 권한을 행사하는 것에 비하여 권한 부여의 원칙에 의하여 유럽연합은 제한된 권한만을 행사할 수 있을 뿐인 것이다.8)

그러므로 유럽연합의 권한은 리스본 조약에서도 회원국에 의하여 상당한 영향을 받고 있다고 할 수 있다. 다시 말해 유럽연합은 유럽연합 사법재판소를 중심으로 회원국에 대한 자신의 영향력을 계속적으로 강화해 나가고 있는 것이 사실이기는 하지만, 주권의 침해를 우려하는 회원국의 지속적인 반발로 인하여 회원국의 영향력을 완전히 부인할 수는 없다. 이와 관련하여 Dieter Grimm 교수는 다음과 같이 언급하고 있다.

> 유럽연합이 자신의 정체성이 보호되어야 하는 국가의 공동체로 남겨져 있는 한, '조약의 주인(Masters of the Treaties)'로서의 그들의 지위, 권한을 부여할 수 있는 권한(Kompetenz-Kompetenz) 그리고 제한되고 특정한 권한의 이전 원리는 모두 제 자리를 차지하게 된다. 당해 원칙 하에서는 법원의 리스본 조약에 대한 승인에서 보여주는 것과 같이 특히 제2차적 입법 과정에서 아무 것도 변경되는 것은 없다. 기껏해야 당해 결정은 유럽연합이 자신의 합법성을 대체적으로 회원국의 민주주의에 의존을 하고 있을 뿐만 아니라 그와 같은 힘의 원천을 소진하는 데에 망설이고 있다는 것을 더 확인시켜 줄 뿐이다.9)

---

8) 그렇다면 유럽연합의 제1차적 법원이라고 하더라도 당해 법규범이 유럽연합 차원에서 헌법의 모든 내용을 함유하고 있다고 할 수는 없게 된다(Dieter Grimm, "Treaty or Constitution?", in Erik Oddvar Eriksen, John Erik Fossum and Augustín José Menéndez(eds.), *Developing a Constitution for Europe*(Routledge, 2004), p. 74).

9) Dieter Grimm, "Defending Sovereign Statehood against Transforming the European Union into a State," 5 *European Constitutional Law Review*, 2009,, pp. 372-373.

그러므로 유럽연합이 자신의 권한 확대를 위한 노력을 지속적으로 시도하고 있는 것은 사실이지만 여전히 권한의 조정자는 언제라도 탈퇴할 수 있는 회원국이라고 볼 수밖에 없으며, 이와 같은 사항은 리스본 조약에도 보충성 원칙을 통하여 그대로 반영되고 있다고 할 수 있는 것이다.

3) 유럽연합 운영에서 보충성의 원칙

리스본 조약 이전의 유럽헌법조약도 보충성 원칙과 관련한 규정을 두고 있었는데, 당해 규정을 리스본 조약 제5조는 승계하였다. 다음과 같다.

> "유럽연합은 목표로 하는 행동이 중앙 혹은 지역 및 지방적 차원에서 회원국에 의해 충분히 달성될 수 없고 반면에 제안된 행동의 규모 혹은 효과를 이유로 연합차원에서 보다 더 잘 달성될 수 있는 경우에 한하여 행동하여야 한다."

리스본 조약 하에서 당해 보충성의 원칙은 언급한 바와 같이 특히 연합의 권한과 관련하여 규정되어 있다. 즉, 리스본 조약에 따르면 '연합 기관은 이전의 경우와 마찬가지로 자신의 권한을 행사하는 데에 보충성의 원칙을 준수하여야 하는데 특히 리스본 조약에서는 당해 보충성 원칙의 적용확보를 위하여 구체적인 조건을 정하고 있는 의정서 (protocol)를 후미에 보유하고 있다.[10] 보충성의 원칙이 연합과 회원국 간의 권한의 배분과 관련하여 주로 적용되는 원칙이기 때문에 국내 의회는 의정서에서 규정한 절차에 따라 본 보충성의 원칙이 준수되고 있는 지 여부에 대한 심사를 주도적으로 담당할 수 있다. 즉, 위원회와 유럽의회는 입법조치안(draft legislative acts)을 국내 의회에 제출하여야 하며,[11] 당해 입법조치안은 보충성과 비례성의 원리에 따라 확정되어야

---

10) Protocol (No. 2) on the Application of the Principle of Subsidiarity and Proportionality.
11) Protocol (No. 2) on the Application of the Principle of Subsidiarity and Proportionality,

하는 것이다.12) 특히 국내 의회는 보충성 원칙의 위반 여부와 위반된다
고 판단하는 경우 그와 같이 판단하는 이유를 제시할 수 있다.13) 나아
가 유럽연합 사법재판소는 입법행위에 대한 보충성 원칙 침해 여부를
다루는 소송에서 관할권을 향유하며,14) 위원회는 보충성의 원칙에 의한
보고서를 국내 의회에 제출하여야 한다. 보충성의 원칙은 주지하다시피
연합의 권한이 보충적으로 행사될 수 있을 뿐이며 회원국의 권한을 중
심으로 연합이 운영된다는 원칙을 의미한다. 아직 회원국의 영향력을
무시할 수 없는 유럽연합으로서는 당해 보충성의 원칙을 당분간 포기
할 수 없을 것으로 보인다. 통합을 본격적으로 진전시키려고 했던 유럽
통합헌법이 좌초되고 그의 대안으로 마련이 된 리스본 조약으로서도
회원국의 입지를 고려하지 않을 수 없었고 그에 따라 자연스럽게 보충
성의 원칙 역시 당해 리스본 조약에서는 강조되고 있는 것이기 때문이다.

Art. 4.
12) 비례성의 원칙과 관련하여서는 리스본 조약 제5조 제4항에서 규정하고 있다. 다
   음과 같다.
     비례성의 원리에 따라 연합 조치의 내용과 형식은 조약의 제 목적을 달성하는 데에 필요한
   한도를 초과하지 말아야 한다.
     특히 De Búrca는 당해 비례성의 원칙의 충족여부를 판단하는 데에 있어 (1)
   관련 조치가 정당한 목적을 달성하는 데에 적합한 지 (2) 그 조치가 당해 목적을
   달성하는 데에 필요한 지 나아가 (3) 그 조치가 청구인의 권리에 과다한 영향을
   끼치는 지에 대하여 심사하여야 한다고 주장한다(Gráinne de Búrca, "The
   Principle of Proportionality and its Application in EC Law", 13 *Yearbook of
   European Law*, 1993, p. 113).
13) Protocol (No. 2) on the Application of the Principle of Subsidiarity and Proportionality.
   Art. 6.
14) Protocol (No. 2) on the Application of the Principle of Subsidiarity and
   Proportionality. Art. 8. 그러므로 보충성의 원칙의 해석과 유럽연합 기관의 동 원
   칙 준수여부에 대한 사법심사 가능성에 대한 논란은 규정을 통하여 불식되었다
   고 볼 수 있을 것이다(김대순, "마스트리히트 유럽동맹조약에 나타난 보충성의
   원칙에 관한 연구", 82-84면).

2. 유럽연합에서 드러나는 권력분립의 문제

유럽연합과 회원국 간의 관계가 아닌 유럽연합 내 기관 간 관계에 대한 논의에 있어서도 고찰한 바와 같이 보충성 원칙을 중심으로 권한 배분의 문제를 다루는 경우가 적지 않은 것이 사실이다.[15) 하지만 당해 기관 간 관계를 논함에 있어서는 권력적 측면에서 접근을 하는 것이 불가능한 것은 아니다.[16) 기관 자체를 대상으로 하는 것이 아닌 기관 간 관계를 중심으로 논의를 함에는 상호간 견제와 균형의 관점이 중시되고 있기 때문이다. 실제로 유럽헌법조약 초안에서 유럽연합 내 의회의 견제와 관련하여, 유럽의회의 대유럽이사회·위원회에 대한 예산 통제[17) 그리고 위원회에 대한 불신임 제도가 인정되고 있으며 유럽위원회·이사회의 대의회 견제 기능으로 유럽의회의 구성과 의회의 해이(hazard)에 대한 이사회의 통제기능이 인정되었듯이 유럽연합 내 권력분립을 위한 다양한 제도를 어렵지 않게 발견할 수 있다. 나아가 헌법초안뿐만이 아니라 리스본 조약의 경우에도 그와 같은 면모는 그대로 유지되고 있다. 유럽연합은 회원국들이 합의하고 있는 사항들에 대해서는 공통의 규범을 정리하고 있으며 이의 집행을 위한 연합 차원의 작동

---

15) 하지만 권한배분의 문제로 다루는 경우에 있어서도 결국은 기관 간 관계보다는 "기관 내"의 권한배분의 문제로 다루는 경우를 어렵지 않게 관찰할 수 있다(대표적인 예로 Juan Fernando Lopez Aguilar, "The balance of power between the European Council, the Council and the Commission in the draft European Constitution," in Stelio Mangiameli(ed.), *Governing under Constitution*(Springer, 2006), p. 438). 유럽연합 내 권한에 대한 논의는 김용훈, 유럽연합의 규범통제제도 — 선결적 부탁절차를 중심으로 —, 서울대학교 법학박사학위논문(2011.2.), 64~71면 참조.

16) 이에 대해서는 Juan Fernando Lopez Aguilar, "The balance of power between the European Council, the Council and the Commission in the draft European Constitution," pp. 433-444. 본고에서는 세력균형(balance of power)적인 관점에서 논의하고는 있으나 이것 또한 권력(power)적인 관점에서의 분석임은 물론이다.

17) 이는 유럽헌법초안 제III-403조~제III-409조를 통해 비교적 구체적으로 규정을 하고 있었다.

기제가 존재하고 있을 뿐만 아니라 이와 같은 작용들을 최종적으로 통제하고 판단할 수 있는 사법작용 역시 유효하게 작동시키고 있다는 평가가 가능한데 이 같은 관점을 채용한다면 유럽연합 역시 일응 입법작용, 집행작용, 사법작용이라고 할 수 있는 권력을 행사하고 있다고 볼 수 있는 것이다.[18] 이와 같은 유럽연합의 경우를 고려하면 권력분립의 연구에 있어서는 권력이라는 분석 대상이 필요하기는 하지만 당해 권력이 곧 국가권력을 반드시 의미하여야 하는 것은 아님을 알 수 있다.

그렇다면 유럽연합 역시 국가권력은 아니지만 권력을 보유하고 있다는 평가가 일응 가능할 것이고, 그렇다면 그 권력을 중심으로 하는 권력분립의 기제 내에서 연합의 사법부 역시 사법권이라는 권력을 보유하여 자신의 권한을 행사하고 있다는 가정을 유효하게 할 수 있을 것이다.

3. 유럽연합 내 권력분립과 유럽연합 사법재판소의 위상

보충성의 원칙을 통하여 권한배분원리를 중심으로 운영되고 있는 유럽연합을 감안한다면 연합 내 권력분립원리가 국가의 경우와 완전히 동일하게 작동하고 있는 것은 아니다. 하지만 묵시적으로나마 권력분립원리는 연합 내 운영원칙에 내재되어 있는 것으로 보이며, 향 후 유럽연합이 그 통합의 정도를 강화할수록 당해 원리는 보다 직접적으로 연합 내 운영 원리로서 자리를 잡을 것이다. 유럽연합이 비록 국가는 아니더라도 기존 국가에 적용되는 권력분립원리가 유사하게 작동되고 있는 것이지 연합 내 기관의 운영을 위한 그와 전혀 다른 원리가 연합 차원에서 개발될 것이라고는 생각되지 않는다.

그렇다면 유럽연합의 작동 원리 내에서 운영되는 법원 역시 연합 내

---

18) 박인수, "유럽헌법상의 권력분립 원칙", 유럽헌법의 기본원리(제1회 유럽헌법학회 창립총회 및 학술 발표회 자료집), 41면.

권력분립원리의 영향을 받을 수밖에 없다. 특히 통상적인 법원의 경우
와 동일하게 유럽연합 사법재판소의 경우도 원칙적으로 자신이 행하는
재판의 독립성을 확보하기 위해서 권력분립 원리가 필요하기도 하다.
유럽연합 사법재판소는 유럽연합 상의 입법권과 행정권에 해당하는 유
럽의회와 위원회·이사회로부터 독립적인 지위를 보장받을 수 있어야
하기 때문이다. 그런데 유럽연합 사법재판소는 오히려 유럽연합의 권력
분립의 확립을 위해서 적지 않은 역할을 수행하고 있는 것으로 보인다.
유럽연합 사법재판소는 이사회, 위원회, 유럽중앙은행의 행위의 적법
성, 제3자에 대한 법률효과를 발생시키기 위한 유럽의회의 행위의 적법
성을 심사할 수 있으며[19] 유럽의회를 비롯하여 유럽이사회, 위원회, 그
리고 유럽중앙은행이 그 연합 조약을 침해하여 해당 행위의 제정을 태
만히 한 경우, 특정 기관이나 회원국이 그 침해사실을 확인하기 위한
소송을 자신에게 제기하면 그에 대하여 판단을 할 수 있는 관할권을 보
유하고 있기 때문이다. 나아가 관련 조치가 무효이거나 혹은 해당 조치
를 취하지 않은 것이 유럽연합법에 위반한다고 선고를 받은 기관, 조직
또는 기타 부서는 유럽연합 사법재판소의 판결을 이행하는 데 필요한
조치를 취해야 한다는 것도 유럽연합 사법재판소에 의하여 아울러 선
언될 수 있다. 특히 유럽연합 사법재판소는 특히 권력분립의 유지를 위
하여 사후적 교정의 기능을 담당하는 그리고 사법심사제도라고 불리는
제도를 적극 활용하고 있다는 점을 주목할 필요가 있다. 국가라고 볼
수 없는 유럽연합이 국가의 전유물이라고 할 수 있는 사법심사제도를
가지고 있는 것은 이례적이라고 할 수 있기 때문이다. 여하튼 비록 국
가가 가지고 있는 권력분립의 모습을 정확히 보유하고 있는 것은 아니
지만, 유럽연합 차원에서도 그와 유사한 권력분립의 모양새를 관찰할
수 있다는 것을 고려한다면, 유럽연합 사법재판소의 구성과 조직도 국
가의 그것과 그다지 상이하지는 않을 것이다.

---

19) 이는 유럽헌법초안 제Ⅲ-365조 1호에서 규정하고 있었으며 리스본 조약 제263조
로 계승되었다.

제 2 절 유럽연합차원에서 사법심사주체로서의 유럽연합 사법재판소

1. 유럽연합 사법재판소의 구성

1) 유럽연합 사법재판소의 창설과 그 구성

유럽연합 사법재판소는 1951년 4월 18일 파리에서 서명이 된 ECSC 조약을 통하여 창설되었는데 당시 ECSC 조약 제31조에 따르면 재판소는 '제 조약의 해석과 적용을 확보하고 제 조약의 집행을 위하여 제정된 규칙이 준수되는 것을 확보'하는 임무를 부여받았다.[20] 사실 당시 ECSC의 제정자는 법원 기능의 중요성을 예견하지 못하였지만 유럽연합 사법재판소는 이후 유럽 조약이 기반을 두려고 하였던 체제를 방어하고 형성하는 데에 필요한 결정적인 역할을 수행하게 된다.[21] 물론 1950년대 유럽연합법원의 업무량은 법원에게 그다지 부담되는 것은 아니었다.[22] 이후 「유럽공동체에 공통되는 기관에 대한 협약(Convention on Certain Institutions Common to the European Communities)」을 통하여 세 개의 공동체에 대해 관할권을 보유하는 단 하나의 유럽연합법원이 탄생을 하게 되었고 이후 줄곧 법원은 공동체의 발전에 기여하며[23]

---

20) Anthony Arnull, *The European Union and its Court of Justice*(Oxford University Press, 2007), p. 5.

21) *Ibid*.

22) 당시 1961년 11월에 EEC 조약 하에서 첫 번째 판결(Case 7/61 *Commission v. Italy* 〔1961〕 ECR 317)을 내기 전까지 당해 법원이 담당을 한 사건은 단지 5권의 얇은 유럽법원 보고서를 구성하고 있을 뿐이었다. 더욱이 그 당시 사건의 대부분은 단지 기술적인 사항(technical matters)에 대한 것이었다.

23) Anthony Arnull, *The European Union and its Court of Justice*, p. 7.

자신의 기능과 역할을 담당하고 있다.

　유럽연합 사법재판소는 유럽연합에서의 사법부라고 할 수 있어서 회원국의 영향력으로부터 독립된 채 정치적 고려를 배제한 법집행을 보장하고 있다. 또한 재판소는 유럽연합기관 상호간뿐만이 아니라 유럽연합과 회원국사이에서의 심판자로서의 역할을 수행하며 공동체법의 공식적 해석과 적용을 위한 역할을 담당하고 있기도 하다.[24] 통상적으로 사법심사주체의 구성 원리는 주로 그 주체의 구성, 자격, 그리고 임기 등에 관한 규정에서 구현된다고 할 수 있다는 점을 고려하면 사법심사담당 기관인 유럽연합 사법재판소의 구성, 임기, 자격 등의 사항에 대한 구체적인 고찰은 재판소의 지위와 역할에 대한 판단기준을 제시해 줄 수 있을 것이다.

2) 유럽연합 사법재판소의 판사

(1) 판사의 자격

　유럽연합 사법재판소의 판사는 그 임명에 있어서 다음의 요건을 갖추어야 한다.

　　재판관과 법률고문관은 그의 국적국에서 최상위의 사법적 직위에 임명될 수 있는 능력을 보유하고 있거나 공인받는 법률가로서 독립성이 의심받지 않는 자들 중에서 임명된다: 그들은 회원국 정부의 상호 합의에 의하여 제255조에 따른 패널의 협의 후에 6년의 임기로 임명된다.[25]

　특히 규정에 따라 연합의 회원국은 자신의 국민을 적어도 한 명을

---

24) Trevor C. Hartley, *The Foundations of European Community Law*, p. 50. 당해 기능을 직접적으로 수행하는 제도가 사법심사제도임은 물론이다.

25) 그리고 리스본 조약 제253조(TEU 제223조)에 따르면 특히 유럽연합 사법재판소의 재판장은 재판관들에 의하여 매3년마다 비밀투표(secret ballot, 유럽법원 규정 제7조 제3항)에 의하여 선출되고 연임할 수 있으며 재판소의 행정·사법 업무를 주관하며 전원 재판관 회의를 주재하게 된다(*Ibid.*, p. 51).

임명할 수 있으며26) 국내법원에서의 판사로 임용되는 것이 제한되는 변호사(academic lawyers)라도 유럽연합 사법재판소 재판관으로 임명될 수 있다.27) 나아가 그들은 통상적으로 연임이 되며 판사의 정년은 정해져 있지 않다.28) 다만, 그들은 판사의 직위 유지를 위한 필수적인 요건을 충족시키지 못하고, 직위로부터 야기하는 의무를 더 이상 수행할 수 없다는 사유가 다른 판사들과 법률고문관들의 만장일치의 의견에 의하여 인정되는 경우, 퇴직될 수는 있다.29) 나아가 판사들의 배경 역시 다양하다고 할 수 있어서 유럽연합 사법재판소의 판사 중에는 정치인 혹은 행정직에 근무했던 사람, 개인적으로 사업을 하였던 사람뿐만이 아니라 회원국에서 교수로 지내던 판사도 어렵지 않게 볼 수 있다.30)

(2) 회원국으로부터 독립된 판사의 지위

고도의 공정함을 유지하며 판결을 내려야 하는 사법부의 판사는 그 독립성 보장이 무엇보다 중요하다 할 수 있다. 특히 유럽연합 사법재판소는 국제적인 차원에서 판결을 내리기 때문에 그 독립성이 더욱 보장되어야 할 것이다. 혹자는 이의 임명절차와 비교적 짧은 임기로 인하여 법관의 독립성에 문제를 제기하는 이도 없지는 않지만31) 조약상으로

---

26) 리스본 조약 제19조 2항 1문, 2문.
27) T. C. Hartley, *The Foundations of European Community Law*, p. 51.
28) 다만 퇴직을 하려는 유럽연합 사법재판소의 판사와 기존의 제1심 법원의 판사들이 재임명될 수 있다는 점에 대해서는 규정을 두고 있다(리스본 조약 제253조 제4문: Retiring Judges and Advocates-General may be reappointed).
29) 유럽연합 사법재판소 규정 제6조. 하지만 당해 절차에 의하여 퇴직을 당한 재판관은 아직 존재하지 않는다.
30) Trevor C. Hartley, *The Foundations of European Community Law*(Oxford University, 2007), p. 52. 아울러 유럽연합 사법재판소의 많은 수의 재판관은 이전에 판사로서 재직하지 않았다(J. Richard Piper, The *Major Nation-States in the European Union*(Pearson Education Inc., 2005, p. 52).
31) 왜냐하면 짧은 임기로 말미암아 판사의 교체가 정부의 관할 하에서 결정될 수 있는 가능성을 무시할 수는 없기 때문이다(R. H. Lauwaars, "Institutional Structure", in P. J. G. Kapteyn, A. M. McDonnell, K. J. M. Mortelmans, C. W.

명백히 그 독립성이 보장되고 있어서 꼭 그렇지는 않다. 사실 유럽연합 사법재판소 내 재판관 구성원들의 그들 각 국적국으로부터의 완전한 독립을 의심하지 않고 있는 것으로 보인다.32) 물론 법관들은 그들의 국적국이 소속된 법체계의 상이한 전통에 의하여 영향 받을 수 있고 나아가 자신이 속한 국가의 국내적 이점(利點)을 이용할 수는 있지만, 그렇다고 하여 판사와 그의 국적국간에 엄밀한 상관관계가 존재하는 것은 아니다.

　오히려 유럽연합 사법재판소의 재판관들은 유럽 중심적 성향을 가지고 있다는 평가를 받고 있다.33) 이는 유럽연합 차원의 재판관으로서 자신에게 맡겨진 사건을 종국적으로 해결하기 위한 필수적 전제조건이다. 유럽연합 사법재판소는 회원국 내의 법원이 아니라 유럽연합의 법원이기 때문이다. 그렇다면 이의 재판 규범은 유럽연합법일 것이며 판단을 하는 데에 있어서도 유럽연합의 가치를 중시할 수밖에 없다. 특히 유럽연합의 재판관은 자신의 적극주의적인 태도를 통하여 유럽연합의 통합에 박차를 가하고 있기까지 하다. 재판관의 지위가 보장 안 된다면 이는 불가능한 사항이다. 그러므로 이를 위하여 재판관들의 평결은 극비리에 이루어지고 있어서 자신의 법률고문관도 평결과정에의 참여가 제한되고 있으며 판사의 직접적인 독립성보장을 위하여 그의 연임을

A. Timmermans and L. A. Geelhoed (eds.), *The Law of the European Union and the European Communities-with reference to changes to be made by the Lisbon Treaty*-(Wolters Kluwer, 2008), p. 234.

32) 판사의 국적국으로부터의 압력에 대한 가장 중요한 보호수단은 법원의 판결이 항상 하나의 의견으로 공개된다는 것이다. 즉, 법원의 의견은 다수 의견만 공시될 뿐이지 반대 의견(dissenting opinion)이나 별개의견(separate opinion)은 공개되지 않는다. 다른 의견이 존재하면 자신의 의견이 공개되어 결국 출신국을 위한 판결을 할 개연성이 크기 때문이다. 물론 법원의 의사결절 과정의 일반적인 특징(general features)은 공개된다(Tim Koopmans, "'Judicial decision-making'," in Campbell and Vayatzi(eds.), *Legal Reasoning and Judicial Interpretation of European Law*(1996), ch 5, p. 94; Trevor C. Hartley, *The Foundations of European Community Law*, p. 52).

33) Trevor C. Hartley, *The Foundations of European Community Law*, p. 52.

보장하고 정년에 제한이 없도록 하고 있다. 또한 제적 시에도 타 판사
의 만장일치에 의하여서만 제적되도록 하고 당해 절차에 회원국은 관
여할 수 없도록 하고 있어서 설사 자신의 출신국에 불리한 평결이라도
재판관은 유럽연합을 위하여 자유롭게 결정을 내릴 수 있다.[34]

3) 법률고문관

유럽연합 사법재판소에는 재판관과 동등한 지위를 인정받는[35] 불란
서의 Conseil d'Etat에서 유래한[36] 법률고문관(Advocate General)제도가
있다. 리스본 조약(Ⅱ) 252조는 법률고문관과 관련하여 다음과 같이 규
정하고 있다.

> 유럽연합 사법재판소는 8명의 법률고문관에 의하여 보조를 받는다. 재판소가 요
> 청하고 이사회가 만장일치로 동의하는 경우에 법률고문관의 정원을 늘릴 수 있다.

---

34) 특히 소송을 진행하는 데 있어 자신의 국적을 지닌 판사가 없는 경우에 많은 국
제 법원에서 사용이 되고 있는 임시적으로 임명하는 국적재판관제도가 유럽연합
사법재판소에는 존재하지 않는다(특히 국제사법법원의 경우에는 국제사법재판소
규정 제31조). 나아가 규정상으로 자신의 국적을 보유한 재판관이 없다고 하여
법원의 구성이나 재판부의 구성 변경을 추구하는 것도 엄격히 금지된다. 이로 인
하여 유럽연합 사법재판소의 관할권 상으로 유럽연합의 성향이 특히 강조될 수
있다. 물론 각 회원국은 한 명의 재판관을 임명할 수 있기 때문에 법원의 구성
상 자신의 국적을 보유하고 있는 재판관을 확보할 수는 있다(R. H. Lauwaars,
"Institutional Structure", p. 235).
35) 즉 그들은 임명, 자격, 임기, 그리고 퇴직의 신청에 있어 재판관과 동일한 지위를
향유한다. 나아가 봉급도 재판관과 동일하며, 발령순서에 따라 유럽연합 사법재
판소 재판관과 동등한 지위를 향유한다(Anthony Arnull, *The European Union
and its Court of Justice*, p. 19).
36) 이는 불란서의 행정재판소를 의미하는 것으로 ECSC 조약에 대한 프랑스 대표
(French delegation)의 1951년도 보고서에서 확인할 수 있다(Cyril Ritter, "A new
Look at the Role and Impact of Advocate General-Collectively Individually," 12
Columbia Journal of European Law, 2005-2006, p. 751).

법률고문관은 8명으로 구성되어 있으며37) 주로 큰 규모의 회원국 (big countries)에서 선발을 하고 있다.38) 유럽연합 사법재판소의 기능과 관련하여 행정적인 사항(administrative matters)이 논의되는 경우에는 법률고문관이 유럽연합 사법재판소의 법관들과 동석하기는 하지만 사건과 관련하여 법원의 심리(the Court's deliberation)에서는 공식적인 역할을 담당하지는 못한다. 즉, 법률고문관은 법원의 평결에 있어 일정 정도 보조를 할 뿐, 그들의 의견에는 공식적인 구속력(binding effect)이 인정되지 않고 있다. 하지만 이들의 의견은 법원의 평결과정에서 중요한 역할을 수행하고 있으며, 또한 재판관의 평결에도 적지 않은 영향을 주고 있는 것으로 평가받고 있다.39)

---

37) 리스본 조약 252조.
  사법재판소는 8인의 법률고문관의 보좌를 받는다. 사법재판소의 요청에 의거하여 이사회는 전원일치로 법률고문관의 수를 증원할 수 있다.
  법률고문관은 유럽연합 사법재판소 규정에 의거하여 자신의 협력이 필요한 소송에 있어서는 공개법정에서의 이유를 붙인 최종 변론을 완전히 중립적이고 독립적으로 행한다.

38) Trevor C. Hartley, *The Foundations of European Community Law*, p. 52. 프랑스, 독일, 이탈리아, 스페인 그리고 영국 등 5개국에서 각 1명의 법률고문관을 임명할 수 있으며, 이외의 회원국에서 나머지 법률고문관들을 알파벳 순서대로 임명을 하고 있다(Joint Declaration on Article 31 of Decision 95/1/EC, Euratom of 1 January 1995 Adjusting the Instruments concerning the Accession of New Member States to the European Union, 1995 O.J.(L 1), p. 221; Joint Declaration on the Court of Justice annexed to the Final Act of the Treaty concerning Accession, 2003 O.J.(L 236) p. 971). 그러므로 5개국은 법률고문관을 재임명할 수 있지만 다른 회원국의 경우에는 그렇게 하지 못하게 된다(Cyril Ritter, "A new Look at the Role and Impact of Advocate General-Collectively Individually", p. 752).

39) 즉, 유럽연합 사법재판소의 재판관은 특정 사건에서 결정을 함에 있어 상당한 주의로 법률고문관의 의견을 고려하고 있으며 자신의 의견을 개진하는데 있어서 전적으로(fully) 고문관의 의견을 따른 경우도 많다. 특히, 법률고문관의 견해는 판결문과 함께 법원 보고서(law reports)에 실리고 있다(T. C. Hartley, *The Foundations of European Community Law*, p. 53).

(1) 법률고문관의 지위

법률고문관의 지위와 관련하여 리스본 조약은 다음의 규정을 가지고 있다.

　　유럽연합 사법재판소는 각 회원국 당 한 명의 재판관으로 구성된다. 재판관은 법률고문관의 원조를 받는다.

　　유럽연합 사법재판소의 재판관과 법률고문관 나아가 일반법원의 재판관은 독립성에 의심의 여지가 없으며 유럽연합 기능조약 253조와 254조에 규정된 조건을 충족시키는 자들 중에서 선발된다.40)

법률고문관 역시 유럽연합 사법재판소의 재판관과 같이 공평성과 독립성을 향유한다.41) 그들은 특히 유럽연합 혹은 회원국을 대표하지 않으며, 단지 공익을 대변한다고 여겨진다. 재판관과 독립하여 수행되는 자신의 임무의 중요성으로 인하여 법률고문관의 견해는 법원의 두 번째 견해라는 평가를 받고 있기까지 하다. 그런데 법률고문관의 책임 정도와 관련하여서는 재판관의 그것과 약간의 차이를 보이는데 이는 특히 고문관의 의견 공개와 관련된 것이다. 앞서 보았듯이 유럽연합 사법재판소에서의 각 재판관의 견해는 단지 다수 의견만 제시될 뿐, 별개 의견이나 반대 의견은 제공되지 않아42) 법원의 의견이 어떠한 재판관의 견해인지 알 수가 없다. 반면에 법률고문관의 견해는 그것을 표명한 재판관의 이름으로 공고가 되기 때문에 법률고문관은 자신의 의견에 대한 일정 정도의 책임을 부담하게 되는 것이다.

나아가 대부분의 사건에서 유럽연합 사법재판소가 초심과 최종심으로서의 역할을 담당하고 있다고 여겨지기 때문에 당해 법률고문관의

---

40) 리스본 조약 제19조 2항 1문.

41) Nial Fennelly, "Reflections of an Irish Advocate General," 5 *Irish Journal of European Law* (1996), p. 5; Takis Tridmas, "The Role of the Advocate General in the development of Community Law: Some Reflections," 34 *Common Market Law Review*, 1997, p. 1349.

42) Paul Craig & Gráinne de Búrca, *EU Law,* p. 95.

임무는 안전장치(safeguard)로서 간주되고 있기도 하다.[43]

(2) 법률고문관의 역할

법률고문관의 역할과 관련하여서 리스본 조약에서는 다음과 같이 규정하고 있다.

> 유럽연합 규정에 따라 그의 협력이 필요한 소송에 대해서는 공개법정에서 이
> 유를 붙인 최종 변론을 완전히 중립적이고 독립하여 행하는 것이 법률고문관의
> 의무이다.[44]

특정 사건의 공개법정에서 자신의 의견을 개진할 수 있는 법률고문관은 특히 유럽연합 사법재판소의 요구에 의하여 만장일치로 자신의 의견들을 결정한다. 법률고문관은 평결과정에 참여하지 못하는 한계가 없는 것은 아니지만[45] 유럽연합 사법재판소에 대하여 자신의 독립적인 논증을 중요한 의견으로 제시할 수 있으며 이에 대해 법원의 재판관들이 상당한 주의를 기울여 고려하고 있다는 점을 감안한다면 그들의 중요성을 무시할 수만은 없다. 실제로 법률고문관들은 법원에 대하여 어떠한 결정을 하고, 어떠한 필요한 논증을 하여야 하는 지 구체적으로 지적하여 법원의 판단에 상당한 도움을 주고 있는 것이 사실이다. 특히 법률 고문관은 종종 법원의 결정보다도 더욱 광범위한 논증을 하는 경우가 많으며 법원의 나아갈 방향까지 제시하는 경우도 어렵지 않게 발견할 수 있다.[46] 그러므로 이와 같은 법률고문관의 사실상의 영향력 때

---

43) Francis Jacobs, "Advocates General and Judges in the European Court of Justice: Some Personal Reflection," David O' Keefe & Antonio Bavasso(eds.), *Judicial Review in European Union Law*(Kluwer Law International, 2000), pp. 17, 20.

44) 해당 조문인 리스본 조약 252조 2단.

45) 하지만 법률고문관이 유럽연합 사법재판소의 평결에 참여할 수 있는 제도적 장치는 간접적으로나마 마련되어 있다고 볼 수 있다. 유럽연합 사법재판소가 구두 절차의 재개정을 결정내리는 경우, 법률고문관의 의견을 다시 들어야 하기 때문이다.

문에 오히려 유럽연합 사법재판소의 재판관들은 결정을 내림에 있어 그들의 의견을 충분히 감안하고 평결을 내려야 하는 부담을 안게 된다.47)

사실 유럽연합의 사법시스템에는 상소절차가 없기 때문에 유럽연합 사법재판소는 1심 법원인 동시에 최종심 법원으로 간주되는 것이 사실이다. 그러므로 이와 같은 상황에서 법률고문관의 견해는 제1심 법원의 견해라고도 상정할 수 있어서 법률고문관의 중요성은 배가되고 있다. 다시 말해 당사자는 법원이 그의 심리를 개시하기 전에 관련 사건에 대한 코멘트를 부여할 기회를 통상적으로 가지지 못하는데 법률고문관 제도는 최종 평결 전에 부여된다고 볼 수 있는 특별한 상소(an appeal of special nature)의 기능을 수행한다고 볼 수 있는 것이다.

(3) 법률고문관에 의한 의견제시절차에 있어서의 장점

기실 유럽연합 사법재판소의 판결은 어렵고도 복잡한 형식을 가지고 있어 그에 대해 파악을 하는 것이 상당히 어렵다. 유럽연합 사법재판소는 형식적인 총의를 얻기 위하여 애매모호성과 비일관성을 적극적으로 내세우고 있기 때문이다. 하지만 이와 달리 법률고문관에 의하여 작성된 의견문은 읽기에 매우 용이한 문장으로 이루어져 있을 뿐만이 아니라 당사자들에 의하여 제시된 논증을 분석하거나 법원의 의견에 대한 자신의 견해를 피력하는 경우가 많아 사건의 이해에 적지 않은 기여를 하고 있다. 특히 법률고문관이 제시하는 결론은 당사자들이 주장

---

46) 특히 Joined Cases 60 and 61/84 *Cinéthèque SA v. Fédération Nationale des Cinémas Français*(1985)에서 법률고문관 Slynn의 적극적인 태도가 그러하다.

47) 실제로 Case C-91-92 Faccini Dori v. Recreb Srl(1994)에서 유럽연합법원은 개인 사이에서도 지침이 수평적인 효력을 가지고 있을 수 있음을 선언하였는데, 이는 당시 법률고문관인 Lenz가 지적한 사항이었다. 그러므로 Case C-415/93 *Bosman*에서의 고문관 Lenz의 견해, Case C-10/89 *Hag II*에서의 Jacobs의 견해, Case C- 267/91 *Keck and Mithouard*에서의 Tesauro의 견해, 그리고 Case C-249/96 *Grant v. South-West Trains Ltd*(1998)에서의 Elmer의 견해와 같이 법률고문관의 견해가 상당한 정도의 영향력이 있는 경우가 적지 않다(Margot Horspool & Matthew Humphreys, *European Union Law*, p. 105).

하는 쟁점에 의하여 제한을 받는 것48)도 아니어서,49) 고문관이 근본적인 해결책(original solution)을 제시하는 경우가 많으며 보다 광범위한 관점에서 사건을 파악하는 것도 가능하게 하여50) 사건해결의 단서를 더욱 적절하게 제공해 주기도 한다.

　회원국이 27개국으로 늘어나면서 유럽연합 사법재판소의 심리의 질을 향상시키는 데에 적지 않은 기여를 하고 있다는 평가를 받고 있는 법률고문관의 과중한 업무에 대한 조정의 필요성에 대한 논의가 없는 것은 아니지만,51) 법률고문관 제도는 큰 변화 없이 현재까지 운영되고 있다.

---

48) 이에 대한 대표적인 예로는 Case 17/74 *Transocean Marine paint Association V. Commission* (1974) ECR-1063이 있다(Trevor C. Hartley, *The Foundation of European Community Law*(Oxford University Press, 1988), p. 56에서 재인용).

49) 이에 따라 종종 법률고문관은 유럽연합 사법재판소가 국내법원으로부터의 선결적 문제(preliminary question)를 재구성하라는 취지의 권고를 하기도 한다 (C-152/03, *Ritter-Coulais v. FA Germersheim*에서 법률고문관 Léger의 견해).

50) 법률고문관은 적극적으로 학계와의 논쟁에 참여하여 법원과 학계와의 연계에 기여하고 있기 때문에(Philipe Léger, The Advocate-General(video from the European Navigation)(www.ena.lu, 2010. 12. 1 방문), 상당 정도 유럽연합 사법재판소와 학계간의 교량역할을 하고 있다고 할 수 있다. Francis Jacobs, "Advocates General and Judges in the European Court of Justice: Some Personal Reflection", p. 19에서는 "법률고문관은 문제에 대한 학문적 기술(scholarly writing)의 기여에 참여할 필요가 있다"라고 까지 언급하고 있다(Cyril Ritter, "A new Look at the Role and Impact of Advocate General-Collectively Individually", p. 759 Fn 40)에서 재인용).

51) *Ibid.*, p. 770. 법률 고문관의 수를 지속적으로 제한하는 것 즉, 적은 수의 핵심적인 법률고문관의 사건 참여는 공동체법의 발전과 일관성의 유지에 더 유리할 것이기 때문이다(Francis Jacobs, "Recent and Ongoing Measures to Improve the Efficacy of the European Court of Justice," 29 *European Law Review*, 2004, p. 823, 825).

2. 재판부의 구성 및 평결 절차

유럽연합 사법재판소는 현재 27명의 법관으로 구성되어 있다. 법원은 보통 1심 재판소의 판결에 당사자가 이의를 제기하는 경우 이를 담당하도록 하기 위해 3명 혹은 5명으로 구성되는 소법정(Chambers)을 두고 있다.[52] 나아가 전원재판부(a full Court)[53]를 대신하는 13명으로 구성되는 대법정(a Grand Chamber)을 통해 사건을 해결할 수 있는데 법원의 규정에 따라 언제든지 전원재판부에서 사건을 담당하게 할 수도 있다.[54] 즉, 중요한 문제에 대해서는 전원재판부가 사건을 담당하는 것이 일반적인데 특히, 회원국이나 공동체 기관이 당사자가 되는 소송에서 법원은 전원재판부로서 기능을 수행하게 된다.[55] 나아가 유럽 옴부즈만(European Ombudsman)과 위원회와 감사법원 구성원의 해임 그리고 징계조치를 내리는 사안과 같은 중요한 사안도 당해 전원 재판부에서 다루어진다. 뿐만 아니라 법원이 예외적인 중요성을 지닌 사건이라고 인정하는 경우에도 전원 재판부에서 그를 다룰 수 있다. 위원회 구성원의 불법행위(misconduct)로 인한 해임[56]이 대표적인 경우이다.[57]

나아가 유럽연합 사법재판소의 평결절차는 다수결에 의한다. 특별히 이들의 평결에 있어서 특이한 점은 평결을 위하여 판사수를 홀수로 유

---

52) 이에는 유럽연합 사법재판소장과 5명으로 구성된 재판부의 재판장이 참여하고 있다(Art. 16, Statute of the Court of Justice as amended by Decision of the Council of 26 Apr. 2004, O.J. 2004, 132/5).

53) 전원재판부는 모든 재판관으로 구성이 되어 있지만 15명 재판관의 참석으로 개정할 수 있다(유럽연합 사법재판소 규정 제17조).

54) 리스본 조약 제251조.

55) 유럽연합 사법재판소 규정 제16조 제3문.

56) 유럽연합 사법재판소 규정 제16조 제4문.

57) 이외에 유럽연합 사법재판소는 5인 재판부와 가장 작은 재판부라고 할 수 있는 3인 재판부를 가지고 있는 데 당해 재판부는 3인의 재판관만이 참석을 하면 개정을 할 수 있다(유럽연합 사법재판소 규정 제17조).

지하고 있다는 점이다. 그러므로 27명중 한 사람이 특별한 사정으로 불참 시 가장 재직기간이 짧은 판사는 평결에 참석하지 않게 된다. 재판장이 결정권을 가지고 있지 않은 것도 하나의 특징이라 할 수 있겠다.58) 특히 법원의 심리는 비공개를 원칙으로 하며 통역자 없이 심리가 진행된다. 평결이 영어나 독일어 등의 언어로 진행될 수는 있지만 대부분의 심리는 프랑스어로 진행되고 있다. 심리 이후, 판사에 따라 여러 가지 의견이 있을 수 있지만 이 중 다수의 의견만이 하나의 법원 결정으로 발표되는 것이 보통이다.

3. 유럽연합 사법재판소의 소송 절차

유럽연합 사법재판소의 절차는 법원 규정과 절차 규칙을 통해 구체적으로 규율되고 있으며 특히 법원의 소송 절차는 대륙법계의 그것과 동일하게 서면자료의 중요성이 강조되고 있다. 그러므로 소송 구조상 법원의 적극적인 역할이 특히 강조되고 있다고 할 수 있다. 유럽연합 사법재판소의 절차와 관련하여서는 특히 다음의 사항을 언급할 수 있을 것이다.

1) 절차의 진행

유럽연합에서의 소송 절차상으로 먼저 원고가 자신의 입장에 대해 제시하고 이의 내용을 사무관이 피고에게 제공하는 서면 절차가 존재한다. 당해 서면 절차에서 원고는 답변서(reply)라고 불리는 문서를 통

---

58) 재판장이 결정권이 없는 것은 사실이지만, 그의 투표가 최소한의 중요성을 지니지 않는 것은 아니다. 재판관들 사이의 의견에 명백한 차이점이 존재한다면 의장이 투표를 통해 법원의 견해를 결정할 수 있기 때문이다(David Edward, "How the Court of Justice works," 20 *European Law Review*, 1995, pp. 539, 556).

하여 피고에 대하여 답변을 할 수 있는 기회가 부여되며 이에 대해 피고는 자신의 답변서를 통해 답변할 수 있다.59) 그리고 소송 허용 여부를 결정하는 절차를 통해 소송의 속개 여부가 결정된다. 당해 절차에서 당사자는 소송 허용 여부에 영향을 끼치는 선결적 항변(preliminary objection)을 제기할 수 있는 데 당해 절차에서 문제되는 사건이 법원의 관할권에 해당되는지, 상대방에게 당사자 능력(locus standi)을 인정할 수 있는지 혹은 소송제기기한을 준수했는지에 대한 검토가 이루어지게 된다. 그리고 절차상으로 선결적 조사 절차가 있다. 이 절차에서는 사실 문제에 대하여 다루는 데 특히 관련 소송에서 특정한 관련 증거가 필요한지에 대한 결정을 법원이 행하게 된다. 그 후 법원장은 소재판부의 재판관 중 1인을 재판관 보고자로서 임명하며 그로 하여금 법적 쟁점에 대한 사전적 보고서를 준비하도록 한다. 당해 절차에서는 증명되어져야 할 쟁점에 대해 어떤 증거가 필요한지에 대한 사항이 다루어진다. 당해 절차에 있어서 특이한 점은 당사자의 증인이 아닌 법원의 증인이 소환되기 때문에 당사자가 증인 신청을 요구하고 싶은 경우에는 법원에 특별히 증인 요청을 하여야 한다는 점이다. 증언은 서면으로 기록되는데 특히 증인에게 읽혀진 후 증인의 서명을 요구하여 그 정확성을 기하고 있다.

나아가 유럽연합 사법재판소 소송상으로 구두절차(Oral Procedure)가 존재한다. 당해 절차는 판사보고자가 제시하는 보고서에 대한 당사자의 코멘트로 이루어져 있는데 이는 해당 사건의 사실 제시, 당사자에 의해 제시되어진 논쟁의 요약으로 구성된다. 또한 주요 발언에 대한 짤막한 답변이 다루어지며 판사와 법률고문관이 의문을 제기하는 경우,60)

---

59) 각 답변서에서 당사자는 더 많은 증거를 제시할 수 있는데, 당사자는 이의 제시가 지연되는 경우, 이에 대한 합당한 이유를 제시하여야 한다(Rules of Procedure of the Court of Justice of the European Communities(1991) OJ L 176, 4.7.1991, p. 7 as amended, text effective from 1 March 2009 Article 42; Jeff Kenner (ed.), *European Union Legislation 2009-2010*(Routledge, 2010), p. 209).

60) 의장은 구두 절차를 하는 동안에 당사자의 대리인, 조언자 혹은 변호사에게 의문

법정은 휴정을 하고 법률고문관이 자신의 의견을 준비하도록 하고 있다. 재판소는 당해 절차에서 다루어진 사항을 판결을 내리는 데에 고려하여야 함은 물론이다.[61]

2) 판결과 집행

판사들은 심의실에서 판결문을 작성하게 된다. 당해 심의실에서의 평결과정에서 각 판사들은 교대로 자신의 의견을 제시한 후 결론이 내려지면 판결문에 서명을 하는데, 당해 판결문은 공개법정으로 보내어진 후에 발표된다. 유럽연합 사법재판소의 판결문은 크게 세 부분으로 구성되어 있다. 첫 번째 부분은 판사보고자의 보고서와 사실진술, 당사자들의 주장에 대한 요약으로 구성되어 있으며, 두 번째 부분은 판결의 논거(reasoning)과정, 그리고 세 번째는 실제 판결부분으로 구성되어 있다. 이러한 유형은 의견결정절차에서 요구되는 것인데 특히 당해 절차에서는 하나의 의견으로 구성된 판결문을 공개하게 된다. 그러므로 반대의견이나 보충의견은 공개되지 않는데 이는 최대의 총의를 얻어내기 위한 노력의 일환일 뿐만이 아니라 판사의 독립성을 유지하기 위한 것임은 이미 고찰한 바와 같다.

유럽연합 사법재판소에 의하여 판결은 구속력(binding effect)이 있으며 준수될 것으로 간주된다. 특히 유럽연합 사법재판소는 자신의 판결

을 제기할 수 있으며, 다른 판사와 법률고문관도 그와 같이 할 수 있다(Rules of Procedure of the Court of Justice of the European Communities(1991) OJ L 176, 4.7.1991, p. 7 as amended, text effective from 1 March 2009 Article 57; Jeff Kenner (ed.), *European Union Legislation 2009-2010*, p. 216).

61) Trevor C. Hartley, *The Foundations of European Community Law*, p. 62. 법률고문관은 구두절차의 말미에 자신의 의견을 제시할 수 있다. 그리고 법률고문관의 의견 제시 후 의장은 구두절차의 종료를 선언할 수 있다(Rules of Procedure of the Court of Justice of the European Communities(1991) OJ L 176, 4.7.1991, p. 7 as amended, text effective from 1 March 2009 Article 59(1), (2); Jeff Kenner (ed.), *European Union Legislation 2009-2010*, p. 216).

에 대한 집행이 자동적(automatic)이며 국내법원은 판결에 대해 의문을
제기할 권리가 없다고 주장하지만 회원국과의 관계에서 아직 판결의
객관적인 집행력을 완전히 확보하였다고 할 수는 없다. 승소를 한 당사
자는 판결에 따른 이행을 얻기 위해서는 결국 적절한 국내법원으로 가
야 하는데 이는 유럽연합법 차원의 집행과 관련한 한계를 노정하고 있
는 것이다. 즉, 유럽연합 사법재판소 판결의 집행을 위해서는 결국 국내
기관, 나아가 국내 사법부의 협력이 필수적이라고 할 수밖에 없다.

3) 변호사 강제주의와 비용

　일반적으로 소송에 있어서 소송절차의 신속한 수행과 법적인 쟁점
의 긴밀한 파악을 위해 변호사 강제주의가 적용되고 있다. 유럽연합 사
법재판소의 경우에도 당해 사항은 중요하다고 할 수 있다. 하지만 유럽
연합 사법재판소 상의 모든 절차에 당해 변호사 강제주의가 적용되는
것은 아니다. 유럽연합 사법재판소 상의 소송절차는 소송당사자가 사인
이나 회사인 경우와 회원국 또는 공동체기관인 경우로 나눌 수 있는
데[62] 이중 전자인 경우에만 변호사 강제주의가 적용되고 있기 때문이
다. 나아가 유럽연합 사법재판소에서 변론을 할 수 있는 변호사로서의
지위는 실제적으로 국내법에 달려있는 문제라고 할 수 있어서 특히 직
접소송(direct actions)의 경우, 회원국가의 법정에서 소송을 수행할 수
있는 변호사만이 유럽연합 사법재판소에서도 소송을 담당할 수 있다.[63]

---

62) 니스 조약 이전의 소송당사자의 지위에 대해서는 Art. 17 of the Statute of the
　　Court(EC and Euratom) 참조; 니스 조약 이후의 지위에 대해서는 Rule of
　　Procedures의 Art. 19 of the Statute of the Court 그리고 Arts 32-26, 37(1), 38(3),
　　그리고 104 (2)참조.
63) 규정상으로는 회원국에서 변호사로 등재되어 있어야 하는 것은 물론이지만 EEA
　　회원국 내에서의 변호사로 등재되어 있는 경우에도 유럽연합 사법재판소에서 변
　　호사로서 소송을 담당할 수 있다(Rules of Procedure of the Court of Justice of
　　the European Communities(1991) OJ L 176, 4.7.1991, p. 7 as amended, text

하지만 선결적 부탁 절차에서는 소송대리인의 법조인 자격을 요구하지 않기 때문에 유럽연합 사법재판소에 선결적 부탁을 제기한 법원에서는 어느 누구나 당사자를 대표할 수 있다. 직접적인 대립당사자 구조를 가지고 있지 않은 선결적 부탁 절차의 특징을 반영한 사항이 아닌 가 한다. 즉, 회원국이나 유럽연합기관의 대리인이나 자문을 담당하는 자의 경우 비록 국내법원에서는 법정에서 변호를 할 수 있는 자격이 없다 하더라도 유럽연합 사법재판소에서는 소송을 담당할 수 있도록 하여,[64] 유럽연합 사법재판소에서의 변론 자격의 범위를 확대하고 있다.

비용과 관련하여 직접 소송에서는 일반적으로 패소 당사자가 자신의 비용뿐만이 아니라 승소한 당사자의 비용도 부담하지만 선결적 부탁 절차에서는 비용을 특별히 부과하지는 않는다.[65] 특히 소송 진행과 관련하여 자신에게 부과된 비용을 감당할 수 없는 개인은 유럽연합 사법재판소에 대하여 법률 보조를 신청할 수 있도록 하여,[66] 보다 많은 개인에 의한 소송 제기를 유도하고 있다.

4. 유럽연합 사법재판소의 지위

유럽연합 사법재판소의 구성과 절차가 국내적인 차원에서의 법원의 그것과 아주 상이하다고는 할 수 없다. 전문성의 원리 측면에서 유럽연합 사법재판소의 법관의 전문성은 국내 차원의 그것과 상당히 유사할

---

effective from 1 March 2009 Article 38(3); Jeff Kenner (ed.), *European Union Legislation 2009-2010*, p. 208).

64) Trevor C. Hartley, *The Foundations of European Community Law*, p. 65.

65) 반면 국제사법재판소의 경우에는 특별히 재판소의 결정이 없는 한 각 당사국은 각자의 비용을 부담한다(ICJ 규정 제64조; 김정건, 국제법(박영사, 2004), 1097면).

66) Art. 76 of the Rules of Procedure. 이에 대해서는 Tom Kennedy, "Paying the Piper: Legal Aid in Proceedings before the Court of Justice", 27 *Common Market Law Review* 559, 1988 참조; 선결적 부탁절차에서의 법률지원에 대해서는 Art. 104(6) of the Rules of Procedure 참조.

정도로 충족되고 있으며 유럽연합 사법재판소에서의 법관으로 임명되기 위해서는 각 회원국에서 최고 수준의 자격을 갖출 것을 요구하고 있기 때문이다. 나아가 독립성의 원리 또한 법관으로 임명이 되는 경우 각 국적국으로부터의 영향으로 벗어나 자신의 주관과 확신에 따라 판단할 수 있도록 보장하고 있다는 점에서 그 또한 상당 정도 충족되고 있다. 보통 사법부의 독립을 위하여서는 법관 인사의 독립, 법관의 자격·임기 등을 법정화하여 법관의 신분을 보장하여야 한다. 그리고 재판을 할 때 국가권력이나 외부 세력의 영향을 받지 않고 양심과 법에 따라 재판을 할 수 있도록 하는 제도 역시 마련되어야 한다. 유럽연합 사법재판소의 경우 역시 당해 사항이 어느 정도 보장되고 있는 것으로 보인다. 유럽연합법을 통하여 재판관의 임기와 자격 등에 대한 사항이 명백히 규정되어 있을 뿐만이 아니라 회원국으로부터 독립이 보장되어 있어서 유럽연합 사법재판소의 법관은 자신의 양심에 따라 판결을 내리는 데에 별 장애를 받지는 않기 때문이다. 하지만 민주적 정당성의 경우에는 유럽연합 사법재판소의 경우에도 적지 않은 문제가 있음을 인정할 수밖에 없다. 유럽연합 사법재판소의 재판관을 임명하는 데에 있어서 유럽연합 시민들의 의사가 반영될 수 있는 길이 보장되어 있지 않기 때문이다. 사법부의 구성에 있어서 민주적 정당성의 문제에 대한 고민은 국내 법원의 경우에도 동일하게 제기되는 것이기는 하다. 사실 전문성의 요건을 엄격하게 요구하는 사법부의 특징을 감안한다면, 민주적 정당성의 요건을 엄격하게 요구하는 것은 어려울 수밖에 없을 것이다. 나아가 민주적 정당성을 엄격하게 요구하는 경우, 재판관은 정치적 심판을 염두에 두어야 하고 이에 따라 사법적 판단이 국민의 의사에 영향을 받을 수 있다. 그러므로 유럽연합 사법재판소 역시 민주적 정당성에 다소 적지 않은 문제가 있는 것은 사실이지만 국내 법원의 경우와 마찬가지로 민주주의의 원리보다는 전문성의 원리에 집중하여 조직을 구성하며 운영하고 있다고 할 수 있으며 특히 당해 사항에 심각한 문제가 있다고는 할 수 없을 것이다. 하지만 회원국의 합의와 동의를 전제로 운영이 되는 유럽연합 사법재판소로서는 그 입지가 결코 회원국 법원의 그것과 동일하다고 할 수는 없다. 통합의 강화를 지상사명으로 삼고 있을 뿐만이 아니라 사법적극주의적인 입장을 통하여 그와 같은 사명을 구체화하고 있는 유럽연합 사법재판소로서는 자신의 입지의 확보를 위하여 적지 않은 노력을 기울일 수밖에 없는 것인데 그와 같은 노력은 특히 다음의 사법심사제도를 통하여 구체화되고 있다.

제 3 절   유럽연합의 사법심사제도

1. 유럽연합 차원에서 시행하는 사법심사의 유래

1) 통상의 사법 심사의 의의

대부분의 성문헌법을 보유하고 있는 국가에서는 직접적인 규정의 보유 여부와 상관없이 의회제정법의 내용이 헌법에 부합할 것을 요구한다. 그에 따라 제정법이 헌법을 위반하였는가의 여부에 관하여 판단할 권한을 특히 사법부에게 부여하여 헌법을 수호해 나가고 있다. 즉, 통상적으로 사법심사라 함은 법령이 그 상위법인 헌법에 위배되는 지의 여부를 일반 법원에서 심사하는 것으로서, 구체적 사건 쟁송에서의 법률의 위헌여부가 재판의 전제가 되었을 때 이의 판단을 일반법원이 특별한 법원인 헌법재판소에 의뢰하는 제도를 말한다. 그렇다면 통상적인 의미에서의 사법심사는 결국 규범통제(norm regulation)67)를 의미한

---

67) 원칙적으로 헌법규범은 기초법으로서 모든 국가기관을 조직하고 수권하기 때문에, 일국의 법질서 전체에 있어서 내용상의 최고성을 지닌다. 특히 헌법규범은 국가 내에서 전개되는 모든 법적 작용의 근원을 이루고 있으며 이를 통하여 법질서의 통일성을 확보할 수 있기 때문에, 당해 헌법규범에 위반하는 일체의 법적 작용은 무효화를 시키지 않으면 안 된다(권형준, "위헌법률심사의 유형," 세계헌법연구 제8호, 153면). 그러므로 규범통제 다시 말해 위헌법률심사제도를 필요로

다고 보아도 큰 무리는 없을 것이다. 하지만 영국의 경우처럼 정식적인 규범통제를 의미하는 사법심사는 존재하지 않지만, 국가기관의 행위의 합법성을 심사하는 보다 넓은 범위의 사법심사제도만을 보유하고 있는 국가가 존재하는 것도 사실이다.[68] 결국 영미국가에서의 사법심사는 국가기관의 작용에 의하여 권익을 침해당한 자가 그 구제를 요청한 때에 사법기관이 행하는 심사와 행정기관의 위법 또는 부당한 행정행위로 인하여 권익을 침해당한 자가 그 구제를 청구한 때에 역시 사법기관이 행하는 심사를 의미한다고 할 수 있어[69], 사법심사가 통상적인 의미에서의 규범통제만을 의미한다고 볼 수는 없다. 그렇다면 사법심사의 범위는 일응 규범통제로서의 사법심사와 행정쟁송으로서의 사법심사로 설정할 수 있을 것이다. 그런데 유럽연합의 경우에도 개인의 기본권 보장에 만전을 기하여야 할 필요가 있을 뿐만이 아니라 그 기능의 효율화를 위하여 법질서의 통일성을 확보하여야 한다. 그렇다면 전자의 경우에는 기관의 합법성(constitutionality, legality)의 보장을 위한 사법심사가 후자의 경우에는 유럽연합법의 최고성(supremacy of European Union Law)을 확보하기 위한 규범통제(norm regulation)와 의미를 같이 하는 사법심사제도가 유럽연합에도 필요할 수밖에 없을 것이다.

하게 되는 것이다. 특히 당해 제도는 반드시 기본권침해를 그 요건으로 하지 않고, 법률이 헌법에 위배되는 지의 여부만을 심사한다는 점에서 주관적인 권리보호의 측면보다는 객관적인 헌법질서의 보호의 면을 중요시하는 일종의 객관적인 소송이라고 할 수 있다(한병채, 헌법재판론, 고시계, 1994, p. 231; 조홍석, 위헌법률심사제도(上), 고시연구, 1994. 12., 161면).

68) 기실 사법심사는 헌법의 해석문제가 가장 핵심적인 주제로 다루어지는 소송인 헌법소송의 미국식 유형이라고 할 수 있다. 그렇다고 사법심사제도가 미국만의 전유물은 아니다. 영국의 경우에도 사법심사가 존재한다고 여겨지고 있기 때문인데(김성원, "영국의 사법심사제도의 동향," 공법연구, 제24집 제2호, 308면; 임종훈, "영국에서의 인권법 시행과 의회주권원칙의 변화," 세계헌법연구 제11권 제2호, 120면).

69) 김영삼, "사법심사의 형식과 기관에 관한 고찰," 토지공법연구 제3집, 142면; 영미법에 있어서의 사법심사의 개념에 관하여는 김영삼 외 2인(공저), 영미공법론(형설출판사, 1992), 199-202면 참조.

2) 유럽연합차원에서 시행하는 사법심사제도의 고찰의 필요성

실제로 유럽연합은 규정상으로 '사법심사(judicial review)'제도를 보유하고 있다. 구 조약상으로는 TEC 제230조에서 다루었던 사법심사제도는 현재 발효 중인 리스본 조약 제263조에서도 역시 인정이 되고 있기 때문이다. 전체적인 조문 구조가 유지되고 있는 가운데, 약간의 개정이 이루어졌을 뿐이다. 당해 규정에 따라 유럽연합 사법재판소는 사법심사제도를 통하여 유럽연합 기관들의 행위의 합법성 여부에 대하여 심사할 수 있으며 실제로 당해 제도를 적극적으로 활용하고 있다. 물론 그 기준은 유럽연합법이 되어야 하겠지만 과연 당해 사법심사제도가 국내적인 차원의 사법심사제도와 비교하여 유사한 모습을 가지고 있는지는 의문이 드는 것이 사실이다. 통상적으로 사법심사제도는 헌법에 위반한 조치를 한 헌법기관에 대한 통제뿐만이 아니라 법률이 헌법의 최고규범성에 합치하는가의 여부를 심사하여 헌법에 위배된다고 판단되는 경우, 그 법률의 적용을 거부하거나 효력을 상실케 하는 위헌법률심사의 한 형태로 정의될 수 있기 때문이다.[70] 다시 말해 헌법기관이 헌법에 위반되는 조치를 하는 경우 당해 조치를 취소하는 것이 사법심사를 통하여 이루어지지만 규범통제 역시 사법심사를 통하여 달성되는 것이라는 것을 염두에 둔다면 사법심사에서의 심사 대상, 적용 절차 나아가 심사에 따른 결정의 효력 등과 관련하여 행정쟁송으로서의 유럽연합의 사법심사와 국내의 그것이 완전히 동일한 지는 엄밀한 분석이 선행되어야 한다. 사법심사제도를 대부분의 국가가 보유하고 있는 것이 사실인데[71] 보다 엄밀한 고찰을 통하여 여타의 사법심사제도와 구별되

---

70) 정만희, 헌법과 통치구조(법문사, 2003), 253면.
71) 사법심사제도는 현재 대부분의 국가에 도입되어 있다. 성문 헌법이 존재하지 않기 때문에 위헌법률심사제도를 보유하고 있지 않다고 여겨지는 영국 역시 사법심사는 채택하고 있다는 평가를 받고 있으며(김형남, "미국법원에서의 사법심사절차," 공법연구, 제27집 제3호(1999), 215면). 캐나다와 프랑스 그리고 독일 역시 사법심사제도를 운영하고 있다(김형남, "캐나다·미국·한국의 헌법재판기준에

는 유럽연합 만의 사법심사제도의 특징을 파악할 수 있을 것이다. 실제
로 각국의 사법심사는 그 국가의 권력분립 원리의 실제적인 내용에 따
라 다양한 양상을 보이고 있다.[72] 그렇다면 유럽연합의 사법심사 역시
연합의 사법제도에 의하여 그 내용이 결정되고 있으며 거시적으로는
연합의 전체적인 운영체제 역시 그에 대하여 적지 않은 영향을 끼치고
있다고 할 수 있다. 이에 따라 유럽연합 차원에서 존재하는 사법심사제
도에 대한 심도 있는 고찰은 유럽연합 상 인정되는 사법심사제도의 행
정쟁송으로서의 특징을 검증할 수 있게 할 것이고 당해 제도가 통상적
인 사법심사제도가 담당하고 있는 규범통제로서의 기능을 담당하는 것
은 아닌 지에 대한 종국적인 고찰을 가능하게 할 것이다.

3) 유럽연합의 사법 심사

(1) 사법심사제도의 도입 목적

유럽연합은 유럽연합법이라는 자신만의 법규범을 보유하고 있다. 그
런데 자신의 존립은 물론이고 효과적이고 심도 있는 통합을 위해서는
당해 법규범에 대한 수호가 효과적으로 이루어져야 함은 물론이다. 그
러므로 유럽연합도 자신의 설립조약을 통하여 연합의 질서를 수호하려

관한 비교법적 고찰," 성균관법학 제19권 제3호, 134면; 전학선, "프랑스에서의
헌법의 수호," 헌법학연구 제14권 제3호(2008. 9.), 241~265면; 김강운, "프랑스
의 법률에 대한 조약 우위의 원칙," 법학연구 제23집, 21-42면; 정재황, "프랑스
에 있어서 위헌심사결정의 효력," 공법연구 제18집, 179-204면 참조; 김상겸, "독
일에 있어서 연방주의와 헌법재판", 아·태 공법연구(제4집), 98면; Gerhard
Robbers, *An Introduction to German Law*(Ant. N. Sakkoulas Publisher, 2003(3rd
ed.)).

72) 각국 헌법은 여러 규정을 통해 사법제도의 유지를 위하여 노력하고 있다. 하지만
법원의 창설과 권한의 부여는 매우 다양한 양상을 띠고 있는 것이 사실인데 실제
로 특정국가의 사법심사는 그 국가가 보통법계 국가에서 존재하느냐 혹은 대륙
법 국가에서 존재하느냐에 따라 차이를 보이고 있기 때문이다(Brian Landber &
Leslie Jacobs, *Global Issues in Constitutional Law*(Thomson/West, 2007), p. 27).

는 직접적인 목적을 가지고 있다고 할 수 있는데, 특히 유럽연합은 연합 자신의 질서를 수호하기 위하여 자신의 사법부라고 할 수 있는 유럽연합 사법재판소에 상당 정도 기대고 있다.[73] 이에 따라 애초부터 강력하고 독립적인 법원은 유럽연합 구조의 필수적인 부분으로 간주되었으며, 민주적 구조의 강화와 유럽공동체 차원에서의 법의 지배를 지지하는 데에 있어서의 유럽연합 사법재판소의 중요한 역할 역시 강조되고 있다고 할 수 있다.[74] 특히 재판소는 실제로 유럽연합 차원의 "법질서의 통일성(unity of legal order)"을 위한 결정적인 역할을 수행하여 왔다. 사실 회원국 전반에 걸친 높은 정도의 법질서의 통일성과 집행가능한 구제책은 공동체의 법적 의무의 적용에 필수적인 전제조건이라고 할 수 있는데 이는 결국 유럽연합 사법재판소에 의하여 시행될 수 있었던 것이다. 이와 같이 유럽연합의 효과적인 통합을 위하여 특히 유럽연합 사법재판소가 상당한 기여를 하고 있는 것이 사실인데, 재판소는 이를 위하여 특히 사법심사제도를 적극 활용하고 있다. 결국 유럽연합 사법

---

73) 이에 따라 실제적으로 유럽공동체를 설계했던 로마조약(Article 164)은 유럽연합 법원에 대하여 당해 설립조약의 해석과 적용에 있어서 그 법이 준수되도록 보장하는 임무를 부여하였다(Clive Arcber & Fiona Butler, *The European Union-Structure & Process*-(St. Martin Press, 1996), p. 51). 이는 단일 유럽법(Single European Act)에서도 마찬가지였으며(P. J. G. Kapteyn, *Introduction to the Law of the European Communities-After the coming into force of the single European Act*-(Kluwer Law & Taxation Publisher, 1990), p. 151), 마스트리히트 조약과 니스 조약의 경우에도 그와 같은 법원의 임무는 유지되었다.

74) 1996 Inter-Governmental Conference(Session 1994-1995, 21st Report, HL Paper 105; Geoffrey Howe, "Euro-justice: yes or no?" 21 European Law Review (1996), p. 187; Takis Tridmas, "The Court of Justice and Judicial Activism," 21 *European Law Review* (1996), p. 199; Walter van Gervan, "The Role and Structure of the European Judiciary Now and in the Future," 21 European Law Review (1996), p. 211). 하지만 앞서 언급을 한 바와 같이 설립조약의 아버지들이 유럽연합법원에 대하여 애초부터 상당한 권한을 부여한 것은 아니다. 그들 역시 유럽연합법원의 역할의 중요성을 직접적으로 예견한 것은 아니었기 때문이다(Anthony Arnull, *The European Union and its Court of Justice*, p. 5).

재판소는 취소소송(annulment action)과 부작위 소송(failure to act)을 통하여 구체화되고 있는 당해 제도를 통하여 유럽연합기관 행위의 합법성(legality)을 확보하고 있는 것이다.

(2) 유럽연합 사법재판소와 사법심사

통상적으로 국가는 사법심사를 통하여 법규범의 효력을 보장하고 법질서의 통일성을 확립하고 있다.[75] 이와 같은 사법심사 권한은 유럽연합에서는 유럽연합 사법재판소에 배타적으로 부여되어 있는데, 국가의 사법심사제도에 대한 당해 사법심사제도의 특징을 감안하면, 유럽연합재판소는 국내적인 차원에서의 행정재판소에 비유될 수 있으며,[76] 사법심사는 유럽연합 차원의 행정소송으로 여겨질 수 있다. 하지만, 과거의 EC 명령과 같은 일반적인 결정과 같이 유럽연합의 조치 중에서는 행정행위라기보다는 유럽연합의 입법으로 간주되는 것들도 존재하고 있어서 결국 유럽연합 사법재판소는 행정재판소적인 기능과 더불어 국내적인 차원에서의 사법심사기능과 유사한 헌법재판소적 기능도 수행하고 있다고 할 수 없는 것은 아니다.[77]

---

75) Christopher Wolfer, *The Rise of Modern Judicial Review*(Rowman & Littlefiled Publishers, 1994), p. 74.

76) 유럽연합 사법재판소가 사법심사를 행함에 있어 국내적인 차원에서의 규범통제를 한다면 이는 행정재판소라기보다는 헌법재판소라고 보는 것이 적절하다. 하지만 유럽연합 차원에서 사법심사제도로 명명되어지는 제도는 국내적인 차원에서의 행정쟁송제도와 같은 방향으로 운영되고 있는 것이 사실이다. 이는 이후의 연구에서도 드러날 것이다.

77) Brown, L. Neville and Tom Kennedy, *The Court of Justice of the European Communities*(Sweet & Maxwell, 1994), pp. 101-102, 123-124. 물론 이는 직접적인 규범통제를 의미하고 있는 것이 아니다. 즉, 행정행위에 대한 심사를 행함에 있어 예외적으로 유럽연합 기관의 입법 등이 직접적인 심사의 대상이 될 수 있다는 의미에서 유럽연합 사법재판소가 헌법재판소적 기능을 수행할 수 있다는 것이다. 우리의 헌법재판제도 상으로도 공권력의 행사나 불행사의 경우 원칙적으로 헌법소원을 제기할 수 있지만 법률 또는 법률규정 자체가 구체적인 집행행위를 매개로 하지 않고, 국민의 기본권을 직접 그리고 현재 침해하는 경우에는 당

그렇다면 사법심사제도만을 고려하더라도 유럽연합재판소는 행정재
판소로서의 기능뿐만이 아니라 헌법재판소로서의 기능도 담당하고 있
기 때문에 유럽연합 차원에서의 유일한 법원(sole judicature)이라고 할
수 있다. 그런데 통상적으로 국내적인 차원에서의 사법심사는 규범통제
를 의미하는 위헌법률심사제도까지 포섭하고 있는데[78] 유럽연합 차원
에서의 법원인 유럽연합 사법재판소의 경우에도 연합법의 통일성의 보
장과 연합의 실효적인 기능 수행을 위하여 그와 같은 사법심사권한을
가지고 있는 것이 바람직하다. 국내적인 차원에서의 사법심사제도와 다
소 차이가 있을 수는 있지만 원칙적으로 규범통제의 권한을 보유하여
야 하는 필요성을 부인할 수는 없는 것이다.

4) 유럽연합법상 사법심사제도

(1) 리스본 조약상 개정

유럽연합법상 사법심사제도는 구 조약상으로는 TEC 제230조에서
규정하고 있었다.[79] 하지만 리스본 조약의 도입으로 당해 제도는 특히

해 법률 등도 역시 헌법소원의 대상이 될 수 있다. 특히 당해 경우의 법률은 일의
적인 성격과 재량이 없는 처분적 법률의 성격을 가지고 있는 경우가 통상적이다.
나아가 폐지된 법률의 경우에도 당해 법률로 인하여 직접적인 법익 침해가 있는
경우에는 헌법소원청구가 가능하다(이관희, 한국민주헌법론 Ⅱ - 통치구조대개
혁론 -(박영사, 2004), 528면).

78) 즉, 규범통제(norm regulation)를 말한다. 일상적인 의미에 있어서 사법심사를 "헌
법의 최고성에 따라 헌법에 배치되는 법률을 무효화하는 것"이라고 볼 수 있다
면, 사법심사는 결국 우리에 있어서의 위헌법률심사제도, 즉 규범 통제를 의미하
는 것이라고 보는 것에 무리가 있는 것은 아니다. 권영설, 헌법이론과 헌법담론
(법문사, 2006), 216면에서도 미국의 사법심사제도를 "미국의 위헌법률심사제"라
고 명명하고 있다.

79) 당시 TEU 제230조의 전반부는 다음과 같다.
유럽연합법원은 권고와 의견을 제외한 유럽의회와 이사회에 의하여 채택된 행위나 이사회,
위원회 유럽중앙은행의 행위 그리고 제3자에 대하여 법적 효력을 예정하고 있는 유럽의회의

리스본 조약 중 유럽연합의 기능을 위한 조약 제263조에 규정되어 있다. 당해 조약의 전반부는 다음과 같이 규정하고 있다.[80]

> 유럽연합 사법재판소는 권고와 의견 이외에 유럽중앙은행의 조치, 이사회와 위원회의 조치와 입법적 조치 그리고 제3자에 대하여 법적 효력을 발하는 것으로 예정된 유럽의회와 유럽이사회의 조치의 합법성을 심사할 수 있다. 재판소는 또한 제3자에 대하여 법적 효력을 발하는 것으로 예정된 연합의 조직(bodies), 사무국(offices), 그리고 기관(agencies)[81]의 조치의 합법성에 대하여 심사할 수 있다.
> 재판소는 당해 목적을 위하여 권한의 부재, 필수적인 절차 요건의 위반, 제 조약 또는 그 적용되어야 할 법규범의 위반 그리고 권한의 남용을 근거로 하여 회원국, 유럽의회, 이사회 그리고 위원회에 의하여 제기된 조치에서 관할권을 향유한다.
> 재판소는 자신들의 권한을 보호하기 위하여 감사법원, 유럽중앙은행 그리고 지역위원회에 의하여 제기된 소송에서 동일한 조건 하에서 관할권을 보유한다.

기존의 조약과 동일한 내용과 구조는 리스본 조약에서도 유지되고 있지만 일정 조문이 추가되어 기존 사법심사제도를 보완하고 있다는 평가가 가능하다. 특히 당해 규정 제1문은 유럽연합의 사법심사의 원칙적인 모습을 소개하고 있으며 제2문은 사법심사의 취소 사유를 그리고

행위의 합법성을 심사한다.
  본문은 다음과 같다.
  The Court of Justice shall review the legality of acts, adopted jointly by the European Parliament and the Council, of the Commission and of the ECB, other than recommendations and opinions, and of acts of the European Parliament intended to produce legal effects vis-à-vis third parties.

80) 본문인 리스본 조약 제263조 전반부 본문은 다음과 같다(개정된 부분은 이탤릭 처리).
  The Court of Justice of the European Union shall review the legality *of legislative acts*, of acts of the Council, of the Commission and of the *European Central Bank*, other than recommendations and opinions, and of acts of the European Parliament *and of the European Council* intended to produce legal effects vis-à-vis third parties. *It shall also review the legality of acts of bodies, offices or agencies of the Union intended to produce legal effects vis-à-vis third parties.*

81) 채형복 역, 리스본 조약(국제환경규제 기업지원센터, 2010), 206면에서는 "연합의 조직 및 기타 부서"로 번역하고 있다.

제3문은 기타 기관에 대한 사법심사에 대하여 규정하고 있다.

(2) 리스본 조약에 반영된 사법심사제도의 특징

① 유럽연합 사법재판소의 관할권의 확대

리스본 조약의 발효로 인하여 사법심사 특히 취소소송은 기존의 TEC 제230조를 대체하는 제263조에 의하여 규정되고 있다. 당해 조항으로 말미암아 유럽연합기관 행위에 대한 심사에서 유럽연합 사법재판소의 관할권이 확대되었고, 사인의 당사자 적격과 관련한 규칙의 자유화(liberalization)도 달성되었다.[82] 그렇다면 리스본 조약을 통하여 사법심사제도와 관련한 유럽연합 사법재판소의 관할권이 확대되었다는 평가가 가능할 것이다. 사실 기존의 조약상으로 유럽연합 사법재판소는 사법심사제도를 통해 유럽연합의 주요 기관에 대한 조치의 합법성에 대하여서만 심사할 수 있었다. 하지만 리스본 조약을 통하여 '제3자에 대하여 법적 효력을 발하는 것으로 예정된 연합의 조직(bodies), 사무국(offices), 그리고 기관(agencies)에 의한 조치의 합법성에 대하여(도) 심사할 수 있'게 되어 유럽연합 기관의 행위에 대하여 전반적으로 사법심사를 수행할 수 있는 권한을 유럽연합 사법재판소는 보유하게 되었다고 할 수 있다. 나아가 재판소는 비록 자신의 권한을 보호하기 위한 경우로 제한이 되지만, 지역위원회의 조치에 대한 합법성 역시 심사할 수 있는 관할권을 부여받았다.

이와 같은 사항은 유럽연합의 통합의 확대와 직접적으로 관련 있는 사항이라고 생각된다. 유럽연합의 통합이 강화되고 연합의 활동 반경이 확대됨에 따라 연합의 기관의 수와 그 역할 역시 확대되는 것은 당연한 결과라고 할 수 있을 것이다. 그러므로 이들에 대한 통제와 관리의 필요성 역시 증가한다고 볼 수밖에 없기 때문에 사법심사제도와 관련한 유럽연합 사법재판소의 관할권도 그에 따라 확대된 것이고 이를 위하

---

82) Alexander H. Türk, *Judicial Review in EU Law*, p. 9.

여 관련 조문을 개정한 것으로 보인다.

② 피고로서의 유럽연합 기관 혹은 조직 범위의 확대

통상적으로 사법심사, 특히 취소소송(annulment action)절차하에서는 유럽의회와 이사회에 의하여 채택된 조치에 대하여 소송이 제기된다. 특히 유럽의회와 이사회에 의한 입법절차에 의하여 조치가 채택되는 경우가 많으므로 이와 같은 조치에 대한 규제의 필요성은 더욱 강조되고 있다고 할 수 있다. 특히 유럽의회의 조치에 대한 소송을 제기하기 위해서는 유럽의회의 조치가 제3자에 대한 효력(legal effect)이 인정되어야 한다.

그런데 형식적으로는 유럽연합의 기관은 아니지만 그 기관의 조치에 대한 통제의 필요성으로 말미암아 취소소송의 제기를 인정할 필요가 있는 기관이 있을 수 있는데 리스본 조약 제263조는 이와 같은 사항을 반영하고 있다. 사실 이는 유럽연합 사법재판소가 과거부터 취하고 있었던 입장이었다. 실제로 *Commission v. EIB* 사건에서 유럽투자은행(European Investment Bank)은 유럽연합의 기관이 아니었고, 나아가 당시 EC 조약에 따르면 EIB와 같은 특정 유럽연합 기관의 행위에 대한 법원의 심사를 규정하고 있는 규정이 존재하지 않았음에도 불구하고[83] 유럽연합법원은 EIB가 EC 조약에 의하여 설립되고 법인격이 부여된 기관이라는 이유로 당해 기관의 행위는 구 TEC 제237(b)조 하에서의 법원에 의한 사법심사의 대상이 된다는[84] 취지의 판단을 하였기 때문이다. 특히 유럽연합법원은 유럽연합차원에서 인정되는 법의 지배 원리에 의하여 공동체의 기관 특히 이의 기관(agency)의 행위에 대해서도

---

83) 오히려 그와 같은 것을 다루는 규정은 기관을 설립하는 규칙에서 발견될 수 있을 뿐이었다. Paul Craig, *EU Administrative Law*(Oxford University Press, 2006), pp. 164-165. 물론 당해 사항이 절대적인 것은 아니다. 어떤 규칙의 경우에는 기관(agency)의 행위에 대한 합법성 심사를 허용하고 있는 규정을 두고 있지 않는 경우도 있기 때문이다.

84) Case 25/62 *Commission v. EIB* 〔2003〕 ECR Ⅰ-7281, at para. 75.

심사를 할 수 있다는 입장을 견지하였다. 물론 이전에도 결정제정권한을 가지고 있는 기관의 경우, 제1심 재판소에 대한 사실상의 상소 후에 이루어지는 내부적인 상소절차와 같이 합법성 심사를 위한 더욱 정교한 메커니즘이 존재하기는 하였지만[85] 이에 대한 유럽연합 차원의 규정은 명확히 존재하지 않아, 기관(agency)의 행위에 대한 직접적인 규율의 어려움이 있었던 것이 사실이다. 하지만 명확한 규정의 불비에도 불구하고 유럽연합 사법재판소는 *Commission v. EIB* 사건에서와 같이 기관(agency)의 행위에 대한 심사의 가능성을 간접적으로 인정하여[86] 스스로 규정의 불비를 교정하고 있었는데, 결국 당해 사항을 반영하여 리스본 조약은 제263(1)조를 통해 유럽연합 사법재판소가 제3자에 대하여 법적 효력을 발하려고 의도된 연합의 조직, 사무국, 혹은 기관들의 행위의 합법성을 심사할 수 있는 권한을 인정한 것이다. 나아가 사법심사규정을 제공했었던 기관(agency)의 관행에 대한 심사도 제263(5)조를 통하여 공식적으로 인정받게 되었다.[87]

---

85) Articles 57-63 of Regulation 40/94(OHIM); Articles 67-73 of Regulation 2100/94(CPVO); Articles 31-41 of Regulation 1592/2002(EASA). Case T-95/06 *Federación de Cooperativas Agrarias de la Comunidad Valnenciana v. OCVV*, judgment of 31 January 2008, at para. 79에서 제1심 재판소는 "Article 68 of Regulation 2100/94에서의 '직접적 그리고 개별적 관련성(direct and individual concern)'이라는 용어는 EC 230조에서의 그것과 동일한 것으로 간주되어야 한다"고 설시하였다.

86) *Eurojust* 사건(Case C-160/03 *Spain v. Eurojust* 〔2005〕 ECR Ⅰ-2077)에서도 유럽연합법원은 Eurojust에 의하여 채택된 조치는 당시 EC 제230조 하에서 심사가 가능하다고 선언하였다(Alexander H. Türk, *Judicial Review in EU Law*, p. 11).

87) *Ibid.*, p. 11. 다음과 같다.

   연합의 조직, 사무국, 그리고 기관을 설립하는 조치는 그들과 관련한 법적 효력을 발하려고 예정된 당해 조직, 사무국, 그리고 기관의 조치에 대하여 자연인과 법인에 의해 제기된 소송과 관련한 특정한 조건과 방식을 정할 수 있다.

5) 유럽연합 차원에서 시행하는 사법심사의 목적

기존에 공동체질서의 수호를 위하여 공동체 기관의 행위에 대한 합법성을 통제하는 것을 주목적으로 하였던 사법심사의 목적은 리스본 조약에서도 여전히 인정되고 있다. 특히 리스본 조약 제263조는 기존의 TEU 제230조를 대체하는 것으로 개인의 권리보호의 목적[88]보다는 여전히 유럽연합 기관의 법적 행위에 대한 합법성 통제에 중점을 두고 있다고 보인다. 그러므로 유럽연합 사법재판소는 당해 사법심사제도를 통하여 유럽연합 기관의 하자 있는, 즉 위법적인 행위를 확인하여 유럽연합 기관의 합법성을 회복시키고 이로 인하여 유럽연합의 질서와 특히 그 법질서의 확립을 도모하고 있는 것이다. 나아가 리스본 조약을 통하여 그 심사대상으로 할 수 있는 유럽연합 기관의 수가 확대되었기 때문에 당해 목적은 더욱 강화되었다고 할 수 있을 것이다.

2. 사법 심사제도에서 소의 허용성 문제(admissibility)

회원국이나 유럽연합의 기관에 의하여 제기되는 취소소송과 부작위소송에서는 유럽연합 사법재판소가 관할권을 행사할 수 있다. 보통 당해 취소소송이나 부작위 소송이 유럽연합 차원에서 소위 사법심사로 불리는 것들이기 때문에 결국 유럽연합의 사법심사는 유럽연합 사법재판소의 관할 하에 있다고 볼 수 있는 것이다. 하지만 사법심사를 진행함에 있어서 특히 취소소송의 당사자 즉 원고는 본안 심리에 들어가기에 앞서 국내 사법제도와 같이 우선적으로 유럽연합 사법재판소가 그 사건을 심리할 수 있는 관할권을 가지는 지의 문제 즉 소의 허용성의 요건을

---

88) 개인도 일정한 경우 자신의 권리가 침해되었을 때 당해 사법심사를 통하여 그 구제를 추구할 수 있다. 그러므로 당해 사법심사제도가 개인의 권리 보호와 전혀 무관한 것은 아니다. 하지만 개인의 당사자 적격은 상당히 제한되는 등 개인의 권리 구제적인 측면은 제한이 되고 있는 것이 사실이다.

충족시켜야 한다. 그런데 유럽연합은 자신만의 독특한 사법심사제도를 가지고 있기 때문에 사법심사제도에서의 소의 허용성 역시 차별적으로 운영하고 있는 것으로 보인다. 특히, 인적 관할권의 측면에서 만일 원고가 이른바 비특권적 당사자인 경우에는 특권적 당사자와는 달리 원고적격을 인정받을 수 있는 경우가 제한적이다. 이와 같은 소송의 허용성은 특히 인적 관할권과 물적 관할권을 중심으로 고찰할 수 있다.

1) 사법심사제도상의 인적 관할권

(1) 사법심사제도상의 피고적격

사법심사 특히 취소소송의 피고는 문제가 된 규범적 또는 행정적 행위를 채택한 유럽연합의 기관이다. 리스본 조약 263조에서 이에 대하여 규정하고 있는데, 특히 유럽의회와 이사회에 의하여 채택된 조치에 대하여 소송이 제기될 수 있으며, 기타 기관 즉, 유럽중앙은행과 위원회 등의 조치에 대하여서도 소송이 제기될 수 있다. 그런데 리스본 조약을 통하여 그 피고적격은 일정한 요건 하에서[89] 유럽연합의 조직(bodies), 사무국(offices), 그리고 기관(agencies)에게도 인정이 되고 있기 때문에[90] 피고 적격의 범위가 상당 정도 확대되었다는 평가가 가능하다. 이는 물론 앞서 본 바와 같이 유럽연합의 제도가 복잡해지고, 이의 활동 범위가 확대됨에 따라 이에 대한 통제의 필요성 증대로 말미암은 결과라고 할 수 있을 것이다.

---

89) 즉, 당해 경우에는 제3자에게 법적인 효력을 발생케 하는 것이 예정되어 있어야 한다.

90) 리스본 조약 제263조 제1문은 다음과 같다.

　　It shall also review the legality of acts of bodies, offices or agencies of the Union intended to produce legal effects *vis-à-vis* third parties.

(2) 사법심사 제도상의 원고 적격

① 사법심사상의 특권적 당사자

유럽연합의 사법심사제도의 경우, 소를 제기하는 데에 있어 특권적 제소권자로 인정되는 기관은 이사회, 위원회, 그리고 회원국이다. 이들은 법적으로 구속력 있는 모든 유럽연합의 행위에 대하여 제소를 할 수 있다. 이들은 제소의 전제조건으로서 특별히 자신의 권리가 침해받았음을 입증할 필요가 없기 때문에 특권적 제소권자(privileged applicant)라고 불린다. 특히 이와 같은 특권은 상당히 넓게 인정되고 있다. *Italy v. Council* 사건91)에서는 이사회에서 문제의 입법이 채택될 때, 이에 동의를 한 회원국이 이후 그 행위를 상대로 취소소송을 제기할 수 있는 지가 문제되었는데, 유럽연합 사법재판소는 당시 규정인 EC 173조(리스본 조약 제263조)가 회원국에 의한 취소소송 제기의 조건에 대하여 구체적으로 제한하고 있는 것은 아니기 때문에, 이의 경우에도 회원국은 취소소송을 제기할 수 있다고 선언하기도 하였다.

그러므로 이사회, 위원회 그리고 유럽의회와 같은 특권 당사자에게는 무제한한 당사자적격이 부여되어 있다고 볼 수 있는데 그 이유는 전반적인 유럽연합의 행위가 그들과 직접적으로 관련을 맺고 있는 것으로 여겨지고 있기 때문이다.92) 다시 말해 이들은 특정인 그리고 특정

---

91) Case 166/78, *Italy v. Council*, 〔1979〕 ECR 2575 at 2596(paras. 5～6).

92) 유럽연합의 행위는 이사회, 위원회, 나아가 유럽의회의 각각의 이해관계가 밀접하게 관련되어 있는 것이 사실이다. 사실 대부분의 국가들은 법을 만들고 정부를 통제하는 입법부와 통치를 행하는 행정부를 가지고 있다. 물론 유럽연합의 경우 이사회와 위원회를 일반적인 국가에서의 입법부와 행정부로 치환할 수는 없다. 현실적으로 행정부의 기능은 EU 위원회와 EU 이사회 간에 동등하게 분산되어 있고, 입법부의 기능은 EU 이사회와 유럽의회 사이에 분산되어 있기 때문이다. 특히 유럽의회는 자문의 권한 및 약간의 입법권을 가지고 있으며, EU 이사회 역시 입법의 성격을 띤 결정을 발할 수 있는 권한을 가지고 있다(김원기, "유럽연합 기구의 조직 및 기능에 관한 고찰," 국제정치논총 제33집 제2호(1993), 57～58면). 이와 같이 유럽연합의 세 기구의 기능을 국가의 그것과 동등하게 평가할 수

국가에게 내려진 결정의 합법성 여부를 따질 수 있는 경우를 포함하여 언제나 유럽연합법을 위반한 연합의 행위에 대한 취소 여부에 대하여 이해관계를 가지고 있다고 여겨지고 있다.[93] 나아가 유럽연합 사법재판소는 특권적 당사자의 인정에 있어 공동체법을 위반한 공동체 행위의 취소에 이해관계가 있는 기관이라면 당해 기관들에게 특권적 당사자의 지위를 보다 폭넓게 인정하고 있기 때문에 당사자 적격 범위의 확대에 적극적인 입장을 견지하고 있다고 볼 수 있다.

② 사법심사상의 비특권적 당사자

비특권적 당사자(non-privileged applicant)는 자신의 제소가 받아들여지기 위하여 문제된 유럽연합 기관의 행위가 구체적으로 자신의 이익과 관련이 있음을 입증하여야 한다.[94] 이전 ECSC 체제에서는 회원국의 영토 내에서 혹은 회원국이 그 대외 관계를 책임지고 있는 유럽영토 내에서 석탄철강을 생산하는 기업 혹은 기업연합만이 취소소송을 제기할 수 있도록 하여[95] 비특권적 당사자가 소송을 제기하기 위한 요건이 더

는 없는 것이지만, 유럽연합 내 권력분립의 양상이나 연합 기구의 종합적인 기능을 고려한다면 통상적인 국가에서의 그것과 크게 다르다고 볼 수도 없다. 결국 세 기구의 기능과 역할에서 알 수 있듯이 이들의 행위와 조치는 결국 유럽연합과 직접적인 관련을 맺게 되는 것이다.

93) 유럽연합법의 엄격한 적용과 유럽연합 기관 간 관계상의 권한 균형 유지에 있어 그들의 이익은 추정된다고 볼 수 있는 것이다(Case 230/81, *Luxembourg v. Parliament*; P. J. G. Kapteyn, A. M. McDonnell, K. J. M. Mortelmans, C. W. A. Timmermans and L. A. Geelhoed (eds.), *The Law of the European Union and the European Communities-with reference to changes to be made by the Lisbon Treaty-*, p. 457).

94) 당해 입증요건은 리스본 조약 하에서 많이 완화되었다. 왜냐하면 과거 결정에 대해서만 소송을 제기할 수 있다는 규정이 일반적인 용어인 조치(act)로 개정되었기 때문이다.

95) Mauro Cappelletti, Monica Seccombe and Joseph H. H. Weiler, "Integration Through Law: Europe and the American Federal Experience A General Introduction," in Mauro Cappelletti, Monica Seccombe and Joseph Weiler(eds.), *Integration Through*

욱 엄격하였던 적이 있지만 현재에는 원칙적으로 국적에 관계없이 모든 자연인과 법인이 취소소송을 제기할 수 있다.

기존 TEU 234조에서 규정을 하고 있던 비특권 당사자에 대한 규정은 현 리스본 조약에서도 여전히 계승이 되고 있다. 리스본 조약 제263조 제4문에서 비특권 당사자에 대하여 규정을 하고 있는 데 다음과 같다.[96]

> 어떠한 자연인이나 법인은 제1문과 제2문에서 규정된 사정 하에서 자신에게 송달된 혹은 직접적이고 개별적인 관련이 있는 조치(an act)에 대하여 혹은 자신과 직접적인 관련이 있고 집행적 수단을 수반하지 않는 규제적 조치(regulatory act)에 대하여 소송을 제기할 수 있다.[97]

즉, 여전히 비특권적 당사자는 무한정 당사자 적격을 향유하지는 못하고 있으며, 조문상의 일정한 조건을 충족시키는 경우에만 유럽연합 사법재판소에 소를 제기할 수 있도록 하고 있다. 물론 비특권적 당사자의 소 제기와 관련된 전반적인 사항은 이전과 비교하여 유지가 되고 있으며 구 조약에 비하여 약간의 개정이 이루어졌을 뿐이다. 일단 구 EC 조약 제230조에서는 다음과 같은 규정을 두고 있었다.

> 어떠한 자연인이나 법인은 자신에게 가하여진 결정(decision)에 대해서 또는 제3자에 대해 발하여진 규칙(regulation)이나 결정(decision)의 형태를 불문하고 자신과 직접적이고 개별적인 관련이 있는 결정에 대하여 소송을 제기할 수 있다.[98]

Law(Walter de Gruyter·Berlin·New York, 1986), pp. 223~224.

96) 이는 EC 173{230} 제4문에서 규정되고 있는 사항이었다. 당시 규정은 현 리스본 조약과 유사한 구조를 가지고 있었다.

97) 본문은 다음과 같다.

   Any natural or legal person may, under the conditions referred to in the first and second subparagraphs, institute proceedings against an act addressed to that person or which is of direct and individual concern to them, and against a regulatory act which is of direct concern to them and does not entail implementing measures.

98) 본문은 다음과 같았다.

   Any natural or legal person may, under same conditions, institute proceedings against a decision addressed to that person or against a decision which, although in the form of a

우선 리스본 조약상으로는 제1문과 제2문에서 규정한 사정 하에서 소송을 제기할 수 있다는 규정을 두고 있다. 제1문의 경우에는 유럽연합 사법재판소의 사법심사에 대한 합법성 심사에 대하여 그리고 제2문은 취소 사유에 대하여 규정하고 있다. 그러므로 당해 규정은 일반적인 취소 사유를 비특권적 당사자에게도 인정하려고 하는 입법목적을 가지고 개정되었다고 볼 수 있을 것이며 나아가 특권적 당사자와 비특권 당사자 간 소제기 요건의 통합을 위한 목적을 가지고 개정된 것으로 보인다.

나아가 리스본 조약에서는 비특권적 당사자가 제소를 할 수 있는 대상으로 조치(act)를 언급하고 있다. 물론 개별적 그리고 직접적 관련성이라는 조건이 붙어 있어 모든 조치에 대하여 소를 제기할 수 있는 것은 아니다. 하지만 조치(act)라는 일반적인 의미를 지닌 용어를 도입하였다는 것은 그 의미가 자못 크다고 할 수 있다. 기실 이전 조약상으로 비특권적 당사자는 위에서 제시한 규정과 같이 원칙적으로 결정(decision)에 대하여만 소를 제기할 수 있었다. 유럽연합 사법재판소가 "당해 결정"이라는 표현에 대하여 실질적으로 접근하여[99] 비특권적 당사자의 소제기의 가능성을 확대하려는 노력을 기울이기는 하였지만 일응 규정상으로는 원칙적으로 결정에 대해서만 소를 제기할 수 있었던 것이 사실이다. 그렇지만 리스본 조약상으로 일반적인 의미에서의 조치

---

regulation or a decision addressed to another person, is of direct and individual concern to the former.

나아가 이전의 관련 규정 즉, EC 제173조 4단에서는 다음과 같이 규정하고 있었다.

자연인 혹은 법인은 동일한 조건 하에서 자기에게 내려진 결정에 대하여 또는 명령의 형식으로 되어 있거나 혹은 다른 사람에게 내려진 결정이기는 하지만 자기와 직접적이고 개별적으로 관계되는 결정에 대하여 소송을 제기할 수 있다.

주지하다시피 EC 230조와 대동소이함은 물론이다.

99) 즉, 유럽연합 사법재판소는 상황에 따라서 개인의 원고적격을 확장시킬 필요가 있는 경우에는 문제된 명령이 실질적 의미에서의 결정에 해당하는 지에 관한 쟁점을 고려함이 없이 개별적·직접적 관련성의 유무만을 고찰하여 당해 사항이 긍정되면 원고적격을 허락한 적이 있을 뿐만이 아니라 문제된 명령이 결정에 해당된다고 결정을 내리면 더 이상의 논의 없이 개별적 관련성을 인정한 적이 적지 않았다(김대순, 위의 책(각주 11), 528면).

에 대하여 소를 제기할 수 있는 가능성을 열어 놓았다고 볼 수 있어 향후 사인과 법인 등 비특권적 당사자는 원칙적으로 자신에게 송달된 유럽연합의 모든 조치에 대하여 소를 제기할 수 있는 자격을 보장받았다고 볼 수 있다.

그리고 규제적 조치(regulatory act)[100]에 대해서도 소를 제기할 수 있도록 하는 규정을 도입하였다. 당해 조치의 경우 사인은 자신과 직접적인 관련이 있고 특히 집행 수단을 보유하지 않은 경우에 소의 제기를 보장받는데 특히 다른 조치의 경우에 요구되는 개별적 관련성은 요구되지 않고 있어서 원고는 단지 직접적 관련성을 입증하기만 하면 된다. 이는 물론 사적 당사자가 심사의 간접적 수단을 활용할 수 없는 경우, 그에게 효과적인 사법적 보호(judicial protection)를 제공하기 위함이다.[101]

요컨대 리스본 조약상으로 기존의 조약에서 인정되던 비특권적 당사자의 소제기 요건이 상당 정도 개선되었다고 볼 수 있다. 기존의 조약상으로 인정되던 여러 가지 제약 요건을 리스본 조약은 불식시키고 있기 때문이다. 결국 리스본 조약으로 말미암아 비특권당사자의 소제기 요건이 완화되었다는 평가를 종국적으로 내릴 수 있을 것이다.[102]

---

100) '규제적 조치'라는 용어에 대하여 명확한 해석을 내릴 수 있는 것은 아니다. 특히 규제적 조치라는 당해 개념은 조치의 일반적 적용과 관련이 있는 것인지 아니면 규제적 조치를 입법적 조치로부터 구분하기 위하여 사용한 것인지 불분명하다. 하지만 영어본의 경우 *regulative act*로 표기가 되고 있는 당해 용어는 불어로 *actes réglementaires* 그리고 독일어로 *Rechtsakte mit Verordnungscharakter*로 표기되고 있다는 점과 국내법질서 상으로 당해 용어들이 비입법적 조치를 언급하는 데에 배타적으로 쓰이고 있다는 점을 감안한다면 결국 리스본 조약상에서의 '규제적 조치'라는 용어 역시 입법적 조치와 구분되는 조치를 나타내는 용어라고 볼 수 있을 것이다(Alexander H. Türk, *Judicial Review in EU Law*, p. 168).

101) *Ibid.*, p. 167.

102) *Ibid.*, p. 9.

2) 사법심사 제도상의 물적 관할권

앞서 언급한 바와 같이 유럽연합이 사법심사제도에서 관할권을 행사하기 위해서는 국내 사법제도와 같이 우선적으로 소의 허용성 요건을 충족시켜야 한다. 이는 앞서 고찰한 인적 관할권뿐만 아니라 소의 대상성 문제인 물적 관할권의 요건 역시 충족시켜야 하는 것을 의미한다. 그런데 국내적으로 행정 소송을 제기하기 위해서는 처분 등을 대상으로 하여야 한다.103) 이에 따라 행정소송은 '행정청의 구체적 사실에 대한 법집행으로서의 공권력의 행사 및 그 거부'와 '이에 준하는 행정 적용'104)을 대상으로 제기할 수 있다. 그렇다면 유럽연합 차원에서의 사법심사제도도 그 대상을 기관의 처분 등으로 하고 있을 까? 위헌법률심사제도 즉 규범통제제도의 대상이 원칙적으로 법률이라는 것을 염두에 둔다면105) 유럽연합이 보유하고 있는 사법심사제도에 있어서의 물적 관할권에 대한 고찰은 사법심사제도의 연합 내 위상을 간파하게 해주는 중요한 단초를 제공해 줄 수 있을 것이다.

(1) 사법심사가 가능한 행위의 본질 - 고유한 행위와 관련

유럽연합법 즉 리스본 조약 263조에 따르면, "유럽연합 사법재판소는 권고 또는 의견이외의 … 행위의 합법성(legality of acts)을 심사한다."고 규정하고 있다. 당해 규정에서 '권고 또는 의견 이외의 행위'라는 표현을 사용하고 있다는 점과 나아가 유럽연합 기관의 행위 목록을 규정하고 있는 조항에서는 행위란 표현을 사용하지 않고 있다는 점을

---

103) 박균성, 행정법론(상)(박영사, 2007), 893면.
104) 행정심판법 및 행정소송법 제2조.
105) 물론 행정 소송의 경우에도 처분적 명령과 처분성이 있는 법규 명령의 효력이 있는 행정 규칙에 대하여 제기할 수 있기는 하지만(대판 1954. 8.19, 4286행상 37) 이는 예외적인 경우일 뿐이며 위헌법률심사제도처럼 원칙적으로 법률을 대상으로 하지는 않는다.

고려한다면, 유럽연합 사법심사에 있어서 다룰 수 있는 대상은 매우 광범위하다고 할 수 있다. 유럽연합 사법재판소도 일반적으로 인정되는 유럽연합 기관의 행위뿐만이 아니라 이의 범주에 포섭되지 않는 독특한 행위(acts sui generis)의 경우에도 자신의 사법심사 특별히 취소소송의 대상이 된다고 선언하고 있다. 특히 유럽연합 사법재판소는 이전부터 그와 같은 입장을 견지하였는데, 다음과 같은 판시 사항에서 그를 어렵지 않게 알 수 있다.

> (구) EEC 173조에 의하여, 유럽연합법원은 권고 혹은 의견이 문제되지 않는 한에 있어서.... 이사회의 행위의 합법성을 심사한다. 동 조항은 회원국과 공동체 기관에 개방하고 있는 취소소송을 오로지 (구)189조 하단에 의하면 구속력이 없는- 권고 혹은 의견에 대해서만 배제하고 있다. 따라서 제173조는 당해 소송이 법적 효력을 가져올 것이 명확한 기관의 모든 조치에 대해 제기될 수 있다는 것으로부터 출발하는 것이다. 당해 소송이 허용되는 조건을 너무 제한적으로 해석하게 되는 경우, 즉 본 절차의 이용가능성을 제189조에 언급된 여러 범주의 조치에 국한시키게 되는데 이는 규정의 목적과 일치하지 않게 된다. 그러므로 취소소송은 법적 효력을 가져올 것이 확실한 공동체 기관의 모든 행위에 대해 그 법적 성질 혹은 법형식의 구별 없이 허용되어야 한다.106)

그렇다면 유럽연합 사법재판소는 사법심사, 즉 취소소송의 대상을 규정하고 있었던 당시 구 EC 제189조에 열거되어 있는 공동체 기관의 행위 목록을 열거적으로 해석하지 않고 예시적으로 해석하여 규정에서 포섭하지 않는 다른 종류의 구속력 있는 행위에 대해서도 심사의 가능성을 열어 놓았다고 볼 수 있다.

그런데 당해 고유한 행위가 사법심사의 대상이 되기 위해서는 당해 행위에 법적 효력(legal effect)이 인정되어야 한다.107) 이 법적 효력은

---

106) Case 22/70, *Commission v. Council(ERTA case)*, 〔1971〕 ECR 263 at 277. 김대순, 앞의 책(각주 11), 501면 참조.

107) 이는 특히 *Reynolds* 사건(C-131/03 *P. R. J. Reynolds Tobacco Holdings Inc. and others*, para. 54)에서 유럽연합 사법재판소가 강조한 사항이다. 그에 따르면 청구인의 법적 지위(legal position)에 변경을 야기하고 그의 법적 이익(interest)에

곧 어떤 이의 법적 지위(legal status)에 변경을 가져 오는 것을 의미한
다. 그러므로 연합 기관의 특정 행위가 다른 이의 권리·의무에 변경을
가져오는 경우라면, 법적 효력을 인정받을 수 있고 이를 통해 사법심사
의 대상으로 다루어질 수 있는 것이다. 특히 유럽연합 사법재판소는 이
법적 효력을 실질적으로 파악하고 있기 때문에, 당해 결정이 특정인의
권리·의무에 실질적인 영향을 미치는 지의 여부에 따라 이에 대한 심사
의 가능성을 인정하고 있다.

(2) 선결적 결정의 경우

유럽연합 기관의 최종 결정은 경쟁법 분야와 같이 여러 개의 준비단
계를 거쳐 채택되는 경우가 있다. 이에 따라 준비단계에서 유럽연합 기
관은 선결적 결정을 채택할 수 있는데 유럽연합 사법재판소는 당해 선
결적 결정이 최종 결정과 관계없이 원고의 권리에 직접적인 영향을 주
는 경우에는 그 결정 자체를 분리하여, 사법심사의 대상이 될 수 있다
고 보고 있다.108) 따라서 선결적 결정이 최종 결정과 분리될 수 없는
그 자체로 순전히 준비적인 성격만 보유하는 경우에는 취소소송의 대
상이 될 수 없으며, 결국 나중에 최종 결정에 대한 심사과정에서 당해
선결적 결정을 다룰 수밖에 없을 것이다. 선결적 결정의 취소소송의 대
상성과 관련하여서는 *IBM v. Commission* 사건에서 다루어진바 있다.
IBM은 컴퓨터 판매와 관련, 구 EC 제86조 하의 시장 지배적 지위를
남용하였는지에 대하여 당시 위원회 조사의 대상이 되어 오고 있었다.
위원회는 이사회 명령 제17호 하의 절차를 개시한다고 IBM 측에 통고
하면서 이의통지서를 동봉하였는데 당해 명령 하의 절차는 여러 예비

영향을 끼칠 수 있는 조치 혹은 결정을 사법심사의 대상으로 삼을 수 있다(P.
J. G. Kapteyn, *The Foundations of European Community Law*, p. 451).

108) Cases 8~11/66, *Cimenteries v. Commission* (Noordwijks Cements Accord case),
〔1967〕 ECR 75 at 92~93. Lawrence Collins, *European Community Law in
the United Kingdom*(London: Butterworths, 1984), p. 80; Trevor. C. Hartley,
The Foundations of European Community Law, pp. 350~351.

단계를 거친 뒤 최종적으로 벌금 부과 결정으로 이어질 수 있었기 때문에, IBM은 동 절차 개시 결정과 이의의견서를 상대로 취소소송을 제기하였다. IBM은 위원회 측의 절차 개시와 이의의견서 송부는 그 법적 성격과 결과로 인하여 결정(decision)에 해당한다고 주장하였지만 유럽연합법원은 당해 주장을 받아들이지는 않았다.109) 왜냐하면 선결적 결정이 유럽연합 사법재판소의 사법심사, 즉 취소소송의 대상이 되기 위해서는 최종 결정에 관계없이 원고의 권리에 즉각적인 영향을 주어야 할뿐만 아니라110) 그 결정 자체를 분리할 수 있어야 하는데 당해 위원회의 조치는 그렇지 않았기 때문이다.

(3) 위임받은 기관의 행위

이사회 혹은 위원회가 타 기관에 권한을 위임한 경우, 위임받은 기관의 행위도 사법심사의 대상이 되는지가 문제된다. 유럽연합 사법재판소는 이사회가 위원회에 권한을 위임한 경우에는 위원회가 이사회로부터 위임받은 권한에 의거하여 채택하는 모든 법적 행위는 사법심사의 대상이 된다고 보아 이에 대하여 긍정적인 입장을 취하고 있다. 나아가, 재판소는 사법심사의 대상이 되는 행위를 제정할 수 있는 유럽연합 기관에 의해 특별히 설치된 어떤 기구가 그와 같은 고유한 의미에서의 연합의 집행기관으로부터 위임받은 권한에 의거하여 법적 행위를 채택하는 경우에도 그와 같은 행위는 일응 유럽연합 기관의 행위에 해당하는 것으로 보아 사법심사의 대상이 된다고 보고 있다.111) 물론 그와 같은 위임이 합법적이어야 하므로 권한 위임이 명백히 위법인 경우 유럽연합 사법재판소는 더 이상의 심사 없이 위임기관의 행위를 애초에 존재하지 않는 것으로 선언할 수 있을 것이다.112)

---

109) Lawrence Collins, *European Community Law in the United Kingdom*, pp. 179~180; Trevor C. Hartley, *The Foundations of European Community Law*, pp. 351~352.

110) Margot Horspool & Matthew Humphreys, *European Union Law*, p. 258.

111) Cases 32, 33/58, *SNUPAT v, High Authority* [1956] ECR 127 at 137~138.

(4) 일방적인 행위와 양자 행위

사법심사의 대상이 되는 유럽연합기관의 행위는 그 본질에 있어 일방적인 행위(unilateral act)여야 함은 물론이다. 하지만 유럽연합과 비회원국간에 체결되는 국제협정이 양자 행위(bilateral act)임에도 불구하고 유럽연합 사법재판소는 그와 같은 비회원국과의 협정을 통상 연합 기관인 이사회에 의하여 체결되고 있다는 것을 근거로 공동체 기관의 행위로 간주하여 이에 대한 사법심사가 가능하다고 선언한 적이 있다.113) 물론 그와 같은 협정체결의 기반을 제공하는 이사회의 명령이나 결정을 상대로 취소소송을 제기하는 것 역시 가능할 것이다. 즉, 국제 협정을 직접 대상으로 사법심사를 행하지 못하는 경우가 있다고 하더라도 그의 기초된 입법에 대한 사법심사를 통해 협정에 대한 간접적인 통제까지 불가능한 것은 아니다.

(5) 절대 무효인 행위

절대 무효인 행위는 애초에 존재하지 않는 행위(non-existent acts)라고 할 수 있다. 존재하는 행위가 아니기 때문에 법적 효력이 있는 것도 아니어서 유럽연합 사법재판소는 이에 대해 관할권을 보유하고 있다고 할 수 없다. 그러므로 만일 절대 무효인 행위를 취소하기 위한 소가 제기된다면 유럽연합 사법재판소는 관할권 흠결을 이유로 소가 수리될 수 없음을 선언하여야 할 것이다. 나아가 시간이 경과한다 하더라도 부존재의 행위는 여전히 부존재의 행위이기 때문에 제소기간의 경과로 인하여 당해 행위는 유효로 확정될 수도 없다. 특히 유럽연합 사법재판소가 부존재의 행위로 간주하고 있는 대표적인 경우는 연합의 기관이 월권(越權)을 명확히 한 경우이다. 이는 공동체 행위가 완전히 공동체 설립조약의 범위 밖에 있는 문제를 규율대상으로 하는 경우와 나아가

---

112) Trevor C. Hartley, *The Foundations of European Community Law*, p. 360.

113) Case 181/73, *Haegeman v. Belgium* 〔1974〕 ECR 449, at 459~460(paragraphs 3~5 of the judgement).

공동체 기관의 법규범 제정과정에서 중대한 절차상의 하자가 있는 경우가 대표적이다. *Lemmerz-Werke* 사건에서 고등 관청은 결정이 취해야 할 형식을 규정한 한 개의 일반적 결정인 결정 22/60을 공표한 바 있었는데, 당해 결정의 효력요건 중의 하나는 고등 관청을 대신하여 관청의 특정 위원이 결정에 서명을 하여야 한다는 것이었다. 그러함에도 당시 관련 편지들에 고등관청의 일반 직원이 서명하여 애초의 요건을 충족시키지 못하게 되는 문제가 발생하였는데 유럽연합 사법재판소는 이를 중대한 하자로 보아 당해 편지는 결정으로 간주할 수 없으며 나아가 사법심사의 대상으로도 설정할 수 없다고 선언하였다.114)

3) 사법심사 대상과 대상 범위 확대 노력

유럽연합 기관에 의한 조치의 형식과 실질을 구분하는 것이 쉬운 것은 아니지만 사법심사의 대상 확정을 위하여 이는 필요한 작업이다. 실제로 요구되는 형식으로 인하여 채택되지 않아 법적 결과를 가지지 않는 조치에 대해서는 사법심사의 대상에서 제외시켜야 하기 때문이다. 실제로 *Air France v. Commission* 사건115)에서는 그와 같은 점이 문제 되었다. 경쟁정책에 책임이 있었던 위원회 위원인 Sir. Leon Brittan은 당시 문제된 합병이 공동체의 공간을 아우르는 항공 수송을 도모할 것이라고 강조하며 Dan Air, British와 Airways 사이의 합병에 대한 성명을 언론에 발표하였다. 당해 성명에 대해 Air France 사의 문제 제기가 있었는데 당해 문제제기는 성공적이지 못하였다. 왜냐하면, 당해 성명은 전체 위원회에 의하여 채택된 것도 아니고, 법적인 조치의 형식도 취하고 있지 않았기 때문이다. 다시 말해 당해 성명은 형식적 요건을 갖추지 못하여 법적 결과를 야기하지 못하기 때문에116) 사법심사의 대

---

114) Cases 53, 54/63, *Lemmerz-Werke v. High Authority*, 〔1957〕 ECR 239.
115) Case T-3/93 *Air France v. Commission* [1994] ECR II-121.
116) 당해 사항은 Case T-113/89 *Nefarma v. Commission* 에서도 다루어졌다.

상으로 설정하지 못한다는 것이 유럽연합 법원의 입장이었다.

하지만 유럽연합 사법재판소는 사법심사의 대상의 설정에 비교적 적극적인 입장을 견지하고 있는 것이 사실이다. 특히 *Parti Ecologiste('Les Verts') v. European Parliament* 사건 당시, 관련 규정은 유럽연합에 의하여 채택된 조치에 대해서는 아무런 언급을 하지 않고 있었다. 그러함에도 당시 유럽연합법원은 유럽의회에 의해 채택된 조치라 하더라도 당해 조치가 제3자에 대해 법적 효력(legal effect *vis-à-vis* third parties)을 보유하고 있는 경우에는 구 EC 제230조 하의 취소소송의 대상이 될 수 있다고 선언하여,[117] 사법심사의 대상 설정에 꽤 적극적인 입장을 견지하였다. 나아가 유럽연합법원은 공동체 예산에 대한 의회에서의 토론의 종결 단계에서 의장에 의한 성명 역시 법적 조치의 성격을 가지고 있기 때문에 이 역시 취소소송의 대상이 된다고 선언한 적이 있으며,[118] 유럽연합 감사법원에 의해 채택된 조치 역시 EC 제234조의 심사대상이 된다고 하여[119] 사법심사의 대상확정에 비교적 적극적인 입장을 견지하고 있었던 것이 사실이다.

그런데 이와 같은 유럽연합 사법재판소의 적극적인 입장은 규정상 명백히 유럽연합 사법재판소의 심사대상으로 정하고 있지 않는 경우에도 드러나고 있어 주목을 요한다. 일단의 조치들은 명백히 유럽연합 사법재판소의 사법심사에서 제외되어 있는 것이 사실이다. 특히 구 TEU 35(5)에 따르면, 유럽연합법원은 회원국의 경찰과 여타의 법집행 역무에 의해 수행되는 조치(operations)의 실효성과 비례성에 대해서 심사할

---

117) Case C-213/88 Luxembourg v. European Parliament. 이는 이후 조약의 개정으로 인하여 명문으로 반영되었다. 즉, 제3자에 대하여 법적 효력을 끼치는 유럽의회의 조치는 특별히 사법심사의 대상이 된다는 사항이 명문으로 TEU에 반영된 것이다(John Fairhurst and Christopher Vincenzi, *Law of the European Community*, p. 161).

118) Case 34/86 *Council v. Parliament;* Case C-284/90 *Council v. European Parliament.*

119) Cases 193 & 194/87 *Maurissen and Others v. Court of Auditors*(Cases 193 & 194/87).

관할권을 보유하고 있지 않았다. 하지만 유럽연합법원은 특정 사건에서 배제된 범위(scope of exclusion)를 결정할 관할권까지 자신이 보유하고 있다고 선언하여 사법심사 대상의 범위를 지나치다싶을 만큼 확장해 가고 있다.

따라서 유럽연합의 사법심사의 경우에도 국내적인 차원의 행정쟁송제도와 유사하게 그 대상을 유럽연합 기관의 조치나 행위로 상정하고 있는 것으로 보인다. 고찰한 바와 같이 유럽연합 사법재판소는 사법심사의 대상을 적극적으로 확대하려는 노력을 기울이고 있기는 하지만 원칙적으로 그 대상을 기관 행위 혹은 조치로 제한하고 있다고 할 수 있어서 유럽연합이 보유하고 있는 소위 사법심사제도는 규범통제제도보다는 행정쟁송제도에 근접한 제도라고 일응 평가할 수 있는 것이다.

3. 유럽연합의 사법심사에서 취소소송의 취소 사유

1) 의 의

행정소송의 경우 본안심리의 결과 원고의 주장이 이유 있다고 인정되면 법원은 인용판결을 내리게 된다.[120] 그런데 유럽연합 사법심사제도의 경우 법원의 인용 여부는 연합의 기관이 자신의 권한의 범위 내에서 행위를 하였는지의 문제 등 여러 가지 기준에 따라 판단되고 있는 것으로 보인다. 결국 취소소송에서 인용판결은 유럽연합 사법재판소의 종국적인 판단에 맡겨지게 되는 것이다.[121] 물론 위에서 언급한 형식적 요건을 충족한 경우에 당사자는 문제의 연합 기관의 행위가 취소되어야 함을 입증하여야 한다. 특히 규정상 인정되는 4가지의 취소 사유[122]

---

120) 박균성, 행정법론(상), 1030면.

121) Anthony Arnull, *The European Union and its Court of Justice*, p. 257.

122) 당해 취소사유는 이전의 경우에도 계속 인정되고 있었다. EEC 조약 제173조에서 사법심사의 취소사유로 권한의 결여, 핵심적인 절차 요건의 위반, EEC 조약

는 유럽연합의 조약상으로 인정되는 것이기 때문에[123] 연합 고유의 특별한 상황[124]이 고려되어야 함은 물론이다. 위법의 사유는 문제된 행위[125]가 채택될 당시에 이미 존재하고 있어야 한다. 나아가 위법은 중대한 것이어야 하며 하자는 공동체 행위에 어떤 영향을 미치는 것이어야 한다. 이에 따라 유럽연합 사법재판소는 문제가 된 행위에 하자가 없었더라면 연합 기관의 결정이 달라졌을지도 모른다는 것이 입증되지 않는 한 그와 같은 절차상의 하자로 인하여 문제된 기관의 결정을 취소할 수 없다는 입장을 견지하고 있다. 그런데 아래에서 다룰 4가지 사유들은 그 범위가 매우 광범위하며 거의 모든 가능한 위법을 포섭할 수 있다고 할 수 있고 나아가 그들 상호간에는 상당 정도 겹치는 경우도 적지 않다. 예를 들어, 취소사유 중 하나인 '설립 조약 혹은 그 적용에 관한 법규의 위반'을 충분히 넓게 해석한다면 이는 나머지 다른 세 가

의 위반, EEC 조약의 적용에 관한 법규칙의 위반 및 권한 남용이 EC 기관의 행위의 불법성의 근거로 인정되었는데(박노형, "EC 사법법원에 의한 회원국 행위의 사법심사-개인의 주도에 의한 경우를 중심으로-", 254면), 당해 내용은 니스 조약을 거쳐 리스본 조약으로 그대로 계승이 되었기 때문이다. 이에 대해서는 L. J. Brinkhorst & H. G. Schemers, *Judicial Remedies in the European Communities*(Kluwer, 1969), pp. 61-69 참조.

123) 이는 TEC 조약 230조 상으로 인정되던 사유였는데 리스본 조약의 경우에도 동일하게 규정되어 있다(리스본 조약 제263조 2문). 다음과 같다.

It shall for this purpose have jurisdiction in actions brought by a Member State, the European Parliament, the Council or the Commission on grounds of lack of competence, infringement of an essential procedural requirement, infringement of the Treaties or of any rule of law relating to their application of misuse of powers.

124) 이는 유럽연합의 특별한 상황만이 아니라 모든 회원국의 법적 전통(legal tradition)도 포함된다(Trevor C. Hartley, *The Foundations of European Community Law*, p. 398).

125) 이와 같이 취소소송의 경우 유럽연합 기관의 행위 즉 작위를 전제로 하지만 종전의 경우와 같이 작위의무를 전제로 하는 부작위 소송도 인정되고 있다(리스본 조약 265조). 하지만 부작위소송은 피고가 부작위를 하였다는 점이 확정되어야 하기 때문에 신청자가 우선 피고에 대해서 작위를 요구한 후 소송을 제기할 수 있다는 점에서 작위의 조치에 의한 피해로 인하여 직접 소송을 제기할 수 있는 취소소송과는 그 구조가 상이하다.

지 사유 모두를 포섭시킬 수 있기 때문이다.126) 그러므로 유럽연합 사법재판소는 특정한 조치를 취소하는 판결을 내리는 경우, 네 가지 사유 중 어느 것이 관련된 것인지에 대하여 특별한 언급을 하지 않는 것이 일반적이다.127) 여하튼 규정상의 당해 사유는 일반적으로 열거적(exhaustive)이라고 여겨지고 있으며,128) 명확한(self-explanatory) 사유로 인정받고 있기 때문에,129) 취소소송에서의 심사 사유는 이들을 중심으로 고찰을 하면 문제는 없다.

2) 무권한

권한(competence)이라는 말은 어떤 조치를 취할 수 있는 법적 능력(legal power)을 의미한다. 모든 유럽연합 기관은 오로지 설립 조약에 따라 할당된 권한에 따라서만 행동해야 하는 것이 원칙이기 때문에 유럽연합의 기관이 제1차적 조약에서 부여하지 않은 권한을 행사하는 즉시 그 행위는 무권한이라는 평가를 받게 된다.130) 특히 유럽연합이 내재적인 입법적 혹은 집행적 권한(inherent legislative or executive power)을 보유한다고 볼 수는 없기 때문에, 이의 특정한 법적 권한을 규정하고 있는 조약 규정을 원용할 수 있어야 하고 만일 그와 같은 명확한 법적 권한을 인정할 수 없다면 관련 조치는 무권한을 이유로 취소될 것이다. 그런데 유럽연합이 향유하는 광범위한 권한을 고려하고 유럽연합 사법재판소는 조약상의 권한 부여 규정을 광범위하게 해석하고 있다는 점을 고려한다면 무권한을 취소를 위한 직접적인 사유로 제시하는 것이 용이한 것만은 아니다.131) 실제로 당해 요건은 자주 원용되고 있지 못

---

126) P. J. G. Kapteyn, "Administration of Justice", p. 453.
127) Trevor C. Hartley, *The Foundations of European Community Law*, p. 398.
128) Case 314/85 *Foto-Frost v. Hauptzollamt Lübeck-Ost,* 〔1987〕 ECR 4199 para 17; Anthony Arnull, *The European Union and its Court of Justice*, p. 257.
129) P. J. G. Kapteyn, "Administration of Justice", p. 453.
130) Trevor C. Hartley, *The Foundations of European Community Law*, p. 398.

하고 있는 것이 사실이다. 특히 유럽연합 사법재판소는 묵시적 권한이
론(the theory of implied power)까지 동원하여 이사회와 위원회의 권한
을 확정하는 경우도 적지 않아132) 당해 무권한 요건을 충족하는 것은
더더욱 쉬운 일이 아니다. 오히려 보다 일반적으로 취소가 인정될 수
있는 경우는 어떠한 조치가 적절치 않은 권한 부여 규정에 의하여 실행
되는 경우라고 할 수 있다. 예를 들어 위원회와 이사회가 특정 규정에
기반하여 조치를 채택하였음에도 그 규정이 아닌 다른 규정 하에서 행
위를 하는 경우이다. 하지만 유럽연합 사법재판소는 이의 경우에도 문
제된 조치로 인하여 중대한 결과를 야기하는 경우에만 당해 조치를 취
소시킬 수 있다는 입장을 견지하고 있다. 즉, 재판소는 만일 적절하지
않은 규정에 의하여 취하여진 조치라 하더라도 중대한 결과를 야기하
지 않는다면 그 조치는 취소되지 않을 것임을 분명히 하고 있어서133)
결국 유럽연합의 기관의 조치가 당해 무권한의 이유로 취소되는 것은
매우 어렵다고 보인다.

3) 본질적인 절차 요건의 위반

본질적인 절차 요건의 위반도 취소를 위한 사유가 될 수 있다. 당해
절차요건은 공동체 설립조약 뿐만이 아니라 제2차적 입법행위134)에도

---

131) Margot Horspool & Matthew Humphreys, *European Union Law*, p. 276.
132) 예를 들어 구 EC 제308조(리스본 조약은 352조)와 같은 규정의 경우 이사회의
　　 권한에 대해 광범위하게 규정하고 있었기 때문에, 명확히 조약 범위 이원의 사
　　 건을 제외하고는 이사회 조치에 대하여 법적 근거를 찾는 것이 어렵지 않았다
　　 고 할 수 있다. 무권한을 이유로 위원회의 조치가 취소된 사건으로는 다음을
　　 참조. *France v. Commission*, Case C-327/91, 〔1994〕 ECR Ⅰ-3641; *Germany
　　 v. European Parliament and Council*(Tobacco Advertising Case), Case
　　 C-376/98, 〔2000〕 ECR Ⅰ-8419.
133) Trevor C. Hartley, *The Foundations of European Community Law*, p. 399.
134) 이는 유럽연합의 기관들에 의하여 제정이 되는 규칙, 지침, 결정들을 말한다.
　　 특히, 위임의 경우에는 관련 기관과 협의를 하여야 하는 요건이 존재할 수 있다

규정되어 있을 수 있다. 나아가 본질적인 절차 요건은 공동체의 불문법 다시 말해 유럽연합 법상의 일반원칙 상 요건일 수도 있다.135) 특히 당 해 절차 요건은 본질적인 절차 요건에 한정된다. "절차"와 관련하여 취 소소송의 사유로 굳이 '본질적인(essential)' 절차 규칙에 제한을 두는 이 유는 연합 기관의 효율적인 행정 활동을 보장하고 과다한 형식주의 (formalism)를 방지하기 위함이다. 하지만 본질적인 절차규칙과 비본질 적인 절차 규칙을 구분하는 것이 쉬운 것은 아니어서,136) 이에 대하여 유럽연합 사법재판소는 다음의 기준에 따라 판단을 해오고 있다.

우선 재판소는 고문위원회, 유럽의회, 혹은 이사회 등 다른 기관에 대해 의견 또는 동의를 구하여야 하는 것과 관련 당사자에게 청문의 기 회를 부여하는 것을 본질적인 절차 요건의 대표적인 예로 제시하고 있 다. 나아가 재판소에 따르면 유럽연합 기관은 그들이 채택하는 법적 행 위에 기초되는 이유를 밝히도록 요구받고 있으며 특히 당해 이유는 충 분히 설명되어야 한다.137) 또한, 재판소는 이사회의 행위는 위원회의 제안에 기초해야 한다는 요건도 본질적인 요건에 포함시키고 있다.

그런데 유럽연합법원은 *Tariff Preferences* 사건138)에서 정확한 조약

(Ibid.).

135) 이의 예로 Case 17/74, *Transocean Marine Paint Association v. Commission* 〔1974〕 ECR 1063에서 확립된 *audi alteram partem*의 원칙을 들 수 있다. 이 에 따라 위원회는 명확한 입법적인 규정이 부재하는 경우에도 다른 기관의 의 견을 참고하여야 한다(*Ibid.*). 즉, 본질적인 절차 요건은 명시적인 규정에 따라 정해지는 것이 일반적인 경우라고 볼 수 있으나 유럽연합 상 확립된 일반원칙 상으로도 이는 인정될 수 있는 것이다.

136) 절차적 요건을 규정하고 있는 연합의 규정들은 어떠한 위반이 무효를 야기하는 지에 대하여 통상적으로 언급하고 있지 않다. 그러므로 규정의 기능에 중점을 두고 나아가 당해 규정이 준수되지 않을 경우 일어날 수 있는 결과를 통해 간접 적으로나마 본질성을 판단할 수밖에 없을 것이다.

137) 즉 적절한 이유(adequate reasons)를 설명하여야 하는 데 그에 대해 부작위하는 경우 본질적인 절차 위반이 된다(P. J. G. Kapteyn, "Administration of Justice", p. 453).

138) Case 45/86, *Commission v. Council* 〔1987〕 ECR 1493.

규정을 언급하지는 않았지만 만일 조약의 법적 기반이 무엇인지 다른 규정을 통하여 파악할 수 있다면, 반드시 조약의 본질적인 절차 요건을 위반한 것은 아니라고 하여 판단의 기준을 조금은 완화하고 있기는 하다. 조약의 전문 용어들이 불명확하게 규정된 경우가 많기 때문에 법적 기반이 무엇인지를 정확하게 지적하는 것이 매우 어렵다는 점을 고려한 입장이라고 보인다. 그렇다면 중요한 것은 침해된 절차적 요건의 속성이 아니라 오히려 특정한 침해 상황 하에서 발생한 그의 결과라고 할 수 있을 것이다.139)

4) 제 조약 또는 그 적용되어야 할 법규범의 위반

제 조약 또는 그 적용에 관한 법규범의 위반 역시 취소사유의 하나로 간주된다. 특히 당해 사유는 매우 자주 취소사유로 원용되고 있다.140) 당해 사유는 제소자들에 의해 거의 언제나 다른 위법 사유에 추가 되어 원용되고 있는데, 이는 유럽연합법상의 일반원칙141)에 대한 위반도 이에 포함되는 경우가 많기 때문이다.142) 제 조약이라 함은 기존

---

139) 이와 같은 기준 하에서 판단을 한다면 본질적이라고 할 수 있는 요건들은 이유 제시요건, 청문의 기회 제공 요건, 동의 요건, 의견 청취 요건 등이라고 할 수 있다. 특히, 유럽집행기관이 유럽의회에게 자문을 받아야 하는 의무와 관련된 사건으로 *Roquette Freres v. Council* 138/79 [1980] ECR 3333이 있는데 특히 당해 사건에서는 의회의 '자문' 권한이 전혀 무의미한 것이 아니라는 사항이 강조되었다(자세한 설명은 Margot Horspool & Mattew Humphreys, *European Union Law*, pp. 90-91 참조).

140) 당해 사유는 가장 광범위한 범위를 포섭하고 있으며, 실무상으로도 가장 중요한 사유이다(P. J. G. Kapteyn, "Administration of Justice", p. 453).

141) 나아가 불문법(unwritten law) 상의 규정도 이에 포섭된다고 여겨진다(*Ibid.*, p. 453).

142) Margot Horspool & Matthew Humphreys, *European Union Law*, p. 276. 즉, 특정 조치가 취소되는 경우, 그 각각의 취소사유는 유럽연합법 상의 규칙과 실제적으로 겹치는 수가 많은 것이 사실이다(Trevor C. Hartley, *The Foundations of European Community Law*, p. 402).

의 파리 조약과 로마 조약은 물론 이들을 개정하고 보충하는 조약을 가리키는 것이다.[143] 그리고 그 적용에 관한 법규라 함은 설립 조약 이외의 다른 공동체 규정을 지칭하는 것이다. 얼핏 보면 당해 규정의 의미는 명확하지 않다. 독일어 문헌에서는 이를 'enige utivoeringsregeling daarvan'을 사용하고 있는 데, '그것을 집행하는 규칙(any rules executing it)'정도로 이해하면 문제는 없을 것이다.[144] 그러므로 이에 따른다면 '그 적용에 관한 법규'는 집행 규정만(implementing provision)을 포섭한다고 볼 수 있다. 하지만 이는 매우 협소한 해석이기 때문에 유럽연합 사법재판소는 구성 조약에서 발견되어지는 것 이외의 모든 공동체 법규정들이 이에 포섭될 수 있다는 견해를 취하고 있다. 그러므로 고유한 행위(acts *sui generis*)를 포함한 연합기관의 법적 행위뿐만이 아니라 공동체 법규정의 일부로 규정된 경우의 보조 협정(subsidiary conventions), 구속력이 있는 경우의 회원국 대표들의 행위, 연합에 의하여 체결되었거나 달리 연합에 대해 구속력 있는 제3국과의 국제협정[145]도 당해 법규에 포섭되는 것으로 해석되고 있다. 나아가 앞서 언급한 대로 공동체 법상의 일반원칙[146]뿐만이 아니라 국제법[147]도 이에 해당된다.[148] 그

---

143) 즉, 모든 구성 조약(constitutive Treaties)을 포섭하는 것이다.

144) Trevor. C. Hartley, *The Foundations of European Community Law*, p. 402.

145) 특히 유럽연합에 대하여 구속력을 지니고 있는 국제 협정과 관련된 사건으로는 Cases 21-24/72, *International Fruit Company* 사건이 있다.

146) 유럽연합법의 일반원칙은 취소소송에 있어 특히 중요한 기능을 수행한다. 일반 원리가 단지 해석을 제공하고 공동체 입법의 흠결을 보완하는 경우를 제외하고, 그와 같은 일반원리의 위반은 무효의 근거로도 원용될 수 있는 것이다.

147) 국제법과 관련하여 특히 유럽연합 사법재판소는 *Racke* 사건(Case C-162/96, [1998] ECR Ⅰ-3655)에서 국제관습법의 원칙 또한 공동체 규칙의 유효성을 판단하는 데에 하나의 기준이 될 수 있다고 선언하였다. 당해 사건에서 문제가 된 규칙은 공동체와 유고슬라비아 사이의 무역협정을 정지시켰는데, 당해 협정 상의 권리가 직접적인 효력이 있다고 주장하는 당사자는 당해 규칙이 국제법에 위반된다고 주장하였다. 유럽연합 사법재판소는 국제관습법 역시 공동체법 체계의 일부로서 적용될 수 있는 것이며, 공동체 기관이 적절한 규칙을 적용하는 조건과 관련하여 명확히 국제법에 위반되는 조치를 취한다면 관련 조치는 무효

러므로 법적 안정성이나 예견 가능성과 관련하여 취소소송이 제기될 수도 있을 뿐만이 아니라 기본적 인권(fundamental human rights)을 사유로 하여서도 당해 소송은 제기될 수 있는 것이다.[149]

다만, 당해 사유를 엄격하게 해석한다면 명백한 위반(express prohibition)을 구성하는 경우에만 당해 사유를 적용할 수 있을 것이다. 이와 같은 점에서 당해 사유는 적절한 규정이 "부재하는 경우에" 적용될 수 있는 무권한의 사유와는 다르다고 할 수 있다.

5) 권한의 남용

권한의 남용 역시 취소소송에서 취소 사유로 제기될 수 있다. 권한의 남용은 행정청이 특정한 경우에 일정한 행동을 취할 수 있는 필요한 권한을 부여 받고 있는 것을 전제로 하기 때문에 재량적 권한(discretionary powers)만이 문제된다. 특히 유럽연합 사법재판소는 권한의 남용에 대하여 '공동체 기관에 의해 규정된 사항이외의 목적을 성취시키거나 특별한 상황을 다루기 위해 조약상으로 특별히 규정된 절차를 회피하는 배타적이면서 주요한 목적을 가지고 있는 조치의 채택'이라고 정의 내리고 있다.[150] 보다 간단히 말하면, 부여된 것 이외의 목적으로 권한을 행사하는 것이 권한의 남용인 것이다.[151] 그런데 다른 사유가 속성상

로 선언될 수 있다고 지적하였다(Trevor C. Hartley, *The Foundations of European Community Law*, p. 403).

148) G. Vandersanden and A. Barav, *Contenticux Commtmitaire*(1977), pp. 188-201(*Ibid.*, p. 402에서 재인용).

149) Margot Horspool & Matthew Humphreys, *European Union Law*, p. 276.

150) Case C-156/93 *European Parliament v. Commission*, 〔1995〕 ECR Ⅰ-2019 at para. 31 of the judgement.

151) Case 6/54, *Netherlands v. High Authority*, 〔1955〕 ECR 103 at 116; Case 15/57, *Compagnie des Hauts Fourneaux de Chasse v. High Authority*, 〔1958〕 ECR 211 at 230. 영국법상으로는 "보다 명확하게 적절하지 못한 목적(improper purpose)"으로 언급되기도 한다(Trevor C. Hartley, *The Foundations of European*

객관적으로 결정되는데 비하여 당해 사유는 주관적으로 결정될 수 있기 때문에 그 여부에 대한 판단이 어려운 것이 사실이다.[152) 즉, 당해 사유는 권한의 남용을 입증하기 위하여 권한을 행사하는 기관의 주관적인 목적과 동기 혹은 의도에 대해서까지 밝혀내야 하기 때문에 다른 사유와는 달리 주관적인 판단을 요하는 것이다. 물론 당해 사유의 인정을 위하여 관련 기관의 악의까지 입증하여야 하는 것은 아니지만, 이를 입증하기 위해서는 결국 권한을 행사하였던 그 문제되는 관련 당국이 어떠한 주관적인 목적(동기, 의도)을 가졌는지를 입증하여야 한다.[153)

권한의 남용은 먼저 특정 권한이 공적인 이익을 위해서는 전혀 사용되지 않고 행정청의 사적인 이익 특히 공무원 개인의 이익을 위하여 혹은 그의 경쟁자에게 불이익을 끼치기 위하여 사용된 경우에도 문제가 될 수 있다. 예를 들어, 정책결정자가 그의 여자 친구를 임명할 의도를 가지고 어떤 공무원을 해당 직위에 임명하지 않은 경우가 이에 해당한

Community Law, p. 405).

152) 특히 당해 사유는 비록 이의 내용이 각 법 시스템 사이에서 다양하기는 하지만 각 회원국의 법규범 상으로 알려져 있는 개념이기 때문에 유럽연합 사법재판소는 국내법상의 시스템을 당해 개념의 발견을 위한 주요 근거로 활용하고 있다. 하지만 자신만의 방법을 통하여 이를 발견하기도 한다. 특히 유럽연합법원은 *Netherlands v. Council*(Case C-110/97, *Netherlands v. Council* para. 137)에서 다음과 같이 판시하였다(P. J. G. Kapteyn, "Administration of Justice", p. 453).
　　특정 조치가 단지 객관적이고 적절하고 그리고 일관된 사유로 인하여, 당해 사건의 상황을 다루는 조약에 의하여 특별히 규정된 절차를 회피하려는 배타적인 주요한 목적을 가지고 채택되었다고 보이면 그 조치는 당해 권한의 남용을 이유로 폐기될 수 있을 뿐이다.

153) 그와 같은 입증의 어려움으로 인하여 유럽연합 사법재판소는 순수한 권한의 남용사유에 대한 원용을 회피하고 있는 것으로 보이며 결국 이의 심리에 있어 객관적인 요소 또한 허용하고 있다. 특히 Case 8/57, *Hauts Fourneaux et Aciéries Belges v. High Authority*, 〔1958〕 ECR 245 at 256에서 유럽연합법원은 평등원칙의 위반은 권한의 남용을 구성한다고 선언한 반면 다른 사건에서 법원은 주위 의무의 위반(lack of foresight)이 권한의 남용을 야기할 수 있을 수 있음 역시 넌지시 드러낸 적이 있다(Case 8/55, *Fédéchar v. High Authority*, 〔1956〕 ECR 292 at 303; Cases 3-4/64, *Chambre Syndicale de la Sidérurgie Francaise v. High Authority*, 〔1965〕 ECR 441 at 454-5).

다.154) 나아가 추구되는 목적이 공적인 이익을 위한 것이기는 하지만 그 목적이 당해 기관에서 추구할 수 있는 권한 내에 해당되지 않는 경우에도 권한의 남용은 문제된다.155) 나아가 권한의 남용은 보다 적절한 규정이 존재함에도 불구하고, 적절하지 않은 규정에 입각하여 조치가 채택되는 경우에도 문제될 수 있다. 하지만 부적절한 목적이 인정된다 하더라도 관련 조치의 실질에 영향을 끼치지 못한다면 권한의 남용을 이유로 취소되지는 않는다. 나아가 조치를 채택한 당국이 조치의 적절한 목적과 그렇지 못한 목적을 보유하고 있는데, 만일 후자가 결정적인 것이 아니라면 그 조치는 역시 취소되지 않을 것이다. 그 적절치 못한 목적은 결과에 아무런 영향을 끼치지 못하기 때문이다.156) 따라서 여러 개의 동기가 존재하는 경우에 원고는 부당한 동기가 유일의 혹은 적어도 지배적인 동기(dominant motive)였음을 입증하여야 할 것이다.157)

---

154) Case 10/50, *Mirossevich v. High Authority* 〔1956〕 ECR 333. 당해 사건에서는 본문의 경우와 유사한 주장이 제기되었으나 입증에는 실패하였다.

155) Cases 18, 35/65, *Gutmann v. Commission*, 〔1966〕 ECR 103에서 당해 사항이 문제되었는데, 당해 사건에서 소제기자는 Euratom의 직원이었다. 그는 역무를 향상시킨다는 명목으로 직원의 전임을 정당화하는 규정에 따라 Ispra의 Research Centre에서 Brussels로의 전근이 강제되었다. 하지만 유럽연합법원은 이는 전임을 위한 결정이 아닌 징계로 인하여 취해진 것이라는 것을 지적하였고 그에 따라 권한의 남용을 이유로 당해 전근조치는 취소되었다.

156) 이와 관련하여 *Fédéchar v. High Authority*, Case 8/55, 〔1956〕 ECR 292 at 300-1에서 유럽연합법원은 다음과 같이 언급하였다.
   비록 정당화되지 않는 이유가 고등관청의 행동을 정당화하는 이유들 중에 포함되어 있다고 하더라도 그것의 수권 조항이 기본 목적에 불리한 영향을 미치지 않는 한, 그 이유로 인하여 당해 결정이 권한 남용에 해당하는 것은 아니다
   그러므로 정당한 목적이 달성되는 한, 적절하지 못한 목적은 아무런 결과를 야기하지 못할 수도 있다. 이와 같은 입장에 기반한다면, 여러 가지 동기가 있는 사건의 경우, 당사자는 부적절한 동기가 유일하거나 혹은 적어도 지배적인 것임을 입증하여야 할 것이다. 다시 말해 권한의 남용이라는 취소사유가 인정되려면 결과에 영향을 미쳐야 한다.

157) Case 17/74, *Transocean Marine Paint Association v. Commission* 〔1974〕 ECR 1063.

제 4 절 유럽연합 사법재판소의 사법적극주의

1. 사법부의 본질적 한계

법원은 헌법규정 및 헌법 이론 상 부여된 사법권 범위 내의 쟁송만을 담당하는 것이 원칙이다. 이에 따라 사법부는 헌법상 다른 기관의 권한으로 규정하거나 법원의 사법심사 대상에서 제외하고 있는 사항에 대해서는 관할권을 행사할 수 없는 실정법상 한계와 치외법권자와 조약 등의 경우에는 일정한 정도의 사법권이 미치지 않는다는 국제법상 한계에 따라 그 활동이 제한된다. 무엇보다 사법부는 그 사법 본질적 한계에 의하여 행동의 반경이 제한받고 있다. 다시 말해 사법부가 사법 작용의 본질상 사법권을 행사하기 위해서는 구체적 사건에 관하여, 당사자의 소제기가 있는 경우에 그리고 당해 사건이 사건으로의 성숙성을 가지는 경우에 비로소 사법권을 행사할 수 있는 것이다. 특히 구체적 사건성이란 사법권 발동의 대상이 되기 위하여서는 구체적이고 현실적인 권리의무관계에 관한 쟁송, 다시 말해 법적 분쟁(legal dispute)이 존재하여야 한다는 것을 의미한다.158) 나아가 사법권은 당사자의 소제기를 전제로 발동되는 것이기 때문에 당사자 적격과 소의 이익이 인정되어야 한다.159)

---

158) 따라서 단순한 법적 의문이나 법적 해석은 구체적인 사건성이 결여되어 있으므로 재판의 대상이 되지 않고 이에 대하여 법원은 판단할 수 없게 된다(윤명선, 미국헌법과 통치구조(유스북, 2006), 921면).

159) 재판을 청구하기 위해서는 구체적 청구에 관하여 소송을 수행할 정당한 권리 또는 이익이 있어야 하는 것인데 이를 당사자 적격이라 하는 것이다(위의 책).

2. 사법적극주의와 사법소극주의의 선택

사법부는 일반적으로 본질적인 한계에 의해 자신의 행동반경이 제한받는다. 하지만 사회적 법문화와 전통에 따라 사법부는 자신의 영향력을 발휘하려고 노력하는 것이 완전히 금지되는 것은 아니다. 다시 말해 사법부는 본질적으로 사법소극주의의 입장만을 취하여야 하는 것은 아니며 사법적극주의를 통하여 보다 적극적으로 자신의 영향력을 사회에 발휘하기도 하는 것이다.160) 우선 사법소극주의란 사법부가 입법부와 행정부에 대하여 최대의 겸양과 경의를 표시하여 입법부와 행정부의 입법과 정책에 대해 동의하고 따르는 입장을 말한다. 이에 대하여 사법적극주의는 비록 사법부가 입법부와 행정부에 비하여 민주적 정당성이 부족한 것은 사실이지만 의회와 행정부가 진정한 민의를 항상 충실하게 대변하는 것은 아니기 때문에 사법부도 사법과정을 통하여 민주적인 가치의 보존과 증진에 기여할 수 있음을 강조한다.161) 사법소극주의와 사법적극주의의 이론은 어느 것이 반드시 옳고 그르다고 할 수 있는 것은 아니다. 따라서 사법심사기관이 가지는 국회나 정부에 대한 민주적 정당성의 상대적 취약성, 과두정 내지 귀족정적 성격과 헌법이 가지는 최고규범성, 나아가 헌법의 추상성과 개방성과 관련하여 사법심사기관이 헌법해석의 모든 분야에서 적극적인 태도를 가지는 것은 자

---

160) 양자를 구분하는 방식으로 사법부가 입법부나 행정부의 결정에 따르기를 거부하는 경향이 있느냐 없느냐에 의하여 결정하여야 한다는 견해와 사법부가 자신의 견해를 자제하고 국회나 정부의 판단을 존중하느냐 아니면 적극적으로 국회나 정부의 의사를 자신의 의사로 대체하느냐의 여부에 따라 판단하여야 한다는 견해가 있다(김문현, "헌법재판소와 국회의 관계에 관한 일 고찰", 법학논집(이화여자대학교 법학연구소), 제11권 제1호(2006. 9.), 11면). 특히 후자에 따르면, 사법부가 자신의 판단을 자제하고 국회나 정부의 정책을 존중하면 사법소극주의라고 할 수 있지만, 자신의 판단을 적극적으로 제시하면서 결론이 국회나 정부의 결정과 동일하다면, 이를 두고 사법소극주의의 결과라 할 수는 없다고 한다.
161) 성낙인, 헌법학(법문사, 2011), 1236∼1237면.

칫 사법전제주의나 제왕적 사법지배를 초래할 수 있으므로162) 사법적
극주의만을 옹호할 수는 없으며, 헌법의 규범력 확보와 기본권보장이라
는 헌법재판기능에 부합하지 못하고 헌법재판제도를 두는 의미를 상실
케 할 수 있다는 점에서 사법소극주의만을 옹호할 수도 없다.

결국 사법소극주의나 사법적극주의의 중 사법부는 자신이 처한 사
회적 환경과 법전통에 따라 그리고 법관의 가치관과 선호에 의하여 혹
은 스스로 판단을 자제하여야 할 분야와 국회나 정부의 결정보다는 스
스로의 판단을 내세워야 할 분야를 나누어 사법적극주의 혹은 사법소
극주의 중 하나의 입장을 택하여 구체적인 법현실에 적용시켜야 한다.
이에 따라 시대의 발전과 각 국가의 처한 국제적 그리고 국내적 상황에
따라 그를 선호하는 양상은 달리 나타나게 되는 것이다. 물론 그렇다
하더라도 사법부가 자신에게 부여된 권한을 넘어서면서까지 적극주의
적인 입장을 택할 수 있는 것은 아니다. 사법적극주의라 하더라도 자신
에게 부여된 권한 내에서 당해 입장을 취해야만 사회 구성원의 동의를
유도하여 사회에 대한 사법부의 지위와 영향력을 확보할 수 있는 것이
지 자신의 권한을 넘어서면서까지 적극주의를 택하려고 한다면 외부적
인 비판과 공격으로 인하여 오히려 자신의 입지를 위태롭게 할 수 있기
때문이다.

유럽연합 사법재판소도 유럽연합에서 유일한 사법부로 인정받고 있
기 때문에 당해 재판소가 사법적극주의를 선호한다 하더라도 자신의
권한의 범위 내에서 이를 택하여야 한다. 이와 관련한 고찰을 통해 유
럽연합 내에서의 유럽연합 사법재판소의 지위와 입지를 보다 구체적으
로 간파할 수 있을 것이다.

---

162) 김종철, "정치의 사법화의 의의와 한계-노무현 정부전반기의 상황을 중심으로-",
    공법연구제33집 제3호(2005), 236면 이하; V. C. Jackson and Mark Tushnet,
    Comparative Constitutional Law, pp. 6ff.

3. 유럽연합 사법재판소의 사법적극적 태도

유럽연합 사법재판소도 역시 유럽연합의 사법부이기 때문에 자신에게 부여된 권한 내에서 행동을 하여야 함은 물론이다. 그런데 유럽연합 사법재판소 역시 원칙적으로는 자신에게 부여된 권한에 기반하여 판단을 하지만 당해 권한을 적극적으로 해석함으로써 자신의 역할을 확대하고 있는 것으로 보인다. 특히 현재까지의 유럽연합 사법재판소가 판단한 상당수의 재판례를 고려한다면, 유럽연합 사법재판소의 사법적극주의는 법원 자신의 관할권을 관대하게 해석하거나 종종 연합설립조약에 설정된 관할권의 범위를 명백히 일탈함까지 포함하는 것 같다. 즉, 유럽연합 사법재판소는 여러 가지 사항에서의 자신에게 부탁된 대부분의 사건에서 법을 개조하거나 자신의 관할권을 스스로 창설할 수 있다고 확신하고 있는 것이다.163) 그렇지만 이와 같은 유럽연합 사법재판소의 사법적극주의적 태도가 부정적인 평가만을 받는 것은 아니다. 유럽연합 사법재판소의 그와 같은 사법적극주의적인 태도로 말미암아 유럽연합은 현재와 같은 연방적 혹은 준연방적인 구조를 확보할 수 있었고,164) 지속적이고 순조로운 통합을 도모할 수 있었기 때문이다.

4. 유럽연합 사법재판소의 사법적극주의 유래

초기의 유럽공동체는 원시 회원국의 법체계 특히 사법 체계의 영감을 받고 그 사법체계의 기반 위에 출범하였다. 유럽연합 사법재판소가

---

163) 즉, 유럽연합 사법재판소는 연합의 정치기관들보다 법을 먼저 선언하는 것을 자신의 사명으로 인식하고 있다고 할 수 있다(김대순, EU법의 연구(삼영사, 2007), 271면).

164) 김대순, "유럽재판소의 사법적극주의에 관한 연구", 유럽연구 통권 제7호(1998년 여름), 226면.

프랑스의 최종심 행정법원인 국참사원(Conseil d'Etat)의 모델에 기반을
한 것은 그의 대표적인 예라고 할 수 있는데 초기 이의 관할권은 오로
지 엄격히 정의되고 제한된 조건 하에서 회원국과 기관들에 의한 행위
를 심사하고 기관에 대한 개인의 직접효력을 부여하는 최고 행정재판
소의 그것이라고 할 수 있었다. 유럽연합 사법재판소가 공동체에서의
진정한 최고법원으로서의 맹아(萌芽)를 보인 시기는 이미 유럽원자력
공동체와 유럽경제공동체가 1957년에 창설된 때라고 볼 수 있는데 특
히 Case 4/73 *Nold v. Commission* 사건(1974)과 같은 사건에서 초기의
적극주의 모습을 관찰할 수 있었다. 그렇다면 결국 유럽연합 사법재판
소는 창설 이래 줄곧 사법적극주의의 입장을 견지하여 오고 있다고 보
아도 과언은 아니다.

유럽연합법원은 특히 *Van Gend en Loos* 사건에서 개인이 국내 법원
의 법정에서 공동체 법을 원용할 수 있다는 원칙, 즉 직접효력의 원칙
을 확립하였고, *Costa v. ENEL* 사건에서는 국내법에 대한 공동체법 우
위의 원칙을 확립하였다. 그렇다면 유럽연합 사법재판소는 통합을 위한
일반적인 계획을 위하여 그와 같이 상당 정도 억지스럽게 조약을 해석
하고 있다고 볼 수 있다. 특히 양 사건에서 유럽연합법원은 설립 조약
이 새로운 법질서(new legal order)를 구성하고 있음을 명확히 하였는데
이는 기존의 국제법과도 구별되고 회원국의 국내법과도 구별되는 특유
의 유럽연합법을 유럽연합법원이 창설하였음을 의미하는 것이었다. 유
럽연합 사법재판소는 지나친 사법적극주의를 취하였다는 이유로 줄곧
비판받아 오고 있는 것이 사실이지만 이를 통해 유럽연합은 통합에 필
요한 동력을 유지할 수 있었던 것 역시 사실이다. 유럽연합 사법재판소
는 유럽연합의 지속적인 통합을 위한 역할을 자발적으로 담당하였고,
심지어 입법자(law-maker)로서의 역할까지 수행하였기 때문이다.[165] 이
와 같은 유럽연합의 적극적인 태도 덕분에 골격 조약에 있어서의 남겨
진 간격도 메울 수 있었다.[166] 즉, 골격 조약 자체가 일반적인 용어와

---

165) Ralph H. Folsom, *European Union Law in a Nutshell*, pp. 77~78.

일반적인 목적만을 기술하고 있어서 보충의 필요성은 항시 존재하였는데 그와 같은 유럽연합 사법재판소의 적극적인 태도 덕분에 골격 조약의 빈틈은 어렵지 않게 채워질 수 있었던 것이다. 그렇다면 그와 같은 유럽연합 사법재판소의 사법적극주의적 입장에 대하여 비난만을 할 수 있는 것은 아니다.

5. 통합을 위한 유럽연합 사법재판소의 사법적극주의

유럽연합 사법재판소는 유럽연합 차원의 법질서의 통일성을 위하여 자신의 기능과 역할을 수행하는 완전한 기관이라고 할 수 있다. 특히 유럽연합의 정치적 기관과는 달리 유럽연합 사법재판소는 '법의 지배' 하의 유럽연합을 달성함을 목표로 하여 연합의 통합을 진전시키고 연합의 수준에서 무엇이 법인지를 선언하는 것을 자신의 직접적인 임무[167]로 여기고 있다. 법규범과 관련한 분쟁의 종국적인 해결을 위하여 판단하고 해결할 통일적인 기관이 필요하다는 것은 일관된 법의 적용과 해석의 관점에서 나아가 법질서의 통일성을 위하여 당연하다. 물론 이는 유럽연합의 경우에도 요구되는 것인데 이를 위하여 특히 유럽연합 사법재판소가 적극적으로 기여하고 있음은 이미 본 바와 같다.

하지만 자신의 임무를 적극적으로 수행하고 있는 유럽연합 사법재판소는 민주적 정당성[168]을 충분히 보유하고 있지 않기 때문에 오히

---

166) Thomas Christiansen and Christine Reh, *Constitutionalizing The European Union*(Palgrave Macmillan, 2009), p. 62.

167) 이는 Case 294/83, *Parti ecologiste 'Les Verts'*, 〔1986〕 ECR 1339에서 법률고문관 Mancini의 견해였다.

168) 유럽연합 사법재판소는 민주주의 이념에 맞는 엄격한 절차에 의하여 구성되는 것이 아니기 때문에 민주적 정당성의 취약성에 노출되어 있다는 점을 부인할 수 없다. 나아가 유럽연합 사법재판소는 최근 자신의 증가하는 업무를 제한하는 능력을 더 이상 보유하지 못하고 있고 판결문의 번역 등 관련 업무를 분산하도록 하는 기반 역시 확보하지 못하고 있다는 것을 감안하면 사법재판소의 민주

려 통제되지 않을 정도로 위험한 기관이 되어 가고 있는 것이 아닌가 하는 비난에서 자유롭지 못한 것이 사실이다.169) 그렇지만 그와 같은 유럽연합 사법재판소의 입장은 재판소 자신의 권한 강화라는 측면보다는 유럽연합 통합의 관점에서 정당성을 얻고 있을 뿐만이 아니라 이의 조치와 결정에 의하여 확보되는 유럽연합 사법재판소의 목적이 명확히 유럽연합의 통합과 직결된다는 것을 고려한다면 유럽연합 사법재판소의 그와 같은 입장에 대하여 비난만을 가할 수는 없을 것이다.170) 또한 유럽연합 사법재판소의 사법적극주의적인 입장은 역외의 사법질서 확립에 있어서도 유지되고 있다. 과거 EEA의 회원국들은 유럽공동체 사법제도와 별개인 자신만의 법원 제도를 만들려고 시도한 적이 있었는데 유럽연합법원은 당해 시도가 공동체 법질서의 자율성에 대한 위협

적 취약성의 문제는 더욱 심각해진다(Paul Fabian Mullen, "Do You Hear What I Hear? Translation, Expansion, and Crisis in the European Court of Justice," in Maria Green Cowless and Michael Smith (eds.), *The State of the European Union —Risks, Reform , Resistance, and Revival*—(Oxford University Press, 2002), pp. 252~253).

169) 실제적으로, 위원회가 자신의 권한을 넘어서 행위를 한다면 그에 대한 통제는 가능하다. 하지만, 유럽연합 사법재판소가 이의 관할권과 권한을 넘어서 행동하는 경우, 유럽연합의 법질서 내에서 이에 대한 어떠한 구제 혹은 방지책이 존재하고 있지 않다(김대순, 「EU법론」, 271면). 특히 유럽연합 사법재판소는 회원국들의 법원들로 하여금 자국 내 법규를 지시문의 문구와 목적에 합치하도록 해석하고 적용하도록 하는 의무를 부과할 뿐만이 아니라 회원국 법원에게 회원국 정부나 입법기관들이 해야 할 일들을 대신하도록 요구함으로써 회원국 내의 입법절차나 질서에 지나치게 간섭한다는 비판도 존재한다(Karen Davies, *Understanding European Union Law*(London: Cavendish Publishing, 2003), p. 53).

170) 실제적으로 유럽연합 사법재판소의 적극주의적 입장이 유럽연합의 통합을 강화하는 데에 있어 가장 중요한 요소라는 것을 간과하여서는 안 된다. 유럽연합 사법재판소의 적극적인 입장 덕분에 유럽연합법이 공동체 기관과 회원국에 의하여 준수되는 것을 확보할 수 있었을 뿐만이 아니라 '공동체법의 직접 효력과 우위의 원칙'과 같은 유럽연합의 통합에 있어 필수적인 원리가 개발될 수 있었기 때문이다(이호선, "유럽공동체형성에 있어서의 유럽재판소의 사법적극주의", 정보와법연구 제8호, 225~256면).

(threat ... to the autonomy of the Community legal order)일 뿐만 아니라 공동체 법질서와 양립하지 않는다고 선언하여 당해 시도를 무산시킨 적이 있기 때문이다.

제 5 절 소 결

법원은 그 본질적인 한계상 적극적으로 사회의 문제에 개입하여 임의적으로 그의 해결을 추구할 수는 없다. 이는 우리의 경우에도 타당하다. 국민의 대표기관인 국회가 제정한 법률의 헌법적합성을 심사하는 헌법재판소와 법원이 사법권의 고유의 한계인 소극성을 부정하고, 국가의 중요한 의사결정과정에 적극적으로 개입하여 자신의 영향을 확대하여 가는 것은 민주주의의 원리, 권력분립 원리의 차원에서 적절하지 않기 때문이다. 과거 권위주의 정부가 입법권과 집행권을 모두 장악하면서 권력을 남용하던 시대에는 독립성이 보장된 사법부가 사회의 부조리를 극복하고자 적극 나서는 것이 민주주의와 권력분립의 원리에 부합하는 것이라고 볼 수도 있었지만, 분권화된 오늘날의 권력구조 아래에서 사법적극주의는 사법우월주의를 초래할 수 있을 뿐만이 아니라 사법부를 제왕적 사법부로 전락시켜 민주주의의 정신을 훼손할 수 있다는 견해가 오히려 설득력이 있는 것이 사실이다. 즉, 공동체의 바람직한 발전 방향에 대한 의견의 수렴은 정치의 장에서 국민의 뜻이 반영되어 이루어져야 하는 것이며, 그를 위해서 사법부는 문제의 해결에 직접 나서는 것보다는 자제하는 것이 민주주의 이념에 더 부합한다고 할 수 있는 것이다.[171]

이는 유럽연합 사법재판소의 경우에도 크게 다르지 않은데, 재판소 역시 유럽연합의 유일한 사법부로 인정을 받고 있을 뿐만이 아니라 실제로 유럽연합의 사법부로서의 역할과 기능을 수행하고 있기 때문이다.

---

171) 문재완, "사법소극주의의 재검토," 외법논집 제27집(2007.8.), 138-139면.

하지만 특히 사법심사제도에 있어 유럽연합 사법재판소의 사법적극주
의가 두드러지는 것을 부인할 수는 없다. 이는 사법심사의 형식적 요건
인 당사자 적격 범위의 확대에서부터 극명하게 드러나고 있음은 앞에
서 고찰한 바와 같다. 그렇다면 유럽연합 사법재판소의 사법적극주의는
위에서 고찰한 바와 같이 특히 사법심사제도를 통하여 본격적으로 현
시되고 있다고 할 수 있는데,172) 달리 말해 유럽연합의 통합에 있어서

---

172) Marshall 교수에 따르면 사법적극주의는 다음의 징표로 파악할 수 있다. ① 민
    주적으로 구성된 기관의 결정을 존중하지 않는 반다수주의적 행동(counter-ma
    joritarian activism) ② 헌법제정자의 의도를 존중하지 않는 非 오리지널리스트
    적 행동(non-originalist activism) ③ 선례를 따르지 않는 행동(precedential
    activism), ④ 사법권의 한계를 무시하는 행동(jurisdictional activism), ⑤ 헌법
    해석에 있어 새로운 이론의 개발(judicial creativity), ⑥ 사법적 구제수단을 활
    용하여 다른 정부기관에 지속적인 부담을 부과하거나 그 기관을 사법부의 감시
    하에 두도록 하는 행동(remedial activism), ⑦ 당파적 목적을 달성하기 위하여
    사법권을 활용하는 행동(partisan activism) 등이 그것이다(William P. Marshall,
    "Conservatives and the Seven Sins of Judicial Activism," 73 *University of
    Colorado Law Review*, 2002, p. 23; 문재완, 위의 글, 146면에서 재인용). 유럽
    연합 사법재판소는 특히 사인의 당사자 적격의 범위와 관련하여 제1차적 법원
    인 설립 조약 제정자들의 의도를 많이 고려한 것으로 보이지는 않는다. 관련
    규정에 대한 형식적인 해석에 치우치지 않고 관련 규정을 보다 실질적으로 파
    악하여 사인의 당사자 적격의 확대에 많은 노력을 기울였던 것이 사실이기 때
    문이다. 그러므로 Marshall 교수의 기준에 따르는 경우에도(특히, 헌법제정자의
    의도를 존중하지 않는 非 오리지널리스트적 행동) 역시 유럽연합 사법재판소는
    사법적극주의를 고수하고 있다는 평가가 가능하다. 나아가 Ernest A. Young 교
    수는 사법적극주의의 특징으로 ① 연방의 정치기관이나 주 정부의 결정에 대한
    재검토(second guessing the federal political branches or state governments), ②
    법문 혹은 연혁의 무시(departing from text and/or history) ③ 선례의 무시
    (departing from judicial precedent), ④ 광범위하고 최대한도의 주문(issuing
    broad or 'maximalist' holdings rather than narrow or 'minimalist' ones), ⑤ 광범
    위한 구제 권력의 행사(exercising broad remedial powers), ⑥ 판사의 정치적 선
    호에 입각한 당파성에 따른 결정(deciding cases according to the partisan political
    preferences of the judges)등을 들고 있는 데(Ernest A. Young, "Judicial
    Activism and Conservative Politics," 73 *University of Colorado Law Review*,

의 선두에서 통합을 주도하고 있는 유럽연합 사법재판소로서는 통합의 강화를 위하여 당해 사법심사제도를 적극적으로 활용하고 있는 것이다.

그런데 이와 같은 유럽연합 사법재판소의 사법적극주의적인 입장이 유럽연합의 통합에 긍정적인 영향을 끼쳤다 하더라도 이에 대한 문제의 소지가 전혀 없는 것은 아니다. 유럽연합 사법재판소는 자신의 임무인 "법이 준수되는 것을 확보하기 위하여(ensure that the law is observed)" 당해 사법적극주의적인 입장을 통한 문언의 구조와 자구를 넘어서는 목적론적 해석방법(teleological method)을 적극적으로 취하고 있다. 성문 헌법에 대한 이 해석방법은 유럽대륙의 국가들에게는 낯선 것은 아니지만 보통법계의 국가들로부터는 적극주의자(activist)라는 이유로 상당한 비판을 받고 있는 해석방법인데 유럽연합 사법재판소도 이와 관련하여 비판의 십자포화를 받고 있는 것이다.173) 물론 법원에 대한 접근과 사적 당사자의 사법적 구제의 이용 가능성이 어렵게 될 수 있는 사건이거나 기본권이 연루된 사건에서 그와 같은 사법적극주의가 옹호될 수 없는 것은 아니지만 유럽연합 사법재판소는 규칙과 지침 그리고 결정 등과 같은 유럽연합법을 해석하는 데에 있어서 해석의 정통적 방식을 고수하라는 요구에도 불구하고174) 지속적으로 그리고 과도하게 사법적극주의적인 입장을 견지하고 있어서 적지 않은 비난에 직면하고 있는 것이 사실이다. 특히 이와 같은 유럽연합 사법재판소의 사법적극

2002, p. 23; 문재완, 위의 글, 145-146면에서 재인용), 당해 기준에 따르더라도 유럽연합 사법재판소는 특히 「② 법문 혹은 연혁의 무시 선례의 무시의 기준」에 따라 사법적극주의를 취하고 있다는 평가가 가능하다.

173) Hjalte Rasmussen, *On Law and Policy in the European Court of Justice*(Dordrecht: Martinus Nijgoff, 1986); Thomas Christiansen and Christine Reh, *Constitutionalizing The European Union*, p. 62.

174) Walter van Gervan, "Community and National Legislators, Regulations, Judges, Academics and Practitioners: Living Together Apart?" in Basil S. Markesinis (ed.) *Law, Making, Law Finding, and Law Shaping*(Oxford University Press, 1997), pp. 13-35, 28-32,; Walter van Gervan , "Of Rights, Remedies and Procedures," 37 *Common Market Law Review*, 2000, pp. 501-536 .

주의적인 입장은 언급한 바와 같이 사법심사제도에서 어렵지 않게 발견할 수 있다.

그런데 효과적인 통합을 지향하기 위하여 유럽연합은 규범통제제도 역시 필요로 한다. 유럽연합 차원에서 규범통제제도가 존재한다면, 사법심사제도에서뿐만이 아니라 당해 규범통제와 관련하여서도 유럽연합 사법재판소는 적극적인 입장을 견지할 것이라는 것을 어렵지 않게 예견해 볼 수 있다. 유럽연합 사법재판소는 실제로 유럽연합 차원에서 규범통제의 기능을 한다고 여겨지는 선결적 부탁절차에서 사법적극주의 입장을 드러내고 있다. 그런데 지금까지 고찰한 바와 같이 유럽연합 사법재판소의 적극적인 태도를 감안하고 나아가 당해 절차의 경우 회원국의 법규범이 연루될 수 있다는 점을 감안한다면, 당해 제도의 운영에 있어 회원국과 적지 않은 갈등이 발생할 수 있음을 어렵지 않게 예견해 볼 수 있을 것이다.

제 4장
유럽연합의 사법심사제도와 규범통제제도

제 1 절 유럽연합 사법심사제도의 제도적 특징

1. 유럽연합에서 사법심사제도의 의의

통상의 연방 국가와 마찬가지로 유럽연합의 회원국들도 개별적으로 적용되는 행정적 조치뿐만이 아니라 일반적으로 적용되는 행정적 조치에 대하여 광범위한 심사를 수행하고 있다. 회원국의 법원은 특히 집행부의 지배를 방지하고 책임의 수단(a means of accountability)을 제공하기 위하여 행정부에 대해 광범위한 통제를 수행한다고 볼 수 있다. 하지만 민주적 정당성의 취약함으로 인하여 법원의 의회 조치(parliamentary acts)에 대한 헌법적 심사는 예외적이라고 할 수 있다. 그러므로 헌법적 심사가 존재하는 회원국의 경우에 당해 심사권한은 회원국에서 확립되어 있는 가치와 원리들(entrenched values and principles)을 헌법적으로 존속시키기 위하여 법원과 별개로 존재하는 헌법재판소에 맡겨져 있는 것이 보통이다.[1] 기실 이와 같은 사법심사에 대한 원리(rationale)는 '유럽연합 차원'에서도 타당하다고 할 수 있다.[2] 유럽연합법을 중심으로 통합을 추진하는 유럽연합의 경우에 사법심사를 통해 유럽연합법의 합법성을 확립하여 통합의 정도를 강화해나가야 하는 것은 당연하기 때

---

1) 헌법재판소에 의하여 이루어지는 사법심사에 대한 논의는 V. C. Jackson and M, Tushnet, *Comparative Constitutional Law*(Foundation Press, 2006), chapter Ⅶ 참조.
2) 유럽연합에서의 사법심사에 대한 일반적 논의로 다음의 문헌을 참조. M. Brealey and M. Hoskins, *Remedies in EC Law*(Sweet & Maxwell, 1998(2nd ed.)); David O'Keeffe and Anthony Bavasso(eds.), *Judicial Review in European Union Law*(Kluwer Law International, 2000); H. G. Shermer and Denis F. Waelbroeck, *Judicial Protection in the European Union*(Kluwer, 2001); A. Ward. *Judicial Review and the Rights of Private Parties in EU Law*(Oxford University Press, 2007) 참조.

문이다. 더욱이 정치적 기구들(political institutions)3) 간의 분쟁이 발생
하는 경우 제도적 균형을 유지하도록 하고 EU 권한의 존부 그리고 그
행사와 관련한 분쟁이 생기는 경우에는 유럽연합과 이의 회원국 사이
의 균형을 유지하도록 하는 수단으로서의 사법심사제도의 필요성은 배
가된다고 할 수 있다.

이에 따라 유럽연합은 사법심사제도를 보유하고 있어서 이는 리스
본 조약 제263를 통하여 구체화되고 있다. 그런데 이 사법심사제도는
공동체기관의 조치에 대한 취소소송과 당해 조약 하에서의 부작위소송
을 통하여 구체화되고 있기 때문에 그 범위가 상당히 광범위하다고 할
수 있다.4) 물론 사인(individuals)은 당해 사법심사제도를 이용하는 경우
적지 않은 제한을 받고 있기 때문에 사인이 일반적으로 적용되는 조치
에 대하여 취소소송을 광범위하게 제기하는 것은 불가능하다.5)

그런데 유럽연합 기관의 행위에 대한 합법성·유효성의 확보는 이와
같이 유럽연합 차원의 사법심사제도가 담당하고 있지만 당해 제도가
본격적인 규범통제의 역할을 수행하는 것 같지는 않다. 오히려 이는 리
스본 조약 제267조 {EC 제234조} 하의 국내 법원의 절차를 통한 선결
적 부탁절차에 의하여서 다루어지고 있기 때문이다. 사적 당사자는 문
제가 된 EU 법을 적용한 국내 당국에 대하여 소송을 제기할 수 있는데,
국내법원이 다시 당해 사건을 유럽연합 사법재판소에 부탁하여 유럽연

---

3) 유럽연합에서는 연합 차원에서 정당이라고 볼 수 있는 단체를 "political instit
   utions"이라고 명명하는 경우가 있다. 하지만 Alexander Türk, *Judicial Review in
   EU Law*, p. 1에서와 같이 political institutions는 유럽연합 차원의 여러 기구들을
   지칭하는 것일 수도 있다. 나아가 유럽연합 차원에서는 실제적으로 정당이 존재
   한다고 여겨지지도 않는다.
4) *Ibid.*, p. 2에서의 언급을 기반으로 한다면 유럽연합 차원의 사법심사는 일응 취
   소소송(annulment action)과 부작위 소송(failure to act)을 중심으로 운영되고 있
   다는 평가가 가능하다. 기실 당해 문헌은 실제로 "Judicial Review in EU Law"라
   는 제목을 가지고 취소소송(annulment action)과 부작위 소송(failure to act)을 중
   심으로 서술이 되어 있다.
5) *Ibid.*, pp. 163-165.

합 사법재판소가 그에 대하여 종국적인 판단을 내리도록 하는 절차가
바로 선결적 부탁절차이다. 그런데 당해 절차에서 일반적이고 추상적인
유럽연합의 법질서의 실행과 적용은 주로 회원국의 책임으로 남겨지게
된다.6) 그렇다면 규범통제의 형식을 띠고 있는 당해 제도 역시 유럽연
합 차원에서의 사법심사제도라고 할 수 있는지 의문이 든다. 통상적으
로 사법심사제도는 행정쟁송제도와 규범통제제도를 포섭하는 데 유럽
연합은 사법심사제도라고 하는 제도를 위에서 언급한 바와 같이 규정
상 명확히 가지고 있기 때문이다.7) 다시 말해 규정상으로 제267조상의
제도인 선결적 부탁절차는 연합차원의 사법심사제도와 구별되어 규정
되어 있어서 선결적 부탁절차가 유럽연합의 사법심사제도라고 볼 수
있다고 단정적으로 결론내릴 수는 없다. 결국 선결적 부탁절차를 규정
상 사법심사제도라고 명명하고 있지는 않지만 당해 절차가 유럽연합의
규범통제제도로서 밝혀진다면 이를 유럽연합의 사법심사제도라고 결론
을 내려도 별 무리는 없을 것이다.

---

6) 유럽연합 목적의 달성을 위해서는 회원국의 역할이 지극히 크다고 할 수 있다.
   실제적으로 유럽연합의 정책을 수행하고 유럽연합법을 적용하는 것은 회원국의
   정부이기 때문이다. 실제로 회원국 세관은 제3국에 대한 연합 상의 공동관세율을
   적용하고 있으며(Case 26/62 *NV Algemene Transport-en Expeditie Onderneming
   Van Gend en Loose v. Nedelande Administratie der Belastingen* 〔1963〕 ECR
   1), 회원국의 관련 기관들이 공동농업정책을 시행하고 있다(Case 14/77 *British
   Beef Co. v. Intervention Board for Agricultural Produce* 〔1978〕 ECR 1347). 그
   렇다면, 회원국의 EU 법의 준수는 EU의 목적 달성에 있어 기본적인 전제 요건
   이 된다고 할 수 있을 것이다.
7) 물론 당해 선결적 부탁절차를 사법심사의 범주에 넣고 분석을 시도한 논문이 없
   는 것은 아니다(박노형, "EC 사법법원에 의한 회원국 행위의 사법심사-개인의 주
   도에 의한 경우를 중심으로-", pp. 249-272). 하지만 대부분의 문헌이 선결적 부
   탁절차의 특성을 중심으로 하여 당해 제도의 사법심사제도에의 포섭 여부를 다
   루지 않고 그것을 당연한 전제로 설정하고 논의를 전개하여 선결적 부탁 절차의
   본질적인 특성을 적절하게 파악하지 못하고 있다고 보인다. 그러므로 당해 사항
   에 대한 고찰은 유럽연합 차원에서 존재하는 사법심사제도의 범위와 본질에 대
   한 적절한 좌표를 설정하여 줄 수 있을 것이다.

그런데 선결적 부탁절차의 특징을 고려하면 사법심사제도를 염두에
두고 유럽연합은 한편으로는 리스본 조약 제263조 {구 EC 230조}, 제
277조{구 EC 241조}와 다른 한편으로는 제267조 {구 EC 234조}에 의
하여 유럽연합 기관 행위의 합법성을 심사할 수 있도록 설계된 법적 구
제절차의 완전한 체제를 구비하고 있다고 볼 수 있다.8) 특히 연합 기관
중 유럽연합 사법재판소는 자신이 당해 심사를 위한 주요한 책임과 권
한을 부담하고 있다고 지속적으로 확인하고 있다. 그러므로 결국 유럽
연합은 자신만의 사법심사제도를 확립하여 이를 운영하고 있을 뿐만이
아니라, 이를 통하여 자신의 법질서의 통일성을 확보하는 데에 전력을
다하고 있다고 할 수 있는 것이다. 물론 지금까지의 고찰에 따르면 유
럽연합의 사법심사제도 즉 제263조상의 사법심사제도는 행정쟁송으로
서의 역할을 수행하고 있다고 여겨지는데 과연 선결적 부탁절차가 사
법심사의 다른 측면인 규범통제로서의 역할을 수행하는 지에 대해서는
보다 면밀한 검토가 이루어져야 할 것이다.

2. 유럽연합 기관의 행위에 대한 사법심사

1) 국내적인 차원에서의 사법심사제도

국내에서 법을 집행하는 것은 행정부의 본래 임무이다. 특히 행정각
부는 대통령과 행정부에 속하는 행정권을 집행하는 실제적인 기관으로
대통령이 국무회의의 심의를 거쳐 결정한 정책과 그 이외의 행정부에
속하는 각종 기관이 채택하는 조치를 실제로 집행하는 중앙행정기관으
로서 행정상의 관청이다.9) 하지만 행정부 역시 법을 집행하는 과정에서
적지 않은 실수를 할 수 있을 것이고 이로 인하여 행정부에 의한 법질

---

8) Case C-263/02 *P Jégo Quéré v. Commission* 〔2004〕 ECR Ⅰ-3425, para. 30.
9) 정종섭, 헌법학원론, 1286면.

서 침해의 가능성을 무시할 수 없다. 이에 따라 행정부에 의한 법질서 침해를 방지하기 위하여 행정부가 법의 테두리 내에서 행동하였는가를 심사할 수 있도록 하는 제도가 필요하게 된다. 이를 위하여 대부분의 국가는 통상적으로 행정 쟁송을 의미하는 사법심사제도를 보유하고 있다. 특히 이들은 통상의 사법재판소 조직과는 별개의 행정재판소를 설치하여 그와 같은 사법심사 권한을 맡기고 있는데 프랑스와 독일뿐만 아니라 우리나라도 행정재판소를 두어 행정쟁송을 의미하는 당해 사법심사제도를 운영하고 있다.

2) 유럽연합차원에서 사법심사제도로서의 취소소송과 부작위소송

유럽연합 차원에서 유럽연합법의 집행은 유럽연합 집행기관 특히 이사회와 위원회가 담당하고 있다. 이들은 설립조약과 이를 보충하는 조약을 근간으로 하여 규칙, 결정, 그리고 지침 등의 법적 행위들을 통하여 유럽연합법의 집행을 담당하고 있기 때문이다. 그런데 이들 역시 유럽연합법 집행 중에 연합법질서를 침해할 수 있는 가능성을 부인할 수 없다. 그러므로 유럽연합 역시 이에 대한 규율을 필요로 하는데 특히 이를 위하여 유럽연합은 자신만의 사법심사 제도를 보유하고 있다. 다시 말해 유럽연합은 앞서 고찰한 바와 같이 자신의 법질서를 수호하기 위하여 연합 기관의 행위에 대한 사법심사제도를 직접 도입·운영하고 있는 것이다. 하자가 있고 위법하다고 여겨지는 유럽연합 기관의 행위를 그대로 방치한다면, 유럽연합의 법치 공동체를 통한 지속적인 통합은 난관에 봉착할 수밖에 없을 것이고 유럽연합 전체의 법질서의 통일성의 근간을 뒤흔들 수 있기 때문에 유럽연합은 취소소송과 부작위소송으로 대표되는 사법심사제도를 도입·운영하고 있는 것이다. 이에 따라 유럽재판소는 행정재판소에 비유되고 있을 뿐만이 아니라 유럽연합 차원의 사법심사는 유럽연합의 행정소송으로 취급되고 있다.[10] 요컨

10) 김대순, EU법론, 494면.

대 유럽연합 차원의 사법심사제도는 유럽연합의 기관이나 회원국이 유럽연합법에 위배되는 행위를 하는 경우, 그를 바로 잡는 즉 연합기관 조치의 위법성을 치유하는 역할을 담당하고 있는 제도라고 평가할 수 있는 것이다.

3) 유럽연합 차원에서 사법심사제도의 기능

유럽연합 차원에서의 주요한 행위자는 이사회, 위원회 그리고 유럽의회 등과 같은 유럽연합 기관들과 회원국이라고 할 수 있다. 그런데 특히 유럽연합의 중앙정부 조직 즉 유럽연합의 정치기관들을 연방정부의 그것들과 수평적으로 비교하는 것이 많은 타당성을 지니고 있다고 할 수는 없다. 유럽연합의 기관들의 관계를 연방정부의 권력분립 구조와 치환할 수는 없기 때문이다.

하지만 유럽연합은 자신의 제도를 통하여 통합을 구체화하고 있으며, 통합의 정도를 이제는 연방국가의 수준으로까지 설정하게 됨에 따라 각 기관들 역시 연방국가에 속한 기관들의 지위에 버금갈 정도로 성장하고 있다는 사실을 부인하기는 힘들다.[11] 특히, 유럽연합의 주요한 기관 중의 하나인 위원회는 처음부터 유럽연합의 이익의 표명과 진전된 통합을 위하여 만들어졌기 때문에 유럽연합의 연방적 특징을 보여주는 대표적인 기관으로 애초부터 제시할 수 있었다. 나아가 당해 위원회는 현재에도 새로운 연합의 정책을 위한 법률안을 체계화하고, 국내정책들을 조화시키며, 유럽연합정책의 집행을 감시하는 기능을 담당하고 있어, 연합차원에서 특히 중요한 지위를 점하고 있다.[12] 하지만 위원회의 행위 역시 유럽연합법과 상충할 수 있는 가능성을 전혀 부인할

---

11) 이에 대해서는 Leslie Friedman Goldstein, *Constituting Federal Sovereignty - The European Union in Comparative Context* -(The Johns Hopkins University Press, 2001) 참조.

12) George A. Bermann, Roger J. Goebel, William J. Davey and Eleanor M. Fox, *Cases and Materials on European Union Law*, pp. 48-50.

수는 없기 때문에 이에 대한 통제의 필요성 역시 인정하여야 한다. 나아가 이사회 역시 유럽연합 차원에서 주요한 행위자로 인정받는 기관이다. 그런데 당해 이사회는 회원국의 이익이 그 행위의 주요 동기이기 때문에 당해 기관 역시 유럽연합 차원에서의 규율과 통제의 필요성을 인정할 수밖에 없다. 이로 인하여 유럽연합은 자신의 기관의 행위의 합법성을 보장하기 위하여 사법심사제도를 도입하였다고 보인다. 이에 따른다면 결국 유럽연합의 사법심사제도는 국내적인 차원의 행정쟁송과 같이 유럽연합법의 확보를 위하여 유럽연합 기관의 행위를 규율하는 기능을 수행한다고 할 수 있는 것이다. 기실 유럽연합의 통합은 유럽연합법을 근간으로 이루어지고 있으며, 이의 실현을 목적으로 하고 있다. 당해 유럽연합법이 준수되지 않거나 이의 침해가 방치된다면, 유럽연합의 실효적인 기능은 요원해질 수밖에 없을 것이고, 결국 유럽연합 통합의 궁극적인 달성은 불가능할 수밖에 없을 것이다. 유럽연합이 특히 법치공동체라는 것을 감안한다면 유럽연합법의 준수는 필수적이며 그러므로 강제되어야 한다. 이를 위하여 유럽연합은 연방국가와 유사한 제도인 사법심사제도를 통해 그를 보장하고 있다고 할 수 있다. 즉 유럽연합 사법재판소는 유럽연합의 다른 기관의 행정행위에 대한 사법심사 이외에도 이사회와 위원회의 규칙 혹은 지침과 같은 유럽연합 입법행위에 대한 사법심사도 담당하여 유럽연합법의 합법성(legality)을 더욱 보장하고 있는 것이다. 뿐만 아니라 유럽연합 사법재판소는 유럽연합 기관이 체결한 국제조약의 설립조약과의 합치 여부 역시 심사하고 있다.13) 결국 이와 같은 사법심사제도로 말미암아 유럽연합 사법재판소가 마치 미국의 연방대법원이나 독일의 연방헌법재판소와 유사한 역할을 수행한다는 평가를 내릴 수 있다.14)

---

13) 유럽연합과 제3국 혹은 국제기구와의 조약의 체결이 예정되어 있을 때, 회원국, 유럽이사회, 위원회는 당해 조약의 설립조약과의 양립성에 대하여 유럽연합 사법재판소의 의견을 구할 수 있다. 이와 같은 유럽연합 사법재판소의 자문적 관할권은 1975년 *Export Credits* 사건에서 유래한 것으로 여겨진다(Opinion 1/75 〔1975〕 ECR 1355).

3. 사법심사제도상 사인의 당사자 적격의 인정

주지하다시피, 국제적인 차원에서의 주요한 행위자는 국가이기 때문에 국제소송에 있어서도 당사자 적격은 국가에게만 인정되는 것이 통상적이다. 하지만 유럽연합 차원에서는 개인 역시 자신의 권리가 침해를 받았을 때 일정한 소송절차를 통하여 이의 구제를 추구할 수 있다. 특히 유럽연합 차원에서의 개인에 대한 당사자 적격의 인정은 유럽연합의 조치와 직접적인 관련이 있다고 할 수 있다. 유럽연합의 위법적인 조치(act)로 말미암아 개인의 권리가 침해받은 경우, 개인은 이를 유럽연합 사법재판소에 제소할 수 있기 때문이다. 물론 당해 당사자 적격의 인정을 통하여, 관련 사인의 권리를 구제하도록 하는 것이 이의 주요한 목적이겠지만 이를 통하여 유럽연합의 기관에 대한 통제 역시 다각적으로 도모할 수 있는 기회를 마련할 수 있다는 점에서 유럽연합 차원에서의 개인의 당사자 적격 인정은 간접적으로나마 유럽연합 기관의 행위에 대한 통제의 역할을 담당한다고 할 수 있을 것이다.

4. 유럽연합 사법재판소 결정의 효력

1) 결정의 일반적 특징과 소급효

유럽연합 사법재판소가 취소 사유 중 하나가 충족되었다고 판단하면 문제의 조치는 재판소의 판결에 따라 무효라고 선언된다.[15] 유럽연

---

14) 박노형, "EC 사법법원에 의한 회원국 행위의 사법심사-개인의 주도에 의한 경우를 중심으로-", 252면.

15) 리스본 조약 제264조. 이는 다음과 같다.
　　소송의 이유가 충분한 것으로 인정되는 경우, 유럽연합 사법재판소는 관련 조치를 무효라고 선언하여야 한다(If the action is well founded, the Court of Justice of the European Union

합 법상 인정되는 기본원리는 무효의 조치는 회피할 수 있으며, 취소는 소급효를 갖는다는 것이다. 그러므로 취소되지 않은 무효의 조치는 간접적으로 소를 제기할 수 없을 정도로 유효하다고 할 수 있지만 취소된다면 애초에 존재하지 않았다는 것을 의미하게 된다. 그런데 유럽연합 사법재판소는 자신에게 제기된 구체적인 사건에서 문제된 연합 기관의 행위를 취소하거나 혹은 취소하지 않을 수 있을 뿐이다.[16] 그러므로 재판소는 문제의 행위를 다른 적법한 행위로 대체하거나 수정을 가할 수 없다. 유럽연합 사법재판소도 그 본질이 사법부라고 할 수 있기 때문에, 사법의 소극성이나 수동성이라는 본질적인 한계에 의하여 제한을 받는다는 점을 감안한다면 이는 당연하다고 보인다. 또한 만일 제기된 취소소송이 기각당하는 경우, 이는 문제된 행위가 확정적으로 적법함을 의미하는 것이 아니라 제시된 위법사유가 근거 없다는 것만을 의미하는 것이다. 그러므로 기각판결이 있다고 하더라도 제3자는 동일한 행위에 대하여 다른 위법 사유를 근거로 하여 다시 취소소송을 제기할 수 있는 것은 당연하다.[17]

또한 원고가 취소소송을 제기하는 사유가 받아들여져, 문제된 연합의 기관의 행위가 무효로 선언되는 경우, 문제의 행위는 그 행위의 존재시점으로 소급하여[18] 그 효력을 상실하게 된다.[19] 그러므로 취소소

---

shall declare the act concerned to be void).

특히 당해 취소는 전체적으로 혹은 부분적으로 이루어질 수 있다(P. J. G. Kapteyn, "Administration of Justice", p. 453).

16) 더욱이 취소소송에 있어서의 판결은 신청자가 제기하는 것 이상의 사항에 대해서는 다루지 않으며, 그로 인하여 유럽연합 사법재판소에 의하여 다루어진 사항은 단지 당사자들에게 영향을 끼쳤던 결정의 측면에 대해서만 관련을 맺게 된다(Josephine Steiner, Lorna Woods and Christian Twigg-Flesner, *EU Law*(Oxford University Press, 2006), p. 273).

17) Trevor C. Hartley, *The Foundations of European Community Law*, p. 418.

18) P. J. G. Kapteyn, "Administration of Justice" p. 453.

19) 어떤 조치가 만일 무효로 선언될 경우, 유럽연합 사법재판소는 그 조치가 처음부터(*ab initio*) 무효였음을 선언하고 있다. 그러므로 유효한 특정 조치가 이후에 채택된 조치의 근거가 된 상위 법규정에 위반된다고 하여 취소될 수는 없게 된다.

송의 경우에 조치의 유효성은 그것이 채택된 시기에 존재했던 상황을
기반으로 하여 결정되는 것이지 후속 사건으로 인하여 그 조치가 취소
되는 것은 아니다.[20] 물론 덜 유리한 조치가 더 유리한 조치이후에 통
과되는 경우에는 그 조치는 평등 원칙 위반으로 취소될 수는 있다. 그
리고 덜 유리한 조치가 먼저 통과된 경우에는 그 조치에 의하여 혜택을
받는 자들은 입법을 하는 행정청에게 다른 조치와 균형을 이루도록 그
문제된 조치를 개정하라고 요구할 수는 있을 것이다. 이 경우, 만일 당
해 요청이 받아들여지지 않는다면, 덜 유리한 조치에 의하여 혜택을 받
는 자들에 의하여 부작위 소송(failure to act)이 제기될 수 있다. 그리고
특정 조치가 원래 유효하였지만 개정 등에 의하여 공동체법과 양립하
지 않게 된 경우에도 그 비양립성을 제외하기 위한 방편으로 부작위 소
송이 활용될 수 있을 것이다.

2) 결정의 소급효와 법적 안정성과의 조화

취소의 소급효는 법적 확실성 혹은 법적 안정성의 원칙과 충돌할 수
있기 때문에 소급효의 원칙을 절대적인 원칙이라고 할 수만은 없다. 극
히 예외적인 경우이기는 하지만, 특정 조치가 절대적으로 무효로 선언
될 수도 있기 때문이다.[21] 그와 같은 경우에는 취소소송이 필요하지도
않을뿐더러 가능하지도 않다. 왜냐하면 문제되는 조치는 모든 측면에서

이것이 극명하게 문제된 사건은 *Compagnie d'Approvisionnement* case(Cases
〔1972〕 ECR 392)이었다.
20) Trevor C. Hartley, *The Foundations of European Community Law*, p. 406.
21) 유럽연합 차원에서는 'non-existent'라는 용어가 사용된다. 하지만 유럽연합 사법
재판소는 특정 기구의 행위에 문제가 있다고 하여 그 행위가 절대 무효라고 선언
하는 것을 자제하는 것이 보통이다. 이와 같은 입장의 주된 이유는 당해 선언이
법적 안정성에 적지 않은 문제를 일으킬 수 있기 때문이다. 그러므로 유럽연합
사법재판소는 절대 무효의 선언을 하기 위해서는 문제의 조치가 특별히 심각하
여야 하며 확실한 문제(manifest defects)가 있어야 한다는 입장을 취하고 있다(P.
J. G. Kapteyn, "Administration of Justice" p. 454).

마치 존재하지 않았던 것으로 다루어지기 때문이다. 또한 취소소송의 소급효는 일정한 사건에는 적용되지 않을 수 있다. 예를 들어 만일 사인이 어떠한 조치를 신의성실하게 신뢰했고, 특히 그 조치가 규범적인 조치(normative measure)라고 볼 수 있는 경우(특히 규칙의 경우), 그 소급효는 불리한 결과(unfortunate consequences)를 야기할 수 있기 때문이다.[22] 더욱이 다른 조치들이 취소된 조치에 기반을 두고 채택되는 즉, 그와 같은 다른 조치들의 유효성이 그 취소된 조치의 유효성에 기대는 경우, 그 조치들 역시 소급적으로 무효가 되는 불합리한 결과를 야기할 수 있으므로 취소의 소급효를 모든 경우에 인정해야만 하는 것은 아니다.

결국 취소의 소급효는 법적 안정성(legal certainty)의 원리와 충돌할 수 있기 때문에, 그와 같은 충돌로 인한 부당한 결과를 규율할 수 있도록 리스본 조약 제264조(TEC Article 264 〔231 EC〕)는 다음과 같은 규정을 두고 있다.

> 그러나 규칙의 경우 유럽연합 사법재판소는 필요하다고 생각하면 자신이 무효로 선언한 조치의 제 효력 중에서 어떤 것이 확정적인 것(definitive)으로 간주될 수 있는 지를 명시하여야 한다.[23]

당해 규정을 통하여 취소소송 결정의 소급효와 법적 안정성 간 양자의 균형을 도모하고 있는 것인데 이에 따라 유럽연합 사법재판소는 적절한 사건에서 취소의 소급적 효력을 제한할 수도 있다.[24] 특별히 이는 위원회가 혜택을 부여하는 특정한 규칙에 따라 행위하는 경우에 적용

---

22) 즉, 유럽연합 구성원들의 이익에 대한 불합리한 침해(unreasonable demage)를 야기할 수 있는 위험을 방지하기 위하여 소급효는 회피될 수 있는 것이다(*Ibid.*, p. 454).

23) 리스본 조약은 TEU 제231조를 계승한 것인데 당해 규정은 동일하게 유지되고 있다. 본문은 다음과 같다.
However, the Court shall, if it considers this necessary, state which of the effects of the act which it has declared void shall be considered as definitive.

24) Cases 9, 11/71, *Compagnie d'Approvisionnement v. Commission*, 〔1972〕 ECR 391 at 411에서 법률고문관 Dutheillet de Lamothe의 견해.

될 수 있다. 예를 들어, 위원회가 특정한 개인들에게 혜택을 부여하는
경우, 이미 부여된 혜택은 관련 규칙이 취소된다 하더라도 영향 받지
않는다는 점이 유럽연합 사법재판소에 의하여 선언될 수 있는 것이다.
특히 *Staff Salaries* 사건25)에서 당해 사항이 문제되었다. 당시 유럽연합
법원은 공동체 직원의 보수 인상을 정하고 있었던 이사회 명령이 위법
하여 무효라는 결론에 도달하였으나, "만일 문제된 명령이 단순히 무효
로 선언되면 공동체 직원은 아무런 보수 인상을 요구할 수 있는 법적
근거를 잃어버리게 되기 때문에, 당시 법원은 문제의 명령 규정은 본
판결의 결과 새로운 명령이 실시될 때까지 계속해서 효력을 갖는다"라
고 함으로서 법적 안정성 원칙의 침해를 최소화하였던 것이다. 또한 유
럽연합 사법재판소는 당해 규칙의 취소의 소급효 제한을 규칙뿐만이
아니라 지침26) 나아가 결정27)의 경우에도 적용하여 법적 안정성의 보
장을 위한 노력을 경주하고 있다.28)

---

25) Case 81/72, *Commission v. Council*, 〔1973〕 ECR 575.
26) 예를 들어, Case C-295/90, *Parliament v. Council*.
27) 예를 들어, Case 34/86, *Council V. Parliament*; C-284/90, *Council v. Parliament*;
   C-271/94, *Parliament v. Council* and C-22/96 Parliament v. Council.
28) 즉, 유럽연합 사법재판소는 규칙뿐만이 아니라 지침의 경우에도 특정 당사자에게
   만 미치는 범위에서의 취소를 통하여 법적 안정성 원리의 보장을 도모하고 있
   다. 이는 특히 *The Student Right of Residence case*에서 문제되었다. 당해 사건에
   서 유럽의회는 특정 지침이 잘못된 법적 근거(the wrong legal basis) 하에서 채택
   되었다는 판단 하에 그 특정 지침에 대하여 취소소송을 제기하게 된다. 당시 그
   지침은 제308조 〔235〕 EC 하에서 채택이 되었지만 유럽의회는 이는 잘못된 법
   적 근거라고 주장하였던 것이다. 유럽연합 사법재판소는 유럽의회의 주장을 받
   아들여 문제가 된 지침을 취소하였지만 당해 지침은 이미 회원국들에 의하여 집
   행이 된 상태였기 때문에, 문제의 지침은 새로운 지침이 적절한 법적 근거 하에
   채택되어 효력을 발하기 전까지 그 효력을 유지한다고 설시하였다(Trevor C.
   Hartley, *The Foundations of European Community Law*, p. 416).

3) 대세적 효력

유럽연합법상의 사법심사인 취소소송은 확인의 소가 아니라 형성의 소라고 할 수 있기 때문에 유럽연합 사법재판소의 취소 판결은 일응 대세적 효력(*erga omnes*)을 갖는다고 볼 수 있는 여지가 있다. 그러므로 이에 따르면 유럽연합 사법재판소에 의한 취소는 소송을 제기한 원고 뿐만이 아니라 취소소송을 제기하지 않은 다른 제3자들에게도 동일하게 적용되게 되므로 제3자들 역시 취소된 연합 기관의 행위에 구속을 받지 않게 된다. 정부 당국도 문제의 행위를 적용하거나 강제할 수 없음은 물론이다. 뿐만 아니라 만일 무효로 선언된 행위에 대하여 취소소송을 다시 제기하는 경우에[29] 유럽연합 사법재판소는 소송의 허용성의 부재와 자신의 물적 관할권 흠결(lack of jurisdiction *ratione materiae*)을 이유로 하여 이를 접수할 수도 없다.[30] 물론 유럽연합 사법재판소의 판결에 대세적 효력이 인정된다고 하더라도 당해 판결이 법원에 제기되지 않은 조치의 취소까지 수반한다고 볼 수 있는 것은 아니다.[31]

4) 집행력

(1) 직접적 집행수단의 부재

유럽연합차원에서 연합의 결정을 집행하기 위한 특별한 절차는 존재하지 않는데 사법심사제도를 위한 직접적인 집행 수단 역시 마찬가지이다. 유럽연합 사법재판소는 집행과 관련한 제재 없이 단지 선언적인 판단만을 할 수 있을 뿐이기 때문에[32] 자신의 판결을 구체적으로

---

29) 물론 제3자에 의한 소제기를 포함하는 것이다(*Ibid.*, p. 414).

30) Case 3/54, *Assider v. High Authority*, 〔1954~56〕 ECR 63 at 70.

31) Case C-310/97P, *Commission v. AssiDoman Kraft Products AB*; Josephine Steiner, Lorna Woods and Christian Twigg-Flesner, *EU Law*, p. 273.

32) Karen V. Kole & Anthony D'amato, *European Union Law - Anthology* -(Anderson

집행할 수 있는 수단을 보유하고 있지는 않다. 그러므로 법원 판결의
실효성을 위해서는 회원국이나 유럽연합 기관의 자발적인 준수를 기대
할 수밖에 없다.33) 물론 마스트리히트 조약을 통하여 법원의 판결에 복
종하지 않는 회원국에 대하여 재정적인 제재(financial penalty)를 부여할
수 있도록 한 것이 사실이지만34) 재정적인 수단만을 가지고 주권 국가
인 회원국의 행동을 강제할 수 있다고 볼 수는 없으므로 당해 수단의
효과를 장담할 수는 없을 것이다. 하지만 유럽연합으로의 가입은 회원
국의 유럽연합법의 존중과 유럽연합 사법재판소 판결의 준수를 전제로
하는 것임은 당연하다.35) 그러므로 회원국의 협조를 전제로 한다고는
하지만 유럽연합 사법재판소에 의한 판결의 집행과 관련하여 아직까지
심각한 문제가 발생하고 있는 것으로 보이지는 않는다.36)

(2) 판결의 집행을 위한 위원회의 역할과 사법심사

유럽연합의 기관 중 위원회는 유럽연합의 이익을 위하여 직접적으
로 활동하고 있는 기관이다. 이와 같은 특징은 위원회의 구성에서부터
관철되고 있는데 그 구성이 유럽의 정치적 성향(European political
tendency)을 직접 반영하게끔 이루어지고 있기 때문이다.37) 엄밀히 말

Publishing Co., 2003), p. 552.
33) 즉, 회원국의 유럽연합법 상의 의무의 이행을 위해서는 회원국의 협조가 필수적
　　이다. 특히 유럽연합법의 법질서의 통일성을 이루고 유럽연합의 기능적 실효성
　　을 달성하기 위해서는 회원국 국내법원이 유럽연합법에 충돌하는 국내법이나 그
　　국내 정부의 견해에 우선하여 연합법을 적용하여야 할 것이다(박노형, "EC 사법
　　법원에 의한 회원국 행위의 사법심사-개인의 주도에 의한 경우를 중심으로-, p.
　　267).
34) 구 TEU Article 228(2)(리스본 조약 제260조 제2항)(Margot Horspool & Matthew
　　Humphreys, *European Union Law*, p. 107).
35) 정인섭, 신 국제법 강의(박영사, 2010), p. 657.
36) 실제로 회원국 국내법원은 유럽연합법의 통일적인 적용을 위한 협조에 순응하고
　　있다는 평가를 받고 있다(Henry G. Schermers and Denis F. WaelBroeck, *Judical
　　Protection in the European Communities*(Kluwer, 1987), p. 292.
37) 실제로 영국의 보수당과 노동당 요인이 각각 회원국 정부의 공동 합의(common

해, 위원회의 위원들은 그들의 출신국의 대표(representatives)가 아니기 때문에 위원회에서 국적별로 그 위원들을 임명하는 것은 의미 있는 작업이 아니다. 오히려 위원회의 위원들은 유럽연합의 일반적인 이익을 위하여 완전히 독립적으로 자신의 임무를 수행하여야 할 뿐만이 아니라 어떠한 정부나 다른 기관으로부터의 지시를 받지 않으며 당해 지시를 따라서도 안 된다. 회원국 역시 그들에게 어떠한 영향을 끼치려는 시도를 하지 않아야 함은 물론이다.[38] 이와 관련하여 리스본 조약은 다음과 같은 규정을 두고 있다.

> 위원회의 위원은 그들의 임무와 배치되는 어떠한 행위도 하여서는 아니 된다. 회원국들은 그들의 독립성을 존중하여야 하며, 그들의 임무의 수행에 있어 그들에게 어떠한 영향도 끼쳐서는 아니 된다.[39]

그런데 유럽연합 차원에서 위원회의 기능과 역할은 그의 감독적 기능(supervisory function)에서 그 중요성을 더한다고 할 수 있다. *Spaak Report*와 같은 제안서에서 알 수 있듯이 위원회는 유럽연합의 설립 조약의 규정과 그리고 기관에 의하여 채택된 조치가 적용되는 것을 보장하여야 한다. 당해 감독 기능에 따라 위원회는 우선적으로 조약하에서 인정되는 회원국의 의무가 준수되도록 보장하여야 함은 물론이다. 이에 따라 만일 특정 회원국이 자신의 의무를 이행하지 않고 있다고 위원회가 판단한다면, 위원회는 이에 대한 유럽연합 사법재판소의 판단을 구하는 소송을 제기할 수 있다. 나아가 이와 같은 위원회의 감독적 기능

---

accord)에 의하여 위원회 구성원으로 임명된 적이 있다(Donnelly and Richie, "The College of Commissionners and their Cabinets", in Edwards and Spence(eds.), *The European Commission*(London, 1997), pp. 33-36; R. H. Lauwaars, "Institutional Structure", p. 189, Fn) 62).

38) *Ibid.*, p. 189.

39) 리스본 조약 제245조(Article 213 TEC) 제1문. 특히, 위원회의 위원들은 통상적으로 임명 후 첫 번째 회의에서 유럽연합 사법재판소에서 자신의 독립적인 임무 수행을 위한 선서를 행한다. 예를 들어 *General Report on the activities of the European Union*, 1995(Brussels, Luxembourg, 1996) point 1053.

은 판결의 집행을 위한 사항에도 여전히 인정되고 있다.[40] 왜냐하면, 만일 회원국이 유럽연합 사법재판소의 판결을 따르지 않을 경우 리스본 조약 제260조[41]에 따라 위원회에 의하여 침해 소송(infringement actions)이 제기될 수 있기 때문이다. 결국 법원 판결의 준수를 확보하는 주요한 책임은 위원회에게 부여되어 있다고 할 수 있다. 물론, 법원의 소송을 거치지 않고, 위원회가 성공적으로 회원국에 대해 법원의 판결을 따르도록 설득하였던 경우도 없는 것은 아니다.[42]

하지만 이는 특히 회원국의 의무 이행과 관련하여 인정되는 위원회의 특별한 권한과 기능일 뿐이다. 통상적인 의미에서의 사법심사 즉, 리스본 조약 제263조 상의 절차에서는 판결의 집행을 위한 별도의 절차가 명확히 인정되고 있지는 않다.

---

40) 이와 같은 위원회의 감독 기능은 유럽연합 상 인정되는 사인의 의무 준수와도 직접적인 관련성이 있다. 이는 특히 운송에 있어서의 비차별원칙(리스본 조약 95 조 (3), (4)(ex Article 75 TEC (3), (4))), 회사에 의한 경쟁 규칙의 위반(리스본 조약 101조(ex Article 81), 103조(ex Article 103조 2(a))과 직접적인 관련성이 인 정된다. 나아가 위원회의 감독 기능의 원활한 수행을 위해서는 위원회가 될수록 많은 정보를 확보할 수 있도록 하여야 할 것인데(Gil Ibanez, *The Administrative Supervision and Enforcement of EC Law: Powers, Procedures and Limits*(London: 1999)), 이를 위하여 위원회는 필요한 정보를 회원국에게 요청할 수 있으며 회원 국은 이와 같은 위원회의 요구에 따라야 한다(Art. 192 Euratom). 물론 이와 같은 정보를 다루는 데에 있어서 개인의 정보는 보호되어야 하기 때문에, 1999년 1월 이래로 당시 EC 286조에 따라 개인적인 자료(personal data)를 다루는 경우 당해 자료에 대한 보호를 염두에 두도록 하였다(Hijmans, "The European Data Protection Supervisor: The Institutions of the EC Controlled by an Independent Authority," 43 *Common Market Law Review* 1313-1342).

41) 이는 기존의 TEC 228조를 계승한 것으로 그 내용은 동일하다. 다음과 같다.
  회원국이 조약 하의 의무를 충족시키지 못한 사실을 유럽연합법원이 발견하면 당해 회원국 은 법원의 판결을 따르는 필요한 조치를 취하여야 한다.

42) Margot Horspool & Matthew Humphreys, *European Union Law*, p. 107.

(3) 판결의 준수

유럽연합의 기관은 취소된 행위를 더 이상 집행하지 않아야 함은 물론이며, 취소 이전의 과거에 존재하던 집행의 효력을 되돌려 놓기 위해 적극적인 행동을 취하여야 한다. 그렇기 때문에 취소된 행위로 인하여 이전에 원고가 입은 손해가 있다면 그에 대한 손해 배상을 하여야 함은 물론이다. 나아가 취소된 행위의 하위 행위들 역시 취소 혹은 철회되어야 할 것이다. 그런데 연합 기관의 행위가 단지 형식적인 이유로 취소된다면, 당해 행위는 통상적인 절차에 따라 다시 제정될 수 있을 것이고 그와 같이 다시 제정된 행위는 소급효를 갖지 않는 것이 보통이다. 이에 반해 공동의 이익이 충분하고 나아가 당사자들의 합법적인 기대도 충분히 인정될 수 있는 행위가 취소된다면 이에는 일응 소급효가 인정될 수 있을 것이다.[43] 그런데 이와 같은 소급효에도 불구하고 유럽연합 차원의 사법심사에 있어 회원국의 의무 불이행을 바로 잡는 판결의 준수를 위한 이행절차는 규정상 직접적으로 인정되고 있지는 않다.[44]

---

43) Case 108/81, *Amylum v. Council*, [1982] ECR 3107 at 3130~3134; Case 110/81, *Roquette v. Council*, [1982] ECR 3159 at 3178~3182; Case 114/81, *Tunnel Refineries v. Council*, [1982] ECR 3189 at 3206~3210.

44) 유럽연합법 위반에 의하여 사인이 입은 피해에 대한 구제의 중요성이 강조되고 있지만(Malcolm A. Jarvis, *The Application of EC Law by National Courts -The Free Movement of Goods*-(Oxford University Press, 1998), p. 365) 실질적인 구제는 여전히 유럽연합 차원에서의 조치가 아닌 국내법원의 판단과 국내기관의 조치에 기댈 수밖에 없는 것이 그와 같은 이유 때문이다(Bridge, J., "Procedural Aspects of the Enforcement of European Community Law through the Legal System of the Member States", *European Law Review* (1984); Josephine Steiner, "How to Make the Action Suit the Case: Domestic Remedies for Breach of EEC Law," 12 *European Law Review* (1987); P. Oliver, "Enforcing Community Rights in English Courts", 50 *Modern Law Review* (1987); Ami Barav, "Enforcement of Community Rights in the National Courts: The Case for Jurisdiction to Grant an Interim Relief", 26 *Common Market Law Review* 3 (1989)). 실제로 유럽연합 사법재판소에 대한 소제기만으로는 개인의 권리에 대한 보호를 보장할 수는 없다(Dimitrios Sinaniotis, *The Interim Protection of Individuals before the*

(4) 유럽연합 차원에서의 집행력 확보

보통 어떤 국가가 국제법규에 당사국으로 가입하면 당해 국가는 그 법규를 준수할 의무를 부담한다. 당해 국가는 그 법규에 위반되는 사태의 발생을 방지하고, 그 법규가 요구하는 내용을 국내적으로 실현하여야 하는 의무를 부담하게 되는 것이다.45) 이는 유럽연합의 경우에도 당연히 논의되어야 하는 사항이다. 유럽연합법의 집행력의 확보를 위해서는 무엇보다 국내적인 차원 즉 회원국 차원에서 집행력을 확보하는 것이 필요한데, 특히 유럽연합 차원에서 체결되는 법규와 관련하여 제1차적 법원인 설립 조약과 이를 보완·보충하는 조약은 집행될 필요가 상당하다. 그런데 유럽연합의 제1차적 법원이 골격조약(framework Treaty)이라는 것을 고려한다면, 당해 조약을 집행하는 문제보다는 오히려 제2차적 법원의 집행 문제가 더욱 중요하게 부각된다고 할 수 있다. 유럽연합 법규의 집행과 관련하여 그 구체적인 집행 사항을 규율하는 것이 바로 제2차적 법원이며 실제로 국내적인 차원에서의 유럽연합법의 집행은 당해 제2차적인 법원을 통하여 구체화되기 때문이다. 제2차적 법원을 구성하고 있는 입법형식 중 규칙은 유럽연합의 업무 중 중요도가 높으며 획일적이고 보편적인 규제를 하여야 할 필요성이 있는 경우에 일반적으로 채택되는 입법양식이며, 지침은 유럽연합의 규율체계를 회원국 간에 조화롭게 할 필요성이 있으나 획일적이고 통일적으로까지는 규율할 필요가 없는 경우에 채택되는 입법양식이다. 나아가 결정은 일반적인 구속력을 가지는 것은 아니지만 수범자에 대하여 전면적으로 구속력을 가지며, 발하여진 대상에 대하여서는 구속력이 있는 연합 내 입법을 말한다.46) 그러므로 유럽연합 입법의 규율 대상과 그 규율 방식 나아가 이의 목적 등을 구체적으로 다루는 것이 바로 제2차적 법원이므로 유럽연합법의 집행과 관련하여 구체적으로 문제되는 것 역시 바로 이

European and National Courts(Kliwer Law International, 2006), p. 110).

45) 정인섭, 신 국제법 강의, 657면.

46) 이성덕, 유럽연합 사법제도론, 35-42면.

제2차적 법원인 규칙, 지침, 그리고 결정 등이라고 할 수 있다.[47] 유럽
연합 사법재판소에 따르면, 규칙의 경우 그 자체 전체로서(in its
entirety) 회원국에서 직접적으로 적용되는(directly applicable) 성질을 갖
고 있기 때문에, 집행이 자동적으로 보장된다고 할 수 있다.[48] 하지만
그 목적을 제시하기는 하지만 그 구체적인 방법은 회원국에게 일임하
는 지침의 경우, 그 직접 적용성이나 직접 효력이 여러 사건에서 문제
되었던 것과 같이 그 집행이 자동적으로 보장되는 지 확실하지는 않
다.[49] 하지만 이와 같이 집행과 관련한 많은 논의에도 불구하고 연방국
가의 실체를 달성하지 않은 유럽연합으로서는 안정적인 통합을 위하여
회원국의 협력이 필수적이라고 볼 수 밖에 없다. 물론 이는 사법기관인

---

47) 권고 및 의견은 법적 구속력을 가지지 않고 단지 권고적 효력만을 가지는 유럽연
  합 내 입법형식이다. 그러므로 당해 입법형식은 이념을 드러내기 위한 경우에 이
  용될 뿐이지, 중요한 법률문제를 다루는 데에 사용되는 경우는 거의 없다. 그러
  므로 당해 입법형식은 유럽연합 차원에서의 유럽연합법의 집행과 직접적인 관련
  성은 없다고도 할 수 있을 것이다. 하지만 의견과 권고가 유럽연합법의 집행과
  전혀 무관한 것은 아니다. 즉, 유럽연합 사법재판소는 의견과 권고의 구속력과
  관련하여 그 실질을 명칭이 아닌 내용에 따라 평가하여야 한다는 견해를 견지하
  고 있기 때문이다(Case C-322/88, *Grimaldi v. Fondes de Maladies Professionnelles*
  〔1989〕 ECR 4407, p. 4420; 위의 책, 42-43면).
48) 유럽연합 사법재판소는 모든 측면에서 구속력이 인정되는 형식의 공동체 법규는
  직접 효력이 있는 것으로 여기고 있기 때문이다(Paul Craig & Grainne de Búrca,
  EU Law, p. 277). 이에 반하여 구속력이 인정되지 않는 연합의 법규범은 단지
  간접적 효력 혹은 해석상의 효력만이 인정된다고 한다(Ibid., p. 278; Case
  322/88, Grimaldi v. Fondes de Maladies Professionnelles 〔1989〕 ECR 4407).
49) 하지만 유럽연합 사법재판소는 지침도 규칙처럼 일정한 경우에는 직접 적용성
  및 직접 효력과 유사한 효력을 보유하고 있다고 선언하고 있다. 특히 *Ratti* 사건
  (Case 148/78 *Pubblico Ministero v. Ratti* [1979] ECR 1629)에서 유럽연합법원은
  지침이 그것의 이행을 위하여 정하여진 경과기간이 만료하면 직접적용성을 가질
  수 있는 자격을 취득한다고 선언하였고, 나아가 관련 규정이 명확하고 모호하지
  않은 의무를 수범자에게 부과하고 무조건적인 의무(unconditional obligation)를
  부과하며, 관련 의무가 다른 조치의 채택에 의존하지 않는 경우에는 그 지침은
  직접 효력이 있음을 확인하였다.

유럽연합 사법재판소의 결정의 집행과 관련하여 유럽연합이 직면하고 있는 어려움을 직접 보여주고 있는 사항이다.

실제로 유럽연합 회원국이 유럽연합법의 집행을 위하여 정해진 기한 내에 그 연합법에 대하여 집행을 하지 않는 경우에 유럽연합은 이의 집행을 회원국에 대하여 강제할 수 있을 것인가? 이에 대한 답변은 부정적일 수밖에 없다. 주지하다시피 유럽연합은 아직 연방국가에서와 같은 집행 수단을 보유하고 있지 않기 때문이다. 물론, 벌금50)이나 간접적인 집행 수단을 통하여 그를 강제할 수 있는 여지가 없는 것은 아니지만 연방국가에서의 군사력과 같은 직접적인 강제 수단을 유럽연합은 보유하고 있지 않아 그 법규와 판결을 집행할 때 드러나는 치명적인 약점을 부인할 수는 없다. 만일 유럽연합법의 집행에 있어 그 것이 미시적인 차원의 것이라면 간접적인 수단을 통하여 집행을 강제할 수 있는 가능성을 무시할 수는 없겠지만, 만일 유럽연합의 통합 방향과 직결되는 매우 중요한 법안이라면 이를 준수하지 않거나 집행하지 않는 회원국은 결국 탈퇴를 하거나 유럽연합 차원에서 제명을 하는 수밖에 없을 것이다. 결론적으로 유럽연합의 법집행은 종국적으로 회원국의 자발적인 참여와 협조를 통해 확보해 나가고 있다고 보는 것이 타당하다.

(5) 유럽연합 사법재판소 판결의 집행력 부재의 함의

미국의 경우, 산업화가 본격적으로 진행되기 시작한 19세기 말부터 중앙정부가 강화되고 주정부가 약화되는 경향을 보인 것에 비하여 캐나다의 경우에는 중앙집중화를 구현하고 있었던 헌법상의 내용 및 취지가 유명무실해질 절도의 상당한 분권화, 탈중앙화의 현상이 있었던 것과 같이 여러 연방국가에서 각 중앙정부와 주정부간의 힘의 역학관계는 다양하게 전개되었던 것이 사실이다.51) 하지만 연방국가인 캐나다

---

50) 즉 유럽연합 차원에서는 회원국이 유럽연합 사법재판소의 판결을 이행하지 않는 경우, 벌금을 부과하는 제도가 존재한다(최철영, "국제기구에서 유럽연합(EU)의 법적 지위", 사회과학연구(대구대학교 사회과학 연구소) 제11권 제1호(2003), 5면).

가 중앙정부의 권한을 강조함으로써 책임정부를 확립하고 이를 중심으로 지역적 특성과 민족 간 차별성을 초월하는 경제개발을 국가단위의 최우선 목표로 설정·시행하고 있는 것[52]에서 알 수 있듯이 모든 연방국가는 주와 같은 하부 주체들의 이탈을 방치하여서는 안 된다.[53] 이렇듯 모든 연방국가의 경우, 중앙정부의 영향력으로부터 벗어나려는 주정부의 시도만은 용납될 수 없는 것인데, 이를 위해서는 연방 차원의 법규범뿐만이 아니라 연방법원의 판결의 집행력 역시 확보되어야 함은 물론이다.

유럽연합 역시 그의 통합의 결속을 다지기 위해서는 구성국들의 이탈을 허용해서는 안 된다. 그런데 기실 완전한 연방국가로서의 통합을

---

51) 실제로 미국과 캐나다 연방제도의 경우, 그 중앙정부와 주정부간 역학관계는 변화를 거듭하고 있는 것이 사실이다. 애초에 미국은 주정부의 권한을 상당히 인정하려고 했던 반면, 캐나다는 연방정부의 권한을 상대적으로 확대하려는 의도를 가지고 있었지만 남북 전쟁이 후 미국의 연방제도가 중앙집권화의 경향을 보였음에 비하여 캐나다의 경우에는 건국 이후 퀘벡문제를 포함한 원심력적 분열성 향이 어렵지 않게 발견되고 있기 때문이다. 특히 미국 연방제도가 시간이 지남에 따라 중앙정부의 기능을 강화하는 방향으로 전개되고 있음에 비하여 캐나다의 경우에는 헌법상의 규정에도 불구하고 중앙정부의 실질적 권한이 약화되면서 지역정부의 권한이 강화되는 방향으로 전개되고 있다(손병권·이옥연, "미국과 캐나다의 비교 연구: 건국과정과 헌법을 중심으로," 국제정치 논총 제44집 제4호 (2004), 331-335면).

52) 위의 글, 326-327면.

53) 연방주의가 복수단계의 정부에게 권력을 분산하는 통치형태라는 주장에 따르면, 실질적으로 헌법이나 기본법 등이 명문화된 규정을 통해 중앙/연방정부, 주/지역정부 및 지역정부 등으로 권력을 나누어 운영되는 다층 거버넌스(governance)를 구현하는 정치제도를 연방제도라고 할 수 있다(Michael Burgess (ed.), *Federalisim and Federation in Western Europe*(Croom Helm, 1986)). 나아가 연방제도에서는 중앙/연방정부 이외의 하위 정부 단계인 주/지역 및 지방정부를 주축으로 하는 자치만을 지향하는 것은 아니며, 오히려 중앙/연방정부를 통한 공치도 동시에 추구하게 된다(이옥연, "연방제를 통한 통합과 분권의 구현: 캐나다의 경험을 중심으로," 「세계지역연구논총」 제24집 1호, 246면). 이와 같은 다양한 연방제의 국면상 그 운영 방식에 여러 가지가 있을 수 있지만 지방/주 정부의 이탈 혹은 완전한 자치는 인정할 수 없다.

달성하지 못한 유럽연합으로서는 자신의 법규범의 집행을 위한 완벽한 수단을 보유하고 있다고 할 수는 없어 과연 회원국의 이탈을 유럽연합이 완전히 예방할 수 있을 지는 의문이다. 이와 마찬가지로 유럽연합은 특히 사법제도의 집행과 관련하여 직접적인 집행 수단 역시 아직 확보하고 있지도 않다.54) 물론 회원국의 의무 불이행시 이의 이행을 강제하기 위한 위원회 주도의 수단이 마련되어 있음은 이미 보았지만 당해 제도가 일반적인 차원에서 인정되는 것은 아니며 특히 사법심사제도에서는 유럽연합 사법재판소 판결의 집행을 위한 직접적인 수단은 존재하지 않기 때문에,55) 특히 판결의 집행과 관련된 유럽연합 사법재판소 나아가 유럽연합이 직면하고 있는 한계를 인정하지 않을 수 없다.

5. 검토

유럽연합 차원의 사법심사제도가 완벽하다고 할 수는 없다. 이를 위한 주요한 역할을 수행하는 위원회는 그의 정치적인 성향(political in nature)으로 인하여56) 법적인 마인드를 가지고 완벽하게 당해 기능을 담당하고 있다고 할 수는 없으며, 또한 위원회는 사법심사제도의 중앙

---

54) 유럽연합의 독자적이고 고유한 행정집행기능 역시 존재하지 않는 것이 사실이다. 이와 같이 독자적인 행정집행기관을 보유하고 있지 않은 유럽연합은 주요 정책을 회원국들의 합의와 협력에 의하여 실행을 할 수밖에 없다고 할 수 있다(최유, 연방체제의 헌법적 전개-미국, 독일, 유럽연합을 중심으로-(중앙대학교 법학박사논문, 2009. 8.), 221면).

55) 특히 *von Colson* 사건의 경우 유럽연합 사법재판소는 국내 법원이 국내 입법에 대한 해석의 결과와 방식에 대하여 어떠한 개입을 할 수 있는 권한을 보유하지 않는다고 선언하였다는 평가를 받고 있다(Paul Jackson, *O, Hood Phillips' Leading Cases in Constitutional and Administrative Law*(London: Sweet & Maxwell, 1988), p. 63).

56) 위원회는 특정 사안에 대하여 자신이 문제제기를 하지 않는 이유로 비법적인 이유(nonlegal reasons)까지 제시하고 있다(Karen V. Kole & Anthony D'amato, *European Union Law - Anthology,* p. 552).

집권화된 기구로 평가받고 있기는 하지만 제한된 인력(human resources)으로 말미암아 모든 회원국에 의한 유럽연합법의 위반과 침해를 적발하고, 절차를 효율적으로 진행하고 나아가 관리할 수는 없기 때문이다. 나아가 위반 사항이 경미한 경우에는 유럽연합의 중요한 원리나 주요한 경제적인 영향을 원용하는 것이 적절하지 않기 때문에 사법심사제도의 직접적인 활용이 어려운 경우도 있다. 특히 유럽연합 사법재판소는 사법심사제도의 집행과 관련하여 특별한 제재 없이 단지 선언적인 판단(declaratory judgment)만을 할 수 있을 뿐이어서[57] 사법심사제도에 있어서 한계를 어렵지 않게 발견할 수 있기도 하다.

하지만 당해 사법심사제도의 중요성을 무시할 수만은 없다. 당해 제도를 통하여 유럽연합은 연합법의 준수를 효과적으로 확보하고 있으며, 통합의 정도 역시 지속적으로 강화해나갈 수 있는 원동력을 확보하고 있기 때문이다. 나아가 유럽연합은 당해 사법심사제도를 통하여 유럽연합기관 행위의 합법성을 통제하고 이를 통하여 유럽연합법의 효력을 확보하고 있다. 특히 이는 정책과 통합의 지속적인 보장과도 밀접한 관련이 있는 사항이다. 나아가 이를 위해서는 유럽연합법규범의 해석권한을 하나의 기관만이 보유하도록 하여 합법성 판단의 통일을 기해야 할 것인데 이를 위하여 당해 사법심사의 권한을 유럽연합 사법재판소에 부여하여 그를 도모하고 있다는 사실도 통합의 심화에 있어서는 중요한 사항이다.

그런데 유럽연합 차원에서는 유럽연합 사법재판소에 의하여 유럽연합법의 우위성 원칙이 주장되고 있다. 당해 우위성 원칙을 통한 유럽연합법의 효력 보장을 통하여 법치공동체로서의 유럽연합의 모습은 더욱 강화되고 있다. 사실 최고법원은 연방국가에 있어서 헌법의 해석과 연방과 주간의 권한에 대한 분쟁의 해결을 위하여 필수적이라고 할 수 있다.[58] 그런데 유럽연합의 경우 유럽연합 사법재판소가 존재하지만 그

---

57) *Ibid.*
58) *Ibid.*, p. 557.

임명이 유럽연합의 차원에서가 아닌 회원국의 차원에서 이루어진다는
점을 고려한다면 유럽연합 사법재판소를 연방국가에 있어서의 법원과
비견하여 다룰 수는 없을 것이다. 하지만 법관의 임기와 직무가 연합차
원에서 확실히 보장되고 있다는 것과 앞서 고찰한 유럽연합 사법재판
소의 지위와 기능을 고려한다면 유럽연합 사법재판소를 연방에서의 법
원과 전혀 다른 법원이라고 할 수도 없다. 기실 유럽연합 사법재판소가
설립조약 그리고 연합의 법적 행위에 대한 최종적 해석권한을 보유하
고 있다는 점은 당해 사항을 대변하여 주고 있다.[59] 유럽연합 사법재판
소의 최종적인 해석권한이 인정되지 않는다면, 제각각의 다양한 해석으
로 말미암아 연합 차원에서의 분쟁을 종국적으로 해결하는 것이 어려
울 뿐만 아니라, 유럽연합법의 우위성을 확보할 수도 없을 것이다. 유럽
연합법에 대한 해석이 문제되는 경우, 이를 최종적으로 해석하는 기관
이 필요하고 이를 통하여 법질서의 통일성을 확립할 수 있음은 물론이
다. 그러므로 유럽연합법질서 통일성을 확보하기 위해서는 유럽연합 사
법재판소가 연합법에 대한 최종적인 해석권한을 보유하기 위한 특별한
제도가 존재하여야 한다. 당해 제도가 존재한다면 유럽연합 사법재판소
도 그 제도를 적극적으로 활용하여 유럽연합 법질서의 통합에 적극적
으로 기여할 수 있을 것이다. 그런데 지금까지 고찰한 소위 사법심사제
도라고 불리는 제도를 통해서는 유럽연합 내 법질서의 통일성을 궁극
적으로 달성할 수 있을 것 같지는 않다. 앞에서도 언급하였듯이 연합
차원에서의 소위 사법심사제도는 유럽연합법의 해석과 관련한 분쟁과
같은 즉 법질서의 통일성을 위한 사건보다는 유럽연합 기관의 행위의

---

59) 이에 대한 지나친 중요성의 부여는 회피되어야 하겠지만(Tim Koopmans, "The
Future of the Court of Justice of the European Communities" 11 *Yearbook of
European Law*, 1991, p. 15; K. Alter and S. Meunier-Aitsahalia, "Judicial Politics
in the European Community" 26 *Comparative Political Studies*, 1994, pp. 535,
536), 유럽연합 사법재판소는 법적 통합의 정책을 추구하는 와중에 골격조약의
실질적 내용을 부여함을 통하여 연합법의 실효성을 강화하고 국내법 질서 내에
서 이의 통합을 증진하고 있는 유일한 기관이라는 점은 부인할 수 없을 것이다
(Paul Craig & Gráinnie de Búrca, *EU Law*, p. 75).

합법성 통제와 같이 마치 연방국가에서의 행정쟁송과 유사한 모습을 띠고 있기 때문이다. 그렇다면 유럽연합 역시 법질서의 통일성에 기여할 수 있는 직접적인 제도를 보유하여야 한다. 기실 당해 제도가 연방국가에서 언급되는 사법심사제도 다시 말해 규범통제제도라고 할 수 있다. 흔히 사법심사제 특히 규범통제제도라 함은 법률이 헌법의 최고규범성에 합치하는가의 여부를 심사하여 헌법에 위배된다고 판단되는 경우 그 법률의 적용을 거부하거나 효력을 상실케 하는 위헌법률심사의 한 형태를 말하는데[60] 이를 통하여 한 국가의 법질서의 통일성이 확보될 수 있다는 평가가 내려진다. 이는 그 범위가 행정쟁송을 넘어서는 것이기 때문에 유럽연합 역시 법질서 통일성 확립을 위해서는 제263조상의 사법심사제도를 넘어서는 본격적인 규범통제제도를 보유하여야 한다. 그렇다면 유럽연합에서의 진정한 사법심사제도를 논함에 있어서는 지금까지 논의하였던 소위 사법심사제도에 국한한 고찰을 극복할 필요가 있다.

제 2 절   선결적 부탁절차의 제도적인 특징

1. 유럽연합법질서에서의 선결적 부탁절차

1) 선결적 부탁절차의 도입

유럽재판소에 따르면 유럽연합은 법의 지배에 기초한 공동체이다.[61] 특히 초국가적 체제로서의 유럽연합이 실효성 있게 기능하고 그의 통

---

60) 허 영, 헌법이론과 헌법(박영사, 2005.), 823면.
61) Case 294/83, *Parti écologiste 'Les Verts' v. European Parliament* 〔1986〕 ECR 1339.

합을 순조롭게 진척시키기 위해서는 유럽연합 내에서 발생하는 모든 법적 문제들을 권위 있게 확정하고 종국적으로 해결할 수 있는 기관을 연합은 보유하여야 한다. 사실 유럽연합 차원에서는 이와 같은 권한을 회원국의 법원에게 부여할 수는 없다. 국적국의 국익에 전도된 회원국의 법원이 자신에게 부탁된 사건에서 유럽연합의 정책을 위한 열린 마인드를 가지고 판단하지는 않을 것이기 때문이다. 나아가 유럽연합의 정책 추진을 회원국의 법원에 맡기게 되면 이는 초공동체로서의 유럽연합의 실효적 기능을 반감시키고 결국 통합의 목적달성을 요원하게 할 것임은 당연하다. 그러므로 유럽연합 차원에서의 모든 법적 문제들의 종국적인 해결을 위해서는 일단 유럽연합 사법재판소가 당해 기능을 직접적으로 담당하게 하는 것이 필요하다. 나아가 유럽연합 차원에서 제기되는 문제의 종국적인 해결을 위해서도 유럽연합 사법재판소가 재판관할권을 보유하여야 하며 나아가 당해 재판소를 최종심 법원으로 만들 필요가 있다. 그렇다면 무엇보다 유럽연합 사법질서상으로 상소제도의 도입이 필수적으로 요구되는 것이 사실이다. 하지만 유럽공동체설립조약의 아버지들은 유럽연합 사법재판소를 국내재판소의 상소기관처럼 만들 수는 없었다.62) 통상적으로 연방국가 내 상소제도의 경우 그의 제기 결정권은 소송 당사자에게 있으며, 상소법원이 사건을 심리하여 하급법원의 판결을 대체하는 판결을 내릴 수 있다.63) 하지만 그와 같은 연방국가에서의 대법원이 보유하고 있는 강력한 통일적 해석권64)까지 인정하는 상소제도를 도입하는 것은 국내 회원국과의 사법적 통일을 달성하지 않은 유럽연합으로서는 적지 않은 부담이었던 것이 사실이다. 그러므로 유럽공동체설립조약의 제정자들은 상소제도의 대안으로서 선

---

62) Peter Hay, "Supremacy of Community Law in National Courts," 16 *American Journal of Comparative Law*, 1969, p. 524.

63) 특히, 미국의 경우에는 미국 연방대법원이 연방법의 관점에서 주법원으로부터 상소를 접수할 수 있는 권한을 보유하고 있다(David W. K. Anderson, *References to the European Court*, p. 5).

64) 이성덕, 유럽연합 사법제도론, 85면.

결적 부탁절차라는 제도를 도입하게 되는데, 이로 인하여 유럽연합 사법재판소는 제한적이기는 하지만 유럽연합 조약상의 목적달성에 반하는 회원국의 상이한 국내법의 해석과 적용에 대하여 규율할 수 있게 되었고 유럽연합 사법질서의 통합을 위한 기반 역시 마련할 수 있게 되었다.65) 특히 당해 선결적 부탁절차를 통하여 유럽연합 사법재판소는 유럽연합 최고 법원으로서의 지위를 확립할 수 있었고, 나아가 EU법의 통일적 적용을 보장할 수 있는 수단을 확보할 수 있었다.66) 특히 선결적 부탁절차를 통하여 유럽연합은 직접효력의 원칙과 유럽연합법 우위의 원칙을 도출하여 모든 회원국에서의 유럽연합법의 통일적인 적용을 보장하도록 하는 시도를 지속적으로 하고 있다.67)

---

65) 물론 EU법 차원에서의 헌법적 쟁점들과 관련한 사건은 국내 법원 혹은 제1심 재판소에도 제소할 수 있다고 볼 수 있기 때문에 유럽연합 사법재판소가 유럽연합 사법질서의 유일한 감시기관이라고 할 수는 없다. 국내 법원도 유럽연합 차원에서 문제되는 사항에 대하여 자신이 자발적으로 판단하여 결정을 내릴 수 있기 때문이다. 하지만 유럽연합법의 해석과 유효성에 대한 문제는 결국 선결적 부탁절차를 통하여 유럽연합 사법재판소에 제기되어야 하므로 당해 절차에서 문제되는 법률적 문제에 대한 최종적인 사법적 감독기관은 유럽연합 사법재판소라고 할 수밖에 없다. 나아가 국내법원은 제1심 재판소의 판결에 대하여 유럽연합 사법재판소에 상소(소위, 재검토(review))를 제기할 수 있는데 이는 유럽연합 조약에서 문제되는 법률문제에 대하여 최종적으로 판단을 하는 사법기관이 곧 유럽연합 사법재판소라는 것을 의미하는 것이다(Koen Lenaerts, Dirk Arts and Robert Bray, *Procedural Law of the European Union*(London: Sweet & Maxwell, 1999), p. 9).

66) 유럽연합은 당해 선결적 부탁절차를 통하여 유럽연합 회원국의 모든 범위에서 적용될 수 있는 법을 만들어 내고 있다는 평가를 받고 있기도 하다(Trevor C. Hartley, *Foundations of European Community Law*(Oxford University Press, 1998), p. 258).

67) 김두수, EU소송법상 선결적 부탁절차, 69~70면. 이와 같은 선결적 부탁절차의 기능을 고려한다면 유럽연합에서 상소제도를 도입하게 되는 경우 그는 당해 선결적 부탁절차를 확대함으로 인하여 가능하게 될 것임은 물론이다(이에 대해서는 Paul Craig, "The Jurisdiction of the Community Courts Reconsidered," in Gráinne de Búrca and J. H. Weiler(eds.), *The European Court of Justice*(Oxford University Press, 2001), pp. 201-204).

2) 리스본 조약에서의 관련 규정

(1) 리스본 조약 제267조

유럽연합 차원에서 선결적 부탁절차는 유럽연합법질서의 유지를 위하여 이전부터 존재하여 왔는데 리스본 조약에서도 역시 당해 절차는 유지되고 있다. 리스본 조약 제267조[68])는 선결적 부탁절차 특히 그 대상과 관련하여 다음과 같이 규정하고 있다.[69])

> 유럽사법재판소는 다음에 대하여 선결적 평결을 부여한다.
> (a) 일련의 조약들(the Treaties)의 해석
> (b) 유럽연합의 단체, 조직, 사무국 그리고 기관의 행위의 유효성과 해석
>
> 당해 문제가 회원국의 법원이나 재판소에 제기되는 경우, 특정한 법원이나 재판소가, 만일 그 문제에 대한 (유럽연합 사법재판소의) 결정이 자신이 판결을 내리는 데에 필요하다고 판단한다면, 유럽연합 사법재판소에 그 문제에 대한 평결을 내려줄 것을 부탁할 수 있다.

---

68) 본문은 다음과 같다.

The Court of Justice shall have jurisdiction to give preliminary rulings concerning:

(a) the interpretation of the Treaties;

(b) the validity and interpretation of acts of the institutions of the Community;
    Where such a question is raised before any court or tribunal of a Member State, that court or tribunal may, if it considers that a decision on the question is necessary to enable it to give judgment, request the Court of Justice to give a ruling thereon.

If such a question is raised in a case pending before a court or Tribunal of a Member State with regard to a person in custody, the Court of Justice of the European Union shall act with the minimum of the delay.

69) 이는 과거의 EC 234조와 대동소이하나 사법심사제도와 같이 약간의 수정이 이루어졌다. 구 EC 조약 234조는 다음과 같았다.

The Court of Justice shall have jurisdiction to give preliminary rulings concerning:

(a) the interpretation of this treaty;

(b) the validity and interpretation of acts of the institutions of the Community and of the ECB

(c) the interpretation of the statutes of bodies established by an act of the Council, where those statutes so provide.

국내법상 그 결정에 대하여 더 이상의 사법적 구제수단이 존재하지 않는 회원국의 법원 혹은 재판소에 그와 같은 문제가 계속되어 있는 사건에서 당해 법원 혹은 재판소는 그 문제를 유럽연합 사법재판소에 부탁하여야 한다.

만일 그와 같은 문제가 구속된 수형자에 대하여 회원국의 법원 혹은 재판소에 계속되어 있는 사건에서 제기된다면, 유럽연합 사법재판소는 지체 없이 조치를 취하여야 한다.

(2) 규정상 특징

우선 리스본 조약에서는 과거의 'this Treaty'가 the 'Treaties'로 개정되었다. 물론 이는 리스본 조약이 두 개의 조약으로 이루어졌기 때문이다. 전반적인 원칙을 담고 있는 「the Treaty on European Union」과 유럽연합의 운영과 관련한 세부적인 사항에 대하여 담고 있는 「the Treaty on the Functioning of the European Union」이 그것이다. 리스본 조약에서도 원칙적으로 기본 조약의 해석과 관련한 선결적 부탁의 제기를 예정하고 있는 것이 눈에 띈다.

나아가 과거의 규정인 「공동체 기관과 ECB의 행위의 유효성과 해석/이사회의 행위에 의하여 설립된 기구의 규정이 그와 같이 하고 있는 경우 그 규정에 대한 해석」은 「유럽연합의 기구, 조직, 사무처 그리고 기관의 행위의 유효성과 해석」으로 수정되었다. 취소소송으로 대표되는 사법심사제도에서의 규정과 같이 선결적 부탁절차에서도 유럽연합 사법재판소의 관할권을 확대하여 기구, 조직, 사무처 그리고 기관과 관련된 사항에 대해서도 규정상 관할권을 인정하고 있는데, 이 역시 유럽연합 기관들의 다양한 활동으로 인한 그의 규제 필요성 때문에 개정된 것으로 보인다.

2. 선결적 부탁절차의 실체법적 측면

앞서 본바와 같이 유럽연합에서의 사법심사제도는 행정쟁송제도로
서 기관 행위의 합법성 통제와 사인의 권리 보호 향상을 위한 기능을
담당하고 있다. 이에 따라 통상적인 행정쟁송제도가 그 대상을 행정청
의 위법한 처분 등으로 상정하는 것과 같이[70] 유럽연합의 사법심사제
도 역시 그 심사 대상으로 주로 유럽연합 기관의 처분 등을 상정하고
있다. 그런데 법질서의 통일성에 따라 실정 헌법을 국가의 최고법으로
삼고 있는 헌법국가의 경우 법률이나 명령이 법존재와 법효력에서 보
다 상위에 존재하는 헌법을 위반할 수 없으며 특히 이를 위해서 헌법의
우위(Vorrang der Verfassung)가 요구될 뿐만 아니라 이의 기술적인 확
보를 위해서 규범통제제도(norm regulation)를 필요로 한다.[71] 법치공동
체로 일컬어지고 있는 유럽연합도 지속적이고 안정적인 통합을 확보하
기 위해서는 그와 같은 법질서의 통일성(unity of legal order)과 규범통
제제도가 필요하다. 통상적으로 규범통제는 입헌주의와 헌법질서를 수
호하고 기본권을 보호하며 권력분립을 실현한다는 목적을 가지고 있다
고 여겨지고 있으며[72] 특히 국회의 입법권에 의하여 헌법이 침해되는
것을 방지한다는 것에서 그 주요한 목적을 발견할 수 있다. 그런데 규
범통제의 주요한 목적이 입법권 즉 법률에 의한 헌법 침해 방지라는 것
을 상기한다면 '일련의 조약들의 해석'에 대한 관할권을 유럽연합 사법
재판소에 부여하고 있는 선결적 부탁절차는 유럽연합 차원에서의 규범
통제제도가 아닐 까 하는 기대를 갖게 된다. 그렇다면 당해 사법심사제
도와 별도로 존재하고 있는 유럽연합의 선결적 부탁절차에 대한 실체
법적 나아가 절차법적 고찰은 당해 제도의 특징을 보다 명확히 부각시
켜줄 것이다.

---

70) 박균성, 행정법론(상), 863면.
71) 박진완, "헌법규범과 법질서의 통일성", 헌법학연구 제4집 제3호(1998. 10), 294면.
72) 정종섭, 헌법소송법, 228~229면.

1) 선결적 부탁에 있어서의 해석

(1) 해석의 객체 - 부탁될 수 있는 대상(규정)

선결적 부탁절차에서 자신의 관할권과 관련하여 규정상의 '규정(act)'을 제한적으로 해석할 이유는 없다는 입장을 취하고 있는 유럽연합 사법재판소는 직접 효력의 유무와 상관없이 규칙, 지침,[73] 결정 그리고 고유한 조치에 대해서도 해석을 할 수 있다고 선언하고 있다.

먼저 "일련의 조약들의 해석"이라는 문구에서 알 수 있듯이, 모든 설립 조약과 이들의 개정, 보충 조약 모두는 선결적 부탁절차에서 다루어질 수 있다. 과거 ECSC에는 당해 조항이 없었음에도 불구하고, 유럽연합 사법재판소는 당시 동 조약들도 선결적 부탁절차에서 다룰 수 있다고 하여 선결적 부탁의 대상 설정에 꽤 적극적인 입장을 견지하고 있었다. 하지만 유럽연합조약에서 예견되어 있는 보조협정의 경우에는 설립 조약의 일부를 이루고 있는 것은 아니기 때문에, 당해 협정은 선결적 부탁절차의 대상이 되지는 않는다. 다만, 일부 보조 협정의 경우에 있어서는 자체 내에 선결적 부탁 규정을 두고 있는 경우가 있기 때문에 보조협정이라고 하여 모두 선결적 부탁절차의 대상이 될 수 없는 것은 아니다. 나아가 회원국 대표의 행위는 선결적 부탁절차를 통하여 다룰 수 없지만 유럽연합 기관의 행위는 선결적 부탁절차의 부탁 대상이 된다. 당해 기관의 모든 행위는 설립 조약상 특별히 언급이 되었는지의 여부, 구속력의 여부, 나아가 당해 행위가 직접 효력을 갖는지의 여부와 상관없이 선결적 부탁의 객체가 되는 것이다.[74] 과거 ECSC 체제 하에서는

---

73) Case 111/75, *Impresa Construzioni Comn. Quirino Mazzali v. Ferrovia del Renon.* 집행을 위한 기간이 아직 경과하지 않은 지침 역시 당해 선결적 부탁 절차의 대상이 될 수 있는 규정에 포섭된다(Case C-491/01, *The Queen v. Secretary of State for Health ex parte British American Tobacco(Investments) Ltd and Imperial Tobacco Ltd(Tobacco advertising Ⅱ).*

74) 김두수, "EU법상 선결적 부탁절차의 실체법적 기능", 외법논집 제19집(2005. 8), 3-4면.

단지 위원회 또는 이사회의 행위만이 선결적 부탁의 대상이 되었으나
EC, Euratom에서는 공동체의 모든 기관의 행위를 부탁 대상으로 설정
하였었다. 특히 리스본 조약을 통하여 유럽연합의 기관의 범위가 확장
되어 당해 기관의 행위에 대한 심사의 가능성은 커졌다고 할 수 있을
것이다.

나아가 유럽연합 사법재판소는 해석의 객체를 설정하는 경우 명문
의 규정에 제한을 받지 않는다는 입장을 견지하고 있다. 그러므로 규정
에는 없지만 비회원국과의 협정에 의하여 설립된 기관의 행위에 대하
여 유럽연합 사법재판소는 이들이 유럽연합 기관의 행위로 간주되는
경우에는 선결적 부탁의 대상이 된다고 보고 있다. 나아가 명문의 규정
이 없는 유럽연합과 비회원국 간의 협정 역시 이사회의 관할내에 있다
고 볼 수 있는 경우에 유럽연합 사법재판소는 당해 협정 체결을 유럽연
합의 행위로 보아 이 역시 부탁의 대상으로 보고 있다. 예를 들어 공동
체 가입 전의 그리스와 공동체 간의 협정이 당시 EC 234조의 (b)에 해
당된다고 유럽연합 사법재판소는 판시한 적이 있다. 혼합협정(mixed
treaty)[75]과 같이 통상적인 국제협정과는 다른 방식으로 체결되어 연합
에 대하여 구속력이 있는[76] 협정 역시 재판소는 선결적 부탁 절차의

---

[75] 공동체법의 일부를 이루는 국제협정은 크게 세 범주로 구분이 되는 데 그 중 하
나가 혼합 조약이다. 혼합조약(mixed treaty)은 유럽공동체와 전체 또는 일부 공
동체 회원국들이 공동으로 참여하는 형태의 조약체결방식을 통해 체결된 조약을
일컫는다. 즉 협정의 내용이 일부는 공동체의 대외적 권한에 속하고 다른 일부는
회원국들의 대외적 권한에 속하는 경우에 일방 '공동체 및 회원국(들)' 그리고
타방 제3국간에 체결되는 방식의 조약을 말한다. 물론 이는 유럽공동체만이 보유
하고 있는 특이한 형태로서, 유럽공동체의 관행으로 형성된 것이다(David
O'Keefe and Henry G. Schermers(eds), *Mixed Agreement*(Deventer, 1983); N.
Neuwahl, "Shared Powers or Combined incompetence? More on Mixity,"
Common Market Law Review, 1996, pp. 667-687).

[76] 이는 Case C-18/90, *Office national de l'emploi(Onem) v. Kziber*에서 유래한 유럽
연합 사법재판소의 태도인 것으로 보인다(P. J. G. Kapteyn, "Administration of
Justice", p. 480). 그렇다고 하여 유럽연합 사법재판소가 유럽연합법체제 이원에
존재하며 회원국을 구속하는 국제법 규정의 해석에 대해서까지 선결적 부탁절차

대상이 된다고 한다.77)

나아가 공동체와 비회원국간의 협정에서 연합 이사회를 세울 수 있게 하고 이 연합 이사회에서 결정을 채택할 수 있게 한 경우에도 당해 연합 이사회의 결정은 공동체법의 일부를 구성하기 때문에 선결적 부탁의 대상에 포섭된다. *Sevince* 사건78)이 대표적인데 당해 사건에서는 특히 공동체 영역에서 공동체 법의 획일적 적용을 확보하는 것이 선결적 부탁절차의 기능이라는 점이 선언되었다.

(2) 선결적 부탁절차에 있어서의 해석의 내용

선결적 부탁절차를 통하여 유럽연합 사법재판소는 일련의 리스본 조약들(the Treaties)에 대한 해석에 대하여 평결을 부여할 수 있다. 그러므로 유럽연합 사법재판소는 EC 조약과 이를 개정하고 집행하는 모든 조약의 해석에 대한 광범위한 권한을 향유하게 되는 것이다.79) 하지만 유럽연합 차원에서의 법원인 리스본 조약에 대하여 그렇다는 것이지 유럽연합 사법재판소는 당사자 소송상의 사실관계와 국내법적 관점을 실질적으로 평결할 권한을 가지고 있지 않으며, 사실관계와 국내법적 내용에 대하여 증명할 권한을 보유하고 있지도 않다. 나아가 유럽연합 사법재판소는 유럽연합법 규정에 대한 국내 법률의 유효성에 관하여 판결할 수도 없다. 유럽연합 사법재판소에는 국내법원이 유럽연합법에 대한 국내 법률의 유효성을 평가할 수 있도록 보조하기 위하여 유럽연

와 관련한 관할권을 향유하는 것은 아니다(Case 130/73, Magdalena Vandeweghe et al. v. Berufsgenossenschaft für die Chemische Industrie, para. 2. and Case 44/84, Hurd v. Jones).

77) Joined Cases 21-24/72, *International Fruit Company*; Joined Cases 267-268/81, *Administrazione delle Finanze dello Stato v. Società Petrolifera Italiana SpA (SPI) et al.; Joined Cases 290 & 291/81, Compagnia Singer SpA et al. v. Administrazione delle Finanze dello Stato v. SPI and SAMI.*

78) Case C-192/89, *Sevince v. Staatssecretaris van Justitie.*

79) Josephine Steiner, Lorna Woods and Christian Twigg-Flesner, *EU Law*, p. 195.

합법을 해석할 수 있는 관할권만이 인정되기 때문이다.80) 물론 유럽연합 사법재판소는 문제가 된 유럽연합법에 대하여 추상적인 해석만을 제공하는 것은 아니기 때문에 국내 법원에서 부탁한 사안이 불명확한 경우에는 국내 법원의 질문을 재검토하여 문제를 재형성할 수 있다.

(3) 선결적 부탁 절차에서의 해석 결과

사건을 관할하는 국내법원은 소송 개시뿐만이 아니라 소송 이후에도 법적 관점에서는 선결적 판결의 내용에 따라 행위를 해야 할 의무를 부담한다고 여겨지기 때문에, 유럽연합 사법재판소의 선결적 평결은 당해 사건을 부탁한 국내법원을 구속한다고 재판소는 보고 있다. 물론 그와 같이 선결적 판결에 구속력이 인정되기는 하지만, 만일 다른 국내법원이 본안 소송의 판결을 위하여 필요하다고 판단하는 경우에는 동일한 사건(the same dispute)에서 유럽연합 사법재판소에 선결적 부탁을 다시 제기할 수는 있다.81)

어쨌든 선결적 부탁절차에서 유럽연합 사법재판소의 판결에 구속력이 있다는 견해에 따르면 국내법원이 선결적 판결의 이행의무에 응하지 않는 경우, 회원국 기관으로서의 당해 국내 법원은 유럽연합법을 위반하게 되는 것이고, 이에 따라 다른 회원국이나 위원회를 통하여 위반 회원국을 상대로 하여 강제소송(enforcement action)이 제기될 수 있다.

---

80) 이는 Case C-130/93, *Lamaire*, 〔1994〕 ECR Ⅰ-3215, at Ⅰ-3224, para. 10에서 유럽연합 사법재판소가 밝힌 내용이기도 한다. 이는 물론 회원국의 국내법의 독자성을 인정하면서 유럽연합법을 적용하는 유럽연합 사법재판소와 국내법원 간의 유기적 관계를 보여주고 있다.

81) Case 29/68, *Milch-, Fett-, und Eierkontor v. Hauptzollamt Saarbrücken*, 〔1969〕 ECR 165, at 180, para. 3. 특히 그와 같은 선결적 부탁은 만일 법원이 첫 번째 부탁에서의 법원의 판단을 해석하고 적용하는 데에 새로운 문제에 직면하거나 만일, 국내법원이 유럽연합 사법재판소에 대하여 새로운 법적 쟁점이나 사실관계를 제시하고 그 이후의 부탁으로 인하여 유럽연합 사법재판소가 이미 공고한 문제에 대한 평결과 다른 평결을 내리게 되는 경우, 정당화될 수 있다(P. J. G. Kapteyn, "Administration of Justice", pp. 481-482).

나아가 선결적 판결의 구속력은 본안 소송의 국내 법원뿐만 아니라 모든 회원국의 국내 법원 판결에까지 미친다고 유럽연합 사법재판소는 보고 있는데,82) 그렇다면 유럽연합 사법재판소의 유사한 판례를 통해 국내법원은 선결적 부탁을 유보하는 효과를 달성할 수 있을 것이다.

그리고 선결적 판결은 특정한 사건에서 어느 하나의 국내법원이 부탁을 하는 것이기 때문에 당해 판결은 오직 당사자 간에만(inter partes) 법적 효력을 갖는다고 보는 것이 당연하기는 하다. 하지만 당해 절차의 성질상 소송당사자가 부재한다고 볼 수도 있기 때문에83) 모든 사람에게 예외 없이 적용된다는 대세적 의무의 효력을 인정하는 해석도 불가능한 것은 아니다. 실제로 유럽연합 사법재판소는 모든 회원국에게 있어서 유럽연합법 적용의 통일성을 달성하기 위하여84) 당해 절차에서의 결정에 일반적인 효력을 인정하려는 시도를 줄기차게 행하고 있는 것85)이 사실이다. 하지만 이는 유럽연합법의 통일성을 달성하기 위한 유럽연합 사법재판소에 의한 해석론일 뿐이기 때문에 이의 실제 적용 여부는 전혀 다른 수준의 논의임을 염두에 둘 필요가 있다.86)

---

82) 즉, 유럽연합 사법재판소의 선결적 부탁절차에 있어서의 평결은 다른 법원에 대해서도 해석의 전거(authority of interpretation)로 여겨진다. 물론 다른 법원들은 당해 유럽연합 사법재판소의 해석에 대하여 의문이 생기는 경우, 그 법원에 다시 선결적 부탁을 제기할 권한을 보유하고 있음은 물론이다(Ibid., p. 482).

83) Case 69/85, *Wünsche v. Germany*, 〔1986〕 ECR 947, at 952, para. 14.

84) 김두수, EU소송법상 선결적 부탁절차, 111면.

85) Koen Lenaerts, Dirk Arts and Robert Bray, *Procedural Law of the European Union*, p. 134.

86) 즉 선결적 부탁절차에서의 유럽연합 사법재판소 결정의 구속력이 회원국 국내적으로 자동적으로 확보되고 있지는 않다. 결국 유럽연합 사법재판소 결정의 실효성을 확보하기 위해서는 회원국의 협조가 필수적으로 요구되는 것인데 그렇다면 사법재판소의 결정의 효력에 대한 면밀한 고찰을 위해서는 회원국의 입장을 관찰할 필요가 있다. 이는 추후에 보도록 할 것이다.

2) 선결적 부탁 시 연합 기관행위에 대한 유효성 심사의 제기

(1) 유럽연합기관에 대한 합법성 심사와 유효성 심사의 제기

유럽연합의 기관행위의 유효성(validity) 심사도 선결적 부탁절차를 통하여 이루어지고 있다. 그런데 특히 이와 같은 유럽연합기관 행위의 유효성의 문제를 판단할 때 국내 법원이 관여할 여지는 없으며, 국내 법원은 이에 대하여 단지 유럽연합 사법재판소에 부탁을 할 수 있을 뿐이다.87) 그렇다면 국내법원이 어떠한 유럽연합 기관의 행위가 무효라고 간주한다면 그 법원은 유럽연합 사법재판소에 그 유효성 여부에 대하여 부탁하여야 하는 의무를 부담한다고도 볼 수 있다.88) 하지만 리스본 조약 제267조는 이와 같은 부탁에 대하여 절대적 의무를 부여하고 있지는 않다. 국내법상 사법적 구제의 존재여부를 기준으로 그 의무 여부를 정하고 있기 때문이다. 사실 유럽연합차원에서의 제263조상의 사법심사는 그 절차가 유럽연합 기관이나 회원국에 의하여 시작된다고 할 수 있다.89) 그러므로 사법심사 절차의 개시는 회원국이나 유럽연합 기관들의 재량이 개입될 여지가 적지 않다. 사법심사제도의 제기에 있어서는 취소 사유가 존재하여야 하는 데,90) 이에 대한 종국적인 판단은 유럽연합 사법재판소가 할 것이지만 소송의 개시 여부에 대한 판단은 회원국이나 유럽연합 기관들에 의하여 이루어지기 때문이다. 그런데 선결적 부탁의 경우에는 그 부탁에 있어 국내 법원이 의무를 부담하는 경우가

---

87) Case 314/85 *Foto-Frost v. Hauptzollamt Lübeck-Ost*, 〔1987〕 ECR 4199, at 4230-4232, paras. 12-20.
88) 김두수, EU소송법상 선결적 부탁절차, 112-113면.
89) 관련 규정인 리스본 조약 제263조에 따르면 무권한, 권한의 남용, 본질적인 절차 위반 등의 취소사유 등이 인정된다면 사법심사는 회원국이나 유럽의회, 이사회 혹은 위원회에 의하여 제기되어질 수 있기 때문이다(brought by a Member State, the European Parliament, the Council or the Commission).
90) 부작위 소송의 경우에는 작위의무를 인정할 수 있어야 하는 등 이 역시 제소자의 재량이 개입될 여지가 적지 않다.

존재하기 때문에 국내 법원의 재량이 개입될 여지는 그다지 많지 않다고 보인다. 그러므로 현재 선결적 부탁절차에서는 유효성 여부보다는 국내법상 사법적 구제의 존재여부를 기준으로 회원국 국내 법원의 부탁 의무가 정해진다고 보는 것이 타당하다고 할 수 있을 것이다.

(2) 선결적 부탁 절차에서 유효성 심사

유럽연합 사법재판소는 유럽연합 기관행위의 무효선언에 대한 배타적 권한을 보유하고 있기 때문에, 유럽연합기관행위의 유효성 여부가 국내법원에 제소될 경우에도 당해 행위에 대한 종국적인 무효선언의 권한은 유럽연합 사법재판소에 유지되는 것이 적절하다. 나아가 제소된 법령을 채택한 유럽연합 기관이 문제의 법령의 유효성을 변호하도록 하기 위하여서도 유럽연합 사법재판소를 유럽연합 기관행위의 유효성을 심사하여 판결할 최상의 지위에 놓을 필요가 있다.

특히 당해 유효성 심사의 경우 유럽연합 사법재판소는 상당히 적극적인 입장을 견지하고 있는 것으로 보인다. 앞서 언급한 바와 같이 선결적 판결의 부탁이 해석에 관한 심사요청으로 표현되었다 할지라도 유효성에 관한 심사의 요청으로 해석될 수 있는 여지가 있을 수 있는데 유럽연합 사법재판소는 실제로 당사자가 단지 해석에 관한 선결적 판결을 부탁한 경우에도 자체적으로 문제가 된 규칙의 규정이 무효라고까지 판단하고 있기 때문이다.[91] 나아가 유럽연합 사법재판소는 사안의 법적 주장의 내용이나 불법에 대한 이유를 그 자신이 임의로 보충할 수 있으며, 기본적 소송요건의 불비에 관하여 자체적인 판단권한도 자신에게 있다고 선언하고 있다.[92] 그리고 필요한 경우에는 법령의 무효를 주장하는 부탁명령서의 내용을 보충하여 판결하기도 한다.

그리고 주목을 하여야 하는 것은 선결적 부탁절차에서 유효성 심사

---

91) Case 62/76, *Strehl v. Pensionenfonds Mijnwwerkers*, ECR 211, at 217.
92) Joined Cases 73-74/63, *Internationale Credieten Handelsvereiniging Rotter-dam v. Minister van Landbouw en Visserij*, 〔1964〕1 at 14.

의 경우 유럽연합 기관이 체결한 국제협정과 당해 국제협정에 의하여 설립된 기구의 행위와 유럽연합 기관의 행위 및 당해 기관이 설립한 기관의 행위 등을 대상으로 할 수 있다고 여겨지는 데 유럽연합 사법재판소는 특히 후자의 경우 모든 유럽연합 기관에 의하여 채택된 법령뿐만 아니라 유럽연합기관 단독으로 채택한 법령과 유럽의회와 이사회가 공동결정절차를 통하여 채택한 법령도 선결적 부탁 절차에서 다룰 수 있다고 보고 있다. 즉 유럽연합 기관 '행위'의 유효성이라고 하지만 선결적 부탁의 경우에는 당해 행위 중 특히 법령의 유효성에 집중하여 심사를 행하고 있는 것이다. 선결적 부탁절차가 유럽연합 차원의 규범통제제도로서의 역할을 하고 있다는 것을 엿볼 수 있는 대목이 아닌 가 한다.

(3) 선결적 부탁 절차에서의 유효성 심사의 결과

유럽연합 사법재판소가 문제된 법령의 무효를 선언하게 되면, 당해 선언은 국내 법원을 구속하며 더 이상 무효로 선언된 법령을 국내에서 적용할 수 없다고 여겨진다. 그렇다면 무효의 효과는 기타 모든 국내법원에도 동일하게 적용되며 특히 모든 사람에게 예외 없이 적용되는 대세적 효력이 인정된다고 여겨질 수 있을 것이다.[93] 그러므로 이와 같은 견해에 따르면 유럽연합 사법재판소의 무효 선언은 최종적인 무효선언과 같다고 할 수 있을 것이며, 결국 유럽연합 사법재판소가 유럽연합 기관행위의 무효선언에 대한 배타적 관할권을 행사한다고 볼 수 있을 것이다. 이와 같은 점을 고려한다면 유럽연합 사법재판소의 해석에 관

---

93) 다만 이는 상대적인 사항이다. 영국의 「유럽공동체법 1972」의 규정을 고려한다면 유럽연합 사법재판소 결정의 대세적 구속력을 인정할 수 없는 것은 아니지만 (Trevor C. Hartley, *The Foundations of European Community Law*, p. 295), 유럽연합 사법재판소가 자신의 선례에 구속되지 않는 다는 점을 고려한다면 그와 같은 구속력을 절대적으로 받아들일 수는 없기 때문이다. 물론 유럽연합 사법재판소의 판례가 틀렸다고 생각한다고 하여 회원국의 하급재판소가 그로부터 언제나 일탈할 수 있다고 하는 것도 문제가 없는 것은 아니다(김대순, 앞의 책(각주 11), 458면).

한 선결적 판결의 국내적 수용여부는 이론상 문제의 소지가 적다. 나아가 유럽연합 사법재판소의 기관법령에 대한 무효판결 이후 당해 판결의 국내적 수용여부 역시 문제가 많다고 할 수는 없다. 이에 따라 국내법원은 유럽연합기관행위의 무효로 인하여 관련 있는 여타의 법적 분쟁을 국내사법질서에 따라 해결을 하여야 할 의무를 지며 회원국들의 국내 기관은 당해 무효선언에 따라 필요한 일정한 조치나 결정을 하여야 한다는 결론에 도달하게 된다.[94] 필요한 경우에는 무효인 당해 법령에 기하여 행하여진 결과에 대하여서는 이전의 상태로 복구하여야 하기 때문에 소급효까지 인정되는 경우도 있을 수 있다.[95]

물론 이미 무효로 선언된 유럽연합기관의 행위에 대하여 다시 판단할 수 있는 가능성이 완전히 봉쇄되는 것은 아니다. 유럽연합 사법재판소는 특히 *International Chemical Corporation* 사건에서 "유럽연합기관행위의 무효선언으로 말미암아 제234조(현 리스본 조약 제267조)에서 국내 법원에게 부여된 선결적 부탁의 권한이 소멸되는 것은 아니며 국내 법원은 유럽연합 사법재판소가 유럽연합 기관행위의 무효를 선언하

---

94) 그렇다면 회원국은 신실한 협력의 의무에 따라 선결적 부탁 절차에서 연합 법체제에 양립하지 않는다고 선언된 규정을 당해 선결적 부탁 절차에 따라 개정하여야 하는 의무(obliged to amend)를 부담하게 되는 지가 문제로 부각된다. 하지만 그와 같은 사항은 직접적인 문제로 부각되고 있지는 않다. 왜냐하면, 국내법원은 선결적 부탁절차에서 대상이 된 규정을 자발적으로 파기하는 경우가 보통이기 때문이다. 나아가 관련 회원국은 당해 결정으로부터 적절한 결과를 도출할 것이고 나아가 관련 규정 역시 개정할 것으로 기대되고 있다(P. J. G. Kapteyn, A. M. McDonnell, K. J. M. Mortelmans, C. W. A. Timmermans and L. A. Geelhoed (eds.), *The Law of the European Union and the European Communities-with reference to changes to be made by the Lisbon Treaty-*, p. 482). 특히 특정한 선결적 부탁절차에 있어서의 판단이 다른 회원국에서 존재하는 특정 규정과도 관련이 있는 경우가 있을 수 있다(Case C-388/95, *Belgium v. Spain*(Rioza)).

95) 하지만 유럽연합 사법재판소는 공동체 규칙의 무효 선언 시에 구 EC 조약 제231조(현 리스본 조약 제264조)를 유추 적용하여, 관련 규칙이 미래에 대해서만 무효라고 선언한 적이 있다(Case 145/79, *Roquette v. French Customs* 〔1980〕 ECR 2917). 규칙의 경우에는 일반적 효력이 인정되기 때문인 것으로 보인다.

여 해결할 문제를 다시 제소할 필요성이 있는지의 여부를 결정할 수 있다"라고 판시하였기 때문이다.[96]

언급한대로 무효로 선언된 법령은 유럽연합 사법재판소의 견해에 따르면 더 이상 국내 법원 혹은 국가 기관에 의하여 적용될 수 없다. 그러므로 위반 법령을 채택한 유럽연합 기관은 당해 불법행위에 대한 권리의 구제를 위하여 적정한 조치를 취하여야 하고 필요한 경우, 새로운 법령도 채택하여야 할 것이다. 그런데 무효 선언으로 인하여 새로운 규정이 마련되기까지 불측의 손해를 부담하는 당사자가 있을 수 있기 때문에 유럽연합 사법재판소는 그와 같은 경우, 무효로 선언된 법령의 일정한 내용의 효력을 유지시키도록 하는 조치를 취해야 하는 경우가 있을 수 있다는 입장을 견지하고 있다.[97] 뿐만 아니라 유럽연합 사법재판소에 따르면 당해 유럽연합 기관의 행위로 말미암아 손해를 받은 사인은 그 기관 행위의 무효 선언으로 말미암아 충분한 보상을 받아야 한다.[98] 하지만 이 역시 해석의 경우와 마찬가지로 유럽연합 사법재판소에 의한 유효성 심사의 결과에 대한 완전한 집행을 위해서는 국내 행정·사법 기관 등의 협조가 전제되어야 함은 물론이다.[99]

---

96) Case 66/80, *International Chemical Corporation v. Amministrazione delle Finanze dello Stato*, 〔1981〕 ECR 1191, at 1215, para. 14.

97) Trevor C. Hartley, *The Foundations of European Community Law*, p. 291; Koen Lenaerts, Dirk Arts and Robert Bray, *Procedural Law of the European Union*, p. 241. 이는 국내 헌법재판소가 헌법불합치 판결을 하는 것과 같은 효과를 의도하는 것이라고 할 수 있을 것이다.

98) Case 4/79, *Providence Agricole de la Champagne v. ONIC*, 〔1980〕 ECR 2823, at 2852-2854. paras. 42-46.

99) 이는 유럽인권법원(ECHR)의 경우에도 다르지 않다. 유럽인권법원 역시 회원국의 법률·판례 및 행정 작용 등이 인권협약에 위배된다고 하여 이를 무효라고 하여 폐기할 수는 없고 다만, 무효라고 확정할 수 있을 뿐이며 나아가 각 국내법이 인권의 침해에 대하여 불완전한 보상을 하는 경우에도 그 침해당한 당사자에게 정당한 보상을 선언할 수 있을 뿐이기 때문이다(유럽인권 협약 제41조). 물론 독일연방공화국은 그 폐기권의 흠결에도 불구하고 유럽인권법원의 결정을 존중한다는 점을 현재 강조하고 있기는 하지만(유타 림바흐(정남철 역), 「독일연방헌법

3. 선결적 부탁절차의 소송법적 특징

취소소송과 같이 선결적 부탁절차 역시 소의 허용성이라는 형식적 요건[100])이 요구된다. 즉, 부탁절차의 개시를 위해서는 부탁되는 사항이 EU법 범위 내의 문제여야 하며, 모든 관련 사실이 부탁서(order)에 표기되어야 하며 분쟁의 진정성이 인정되어야 한다. 나아가 제청을 하는 주체 즉 부탁 주체는 회원국의 법원 혹은 재판소여야 한다.

1) 선결적 부탁절차에서 (회원국의) 부탁재판소

(1) 국내 법원의 범위

리스본 조약 제267조는 "회원국의 재판소 혹은 심판소는 선결적 부탁을 요청할 수 있다"라고 규정하고 있다. 그런데 유럽연합 사법재판소는 선결적 부탁을 할 수 있는 권한을 가진 회원국의 법원이나 재판소의 범위를 넓게 해석하여 '사법적 기능(judicial function)'을 수행하는 회원국의 모든 기관은 이에 해당한다는 견해를 견지하고 있다. 그러므로 명칭과는 무관하게 법적 권리와 의무에 대하여 구속력 있는 결정을 할 수 있는 권한을 가지고, 사법적 기능(judicial function)을 수행하는 기관[101])

재판소」(고려대학교 출판부, 2007), 124-125면), 그의 실질적인 집행 여부는 전적으로 각 회원국 국내 기관에게 맡겨져 있는 것이 사실이다.

100) 이는 Magnus Forshufvud et al., Preliminary Rulings and Article 234(3) EC, p. 4를 주로 참조하였다. 자세한 사항은 다음의 사이트를 참조.
http://potionline.net/Items/enforcement_docs/Preliminary%20Rulings%20234EC%20(Forshufvud,%20Lindsay,%20Sum).pdf 2010. 4. 1 방문.

101) 하지만 행정적 성격을 갖는 기관이라 하더라도 국내 법원으로 인정될 수 없는 것은 아니다. 특히 경쟁법의 적용과 관련하여 분쟁의 책임을 지는 국내 기관들이 선결적 부탁을 할 권한을 보유한다고 유럽연합 사법재판소는 선언하였는데 유럽경쟁법의 통일된 적용을 통하여 법적 효과를 최대한 보장할 필요성을 사법재판소는 인정하였기 때문이다. 그러므로 선결적 부탁을 제기할 수 있는 기관을

은 선결적 부탁을 요청할 수 있는 법원 등에 해당하게 되는 것이다. 특히 유럽연합 사법재판소에 따르면, 공공기관이 '국내법상의 법원'으로 인정되기 위하여서는 다음의 요건을 충족시켜야 한다. 즉 해당 공공 기관은 일정한 기관의 형태로 존재하여야 하고, 법에 근거하여 설립되어야 하며, 상설적·독립적 기관이어야 할 뿐만이 아니라 분쟁해결에 대한 책임을 지는 기관으로 보통의 법원규칙과 같은 절차 규칙에 의하여 운영되는 기관이어야 한다. 나아가 분쟁해결을 위해 적합한 사법적 기관으로서 행동할 수 있어야 하는데 이에 따라 관련 당사자들은 분쟁해결을 위해 법원이나 법정에 제소할 수 있어야 한다. 뿐만 아니라 당사자에 대한 판결은 구속력이 인정되어야 하며[102] 법의 지배 역시 인정되어야 한다.[103] 또한 유럽연합 사법재판소는 만일 회원국의 공공기관이 선결적 판결을 요청한다면, 언급한 바와 같이 당해 기관이 국내 법원으로서의 기능을 수행하는 지의 여부에 대하여 실질적으로 판단하고 있는데,[104] 특히 공공기관이 법원으로서의 기능 외에 다른 기능을 수행한다고 하여도 유럽연합 사법재판소는 이를 특별히 문제 삼지는 않고 있다.[105]

특히 부탁을 제기하는 법원은 회원국 내에 존재하는 회원국의 법원이어야 하기 때문에 국제 법원은 유럽연합 사법재판소에 선결적 부탁을 제기할 수 없는 것은 당연하다. 국제분쟁의 경우, 사안의 성질상 그를 유럽연합 사법재판소에 제소하는 것이 그 문제의 해결에 유용하다고 인정할 수 있는 경우가 있다 하더라도 규정상 이를 명확히 인정하고 있지 않을뿐더러 유럽연합 사법재판소가 국제법원의 상급법원으로서의

확정함에는 국내 기관의 국내법상의 법적 지위에 대한 분석이 선행되어야 하는 것이 사실이다(김두수, EU소송법상 선결적 부탁절차, 132-133면).

102) Case C-54/96, *Dorch Consult*, 〔1997〕 ECR Ⅰ-4961 at Ⅰ-499-4993, paras. 22-38.

103) Case 61/65, *Vaassen v. Beambtenfonds Minbedrijf*, 〔1966〕 ECR 261, at 273. 당해 사건은 또한 중재재판소의 부탁권한 인정여부와도 관련이 있었던 사건이다.

104) Case 70/77, *Simmenthal v. Amministrazione delle Finaze dello Stato*, 〔1978〕 ECR 1453 at 1467-1468, paras 4-11.

105) 김두수, EU소송법상 선결적 부탁절차, 138면.

지위를 향유하고 있는 것도 아니라는 점을 감안한다면106) 국제법원이 선결적 부탁제기를 할 수 없는 것은 당연한 것이다.107)

리스본 조약에서는 특히 선결적 부탁절차에 있어서 부탁할 수 있는 재판소와 부탁할 의무가 있는 재판소로 양분하여 규정하고 있다.

(2) 부탁할 수 있는 재판소와 부탁 의무가 있는 재판소

리스본 조약 제267조 제1단은 "회원국의 재판소 혹은 심판소는 결적 부탁을 요청할 수 있다"라고 규정하고 있다. 특히 선결적 부탁을 할 수 있는 권한을 가진 회원국의 법원이나 재판소의 개념에 대하여 유럽연합 사법재판소는 비교적 넓게 해석하여 사법적 기능을 수행하는 회원국의 모든 기관은 이에 해당한다는 견해를 견지하고 있음은 이미 본 바

---

106) 유럽연합 사법재판소에 의한 선결적 평결을 제공받는 국내 회원국과 유럽연합 사법재판소 간에는 사실상의 위계질서(de facto hierarchy)가 성립하였다는 평가가 있기는 하지만(Damian Chalmers and Adam Tomkins, *European Union Public Law*(Cambridge University Press, 2007), p. 293), 이는 유럽연합 사법재판소의 견해에 중점을 둔 평가이기 때문에 무비판적으로 수용할 수는 없다.

107) 이의 대표적인 법원은 국제사법법원(International Court of Justice)과 유럽인권법원(European Court of Human Rights)이 될 수 있다. 하지만 국제법원이라고까지 볼 수 없는 몇 회원국 내에서 관할권을 보유하는 재판소의 부탁까지 부인할 수 있는 것은 아니다. 그러므로 베네룩스 대법원은 베네룩스 3국내에서 통일된 공동의 사법질서를 보장할 의무가 있으므로 국내법원의 자격으로 유럽연합의 선결적 부탁절차를 이용할 수 있게 된다(김두수, EU소송법상 선결적 부탁절차, 117면). 나아가 비회원국내에 설립된 법원 역시 선결적 부탁을 제기할 수 있는 국내 법원이라고 할 수는 없지만, EEA 협정과 같이 특별히 국제협정에 근거하여 이를 인정하는 경우가 없지는 않다(Koen Lenaerts, Dirk Arts and Robert Bray, *Procedural Law of the European Union*, p. 26). 즉 EEA 협정 제107조에 의하면, EFTA 국가들은 자국의 재판소 혹은 심판소가 ECJ에 EEA 규칙의 해석에 관하여 결정을 주도록 요청하는 것을 허용하였는데, 특히 제34의정서에 따르면 EEA 협정의 규정이 EC 법규정과 실질적으로 동일한 경우에 그와 같은 요청은 허용되었다(EEA Agreement 제107조(〔1994〕 OJ L1/26), Protocol 34 annexed to the EEA Agreement 〔1994〕 OJ L1/204).

와 같다. 그러므로 명칭과는 무관하게 법적 권리와 의무에 대하여 구속
력 있는 결정을 할 수 있는 권한을 가지고, 사법적 기능을 수행하는 기
관은 선결적 부탁을 요청할 수 있는 법원 등에 해당할 수 있다. 특히
하급법원이라 하더라도 상급법원의 견해와 무관하게 독자적으로 선결
적 부탁을 할 수 있다는 입장을 유럽연합 사법재판소는 견지하고 있다.

그리고 리스본 조약 제267조 제3단에 따르면, 조약들의 해석 혹은
유럽연합 기관행위의 유효성과 관련한 사안이 국내법원에 제소된 경우
와 본안 소송의 판결을 위하여 유럽연합 사법재판소의 선결적 판결의
필요성이 인정되는 경우, 특히 그 사안이 국내 법원의 판단에 의하여
국내법상 사법적 구제가 불가능한 경우에 그 국내 법원은 당해 사안을
유럽연합 사법재판소에 부탁하여야만 한다.[108] 이와 같은 의무를 국내
법상의 '최고 법원'이 부담하게 될 것이라는 것은 어렵지 않게 알 수
있지만 최고 법원 이외의 법원도 그와 같은 의무를 부담하는 것은 아닌
지 의문이 생긴다. 즉, 최고법원 이외의 국내 하급법원도 일정한 경우
국내법상 사실상의 사법적 구제가 불가능하다는 판단을 내릴 수 있는
데, 당해 경우 형식적으로는 최고법원 혹은 상급법원에 의한 사법적 구
제가 여전히 가능함에도 불구하고 당해 하급법원 역시 부탁의무를 부
담하는지가 문제되는 것이다. 유럽연합 사법재판소는 *Costa v. ENEL* 사
건에서 "그 결정에 대하여 사법적 구제수단이 없는 국내법원은 문제를
유럽연합법원에 부탁하여야 한다"[109]라고 하여 최고법원 이외의 법원
역시 실질적인 사법적 구제수단이 없다는 판단을 하는 경우에는 역시

---

108) 즉 규정상 당해 법원은 부탁의 의무가 있다는 것을 강조하기 위하여 'shall'이라
   는 표현을 쓰고 있다(that court or tribunal 'shall' bring the matter before the
   Court). 이는 보충성 원리의 도입을 통하여 선결적 부탁 절차의 효율성을 보장
   하기 위한 것이라고 보인다. 국내적인 차원에서 분쟁이 종국적으로 해결이 되지
   않는 경우에는 보충적으로 유럽연합 사법재판소에 문제를 제기할 수 있도록 한
   것이다. 이는 어떻게 보면 국제법상 외교적 보호권을 행사하는 데에 있어서 요
   구되는 국내구제 완료의 원칙(the principle of exhaustion of local remedies)과도
   그 도입 취지가 유사하다고 할 수 있을 것이다.
109) Case 6/64, *Costa v. ENEL*, 〔1964〕 ECR 585, at 592, para. 3.

선결적 부탁을 제기하여야 한다는 점을 명확히 지적하였다. 그러므로 부탁의무가 있는 국내법원은 상급법원과 하급법원 모두를 의미하는 경우가 있을 수 있으며 결국 국내적인 차원에서의 법원 모두는 유럽연합의 사법질서 내에서 독자적으로 선결적 부탁을 제기할 수 있다는 결론에 이르게 된다.110) 특히 유럽연합 사법재판소는 각 회원국마다 고유한 사법제도 안에서 그만의 역할을 수행하는 국내 법원이 자체적인 내규에 의하여 일정한 경우에만 선결적 판결의 요청권을 갖는다고 규정한다고 하여도 이러한 사항들이 원칙적으로 유럽연합 사법질서의 근간을 이룬다고 할 수는 없기 때문에111) 그와 같은 국내 법원의 내규에 의하여 선결적 판결의 부탁 여부가 영향을 받지 않는다고 한다. 즉, 회원국 하급재판소는 비록 국내적인 차원에서 법률문제에 한하여 상급재판소의 결정에 구속된다는 것과 같은 제한이 있다 하여도 종국적으로 자신의 선결적 부탁의 재량권까지 상실하는 것은 아니다.112) 이에 따라 국내적인 차원에서의 하급법원은 상급법원이 선결적 부탁을 제기하였다고 하여 그에 의하여 자신의 부탁권한이 제한을 받는다고 볼 수는 없다.

(3) 국내법원의 선결적 부탁

① 선결적 부탁을 위한 국내 소송의 진행

우선 선결적 부탁은 국내 법원으로부터 시작된다. 그런데 국내소송이 이미 종료된 경우, 유럽연합 사법재판소는 그 사건의 선결적 판결에 대한 관할권을 향유할 수 있는 근거를 잃게 되기 때문에113) 국내 법원

---

110) 물론 국내 사법구조상 하급법원보다 상급법원에게 선결적 부탁의 의무가 엄격하게 요구될 수는 있을 것이다(김두수, EU소송법상 선결적 부탁절차, 149면).

111) Case 14/86, *Pretore de salò v. Persons unknown*, 〔1987〕 ECR 2545, at 2567, para.7.

112) *Case 166/73, Rheinmühlen-Düsseldorf v. Einfuhr- und Vorratstelle für Getreide* 〔1974〕 ECR 33; Case 146/73 *Rheinmühlen-Düsseldorf v. Einfuhr- und Vorratstelle für Getreide* 〔1974〕 ECR 139.

113) Case 338/85, *Pardini v. Ministero del commercio con lestero*, 〔1988〕 ECR

이 선결적 부탁을 제기할 수 없게 된다. 그러므로 국내 법원은 선결적 부탁 절차를 통해 유럽연합 사법재판소에 부탁할 수 있는 권한을 원칙적으로 보유한다고 보아야 하지만 선결적 평결이 국내 법원에 발하여 질 수 있는 경우에만, 즉 소송이 종료되지 않은 경우에만 당해 권한을 행사할 수 있다고 보는 것이 적절하다. 선결적 부탁절차는 궁극적으로 국내 재판상의 문제를 해결하기 위한 절차이기 때문이다.

② 국내법원의 구체적인 부탁 내용

국내 법원은 자신에게 제기된 사건의 해결을 위하여 제청을 하는 것이 필요하다고 고려하는 경우, 유럽연합법 규정의 해석에 대하여 유럽연합 사법재판소에 문제를 제기할 수 있다. 하지만 당해 문제는 유럽연합 사법재판소가 이전에 판단하지 않은 것이어야 하며, 관련 공동체 법의 규정 또한 명확한 것이 아니어야 한다. 이와 같은 해석에 대한 부탁은 선결적 부탁절차가 특별히 유용한(useful) 제도라는 평가를 가능하게 한다. 왜냐하면, 유럽연합 전체를 아우르는 연합법의 일관된 적용을 위해서는 일반적인 이익의 해석에 대한 새로운 의문점을 해결하여야 하는데 당해 부탁 절차가 이의 해결에 특히 유용하다고 할 수 있기 때문이다.[114] 나아가 당시 존재하는 판례법이 새로운 사실관계에 적용된다고 생각되지 않는 경우, 그리고 기존의 판례법을 적용하는 것이 적절치 않다고 생각되는 경우에 국내 법원은 유럽연합법의 전체 법질서 차원에서 당해 선결적 부탁절차를 활용할 수도 있기 때문이다. 하지만 관련 사건에 대한 판단에 있어 유럽연합 사법재판소의 해석이 왜 필요한지에 대한 이유는 국내 법원이 설명하여야 한다.

그리고 국내 법원이 유럽연합조치의 유용성에 대한 문제에 대하여

2041, at 2075, para. 11. second sentence.
114) 특별히 유럽연합 사법재판소는 사실상의 사법적 위계질서에 있어서 공동체를 위한 궁극적인 헌법재판소로서 최상위의 법원(the ultimate Constitutional Court)이라고 할 수 있기 때문에(Paul Craig & Gráinne de Búrca, *EU Law*, p. 500) 그 해석의 최종성 역시 인정된다고 볼 수 있기 때문이다.

자신에게 제기하는 상소를 거부할 수 있음에도 불구하고, 유럽연합 사법재판소는 그와 같은 행위가 무효라고 선언할 수 있는 배타적인 관할권을 자신이 보유하고 있다고 주장하고 있다. 하지만 유럽연합의 사법질서가 연방국가 수준의 사법적 위계질서를 구성하고 있다고 볼 수는 없기 때문에,[115] 제청의 수준에서는 아무래도 국내 법원의 입지가 유럽연합 사법재판소의 그것보다 크다고 할 수밖에 없을 듯하다.

③ 국내법원의 제청 결정권

모든 국내 법원은 유럽연합 조치의 유효성에 대하여 의심을 가지고 있다면 그 이유를 설명하면서 당해 사항을 유럽연합 사법재판소에 제청할 수 있다. 나아가 국내 사법구조에서 특정 법원이 제청을 하는 적절한 지위에 있다고 고려되는 경우, 당해 법원은 간단히 선결적 부탁을 위해 제청된 문제점들에 대하여 제시된 답변에 대해 자신의 견해를 언급하여야 한다.[116] 그렇다면 국내 법원은 유효성을 판단하는 데에 있어 일응 어느 정도의 결정권을 가지고 있다고 볼 수 있다. 또한 국내조치가 기반을 두고 있는 공동체 조치의 유효성에 대해 진지한 의심(serious doubt)을 가지고 있다면 국내 법원은 예외적으로 당해 조치를 일시적으로 정지시킬 수 있으며, 임시조치를 부여할 수도 있다.

④ 국내법원의 제한적인 권한

국내법상 사법구제가 가능한 경우라고 하여도 선결적 부탁을 제기하지 않은 국내 법원은 유럽연합 기관의 행위가 무효라고 판단되는 경우 그를 무효라고 결정할 수는 없으며 이 역시 유럽연합 사법재판소에 부탁하여야 한다. 유럽연합 사법재판소는 유럽연합 기관행위의 무효에 관한 판단은 유럽연합 사법재판소 자신의 배타적인 권한이라고 보고

---

115) *Ibid.*
116) Information Note on Reference from National Courts for a Preliminary Ruling, 10 *Judicial Review* 364 2005., paragraph 23.

있기 때문이다.117) 물론 국내 법원에 의한 선결적 부탁절차는 그 제청이 국내 법원에 의하여 이루어지기 때문에 유럽연합법의 유효성에 대한 논의는 관련 규정에 따라 오직 국내 법원에서 이루어진 다음에야 가능할 것이다.

2) 선결적 부탁을 위해 문제를 제기하여야 하는 시기

국내 법원이나 재판소는 공동체법의 해석이나 유효성에 대한 유럽연합 사법재판소의 결정이 자신이 판결을 내리는 데에 있어 필요하다는 판단을 하자마자, 선결적 부탁을 위하여 유럽연합 사법재판소에 그 문제를 제청하여야 한다. 특히, 국내법원이 그 문제의 사실적 그리고 법적 맥락(factual and legal context)을 결정할 수 있는 단계에 이르렀을 때, 선결적 부탁을 구하는 결정이 이루어지는 것이 바람직하다. 이때에 유럽연합 사법재판소는 유럽연합법이 본 소송에 적용되는지 확인하는 데에 필요한 모든 정보를 보유할 수 있게 되기 때문이다. 또한 양 당사자의 주장을 청취한 후에야 비로소 선결적 부탁을 위한 문제를 제기하는 것이 사법의 실익 내에 있다고 볼 수 있을 것이다.

이는 물론 '언제 선결적 부탁이 이루어지는가?'라는 문제와 직접적인 관련이 있는 문제이다. 그런데 리스본 조약 제267조는 부탁권한 혹

---

117) 유럽연합 사법재판소에 따르면 유럽연합 기관의 행위의 유효성에 관한 국내법원들의 의견 차이는 결국 유럽연합법의 통일을 위협하는 상황에 처하게 할 것이기 때문이다. 나아가 그와 같이 국내 법원들의 무효선언을 인정한다면, 유럽연합 사법재판소의 연합기관 행위에 대한 무효를 선언할 수 있는 배타적 권한이 박탈당할 수 있을 뿐만이 아니라 조약상의 통일된 사법제도를 위협할 수 있기 때문에 유럽연합법령의 유효성과 관련한 문제는 자신만이 종국적으로 선언할 권한을 보유하여야만 한다. 현 리스본 조약에 의하여 EU 기관들이 문제된 법령의 유효성에 관한 사건에서 자신을 변호할 수 있는 권한을 부여받도록 하기 위해 유럽연합 사법재판소를 기관법령의 유효성을 판결하는 최상의 지위에 위치시킬 필요가 있다(Case 314/85 *Foto-Frost v. Hauptzollamt Lübeck-Ost*, 〔1987〕 ECR at 4231, paras. 16-18).

은 의무의 발생시기와 관련하여 형식적인 사항만을 규정하고 있어서 이에 따르면, 선결적 부탁이 행해지는 시기는 당해 규정의 첫 번째 단락에서 규정된 문제들이 일단 국내 재판소에 제기되어야 하고, 나아가 그와 같은 문제들에 대한 결정이 판결을 내리는 데에 필수적인 경우이어야 한다. 그렇다면 문제 제기의 단계에서는 법문 상으로는 당사자 중 일방이 문제를 제기하지 않으면 부탁은 이루어지지 않는 것처럼 해석될 수 있지만, 유럽연합 사법재판소는 국내 재판소가 그를 직권으로 부탁할 수 있다고 해석하고 있다. 나아가 부탁을 위해서는 결정의 필요성이 인정되어야 하며 부탁을 통하여 판결의 결과가 달라져야 한다.[118] 결국 그 부탁의 시기는 국내법원의 재량이 적지 않게 개입되어 있다고 볼 수밖에 없을 것이다.

3) 선결적 부탁을 위한 제청의 형식(요건)

국내 법원과 재판소가 선결적 부탁을 위하여 유럽연합 사법재판소에 문제를 제청하는 결정은 국내법의 절차적 단계에 따라 허용되는 어떠한 형식(any form)이든지 가능하다. 하지만 당해 문서는 유럽연합 사법재판소에 제기된 소송의 기반으로서의 역할을 수행하여야 하며, 그에 따라 유럽연합 사법재판소가 국내 법원을 조력하는 답변을 제공할 수 있도록 하는 정보를 포함하고 있어야 한다. 더욱이 유럽연합 사법재판소, 특히 회원국과 기관들에게 의견을 제출할 수 있도록 자격이 부여된 당사자에게 통지되어야 하므로, 관련 문서는 번역되어야 하지만 이는 선결적 부탁을 위한 실제적인 제청요건일 뿐이다. 제청요구서를 번역하여야 할 필요성이 인정된다면 불필요한 부분은 배제하면서 간단하고 명료하게 그리고 정확히 작성되어야 한다. 보통 대략 최대 10페이지 가량의 문서가 선결적 부탁을 위한 제청의 맥락을 정하는 데에 충분하다

---

118) 이상 Information Note on Reference from National Courts for a Preliminary Ruling, 10 *Judicial Review* 363 (2005).

고 여겨진다. 제청을 위한 요구서는 간단명료하여야 하지만, 충분히 완전하여야 하며 그리고 유럽연합 사법재판소와 본안 소송의 사실적·법적 맥락의 명확한 이해를 위한 의견서를 제출할 자격이 부여된 당사자에게 제공할 모든 적절한 정보를 포함하고 있어야 한다. 특별히 제청을 위한 요구서는 다음의 요건을 충족하여야 한다.

① 요구서는 분쟁의 물적 관할권(subject-matter)과 적절한 사실 확정에 대한 간단한 설명을 포함하고 있어야 하며 제청이 된 문제가 기반하고 있는 사실적인 상황(factual situation)을 확정하여야 한다.

② 요구서는 적용 가능한 국내법 규정의 취지를 정하여야 하고, 필요한 경우, 각각의 경우에 (공식 저널 혹은 특정 법규 보고서의 페이지 그리고 인터넷 참조 자료(reference)와 같은) 정확한 인용을 제시하면서 적절한 국내 판례법을 제시하여야 한다.

③ 요구서는 관련 사건에 적절한 유럽연합법 규정을 가능한 한 최대한 정확하게 확정하여야 한다.

④ 요구서는 국내 법원이 공동체 법 규정의 해석과 유효성의 문제에 대해 제기하는 이유와 본안 소송에 적용할 수 있는 관련 규정들과 국내법 규정들의 관계를 설명하여야 한다.

⑤ 요구서는 적절한 곳에서 당사자들의 주요한 주장의 요지를 포함하고 있어야 한다.

또한 관련 문서를 읽고 인용하는 것이 더 용이하도록 하기 위해, 상이한 사항들이나 제청요구서의 문단에 넘버링을 하는 작업이 필요하다. 또한, 제기되는 문제점들은 일반적으로 제청요구서의 초두나 말미에 구별되고 명확히 표시된 부분으로 드러나야 한다. 나아가 제청이유를 언급함이 없이 쟁점들을 이해하는 것이 가능하여야 하며 특히 적절한 평가를 위한 필요한 배경설명이 제시되어야 한다.[119]

---

119) 이상 *Ibid.*, paragraph 20~24.

4) 선결적 부탁을 위한 제청의 효력과 비용 및 법률 원조

일반적으로 선결적 판결을 위한 제청은 유럽연합 사법재판소가 자신의 판결을 내리기 전에 국내 소송이 정지되는 것을 요구한다. 특히 국내 법원은 특별히 유효성의 결정에 대한 제청에 있어서 임시 조치(protective measure)를 명할 수 있는 권한을 향유하고 있다.120)

그리고 유럽연합 사법재판소에 대한 선결적 부탁을 위한 소송은 무료이며, 재판소는 본안 소송에서의 당사자들에게 비용을 부과하지도 않는다. 왜냐하면 국내법원이 당해 비용을 부과하기 때문이다. 그리고 만일 당사자가 국내법 규정상 적절하지 못한 (법적) 수단만이 존재한다고 판단한다면 국내 법원은 당해 당사자에게 유럽연합 사법재판소에 대해 발생한 변호사 비용과 같은 여타 비용을 포함한 법적 원조를 부여할 수 있다. 유럽연합 사법재판소 역시 직접 법적 원조를 부여할 수 있음은 물론이다.121)

5) 선결적 부탁 절차에서의 관련 주체

(1) 선결적 부탁 절차에서의 국내법원

선결적 부탁 절차에 있어 국내 법원에게는 유럽연합법상 독자적인 지위가 인정된다. 특히 유럽연합 사법재판소는 선결적 부탁 절차와 관련한 국내 법원의 지위와 관련하여 *Pigs Marketing Board* 사건122)에서 다음과 같이 판시하고 있는 데, 이는 선결적 부탁절차에 있어 국내 법원의 지위에 대해 잘 드러내주고 있다고 보인다.

---

120) *Ibid.*, paragraph 25~26.
121) *Ibid.*, paragraph 29~31.
122) Case 83/78, Pigs *Marketing Board v. Redmond*, 〔1978〕 ECR 2347, at 2367, paras. 25.

EC 제177조(리스본 조약 제267조) 상의 국내 법원과 유럽연합법원의 관할권 배분과 관련하여 국내 법원은 본 사건에 대한 사실과 당사자분쟁의 쟁점을 직접적으로 알고 있는 유일한 기관이며 본 사건을 최종적으로 해결해야 할 기관이기 때문에 본 사안에 대한 풍부한 이해를 통해 사안의 관련성과 선결적 판결의 필요성을 평가하기에 가장 적절한 지위에 있다.

이에 따르면 국내 법원은 선결적 판결을 요청하기 위하여 사안의 관련성을 평가하여야 하는데, 결국 국내 법원은 부탁의 여부와 사안의 관련성 인정여부에 대한 판단의 책임을 부담한다고 할 수 있다. 유럽연합 차원에서의 사법적 통일(judicial uniformity)을 위하여, 나아가 EU 시민의 법익 보호를 위하여 국내 법원은 그와 같은 책임을 성실히 이행하여야 함은 물론이다. 특히 국내 법원은 선결적 부탁을 위한 배타적 권한을 보유하고 있음으로 인하여 선결적 부탁의 여부를 독자적으로 결정할 수 있기 때문에 유럽연합 사법재판소는 그 부탁을 국내 법원에 강제할 수는 없다.[123)]

그렇다고 유럽연합 사법재판소가 국내법원에 대해 전혀 영향을 줄 수 없는 것은 아니다. 재판소는 문제의 사안들이 부적합하게 형성되었거나 혹은 국내 법원이 관련 조항에서 부여하는 권한의 범위를 남용하는 경우에는 이에 대해 지적할 수 있는 권한과 국내 법원이 제공한 사건에 대한 모든 내용에서 그와 같은 부적절한 내용을 배제할 수 있는 권한을 자신이 보유하고 있다고 주장하고 있기 때문이다.[124)] 나아가 국내법원은 선결적 부탁절차에서 선결적 평결을 위하여 부탁된 사안들의 관련성을 심사하고 관련성이 없는 사안을 부탁의 내용에서 제외시킬

---

123) 국내 법원은 그간 지속적으로 관련 규정인 EC 제234조를 토대로 국내 법원과 유럽연합 사법재판소 간의 상호 독립의 원칙을 반복적으로 언급하며 선결적 부탁의 제기를 위한 유럽연합 사법재판소의 강압을 회피하여 온 것도 사실이다 (김두수, EU소송법상 선결적 부탁절차, 144면).

124) Case 83/78, *Pigs Marketing Board v. Redmond*, 〔1978〕 ECR 2347, at 2366, paras. 26. 나아가, 유럽연합 사법재판소는 국내 법원의 이유 진술에 일정한 과실이 있는 경우 원래 국내 법원이 실행하고자 했던 내용에 대한 관련성의 인정을 위하여 이에 대하여 자체적으로 평가하고 있다(위의 책, 147면).

수는 있지만, 그 관련성을 판단함에 있어 장래에 유럽연합의 직무의 수
행이 가능하도록 존중하며 협력하여야 한다는 유럽연합 사법재판소의
견해에 따른다면 당해 부탁을 위한 권한을 남용할 여지는 그리 많지 않
다고 할 수 있을 것이다.

(2) 선결적 부탁절차에 있어서의 관련 당사자(사인)

선결적 부탁을 제기할 수 있는 궁극적인 주체는 관련 당사자인 사인
이 아니라 국내 법원이다. 그러므로 본안 소송의 당사자는 국내 법원에
게 선결적 판결을 유럽연합 사법재판소에 부탁하도록 강요할 수는 없
다. 즉, 국내 법원이 선결적 부탁을 위한 배타적 관할권을 향유하는 것
이다. 특히 국내 상급법원의 판결이 법적 측면에서 연합법을 위반할 가
능성이 있다고 생각되는 경우에 하급심의 국내 법원이라 하더라도 선
결적 판결을 부탁할 수 있는 권한을 포기할 수 없다. 그러므로 국내법
원은 선결적 판결을 부탁할 수 있는 유일한 기관인 것이며, 그 내용을
결정하는 실질적 기관이기도 하다. 달리 말해 국내 법원이 자신에게 제
소된 분쟁해결을 위하여 연합법의 해석과 유효성에 관한 선결적 사안
의 관련성을 독자적으로 평가할 수 있는 유일한 기관이기 때문에,125)
만일 그 국내법원이 자신에게 제기된 사안에서 선결적 부탁을 기각한
경우 유럽연합 사법재판소는 이에 대하여 어떠한 항의도 하지 않고 있
다. 그러므로 선결적 부탁은 국내 법원만이 제기할 수 있는 것이지 관
련 당사자인 사인이 당해 절차에 개입할 여지는 없다.126) 그렇다면 만

---

125) Case 247/86, *Asatel v. Novasam*, 〔1988〕 ECR 5987, at 6007, paras. 8.
126) 박노형, "EC 사법법원에 의한 회원국 행위의 사법심사-개인의 주도에 의한 경
　　우를 중심으로-"에서는 개인의 선결적 부탁 절차에 대한 개입 가능성을 전제로
　　논의를 전개하고 있다. 즉 박노형, "EC 사법법원에 의한 회원국 행위의 사법심
　　사-개인의 주도에 의한 경우를 중심으로-", 270면에서는 「그러나, EEC 조약
　　177조의 규정에 따른 예비판결을 통하여 개인도 EC 법을 위반하는 회원국에
　　대한 EC 사법법원의 판결을 구할 수가 있다. 회원국 국내법원의 판결 도중에
　　부탁되어지는 예비판결을 통하여, 개인은 EC법을 위반하는 회원국에 대한 보다

일 회원국의 국내 법원이 국내적인 차원에서의 사법구제가 불가능함에
도 불구하고, 사건 당사자의 선결적 판결의 부탁을 거부하여 본안소송
의 당사자를 위한 유럽연합 차원에서의 유용한 구제수단인 선결적 부
탁절차의 활용가능성을 부인한다고 하여도 이에 대하여 사인에게는 어
떠한 구제 수단이 존재하지 않는다고 볼 수밖에 없다.127)

하지만 선결적 부탁을 하지 않음으로 인하여 사인이 피해를 입은 경
우 그 사인이 모든 피해를 감수하여야 하는 것은 아니다. *Francovich* 사
건에 따르면 지침(directives)이 개인에게 부여한 권리가 침해된 경우, 그
해결을 위하여 국내 법원은 선결적 부탁을 제기하여야 하는 의무가 있
는데, 이를 불이행함으로 인하여 손해가 발생한다면 의무를 불이행한
당해 국가는 그 손해를 배상할 책임이 인정되기 때문이다. 그렇지만 회
원국의 최고 법원은 명확한 규정의 이론을 통해 자체적으로 관련 규정
이 명확하다고 판단하여 그 규정의 해석에 관한 유럽연합 사법재판소
의 확고한 판례법을 간과하기 위한 시도를 할 수도 있다. 즉 국내 법원
이 선결적 판결에 대한 부탁을 회피하는 가능성을 부인할 수는 없다.
이와 같은 경우에도 이해당사자인 사인은 관련 규정상의 의무에 따르

효과적인 제제수단을 보유하는 것이다」라고 언급하고 있어 선결적 부탁절차에
있어서의 사인의 개입이 원칙적으로 가능하다고 보고 있다. 하지만 당해 절차에
서 개인의 참여가 원칙적으로 보장되어 있는 것은 아니다. 국내 소송절차의 진
행 상 개인이 당사자가 될 수밖에 없는 상황에서 특정한 법규범의 해석과 유효
성이 EU법에 위반되는 지의 사항에 대한 의문이 생기는 경우, 이는 종국적으로
국내 법원이 판단하여 부탁을 하는 것이기 때문에 개인은 당해 절차에 간접적
으로 관련을 맺고 있다고 볼 수밖에 없기 때문이다. 우리 헌법재판제도 상 위헌
심사형 헌법소원제도(헌법재판소법 §68 ②)가 인정된다고도 볼 수 없는 유럽연
합의 제도상 개인의 당해 제도에의 직접적인 관여 가능성을 긍정적으로 평가할
수는 없을 것이다. 오히려 리스본 조약 제263조 상으로 인정되는 취소소송에서
개인의 개입이 직접적으로 인정되고 있다고 보는 것이 적절하다.

127) 유럽연합 사법재판소는 선결적 부탁의 의무가 있는 국내 법원이 부탁의 의무를
면하려는 의도로 *CILFIT* 사건에서 기술된 명확한 규정의 이론의 남용을 의도하
는 경우 위원회가 이를 감독할 의무가 있다고 판시를 한 적이 있지만〔1983〕
O. J. C 268/25), 이 역시 私人 차원에서 보장되는 것은 아니다.

지 않는 국내 법원의 선결적 부탁의 거부로 인한 자신의 침해된 권리를 확인할 수 있을 뿐이다.128) 왜냐하면 이는 유럽연합법의 위반으로 개인에게 발생한 손해 배상의 국가 책임에 관하여 다수 국가들 간에 인정되고 있는 권리와도 일치하기 때문이다.129) 결국 사인은 선결적 부탁 여부에 직접적으로 영향을 끼칠 수는 없는 것이다.130)

(3) 선결적 부탁절차에서 유럽연합 사법재판소의 역할

선결적 부탁절차에서 유럽연합 사법재판소의 역할은 유럽연합법의 해석을 제공하고 이의 유효성에 대해 판단을 하는 것이지 문제가 된 그 소송과 관련한 사실 관계에 그 법을 적용(apply)하는 것이 아니다. 왜냐하면 법을 적용하는 것은 결국 국내 법원의 임무이기 때문이다. 다시 말해 관련 소송에서 제기된 사실 관계를 밝히는 것과 국내법 규정의 해석과 적용에 대한 의견의 차이를 해소하는 것은 유럽연합 사법재판소의 임무가 아니다.

그런데 유럽연합 사법재판소는 앞서 보았듯이 연합법의 해석과 유효성에 대해 판단을 함에 있어 유럽연합법의 해석과 기관행위의 유효성 심사 사이에 경계를 두지 않는다. 즉 문제들이 표면상으로 유럽연합법의 해석과 관계가 있는 경우라 해도 유럽연합 사법재판소는 선결적 부탁의 전체적 내용을 통하여 오히려 유럽연합법의 유효성을 엄밀히 조사하여 해석이 아닌 유효성에 관한 심사의 결과를 회신하기도 하는 것이다.131) 유럽연합 사법재판소는 유효성의 문제가 유럽연합 기관행

---

128) Ter Kuile, "The Refer or not to Refer: About the Last Paragraph of Art. 177 〔now art 234〕 of the E.C. Treaty" in Curtin and Heukels(eds.), *Institutional Dynamics of European Integration, Essays in honour of H. G. S Shermers* (Dordrecht: Martinus Nijhoff, 1994), Vol. Ⅱ, 381 at 388-389.

129) 김두수, EU소송법상 선결적 부탁절차, 156면.

130) Information Note on Reference from National Courts for a Preliminary Ruling, 10 *Judicial Review* 361 (2005).

131) Trevor C. Hartley, *The Foundations of European Community Law*, p. 291; Koen

위의 정확한 해석에 근거한 것인지 역시 자신이 심사할 수 있다고 본다. 사실 재판소는 국내법원에 계류 중인 소송에서의 판결을 위하여 필요하다고 판단되는 모든 연합법을 해석할 의무를 부담하기 때문에, 국내법원이 부탁명령서에 제시한 법규정을 해석할 때 연합법을 보충하여 해석할 수도 있을 것이다. 그 뿐만이 아니라 유럽연합 사법재판소는 대체가능한 연합법 규정과 판결 간에 실제적인 관련성이 인정되는 경우 선결적 부탁을 위하여 문제되는 유럽연합법을 교체할 수도 있다. 이와 같이 재판소는 선결적 부탁 절차에 대한 상당 정도의 재량을 향유하고 있다. 나아가 성립된 선결적 부탁은 국내 법원에 의하여 취소되지 않아야 계속 유지된다고 할 수 있겠지만 유럽연합법과 양립 가능한 국내법 사안에 관한 선결적 부탁이나 적절한 국내절차법에 따르지 않은 결정에 의한 선결적 부탁의 경우에 유럽연합 사법재판소는 접수를 거부하고 있어서132) 결국 선결적 부탁절차에 대한 유럽연합 사법재판소의 권한이 작다고 할 수만은 없다.

물론 선결적 부탁절차에 있어 유럽연합 사법재판소는 일정한 정도의 의무를 부담하기도 한다. 아직 사실관계나 국내법적 관점이 확정되지 않은 사건에서 유럽연합법을 해석하여야 하는 경우, 재판소는 국내법원에 제기된 사건의 해결에 도움을 주기 위하여 그 문제의 대상이 무엇인지를 상세하게 직접 제시할 수 있는 것은 아니지만 중요한 법과 원칙들에 관한 해석을 제공하는 판결을 회피한 채 국내법원에 반송해서도 안 되기 때문이다. 특히 유럽연합 사법재판소는 본안 소송의 사건 해결을 위하여 국내 법원에 직접 회답할 의무도 부담한다.

이와 같이 유럽연합 사법재판소는 연합법의 해석과 유효성에 대한 판단을 할 때 관련 분쟁의 해결을 위한 답변을 부여하려고 모든 노력을 기울여야 하는 것이다. 하지만 궁극적으로 제청법원은 문제가 된 국내법 규정을 적용하지 않음으로써 언제라도 유럽연합 사법재판소의 답변

Lenaerts, Dirk Arts and Robert Bray, *Procedural Law of the European Union*, p. 29.

132) 김두수, EU소송법상 선결적 부탁절차, 143면.

으로부터 도출되는 결론을 회피할 수 있기 때문에, 결국 유럽연합 사법
재판소와 국내 재판소의 협조가 당해 선결적 부탁절차 운영의 성공 요
건이라고 할 수 있을 것이다.

6) 선결적 부탁 절차의 의의
─국내 법원과 유럽연합 사법재판소의 대화

제청요구서와 관련문서들은 국내 법원에 의하여 직접 유럽연합 사
법재판소에 발송된다. 법원사무소(the Court Registry)는 판결이 내려질
때까지 국내 법원과 연락을 유지하여야 하고, 절차문서의 사본을 국내
법원에 송부하여야 한다. 이 후 유럽연합 사법재판소는 자신의 결정을
국내 법원에 전달하게 된다. 유럽연합 사법재판소는 국내 절차에 있어
이의 결정을 받아들인다는 국내 법원으로부터의 회신을 반길 것이며
적절한 경우, 국내 법원의 최종 결정문의 사본 역시 반길 것이다.133) 결
국 선결적 부탁절차를 통하여 유럽연합 사법재판소와 국내 법원은 상
호 간에 대화의 창구134)를 마련하게 되었다고 할 수 있다.

---

133) Information Note on Reference from National Courts for a Preliminary Ruling,
   10 *Judicial Review* 363 (2005), paragraph 27~28.
134) 즉 이와 같은 양 법원의 연계는 선결적 부탁절차를 통하여 지속적으로 유지된다
   고 할 수 있다. 국내 법원은 회원국의 사법제도에서 EU 사법질서의 교두보로서
   유럽연합 사법재판소와의 협력을 통하여 EU법의 시행을 보장하고 있기 때문이
   다. 특히 유럽연합은 선결적 부탁절차의 개시와 관련하여 국내 법원의 직무의
   내용을 결정할 수 있을 뿐만이 아니라, 국내 법원의 협력의 원칙에 따라 국내
   법원의 협조를 실질적으로 요청할 수 있다. 그렇다면 선결적 부탁절차에 있어
   국내법원은 유럽연합의 사법질서와 회원국의 사법질서를 조율하여 사법적 통합
   을 달성함에 있어 중요한 역할을 한다고 볼 수 있기 때문에(김두수, "EU 통합과
   정상 회원국 국내법원의 역할", 유럽연구 제22호(2005년 겨울), 172면), 당해 절
   차에 있어서 양 법원 중 하나의 법원만이 중요하다고 할 수는 없으며 유럽연합
   사법재판소와 국내 법원은 결국 상호 유기적인 관계를 맺으며 당해 절차를 운
   영하고 있다고 할 수 있을 것이다.

4. 유럽연합법질서의 범위 내에서 이루어지는 선결적 부탁절차의 특징

1) 선결적 부탁절차에서 결정의 효력

국내 규범통제제도에서 법률에 대한 헌법재판소의 위헌결정은 기속력과 해당 법률의 효력을 상실시키는 효력135)뿐만이 아니라 일반적인 구속력까지 인정된다.136) 그런데 앞서 언급한 바와 같이 선결적 부탁절차에서 유럽연합 사법재판소 결정의 효력 보장을 위해서는 회원국의 입장 특히 회원국 법원의 입장이 중요하다고 할 수 있다. 유럽연합 내 특정 회원국 국내 법원의 판결이 다른 회원국에 대하여 구속력을 확보하고 있지 않듯이137) 유럽연합 사법재판소의 결정 역시 회원국에 대하여 자동적인 구속력을 확보하고 있다고 볼 수는 없기 때문이다. 그렇다면 유럽연합 사법재판소 결정의 효력에 대한 정확한 판단을 위해서는 회원국 법원의 입장에 대한 면밀한 고찰이 요구되는 충분한 이유를 발견할 수 있다.

(1) 유럽연합 사법재판소의 입장과 회원국 국내법원의 반응138)

---

135) 헌법재판소법 제47조.

136) 허영, 헌법소송법론(박영사, 2008), 239면.

137) Damian Chalmers, Christos Hadjieemmanuil, Giorgio Monti, Adam Tomkins, *European Union Law*(Cambridge University Press, 2006), p. 281.

138) 사실 우위성이 주장되는 유럽연합법의 국내법적 지위는 국내 법원의 입장에 따라 종국적으로 결정된다고 할 수 있다. 특히 이는 다음의 4가지 경우가 있을 수 있다. ① 국가가 현상 유지를 위하여 헌법 개정을 기꺼이 하는 경우, ② EU법이 국내 민주적 정체에 있어서 필수적인 것으로 간주되는 보호를 제공한다는 조건 하에서 국내의 헌법적 규범의 행사를 자제하는 경우, ③ 필수적인 국내 헌법규범과 상충하는 경우, EU 법 최고성의 원칙을 받아들이는 것을 거부하는 경우 그리고 ④ 분쟁의 물적 관할권이 유럽연합의 권한에 포섭되지 않는다는

선결적 부탁절차에 있어 회원국 법원에 대한 유럽연합 사법재판소의 결정의 유형은 두 가지로 나눌 수 있는데 EU 법의 해석과 유럽연합 기관 조치의 유효성에 대한 결정이 바로 그것이다. 유럽법원의 선결적 평결이 내려지면, 그것은 이를 제기한 국내 재판소로 회부되는데 이 판결은 그 선결적 부탁을 부탁한 국내 재판소에 대해 구속력이 있다고 유럽연합 사법재판소는 줄기차게 선언하고 있다.139) 일단 관련 문제에 대해 유럽연합 사법재판소에 부탁을 제기한 국내 법원은 재판소의 결정 혹은 의견에 따라 당해 문제가 된 유럽연합법을 적용하여야 한다(is obliged to apply)는 것이다. 그런데 국내적인 차원에서의 모든 법원과 심판소가 선결적 부탁이 변경되지 않는 한 이에 구속되는지에 대한 명시적인 규정이나 사례는 없다. 하지만 모든 여타 법원은 유사한 사건에서 당해 사건에서의 유럽연합 사법재판소의 의견을 해석의 전거(authority of interpretation)로서 참고할 수 있기 때문에,140) 여타 법원 역시 이에 대해 구속된다고 볼 수 있는 여지가 없는 것은 아니다.141) 다시 말해 선결적 부탁 절차는 상소제도와 달라 유럽연합 사법재판소가 관련 조치를 직접 취소할 수 없는 한계가 있기는 하지만 당해 절차에서 재판소의 결정에 실질적인 구속력(binding effect)을 인정할 수 있는 여지가 없는 것은 아니다.142) 따라서 이와 같은 견해에 따르면 국내 법원은 선결

이유로 유럽연합법의 우위성을 거부하는 경우가 그것이다(Paul Craig, "The ECJ, "National Courts and the Supremacy of Community Law," in. Ingolf Pernice and Roberto Miccu (eds.), *The European Constitution in the Making*(Baden-Baden NOMOS Verlag, 2003), pp. 10-11).

139) Case 29/68, *Milch-,Fett, und Eierkontor GmbH v. Hauptzollant Saarbrücken*, 〔1969〕 ECR 165 at 180(paragraph of the judgement); Case 52/76, *Benedetti v. Munari*, 〔1977〕 ECR 163 at 183 (paragraph 16 of the judgement).

140) P. J. G. Kapteyn, "Administration of Justice", p. 482.

141) 물론 상급재판소나 하급 재판소는 쟁점이 된 문제에 대하여 선결적 부탁을 다시 요청할 수 있을 것이지만, 유럽연합 사법재판소의 새 판결은 이전의 것과 달라지지는 않을 것이다(김대순, 「EU법론」, p. 457).

142) Lenore Jones, "Opinions of the Court of the European Union in National Courts,", p. 227.

적 부탁의 경우에 기존의 선결적 평결을 고려하여 특정 사건에서의 제
청 여부에 대하여 판단할 수 있게 된다.143) 그러나 유럽연합 사법재판
소는 자신의 선례에 구속되지는 않기 때문에 선결적 부탁절차에서의
평결에 대세적 효과(the effect of *erga omnes*)까지 인정할 수는 없을 것
으로 보인다.

그런데 이와 같이 선결적 부탁절차에서의 평결에 실질적인 구속력
이 있다고 주장하는 견해는 유럽연합 사법재판소의 입장을 상당히 반
영한 것이다. 이는 앞서 언급한 바와 같이 유럽연합법 우위의 원칙은
유럽연합 사법재판소의 판례를 통하여 확립된 사항일 뿐이기 때문이다.
유럽연합법 우위성의 원리를 국내 회원국 법원이 부인하고 있듯이, 선
결적 평결의 구속력에 대한 유럽연합 사법재판소의 견해 역시 모든 회
원국에서 절대적으로 받아들여지고 있다고 할 수는 없다. 따라서 이와
같은 유럽연합 사법재판소에 의한 결정의 구속력 여부에 대한 사항은
회원국 차원에서의 헌법을 비롯한 법규범과 특히 회원국 법원의 입장
을 통하여 보다 명확히 드러날 수 있을 것이다.

실제로 유럽연합 사법재판소가 자신의 결정에 대한 구속력을 줄기
차게 선언하고 있음에도 불구하고 회원국은 이에 적극적으로 찬동하고
있지는 않다. 오히려 사안에 따라 다르기는 하지만 전반적으로 그와 같
은 유럽연합 사법재판소의 입장에 반대의 견해를 피력하고 있는 경우
가 적지 않다. 이는 물론 회원국 자신의 주권에 대한 침식 우려 때문이
라고 할 수 있을 것인데, 결국 유럽연합 사법재판소에 의한 통합의 강
화와 회원국 주권에 대한 침식은 반비례 관계에 있다고 볼 수 있다. 그
렇다면 유럽연합이 자신의 통합의 강도를 강화함에 따라 회원국의 반
발 역시 그에 따라 거세질 수 있다는 사실은 어렵지 않게 추론해 볼
수 있다. 근간에 있었던 리스본 조약과 관련한 독일연방헌법재판소의
결정이 이의 대표적인 예로 제시할 수 있다. 이하에서는 유럽연합을 대

---

143) 물론 비록 기존의 판결이 있다고 하더라도 국내법원은 선결적 부탁을 다시 제기
할 수 있다(Trevor C. Hartley, *The Foundations of European Community Law*,
p. 295).

표한다고 할 수 있는 회원국 법원의 견해를 살펴봄으로써 유럽연합 사
법재판소의 결정의 효력에 대한 보다 객관적인 해석을 시도하고자 한다.

① 유럽연합 사법재판소의 선결적 부탁 결정에 대한 독일 법원의 반응

유럽공동체의 초기에 독일재무부는 과거 *Lutticke v. Hauptzollant
Saarlois*(1966)에서 유럽연합법원에 의하여 선언된 새로운 원칙보다는
독일 내 법원의 논리를 따르는 것이 합당하다는 의견을 취하였다. 즉,
재무부장관은 유럽연합법원의 결정에는 결함이 있을 뿐만 아니라 초기
독일의 사법정책에 반한다는 이유로 관련 관세 공무원에 대하여
Lutticke 원칙에 따라 제기되는 소송을 거부하도록 명령하였던 것이다.
또한 유럽연합법의 직접 효력원칙은 유럽연합의 순조로운 통합을 위한
유럽연합 사법재판소에 의한 단독의 발명품뿐이었기 때문에, 이를 회원
국에게 강요하는 것이 쉽지 않았으리라는 것은 쉽게 예상할 수 있다.
다시 말해 당해 원칙은 적지 않은 회원국의 반발을 야기할 수밖에 없었
을 것이다. 실제로 독일 *re Frau Kloppenburg* 사건에서 그와 같은 문제
가 직접적으로 제기됐는데 당해 사건에서 한 여성 사업가는 이사회의
6번째 부가가치세(VAT) 지침에 따라 독일 국내에서의 매출량에 따른
세금으로부터의 면제를 주장하였다. 작센 재정법원에서의 상소심에서
그녀는 자신의 주장을 뒷받침하기 위하여 유럽연합법원의 이전 판례를
제시하게 된다. 이에 따라 당해 재정법원은 유럽연합법원에 대하여 지
침의 집행을 위한 기한이 경과하였음에도 당해 지침을 원용할 수 있는
지에 대하여 선결적 부탁을 제기하였고 법원은 그를 인정하였다. 하지
만 연방재정법원은 하급법원의 판단을 파기하였고 유럽연합 사법재판
소의 선결적 부탁절차상 평결의 구속력은 단지 공동체법의 내용에 관
련된 것일 뿐이지 당해 평결이 국내법체제에서 공동체법이 언제 구속
력을 발생하는지를 정하여 주는 것은 아니라는 결정을 내림으로써[144)

---

144) Judgement of April 25, 1985(*Frau Kloppenburg v. Finanzamt Leer*),
　　 Bundesfinanzhof 〔Federal Supreme Fiscal Court〕, 〔1989〕 1 *Common*

유럽연합 사법재판소의 권위를 직접적으로 부인하였다.

② 공동체 명령의 효력과 선결적 부탁 절차 진행에 대한 프랑스 국참사
   원의 입장

유럽연합 사법재판소는 공동체의 명령이 그 제정 시기와 상관없이
회원국의 국내 법규범보다 우위에 있다는 결정을 선결적 부탁절차를
통하여 지속적으로 선언하고 있다. 하지만 프랑스는 애초부터 후법률에
대한 공동체 명령의 우위를 인정하는 것에 대하여 부정적인 의견을 견
지하고 있었다. 이를 대표적으로 드러내 주고 있는 사건이 *Cohn-Bendit*
사건이다.

Daniel Cohn-Bendit는 프랑스에서 태어나고 프랑스에서 자라난 독일
시민이었다. 그는 Paris-Nanterre 대학에서 사회학을 전공하고 있었던
1968년 5월에 학생폭동 주동자들의 일원으로 간주되었다. 그해 5월 프
랑스 내무장관은 Cohn-Bendit의 존재가 프랑스의 공공질서에 반한다는
이유로 그에게 추방령을 내려서 그는 프랑스에서 강제 출국되었다. 이
후 Cohn-Bendit는 1975년 프랑스에서의 고용제의에 응하기 위하여 프
랑스로 돌아가기를 희망하여 프랑스의 내무장관에게 추방령을 철회하
여 줄 것을 요청하였지만 프랑스 내무 장관은 1976년 2월에 적절한 이
유를 명시하지 않고 그의 요구를 거절하였다. Cohn-Bendit는 프랑스 내
무장관의 거부 결정이 당시 EC 제48조 특히 준칙 64/221 제6조를 침해
한다고 주장하며 당해 결정에 대하여 파리 행정재판소에 소송을 제기
하였다. 당시 EC 제48조는 노동자의 이주의 자유를 원칙적으로 인정하
되 공공정책, 공공의 안전 또는 공중보건을 이유로 하여 이주의 자유를
제한할 수 있는 일정한 정당화 사유를 두고 있었다. 하지만 관련 준칙
은 당해 공공정책의 단서가 원용되는 경우에도 공동체 시민들에게 몇
개의 권리를 인정하고 있었는데 특히 규정 제6조에 의하면, 국가안전의

Market Law Review 873, 882. 11, 1984, Finanzgericht (Fiscal Court), Lower
Saxony, as cited.

제 원칙에 배치되지 않는 한 그와 같은 결정을 내리는 이유를 이주 희망자에게 밝혀야만 했다. 파리 행정재판소는 당해 조항의 해석을 유럽연합법원에 부탁하게 되었고 그에 따라 당해 소송은 유럽연합법원의 회답이 있을 때까지 중단되었다. 왜냐하면 행정재판소는 관련 준칙을 Cohn-Bendit이 원용할 수 있다는 점을 묵시적으로 인정하였기 때문이다.

그런데 국참사원은 이후 장관이 추방령을 철회하여 사건이 사실상 해결되었음에도 불구하고 독자적으로 소송을 진행하여 EC 설립조약 하의 개인은 개별적 행정결정에 불복하기 위하여 국내 재판소에서 공동체 준칙을 원용할 수 없다는 취지의 판결을 내리게 된다. 이에 따라 준칙의 해석은 소송과는 무관한 것이 되었고, 유럽연합법원이 이에 대하여 어떠한 판단을 할 수 있는 여지가 없어지고 말았다. 결국 회원국 국내법원 중 하나인 프랑스 국참사원은 당시 EC 준칙의 직접효력을 명시적으로 부인하였을 뿐만이 아니라 선결적 부탁 절차에 있어서 유럽연합 사법재판소의 역할을 자신이 스스로 설정하였던 것이다. 이는 또한 유럽재판소의 권위를 부정함으로써 공동체의 기초에 대하여 일격을 가하였다는 평가를 가능하게 한 결정이었다.[145]

이와 같은 국참사원의 유럽연합의 권위에 대한 비우호적인 태도는 이전에도 계속 관찰되고 있었던 사항이다. 하지만 프랑스의 모든 국내 기관이 그와 같은 비우호적인 입장을 견지하고 있었던 것은 아니다. 특히 파기원은 일찍이 당시 헌법 제55조가 유럽공동체 로마조약에 권위를 부여한다는 것을 인정하였고, 로마조약이 비록 국내법보다 늦게 제정되었다 하더라도 이의 국내법에 대한 우위를 인정하고 있었기 때문이다.[146] 하지만 파기원이 그와 같은 자신의 입장을 국참사원 역시 따

---

145) Trevor C. Hartley, *The Foundations of European Community Law*, p. 251. 이와 같은 국참사원의 태도는 유럽인권재판소에 대한 프랑스 최고법원의 입장에서도 관찰되고 있었다. 국참사원에 비하여 덜 부정적이기는 하지만, 프랑스 최고법원 역시 유럽인권재판소와 그의 판례에 대하여 냉소적인 거부감을 보여 왔던 것이 사실이기 때문이다(변해철, "유럽인권협약과 프랑스 국내법원", 외법논집 제17집(2004. 11.), 127면).

라야 한다고 지속적으로 주장하였음에도 국참사원은 그에 따르지 않았
고 오히려 자신의 판단 기준을 매우 빈번하게 유럽법이 아닌 국내법 특
히 헌법과 제정법으로 설정을 하고 말았다.[147]

③ 기타 주요 국가

프랑스와 독일뿐만 아니라 이탈리아의 헌법재판소 역시 원칙적으로
이탈리아 국민의 기본권을 유럽연합이 침해하는지의 여부를 심사할 수
있는 권한은 유럽연합 사법재판소가 아닌 국내 재판소가 보유하고 있
다는 입장을 고수하고 있기 때문에[148] 유럽연합 사법재판소나 유럽연
합법의 권위에 대하여 우호적이지 않다. 또한 스페인의 최고법원도 유
사한 입장을 취하고 있다. 주권의 부분적 이전(the partial cession of
sovereignty)을 근거로 유럽연합법의 직접 효력과 우위성을 인정하였던
스페인 법원은 1989년 *Cigarette Smuggling* 사건에서 제도적 원리가 주
관적 권리로서 직접적으로 원용될 수 있는 가입조약과 EEC 설립조약을
따르지 않을 것이라고 선언하였기 때문이다. 특히 당해 결정에서 스페
인 법원은 유럽연합 사법재판소의 판례법을 원용하지 않았고 유럽연합

---

146) David Marrani, "A Love-Hate Relationship: France and European Law", 16
   Columbia Journal European Law, 2009-2010, pp. 182.
147) Ibid., p. 183. 특히 국참사원은 유럽법에 위반된다고 하여 국내법을 일관되게
   무효화하지도 않았는데 그의 주요한 이유로 행정행위의 합헌성(the constitution
   ality of administrative acts)을 심사할 수 있는 권한이 자신에게 부여되어 있지
   않다는 점을 들고 있다(Ralph H. Folsom, *European Union Law in a Nutshell*,
   p. 86).
148) 즉 이탈리아 헌법재판소는 유럽공동체 조약으로 말미암아 이탈리아 헌법의 기
   본 원리나 양도할 수 없는 인권에 대한 침해가 발생하는 경우 유럽연합 기관의
   결정에 대하여 자신이 심사할 수 있는 권한을 보유하고 있다는 입장을 견지하
   고 있다. 특히 이탈리아 내에서는 이탈리아와 유럽연합 간의 관계 설정은 중앙
   정부의 권한에 속하는 사항이라고 보고 있다(Ernst Hirsch Ballin, "The Italian
   Republic", in Lucas Prakke and Constantijn Kortmann(eds.), *Constitutional Law
   of EU 15 Member States*(Kluwer Legal Publisher, 2004), pp. 493~494).

법의 직접 효력의 원칙을 부인하기까지 하였으며, 유럽공동체법이 스페인의 헌법에 대하여 우월한 지위를 점하지도 않는다는 입장 역시 견지하였다.[149]

(2) 유럽연합 사법재판소와 회원국 법원의 관계

유럽연합 사법재판소는 회원국 국내 법원의 비우호적인 태도를 무시하고 있는 것으로 보인다. 자신의 결정이 국내법구조와 충돌할 수 있다는 가능성이 객관적으로 존재함에도 불구하고[150] 국내 법원에 대한 자신의 우위 나아가 국내법 규범에 대한 유럽법 규범의 우위를 줄기차게 주장하고 있기 때문이다. 특히 이와 같은 유럽연합 사법재판소의 견해는 주로 선결적 부탁절차를 통하여 본격적으로 드러나고 있다. 당해 절차에서는 국내 법원이 유럽연합 사법재판소에 대하여 실질적인 문제를 부탁할 지의 여부를 결정한다는 점에서 재판소의 적지 않은 한계가 존재하기는 하지만,[151] 국내 법원이 부탁하여야 하는 경우가 있으며 유럽연합 사법재판소가 당해 절차를 주도적으로 주관할 뿐만이 아니라 당해 절차를 통하여 자신과 국내 회원국 법원 간 협력을 도출할 수 있다는 점에서[152] 선결적 부탁절차는 유럽연합의 통합을 위한 적극적인 입장을 피력할 수 있는 주요한 수단이 될 수 있기 때문이다. 하지만 이는 계속 강조하고 있는 바와 마찬가지로 객관적인 사실이라기보다는

---

149) Judgement of Dec. 21, 1988, 93 I.L.R. 573, 576 (1993); Paul Craig, *EU Law*, p. 11. 특히 스페인에서는 헌법재판소(*Tribunal Constitucional*)에 의한 헌법 심사의 대상으로 여러 가지 형식의 법규범이 존재하는 데 그 중 하나가 국제 조약(international treaties)이다(Lucas Prakke, "The Kingdom of Spain", in Lucas Prakke and Constantijn Kortmann(eds.), *Constitutional Law of EU 15 Member States*(Kluwer Legal Publisher, 2004), p. 780). 즉, 스페인의 법규범의 체계상 유럽연합법 역시 헌법재판소의 심사 대상으로 상정되고 있다고 할 수 있다.

150) Ulrich Halten, *Europarecht─Dogmatik im Kontext─*(Mohr Siebeck, 2007), S. 222.

151) *Ibid.*, p. 208.

152) *Ibid.*, p. 215.

유럽연합 사법재판소의 견해라고 보는 것이 오히려 적절하다. 선결적 부탁절차를 통하여 유럽연합 사법재판소는 회원국 국내 법원에 대한 자신의 우위를 강도 높게 주장하고는 있지만, 이에 대한 회원국의 객관적인 수용여부는 전혀 별개의 문제이기 때문이다.

① 유럽연합 회원국의 최고 법원

'유럽연합 차원의' 최고 법원(the highest court)은 룩셈부르크에 위치하고 있는 유럽연합 사법재판소라고 할 수 있다.[153] 하지만 그와 같은 유럽연합 사법재판소의 지위가 유럽연합의 전 영역에서 관철되고 있지는 않다. 우선, 회원국 차원에서 유럽연합 사법재판소의 지위와 유사하다고 할 수 있는 기관은 헌법재판소나 최고 법원이라고 할 수 있을 것이다.[154] 특히 회원국 차원에서 특별한 지위를 향유하는 헌법재판소가 존재하고 있는 국가로는 오스트리아(Verfassungsgerichtshof), 독일(BVerfG), 이탈리아(Corte Constituzionale), 포르투갈(Tribunal Constitucional), 스페인(Tribunal Constitucional), 그리고 룩셈부르크(Cour Constitutionnelle) 정도이다. 2004년에 유럽연합에 가입한 대부분의 국가들 역시 헌법재판소를 보유하고 있다. 그리고 최고재판소를 보유하고 있는 국가는 아일랜드(Supreme Court)와 덴마크(대법원: Højesteret)인데 당해 재판소 역시 일종의 헌법재판소로 간주되고 있다. 나아가 조금 특이한 형태로 프랑스는 최고 행정재판소(국참사원, Conseil d'Etat)와 최고민사형사재판소(파기원, Cour de cassation) 외에 정식적인 헌법재판소를 보유하고 있지 않으며, 벨기에는 여러 개의 특화된 최고 법원(최고행정법원(Conseil d'Etat), 파기 법원(Cour de cassation))을 보유하고 있고, 그리스는 여러

---

153) Franz C. Mayer, "Verfassungsgerichtsbarkeit," Armin von Bogdandy und Jürgen Bast(hrsg.), *Europäisches Verfassungsrecht*(Springer, 2009), S. 560; J. Richard Piper, *The Major Nation-States in the European Union*, p. 52.

154) 사실 당해 회원국 차원의 최고법원은 헌법 해석에 대한 독점적 권한을 보유하고 있다고 할 수 있다(Ralph H. Folsom, *European Union Law in a Nutshell*, p. 86).

종류의 최고 특별 법원(the Symvoulio Epikrateias(Council of State), the Elegktiko Synedrio(Court of auditors), the Areios Pagos(Supreme Court)) 과 이보다 상위를 점하고 있는 특별 최고재판소(the Anotato Eidiko Dikastirio)를 보유하고 있다.[155]

이와 같은 회원국 차원의 다양한 최고 재판소의 존재는 유럽연합법에 대한 다양한 해석을 초래할 수 있고, 결국 유럽연합법질서를 상당히 이질적인 모습(heterogenes Bild)으로 드러내 보일 수 있다.[156] 그런데 이와 같은 이질적인 법질서의 존재는 유럽연합 사법재판소의 존재로 인하여 더욱 복잡한 양상을 띠게 된다. 특히 유럽연합 사법재판소 자신은 회원국 최고 법원의 견해에 그다지 큰 비중을 두고 있지 않기 때문에 유럽연합법에 대한 유럽연합 사법재판소와 회원국 국내 법원의 입장은 상충할 수밖에 없다고 보인다. 하지만 유럽연합법 규범에 대한 일관된 해석을 통한 연합법의 일관된 적용의 확보는 효율적인 통합을 위한 중요한 전제조건이기 때문에[157] 유럽연합 사법재판소의 입장에서는 그러한 법규범의 충돌을 방관할 수 없는 상황이다.

② 유럽연합 차원에서의 최고 재판소

유럽연합 차원에서 최고 재판소는 언급한 바와 같이 유럽연합 사법재판소라고 할 수 있다. 그렇다면 통상적인 경우와 같이 유럽연합 사법재판소 역시 그에 상응하는 권한이나 관할권을 보유하고 있어야 함은 물론이다. 이에 따라 유럽연합 사법재판소는 유럽연합법(제2차적 유럽법)의 폐기에 대한 배타적이고 독점적인 권한(Verwerfungsmonopol)이 자신에게 부여되어 있는 것이며 회원국 법원은 단지 유럽연합법이 유효라는 점만 선언할 수 있을 뿐,[158] 무효를 선언할 수는 없다는 결정을

---

155) Franz C. Mayer, "Verfassungsgerichtsbarkeit", S. 560-561.
156) *Ibid.*, S. 561.
157) 유럽법의 취지와 다르게 국내법이 유지되거나 해석된다면 유럽연합이 유지하고자 하는 공동시장의 근간이 무너질 수 있는 것이다(Ralph H. Folsom, *European Union Law in a Nutshell*, p. 85).

반복하고 있는 것으로 보인다.[159] 왜냐 하면 유럽연합 사법재판소는 그를 통하여 공동체의 법질서의 통일성과 법적 안정성을 확보할 수 있다고 확신하고 있기 때문이다.[160]

나아가 유럽연합 사법재판소는 자신이 확립한 유럽법의 해석을 존중하여야 한다는 회원국 재판소의 의무가 회원국의 의무에 대해 규정하고 있는 기존 EC 제10조에 따라 정당화된다고 선언하였다. 이는 유럽연합 사법재판소가 자신을 "유럽통합의 원동력(Motor der Integration)"으로 상정하고 있기 때문인데 이로 인하여 회원국 재판소와의 이익의 충돌은 예견된 수순이라고 할 수 있다. 하지만 사실 유럽연합 사법재판소는 회원국 법원과의 관계와 관련하여 조심스러운 입장을 가지고 있는 것도 사실인데 이는 유럽연합 사법재판소 자신이 품고 있는 회원국 국내 법원에 대한 불신 때문으로 보인다. 왜냐하면 결정을 내리는 데에 광범위한 재량을 향유하는 회원국 법원은 자신의 사법권한을 통하여 현재 진행되고 있는 연합의 통합에 좋지 않은 영향을 주려는 시도를 언제라도 할 수 있기 때문이다. 그러므로 유럽연합 사법재판소는 자신이 개발한 유럽연합법의 우위 혹은 최고성의 원리를 근거로 더 많은 통제권한을 국내 법원에 직접적으로 부여하는 것을 머뭇거리고 있는 것이 사실이다. 오히려 유럽연합 사법재판소는 계속적인 통합을 위하여 유럽연합법 우위의 원칙을 포기하지 못하고 있는데, 재판소는 당해 유럽연합법의 우위에 대한 핵심적인 정당화의 사유로 여러 회원국 내에서의 유럽연합법의 독립성(Eigenständigkeit), 통일적인 법효과(einheitlicher Rechtsgeltung)를 제시하고 있다.[161] 이에 따르면, 유럽연합법은 각 회원국의 영역 내에서 적용될 수 있는 법질서의 필수적인 일부분을 형성하게 되며 효력을 보유하게 된 유럽연합법규정은 자동적으로 상충하는 현 국내법규정을 적용할 수 없는 규정으로 만들어 버려야 한다. 이와

---

158) Case 314/85, *Foto-Frost* 〔1987〕 ECR 4199, para 14.
159) *Ibid.*, para 15.
160) Franz C. Mayer, "Verfassungsgerichtsbarkeit", S. 571.
161) EuGH, Rs. 11/70, *Internationale Handelsgesellschaft*, Slg. 1970, 1125.

같은 유럽연합 사법재판소의 견해에 따라 유럽연합법은 회원국 차원에서의 최고 규범인 헌법에까지 영향을 끼치게 될 뿐만이 아니라 유럽연합 조치의 유효성이나 이 유효성의 회원국 내 효과는 회원국의 헌법에 의하여 형성된 기본권이나 국내적인 헌법 구조상의 원리에 의하여 어떠한 영향을 받지 않게 된다. 결국 유럽연합 재판소의 견해에 의하면, 유럽연합법의 효력은 회원국 차원에서의 헌법을 포함한 일반 규정에 대하여서까지 영향을 끼치게 된다는 결론에 이르게 되는 것이다.162)

하지만 회원국 국내 헌법 규정을 포함한 모든 법규범에 대한 절대적인 유럽연합법 우위의 원리는 그 개념이 매우 단순할 뿐만이 아니라 유럽연합 사법재판소의 독단적인 이론 구성이다. 오히려 그와 같은 유럽연합 사법재판소의 견해는 재판소 자신의 권한의 한계를 넘은 것은 아닌 지에 대한 의문을 야기하고 있으며 그와 관련한 비난에 직면해 있다. 이에 따라 유럽연합 사법재판소는 "국제법의 법질서(Rechtsordnung des Völkerrechts, 1963)," "자신의 법체제(eigene Rechtsordnung, 1964)," "연합의 헌법 헌장(Verfassungsurkunde der Gemeinshaft, 1896)" 혹은 "법공동체의 헌법적 헌장(Verfassungsurkunde einer Rechtsgemeinschaft, 1991)" 이라는 여러 가지 공식을 통하여 자신의 법질서를 정의하기 위하여 부단한 노력을 경주하고 있지만, 연합법과 회원국 법질서 간의 구분을 명확히 언급하고 있지는 않아 회원국과의 직접적인 충돌을 회피하고 있으며, 나아가 자신에 대한 비난도 불식시키고 있다. 하지만 이와 같은 유럽연합법과 회원국 법질서 간의 구분의 애매함 역시 회원국 법원의 유럽연합법에 대한 저항을 야기할 수 있음을 부인할 수는 없을 것이다.

이와 같이 유럽연합 차원의 유럽연합법 혹은 유럽연합 사법재판소의 우위성은 유럽연합 사법재판소가 선언하는 것과 같이 회원국을 포함한 연합차원에서 확고하게 받아들여지고 있는 개념이 아니다. 실제로 유럽헌법 조약에서 우선적으로 당해 연합법 우위(Vorrang)의 사항에 대한 규정을 두고 있었지만163) 리스본 조약에서는 당해 사항에 대한 규정

---

162) Franz C. Mayer, "Verfassungsgerichtsbarkeit", S. 571.

을 삭제하였고, 이에 대한 목표도 설정하지 않고 있다는 것을 고려하면
유럽연합법 우위성의 원칙이 회원국의 동의까지 얻은 절대적인 원칙이
라고 단언할 수는 없다.[164] 당해 사항과 관련한 갈등 상황은 다음의 회
원국 재판소의 입장에서 더욱 극명하게 드러나고 있다.

③ 유럽연합법에 대한 회원국 재판소의 입장

상당수의 유럽연합 회원국 국내 법원은 유럽연합법에 대한 합법성
심사 권한을 보유한다는 입장을 가지고 있다. 이탈리아와 아일랜드의
최고법원,[165] 덴마크의 대법원(Højesteret), 그리스의 국가 평의회, 스페
인의 헌법재판소(Tribunal Constitucional) 그리고 프랑스의 국참사원이
대표적이다. 특히 포르투갈에서는 유럽통합에 대한 헌법적 통제의 가능
성까지 인정하고 있다. 물론 회원국 중에는 유럽연합법에 대한 헌법적
통제의 국내적 기준을 충분히 발달시키지 못한 국가도 없지는 않다. 특
히 네덜란드의 경우에는 헌법재판소가 존재하지 않기 때문에, 국제협정
에 대한 사법심사가 인정되지 않고 있으며 오히려 헌법에 대한 우선적
인 국제 의무가 인정되고 있다. 그리고 핀란드에서도 자체적인 헌법적
질서 때문에 국내 법원이 유럽연합법에 대한 심사 권한을 보유한다고
보지는 않는다.

하지만 일반적으로 유럽연합법을 통제할 수 있다는 심사 권한을 주
장하는 회원국에서는 저마다 그 헌법적 근거를 가지고 있다. 다시 말해
회원국 국내법에 대한 유럽연합법의 우위는 회원국에서 자동적으로 헌
법에까지 확산되는 것 같지는 않다. 유럽연합 차원에서는 유럽연합 사

---

163) 유럽헌법조약 제Ⅰ-6조

　　당해 헌법 및 부여된 권한을 행사하여 연합의 제 기관이 제정한 법은 회원국법에 우선한다
　　(The Constitution and law adopted by the institutions of the Union in exercising
　　competences conferred on it shall have primacy over the law of the Member States).

164) *Ibid.*, S. 572.

165) 아일랜드는 특히 역시 유럽연합법 우위의 원칙에 대하여 우호적인 입장을 가지
　　고 있지 않다(Ralph H. Folsom, *European Union Law in a Nutshell*, p. 87).

법재판소를 중심으로 연합법의 우위가 지속적으로 주장되고는 있지만 당해 원리는 회원국 헌법적 질서에 의하여 헌법적 통제가 부과되고 있다고 보는 것이 오히려 적절하며 실제로 그러한 경우가 적지 않기 때문이다. 결국 유럽연합법은 유럽연합 사법재판소와 회원국 법원에 의하여 병행적인 해석이 이루어지고 있다고 상정할 수 있을 것이다. 특히 독일 출신의 유럽연합법원 재판관이었던 Ulrich Everling에 의하면 당해 현상은 회원국 차원에서 존재하는 '충돌의 가능성(potential for conflict)'으로 정의되고 있다. 그런데 이와 같은 회원국 차원의 연합법에 대한 적극적인 입장은 새로이 가입하고 있는 회원국에서도 상당 정도 관찰되고 있어 당해 문제가 빠른 시일 내에 해결될 것 같지는 않다. 특히 라트비아 헌법에서의 국제 협정에 대한 규정에 따르면 국제적인 차원에서의 의무는 헌법이 아닌 법규에 대하여 우위를 차지할 뿐이라고 규정하고 있으며 2001년에 있었던 슬로바키아 헌법 개정에서는 유럽통합에 대한 상세한 규정을 두고 있고 국내 규정에 대한 유럽연합법의 우위성을 규정하고 있기는 하지만 과연 당해 우위가 헌법에 대한 우위까지 의미하는 지는 명확하지 않다. 결국 유럽연합 사법재판소가 주장하는 것과 같이 헌법에 대한 유럽연합법의 무조건적인 우위와 유럽연합 사법재판소의 회원국 국내 법원에 대한 우월적 지위는 연합 회원국 내에서의 헌법에 대해서까지 절대적으로 관철되고 있다고 볼 수는 없다. 다음의 독일 연방헌법재판소의 입장은 그를 더욱 명확하게 보여주고 있다.

④ 독일 연방헌법재판소의 유럽연합(사법재판소)에 대한 지위

독일 연방헌법재판소가 1967년 6월 결정에서 설립 조약에서의 동의 법에 대한 자신의 중심적 역할(die zentrale Funktion des deutschen Zustimungsgesetzes)[166]을 언급한 것에서 알 수 있듯이 연방헌법재판소

---

166) 독일연방헌법재판소는 회원국을 설립조약의 주인(Herren der Verträge)이라고까지 표현을 하고 있음(BVerfGe(Entscheidungen des Bundesverfassungsgerichts) 75, 223 (*Kloppenburg* 사건); German Constitutional Court, Judgement of October 12, 1993, 89 BverfGE 155, 190(FRG))은 계속 언급을 하고 있는 바와 같다.

는 애초부터 유럽연합과의 관계에 있어 자신의 주도적인 지위와 역할을 강조하여 오고 있다. 물론 독일 연방헌법재판소는 공동체를 별개의 법질서에 있어서의 구별된 공적 권위라는 점을 인정하고 EEC 설립 조약을 당해 '공동체의 헌법'이라고까지 평가하고 있기는 하다. 나아가 공동체 법을 '국제공법이나 회원국의 국내법에 해당되지 않는 별개 법질서의 일부(eigene Rechtsordnung, deren Normen weder Völkerrecht noch nationales Recht der Mitgliedstaaten sind)'라고까지 선언하기도 한다. 하지만 그렇다고 연방헌법재판소가 독일법에 대한 유럽연합 법규범의 우위를 전적으로 인정하였다고 오해하면 안 된다. 연방헌법재판소는 독일 헌법의 기본권 보호의 맥락에서 공동체에 대한 공적 권한의 이전(Übertragung von Hoheitsrechten)에 대한 헌법적 제한에 대하여 적극적인 입장을 견지하고 있기 때문이다.

특히 기본권 보장과 관련하여서는 자신의 적극적인 입장을 노골적으로 드러내고 있다. 과거 *Solange* I 결정에서 재판소는 유럽법의 우위에 대한 헌법적 제한의 가능성을 언급하였으며, 독일 헌법에 의하여 보장된 기본적 권리를 보장하기 위하여 자신에게 사법심사 권한이 유보되어 있다는 점도 강조하였다. 특히 EC 법과 국내 헌법상의 기본권이 충돌하는 경우 후자가 우선한다는 점 또한 명확히 하였다. 나아가 초국가적 기구에게 독일 헌법상의 기본적인 구성양식과 주요한 구조를 침해할 정도로 권한을 양도하는 것은 독일 헌법 질서의 정체성을 포기하는 것이 될 것이라는 점을 아울러 강조하기도 하였다.

독일 연방헌법재판소의 위와 같은 입장은 유럽연합과 자신의 권한 간의 사항에서도 그대로 드러나고 있다. 특히 *Brunner* 사건에서 독일연방헌법재판소는 유럽연합 차원에서의 조치가 유럽연합에 대한 공적 권한의 이전에 따라 정해진 한계를 준수하고 있는지를 자신이 심사할 수 있다고 강조하였고, 독일 헌법상의 제한(constraints)을 지적하면서 유럽연합의 월권행위(ausbrechende Rechtsakte)에 대한 자신의 통제 권한(right of control)까지 정당화하였다. 연방헌법재판소에 따르면 유럽연합의 조치는 유럽연합법이 아닌 자신의 기준에 의하여 심사되어야 하기

때문에 양자의 합치성은 독일 연방헌법재판소가 유럽연합법을 해석하
는 방식에 따라 결정된다는 것이다. 그리고 유럽연합 운영을 위한 중요
한 원리는 '보충성의 원리'와 '비례성의 원리'이다. 독일연방헌법재판소
는 당해 원리에 대한 유럽연합차원에서의 유럽연합 사법재판소의 감시
의무를 묵시적으로 제시하였는데 이는 유럽연합 사법재판소에 의하여
형성되는 유럽연합법의 발달사항뿐만 아니라 재판소에 의하여 취하여
진 결정에 대하여 면밀하게 심사할 권한 역시 자신에게 있음을 종국적
으로 선언한 것을 의미하였다.167)

(3) 유럽연합 사법재판소 결정에 대한 회원국 법원의 자발적인 준수

유럽연합법과 유럽연합 사법재판소 우위의 원칙은 회원국 차원에서
까지 정확하게 관철되고 있다고 보이지는 않는다. 그러므로 지금까지의
당해 원칙을 중심으로 한 유럽연합 통합의 과정을 감안한다면, 이는 결
국 회원국 차원의 협조가 전제되었기 때문에 가능하였다고 할 수 있다.
실제로 유럽연합 사법재판소의 결정을 비롯한 유럽연합의 정책에 대한
국내 회원국의 비우호적인 입장은 오래 지속되는 것 같지는 않다. 위에
서 다룬 *Lutticke* 원칙에 따라 제기되는 소송을 거부하도록 한다는 독일
정부의 시도는 독일의 하원의 저항을 야기하였으며 결국 당해 재무부
장관은 독일 하원에 의하여 소환되어, 법의 지배 원칙을 위배하였다는
이유로 비난을 받았기 때문이다. 결국 독일 재무부 장관은 자신의 입장
을 수정한 후 유럽연합법원의 정책을 따르게 된다.168) 그 후 독일의 상
급법원 중의 하나인 연방관세법원에서도 연합의 정책에 대한 명백한
저항을 표시한 판결을 내리기는 하였지만 그는 즉각적으로 독일연방헌
법재판소에 의하여 파기되기도 하였다. 나아가 이후의 *Kloppenburg* 사
건에서도 독일 연방헌법재판소는 유럽연합법원이 독일 헌법 제101조 1

---

167) Ulrich Everling, "Richterliche Rechtsfortbildung in der Europäischen Gemeinschaft,"
   Juristenzeitung 217, 2000, S. 227.
168) Karen J. Alter, "The European Court's Political Power", p. 475.

항의 규정상의 법원(statutory court)이기 때문에 연방재정법원의 선결적 부탁 제청에 대한 거부는 독일헌법의 위반일 뿐만이 아니라 유럽연합 법원에 제청하여야 하는 조약상의 의무 위반이라고 선언하기도 하였다.169)

나아가 회원국의 법원 중 상당수의 법원도 선결적 평결에 대하여 구속력을 인정하고 있는 것으로 보인다. 덴마크 대법원의 경우, *Mads Peder Jensen v. Landbrugsministeriet* 사건에서 유럽연합법원의 견해 중 상당 정도를 인용하여 연합법원의 견해를 매우 엄밀하게 따랐다는 평가를 받고 있으며,170) 나아가 아일랜드 고등법원은 *Murphy v. An Bord Telecom Eireann* 사건에서 유럽연합법원에 의한 결정의 관점에서 자신이 결정을 내릴 수 있는 한계를 도출하였을 뿐만이 아니라 그리스 법원도 유럽연합법원의 선결적 평결을 존중(deference)하는 태도를 견지하고 있기 때문이다.171)

---

169) In re Frau Kloppenburg, 〔1988〕 3 Common Market Law Review 1. 특히 독일 연방헌법재판소는 연방재정법원이 유럽연합 사법재판소에 관련 문제를 제177조에 따라 다시 제기하여야 하는 의무를 부담하는 데, 연방재정법원은 당해 의무를 객관적이고도 독단적으로 준수하지 않고 있다고 선언하였고 TEC 제177조에 따라 설시되는 유럽연합 사법재판소의 판단은 동일한 주요한 소송을 다루는 모든 회원국의 법원에 대하여 구속력이 있다고까지 판시하였다(In re Frau Kloppenburg, 〔1988〕 3 Common Market Law Review at 12). 나아가 연방헌법재판소는 선결적 부탁절차에서의 평결의 구속력이 판례법으로 확립되었다는 점 (In re Frau Kloppenburg, 〔1988〕 3 Common Market Law Review at 12, n. 17)과 유럽연합법원과 이의 결정이 독일 국내법체제의 필수적인 부분(integral part)을 형성시켰다는 점을 강조하였다(Lenore Jones, "Opinions of the Court of the European Union in National Courts", p. 228).

170) Judgement of Oct. 18, 1988(*Mads Peder Jensen v. Landbrugsministeriet*), 〔1989〕 3 *CMLR* 82, 87-90.

171) Ioannou Krateros, "Recent Developments in the Application of Community Law in Greece," 14 *European Law Review*, 1989, p. 461, 464.

(4) 선결적 평결의 일반적인 구속력 평가

결국 유럽연합 사법재판소의 견해만을 고려하여 선결적 평결의 일반적인 구속력을 인정할 수는 없을 것으로 보인다. 선결적 평결의 국내 회원국 법원에 의한 준수는 평결 자체의 구속력 때문이 아니라 회원국의 임의적인 준수 의사의 발로였다고 보는 것이 오히려 정확하기 때문이다. 결국 회원국 차원의 모든 법원에 대하여 자신의 결정이 구속력이 있다는 유럽연합 사법재판소의 견해는 절대적으로 받아들여지고 있다고 할 수는 없다. 이는 유럽연합이 아직은 국제기구적 실체를 벗어나지 못하고 있다는 하나의 근거를 제공해 주고 있다고 할 수 있을 것이다.172) 그렇다면 아직 유럽연합의 정책 추진에 있어서는 아직도 회원국의 영향력이 상당하다고 할 수 있으며, 결국 유럽연합 사법재판소는 자신의 견해와는 달리 사법 통합에 관하여 주도적인 역할을 수행하고 있지 못하다는 평가가 가능하다.173) 그렇다고 하여 유럽연합이 자신의 회

---

172) 이는 리스본 조약과 관련한 헌법소원에서 드러난 독일연방헌법재판소의 견해와도 일치한다. 즉, 독일연방헌법재판소는 독일의 주권적 헌법국가성은 통합의 한계를 정하고 있는 것이며, 유럽연합의 연방국가로의 전환에 대한 허용은 새로운 헌법을 통하여 국민만이 할 수 있다는 점을 지적하였다. 그러므로 기본법의 효력이 인정되는 한 유럽연합은 독일인들의 동의가 있다고 하여도, 국가가 될 수는 없으며 여전히 국가들의 연합으로 남아 있게 되는 것이다(Dieter Grimm, "Defending Sovereign Statehood against Transforming the European Union into a State,", pp. 359-360). 그런데 연방헌법재판소는 유럽연합을 여전히 구성국들에게 주권이 부여되어 있고, 기본적인 질서가 회원국 단독의 처분에 맡겨져 있으며 구성국들의 국민들 다시 말해 국가들의 시민들이 민주적 정당성의 주요 대상인, 장기간 존속하고 있는 국가연합(Verbund)으로만 보고 있지는 않으며 주권적 권력이 이전된 주권국가의 연합(Staatsverbund)으로서 존재하고 있다고 평가하고 있다(Lisbon Decision, Para. 229). 그렇다면 유럽연합은 일단 국제기구로서의 실체적 한계는 상당 정도 벗어났다고 할 수는 있을 것이다.

173) 그의 가장 대표적인 사항은 유럽연합이 아직 회원국으로부터 권한을 부여받고 있다는 것이다. 그러므로 유럽연합은 회원국이 권한을 부여한 분야에 대해서만 권한을 향유할 뿐이어서 회원국이 여전히 정치적 조직체의 주요한 정치영역이 되는 것이고 유럽연합은 부수적인 지역에 지나지 않게 된다(Lisbon Decision,

원국에 대한 영향력을 발휘하기 위하여 노력을 전혀 하지 않는 것은 아니다. 실제로 공동체 기관 조치의 취소에 대한 유럽연합 사법재판소의 배타적 관할권에 대한 국내 기관의 수용은 유럽연합 사법재판소가 회원국들이 따랐으면 하는 원칙의 수용에 대한 필요한 본보기가 되고 있다.174) 자신의 입지를 확보하기 위하여 유럽연합 나름대로의 노력을 기울이고 있는 것인데, 회원국 역시 유럽연합 차원의 조치에 대하여 결코 무관심하지도 않다. 그렇다면 '우위(supremacy)'의 개념을 가지고 양자의 관계를 종국적으로 정할 수는 없다고 보인다. 결국 유럽연합 차원의 정책 추진에 있어서는 유럽연합이나 회원국 모두 절대적인 주도권을 확보하고 있다고 볼 수는 없을 것이고 유럽연합법의 보다 일관된 적용 (greater uniformity in the application of EU Law)을 위한175) 유럽연합의 노력과 이에 대해 경계를 하고 있는 회원국 간의 긴장관계가 여전히 유럽연합 내에 존재하고 있다고 보는 것이 적절할 것이다.

2) 유럽연합법 우위의 원칙과 회원국 헌법의 실제

(1) 유럽연합법과 회원국 법 간의 관계

유럽연합의 계속된 통합은 회원국의 국내 법원이 연합법을 더욱 자주 적용하도록 촉진하였다.176) 그렇다면 회원국 법원은 유럽연합법을

Para. 301). 특히 독일연방헌법재판소의 견해에 따르면 권한을 정할 수 있는 권한(*Kompetenz-Kompetenz*)의 유럽연합으로의 이전은 결코 허용될 수 없는 것인데, 이에 따라 만일 유럽연합이 회원국에 대한 법적 의존(legal dependence)을 제거하고 독립적인 실체(a self-supporting entity)가 되는 것을 시도한다면, 독일은 탈퇴 조항을 활용하여 유럽연합을 탈퇴할 것이라는 것은 어렵지 않게 예상해 볼 수 있다(Dieter Grimm, "Defending Sovereign Statehood against Transforming the European Union into a State", p. 360).

174) Lenore Jones,"Opinions of the Court of the European Union in National Courts", p. 226.

175) *Ibid.*

176) Gerhard Bebr, "Law of the European Communities and Municipal Law," 34 The

적용하면서 많은 경우, 국내법, 특히 헌법과 연합법의 충돌 상황에 직면
할 수 있다. 그런데 국내법과 유럽연합법의 관계는 일반국제 조약과 국
내법과의 관계와는 달라서 양자의 충돌을 해결하는 것이 그렇게 쉬운
것이 아니다. 그렇다면 유럽연합 사법재판소뿐만 아니라 유럽연합 회원
국 국내 법원 역시 그와 같은 유럽연합법과의 충돌상황을 해결하는 데
에 적지 않은 어려움을 겪고 있다는 것을 어렵지 않게 알 수 있다. 특히
유럽연합법규범 중 규칙은 모든 측면에서 구속력이 있고 회원국 차원
에서 직접 적용된다고 여겨지기 때문에 이전에 일반 국제법 차원에서
존재했었던 규범이라고 볼 수 없다. 그러므로 특히 당해 규칙의 경우
회원국 국내법과의 충돌 가능성이 그만큼 크다고 할 수 있다. 원칙적으
로 그와 같은 유럽연합법과 회원국 국내법 간의 충돌에 대한 해결방안
으로는 비정통적인 방식인 유럽연합법에 따른 해결 방식과 정통적 방
식인 회원국 헌법에 따른 해결방식이 존재할 수 있다.[177] 그런데 연합
법과 국내법과의 충돌상황에 대한 해결을 위하여 유럽연합 사법재판소
는 전자의 방식을 고수하고 있기 때문에 연합법보다 먼저 제정된 국내
법 혹은 헌법에 대해서까지 유럽연합법이 우선한다는 결론을 과감히
내리고 있음은 고찰한 바와 같다. 즉 유럽연합 특히 유럽연합 사법재판
소는 그와 같은 충돌의 상황을 유럽연합법을 통해 직접적으로 해결하
고 있는 것인데 특히 회원국 국내법에 대한 유럽법 우위의 원칙을 통해
양자 간의 충돌상황을 불식시키고 있는 것이다. 그와 같은 유럽연합 사
법재판소의 견해에 따르면 유럽연합법의 회원국 차원에서의 효과적인
집행을 위한 사항은 객관적으로 회원국 헌법을 비롯한 국내법 규범 차
원에서 확인이 되어야 한다. 따라서 유럽연합 회원국 헌법 규정에 대한
고찰은 유럽연합 사법재판소와 회원국 법원 간 관계에 대한 고찰과 더
불어 유럽연합법과 회원국 간 관계를 보다 객관적으로 조망할 수 있게
해줄 것이며 나아가 유럽연합법 우위의 원칙에 대한 보다 사실적인 조

Modern Law Review, 1971, p. 484.

177) *Ibid.*, pp. 484-485.

망 역시 가능하게 하여 줄 것이다.

(2) 베네룩스 3국의 경우

베네룩스 3국 중 네덜란드 헌법은 국제적인 차원의 법규범과 관련하여 다음과 같은 규정을 가지고 있다.

> 제 2 절 기타 규정[178)]
> 제 90 조
> 정부는 국제법 질서를 존중한다.
> 제 91 조
> (1) 네덜란드 왕국은 제반 조약에 구속되지 않으며 당해 조약은 이전의 의회의 동의 없이는 폐기되지도 아니한다. 동의가 요구되지 않는 경우는 법률로 정한다.
> (2) 조약의 승인에 동의하는 절차는 법률로 정한다. 경우에 따라 조약에 대한 묵시적 승인을 법률로 허용할 수 있다.
> (3) 네덜란드 왕국헌법과 위배되는 조약의 조항 또는 동 헌법에 위배되는 결과를 초래하는 조약의 조항은 의회의 전체 양원 의원 3분의 2 이상의 출석과 과반수의 동의가 있을 경우에만 양원에서 가결할 수 있다.
> 제 92 조
> 입법, 집행 그리고 사법권이 조약에 따라 필요한 경우, 제91조 제3항을 따르는 국제기구들에 부여될 수 있다.
> 제 93 조
> 조약 및 국제기구 결의안은 조약 및 결의안이 공포된 후에는 모든 자에 대하여 구속력을 갖는다.
> 제 94 조
> 네덜란드 왕국 내에서 효력을 발한 법률은 모든 자들에게 구속력을 갖는 각종 조약 및 국제기구 결의안에 부합하지 않을 경우 적용될 수 없다.
> 제 95 조
> 조약 및 결의안의 공포는 법률로 정한다.

네덜란드의 경우, 이전 1972년 헌법에서는 네덜란드 국내법이 EEC의 규칙에 대하여 하위의 지위에 있다는(yield to) 규정을 가지고 있었

---

178) http://www.servat.unibe.ch/icl/nl00000_.html   2010. 8. 4. 최종 방문.

다. 하지만 당시 당해 규정이 네덜란드 국내법에 대하여 국제법이 무제한적으로, 그리고 절대적으로 우위의 지위를 차지하고 있다는 것을 의미하지 않았을 뿐더러 당해 문제를 결정하는 것은 결국 국내 재판관이었기 때문에, 네덜란드의 국내 법원이 국제 조약의 우위성을 박탈할 수 있는 가능성은 언제나 상존하고 있었다.179) 나아가 현재 네덜란드 국내 헌법에서는 그와 같은 조항을 가지고 있지 않을뿐더러 오히려 국내 법원은 유럽연합의 통합에 대하여 상당히 조심스러운 입장을 견지하고 있는 것으로 보인다. 특히 국제적인 법규범은 그 자체로 네덜란드에서 구속력이 인정되고 있지 않으며, 오히려 그의 구속력 여부는 의회를 비롯한 국내 기관의 처분에 달려 있다고 보는 것이 다수의 견해이다. 그렇다면 네덜란드의 국내 법상황을 가지고 유럽연합 법질서의 우위성의 근거로 활용하는 데에는 적지 않은 한계가 존재하고 있다고 볼 수밖에 없을 것이다.

나아가 룩셈부르크 헌법은 다음과 같은 규정을 통하여 국제 관계를 규율하고 있다.

> 제 4 절 국제권
> 제 49 조의 2
> 헌법에 의하여 입법부, 집행부, 나아가 사법부에게 부여된 특권은 협정에 의하여 한시적으로 국제법 기관에 위임될 수 있다.180)

룩셈부르크의 경우에도 국제기구에 대하여 국내 기관의 권한의 행사가 유보될 수 있는 것이 사실이다. 하지만 이는 조약이라는 기제에 의하여 이루어지는 것이기 때문에 결국 국내 기관의 동의를 전제로 함은 물론이다. 나아가 유럽연합차원의 법규범의 국내법에 대한 우위의 원칙이 직접 선언되고 있지도 않다. 물론 룩셈부르크 헌법상으로는 국

---

179) Gerhard Bebr, "Law of the European Communities and Municipal Law", p. 485-486.
180) http://www.servat.unibe.ch/icl/lu00000_.html, 2010. 8. 4. 최종 방문.

제 조약의 우위성이 인정되고는 있지만 이는 이전의 국내법에 대해서
인정되고 있을 뿐이어서[181] 완전한 국제 조약의 우위가 관철되고 있다
고 단언할 수는 없을 것이다.

　마지막으로 벨기에 헌법은 국제적 규범과 관련하여 다음의 원칙적
인 규정을 보유하고 있다.

　　제3장 권력구조
　　제 34 조　[주권의 이전]
　　조약 또는 법률에 의하여 일정한 권력을 국제법상의 조직으로 하여금 행사하
　　게 할 수 있다.

　벨기에 헌법의 경우에도 국제기구에 대하여 일정 정도의 권한이 유
보될 수 있기는 하다. 당해 공적인 국제기구가 유럽연합을 의미한다고
볼 수 있겠지만 당해 권한의 유보는 역시 조약을 통하여 이루어지기 때
문에 국내 기관의 동의를 전제로 하고 있다. 특히 유럽연합과 관련하여
서는 "양원은 처음부터 유럽공동체의 수립 조약의 개정과 이 조약을 수
정하거나 보충한 조약 및 법률의 개정에 관한 협상에 대하여 통지를 받
으며 양원은 서명하기 전에 조약의 초안을 수령한다"는 절차적인 사항
에 대한 규정만이 존재하고 있을 뿐이지[182] 유럽연합법을 포함한 국제
조약의 우위성을 나타내는 헌법 규정은 직접적으로 존재하지 않는다.
그러므로 벨기에 헌법을 근거로 유럽연합법 우위의 원칙을 도출해내는
것에는 역시 적지 않은 어려움이 있다고 할 수 있다. 물론 벨기에 법원
은 국제법의 우위를 확보하려는 노력을 지속적으로 경주하고 있는데
특히 벨기에 파기 법원(Cour de Cassation)의 1971년 5월 27일 판결이

---

181) Gerhard Bebr, "Law of the European Communities and Municipal Law", p. 486.
182) 벨기에 헌법(제4장 국제관계) 제168조가 그러하다.
　　양원은 처음부터 유럽공동체의 수립 조약의 개정과 이 조약을 수정하거나 보충한 조약 및
　　법률의 개정에 관한 협상에 대하여 통지를 받는다. 양원은 서명하기 전에 조약의 초안을
　　수령한다.

그를 보여주는 대표적인 판결이다. 하지만 이를 두고 국제법, 나아가 유럽법 우위의 원칙이 벨기에 국내법상으로 일반적으로 인정되는 상황이라고 할 수는 없을 것이다.

(3) 프랑스와 독일

프랑스 헌법의 경우 국내법에 대한 무조건적인 국제 조약의 우위를 인정하고 있기는 하지만 상호주의의 조건이 단서로 붙어 있기 때문에 결국 프랑스 국내법질서 하에서도 국제 조약의 우위의 원칙이 절대적인 원칙이라고 할 수는 없다. 현재 프랑스 내에서는 민족주의자와 유럽연합연방주의자 간의 격렬한 논쟁이 존재하고 있는 것에서 알 수 있듯이 유럽연합법의 국내법적 지위와 관련하여 양자 간에 합의된 사항도 존재하지는 않는다. 특히 전후(戰後) 공화주의자들에게 있어 공동체법은 국내법 질서에서 특별한 지위를 점하는 초국가적 법이라기보다는 통상적인 조약에 기반한 국제법 중의 하나로 간주되고 있었다.[183) 그렇다고 프랑스가 국제적인 차원의 규범에 전혀 무심한 것도 아니어서 1949년 헌법의 경우에는 상호주의의 조건이 있었지만 주권을 제한할 수 있는 국제공법의 가능성을 인정하였고 나아가 1958년 헌법에서는 적절하게 승인되고 비준된 국제 조약은 제정법보다 우위의 지위를 점한다는 사실까지 인정하였다. 하지만 헌법과 국제법의 관계를 설정하는 명확한 규정을 두고 있지는 않았었는데 제5공화국 헌법에 이르러서야 국제법 규범과 국내법 규범 간의 위계질서에 대한 충분한 정리가 이루어지게 된다. 즉, 프랑스는 자신의 헌법을 국내법 질서에서 최상의 지위에 위치시키게 되는 것이다.

하지만 공동체의 초국가적이고 준연방적인 성격으로 인하여 공동체법은 국제법이 국내법질서에 침투하는 방식보다 더 복잡한 방식으로 프랑스 국내법질서에 침투하고 있다. 때문에 유럽연합법과 국내법과의 관계설정에 있어 프랑스는 지속적으로 곤란을 겪고 있는 것이 사실이

---

183) David Marrani, "A Love-Hate Relationship: France and European Law", p. 173.

다.184) 다시 말해 1957년 로마조약을 통하여 출범한 공동체는 우위성과 직접 효력 원칙에 의하여 보호를 받는 초국가적 입법권원(law-making authority)으로 인정받는 대표적인 초국가적 기관으로서 국내법 특히 헌법과의 관계설정을 더욱 어렵게 하고 있는 것이다. 프랑스 국내적으로 양자의 관계를 설정하는 데에 있어서의 고충은 헌법개정과정에서 어렵지 않게 발견할 수 있다. 특히 1958년 헌법 제54조는 다음과 같이 규정하고 있었다.

> 공화국 대통령, 일원 혹은 양원의 수상이나 의장 혹은 60명의 하원의원 혹은 60명의 상원의원의 요구에 의하여, 헌법위원회가 국제협정이 헌법과 상충하는 규정을 가지고 있다고 판단을 하는 경우, 당해 협정의 비준이나 승인은 헌법이 개정되기까지 공식화되어서는 아니 된다.

그러므로 프랑스의 경우 특정 공동체법 역시 프랑스 헌법과 상충하는 규정을 보유하고 있는 경우에 헌법이 개정된 후에 문제의 공동체법을 국내법질서로 편입할 수 있었을 뿐이다. 실제로 마스트리히트 조약의 비준에 앞서 미테랑 대통령은 당해 조약을 가지고 헌법위원회에 대하여 문제제기를 하였으며, 헌법위원회는 헌법이 개정된 이후에야 당해 조약을 비준할 수 있다는 점을 선언하여 결국 당시 헌법의 개정 후 마스트리히트 조약은 비준될 수 있었다.185) 즉, 헌법위원회는 당시 헌법 제3조 제 4항에 따라 프랑스 국민만이 공화국의 지방자치단체 의결기관의 지명을 위한 선거에 있어 선거권과 피선거권을 갖는다는 것을 이유로 조약 제8B조 제1절이 헌법에 위반된다고 하였고, 그리고 단일 금융외환 정책과 관련하여서도 당해 외환정책은 각 구성국으로 하여금 국민주권의 행사의 본질적 조건에 문제가 되는 영역에서 그 고유한 권한을 상실하게 하는 형태로 운영된다는 점에서 헌법위반이라는 점을 지적하여 유럽연합 조약의 여러 조항이 프랑스 헌법에 위반된다고 강

---

184) *Ibid.*, p. 173.
185) *Ibid.*, p. 180.

조하였다. 나아가 유럽연합 조약상의 입국 및 통행에 관한 조치 역시
국민주권행사의 본질적 조건을 침해하는 것이라는 이유로 위헌이라고
판단하였는데 결국 당해 조약에 대한 비준 동의는 헌법 개정 이후에나
가능하였기 때문에 프랑스는 부득이 헌법 개정을 하였던 것이다.186) 이
와 같이 유럽연합법은 프랑스의 헌법질서에 적지 않은 영향력을 끼치
고 있으며, 프랑스 역시 유럽연합을 자신의 법질서 내에 상당히 적극적
으로 수용하고 있기는 하다. 하지만 프랑스 헌법은 여전히 영구적으로
국내법질서에서의 최고지위를 점하고 있다고 보는 것이 프랑스 내 일
반적인 견해라고 보이며187) 이에 따라 프랑스 법에 비하여 공동체법이
우월한 지위에 있다고 확정적으로 결론을 내릴 수는 없을 것으로 보인
다. 나아가 프랑스에서는 헌법평의회가 법의 지배원리에 의하여 헌법에
따라 국제법을 심사할 수 있도록 하고 있어서 유럽연합법 역시 헌법에
의하여 고려되는 규범에 있어 특별한 지위를 점하고 있다고 할 수는
다. 그렇다면 유럽연합법이 헌법과 상충하는 경우에는 그 연합법이 국

---

186) 변해철, "유럽연합조약과 프랑스 헌법", 외법 논집 제2권(한국외국어대학교 법
　　 학연구소, 1995), 109면~131.
187) 특히 이는 현재의 프랑스 헌법을 고려하여서도 그러하다. 다음과 같다.
　　 제 15 장 유럽공동체 및 유럽연합
　　 제88-1조
　　 ① 공화국은 유럽공동체 및 유럽연합을 창설한 조약에 따라 일정한 권한을 공동으로 행사
　　 　 할 것을 자유롭게 선택한 국가들로 구성된 유럽공동체 및 유럽연합에 참여한다.
　　 ② 공화국은 2004년 10월 29일에 체결된 유럽헌법조약에서 정한 바에 따라 유럽연합에
　　 　 참여할 수 있다.
　　 제88-2조
　　 ① 상호주의 원칙과 1992년 2월 7일에 체결된 유럽연합조약에서 정한 방식에 따라, 프랑스
　　 　 는 유럽경제·통화연합 구축에 필요한 권한이양에 동의한다.
　　 ② 상호주의 원칙과 1997년 10월 2일에 체결된 조약으로 개정된 유럽공동체 창설조약에
　　 　 따라 사람의 자유로운 이동 및 유관분야에 대한 규정을 제정하기 위한 권한이양에 동
　　 　 의한다.
　　 ③ 유럽연합조약에 입각한 법령에 따라 범유럽 체포영장에 관한 규정을 법률로 정한다.
　　 　 즉, 프랑스는 유럽연합과 관련하여 적지 않은 규정을 헌법상으로 가지고 있지
　　 　 만, 원칙적인 사항에 대해서만 규정하고 있을 뿐, 유럽연합법우위에 대한 사항
　　 　 이 직접 선언되고 있지는 않다.

내법의 일부를 구성한다고 할 수 없을 것이므로188) 프랑스의 국내법 질
서의 상황 역시 유럽법 우위의 원칙을 대변해 주지는 못하고 있다.

나아가 독일은 자신의 기본법에서 특히 국제법과 관련하여 다음과
같은 규정을 가지고 있다.

제 25 조[국제법과 연방법]
국제법의 일반규칙은 연방법의 필수적인 일부분을 구성한다. 이 원칙은 법률
에 우선하며 연방영역의 주민에게 직접적으로 권리와 의무를 발생시킨다.

당해 규정은 독일 차원에서의 국내법에 대한 국제법의 우월한 지위
를 주장하는 데에 자주 인용되는 규정이기는 하다. 하지만 학자들과 재
판관들은 당해 제25조를 해석하는 데에 규정상의 '일반규칙'은 국제조
약이 아닌 단지 국제관습법의 일반원칙이라고 상정하고 있을 뿐이
다.189) 즉, 국제조약은 적절히 비준이 되고 공포가 되어야 단지 연방법
의 효력을 갖는 것으로 여겨지고 있다. 그러므로 조약은 단지 연방의
구법과 동등한 지위를 향유하는 주법에 대해서만 우월한 지위를 향유
하고 있을 뿐이지 기본권을 보장하는 헌법 규정에 대해서까지 우위의
지위를 점하고 있다고 여겨지지는 않는다. 특히 현재 독일 기본법은 유
럽연합과 관련한 비교적 상세한 규정을 가지고 있지만190) 유럽연합법

---

188) David Marrani, "A Love-Hate Relationship: France and European Law", p. 179.
189) Mangeldt-Klein, *Das Bonner Grundgesetz*(1957), pp. 675-677; Cartens, "Der
Rang europäischer Verordnungen gegenüber deutschen Rechtsnormen,"
Festschrift für Otto Riese(1964, p. 65, 75; 그리고 다음의 판결을 참조. the
decision of the Finanzgericht Hamburg, 29 October 1969, 18 *Entscheidungen
der Finanzgerichte*, 145(1970); Finanzgericht Hamburg, 12 December 1969,
ibid., 196; Finanzgericht München, 10 December 1969, *ibid.*, 145).
190) 독일기본법 제23조가 그러하다. 특히 원칙규정이라고 할 수 있는 1항은 다음과
같다.
① 유럽통합을 실현하기 위하여 독일연방공화국은 민주적, 법치국가적, 사회적, 연방주의
원칙과 보충성의 원칙을 존중하며 기본법과 본질적으로 동등한 기본권보호를 보장하

의 우위를 직접 규정하고 있지도 않다.

(4) 이탈리아

이탈리아 헌법의 경우에도 다음의 헌법 제11조에서 국제기구에 대한 주권적 권한의 이전에 대한 규정을 가지고 있기는 하다.

> 기본원칙
> 제11조
> 이탈리아는 타국민의 자유를 침해하는 수단으로서의 전쟁과 국제분쟁 해결로서의 전쟁을 거부한다. 이탈리아는 타국과 평등한 조건으로 국가 간의 평화와 정의를 보장하는 세계질서에 필요한 주권의 제한에 동의한다. 이탈리아는 당해 목적을 추진하는 국제기구를 촉진 및 장려한다.

이탈리아 헌법의 경우에도 그를 통하여 유럽연합법 우위의 원칙을 도출할 수는 없을 것으로 보이며 특히 이탈리아 법원은 위의 규정을 국제 조약이 단지 일반 법률의 효력만을 가지고 있다고 간주하는 근거규정으로 보고 있기 때문에 결국 이탈리아의 경우에도 국내적인 차원에서 유럽연합법 우위의 원칙이 일반적이고 객관적으로 관철되고 있다고 할 수는 없을 것이다.

(5) 회원국 헌법규정에 대한 일관된 해석의 필요성

유럽연합법 우위의 원칙은 유럽연합 사법재판소에 의하여 줄기차게 강조되고 있는 것이 사실이다. 특히 유럽연합 사법재판소는 유럽연합법 우위의 원칙이 연합법 규정의 성격에 관계없이 나아가 국내 규정의 성격에 관계없이 적용된다고 여기고 있으며[191] 연합법 규정은 국내차원

면서 유럽연합의 발전에 기여한다. 연방은 이를 위하여 연방참사원의 동의를 요하는 법률로 주권을 이양할 수 있다. 유럽연합의 창설 및 기본법의 내용을 변경, 보완하거나 이를 가능하게 하는 규정의 변경에는 제79조 제1항 및 제3항이 적용된다.

의 법규정보다 시간적으로 앞에 혹은 뒤에 규정되었느냐와 상관없이 적용되어야 한다고 주장하고 있다. 하지만 각 회원국의 헌법을 통하여 본 바와 같이 당해 사항은 국내적인 차원에서 정확하게 관철되고 있는 것 같지는 않다. 그렇다면 유럽연합법과 국내법의 충돌 상황은 각 회원국의 다양한 헌법규정에 따라 해결이 될 수밖에 없을 것이고 이는 필연적으로 유럽연합법과 관련한 문제에 있어 각 회원국마다 상이한 법적 결과를 야기할 것이다. 그런데 다양한 헌법규정으로부터 야기되는 그와 같은 상이한 법적 결과는 유럽연합의 효과적인 기능에 전혀 도움이 되지 않기 때문에 당해 결과는 연합의 차원에서는 예방되어야 마땅하다. 즉, 회원국의 헌법규정만을 가지고는 그와 같은 갈등상황을 통일적인 방식으로 해결하기 위하여 적절한 근거를 제공하는 데에 충분하다고 할 수는 없다.192) 그와 같은 상이한 법적 결과가 도출되는 상황을 그대로 방치할 수는 없는 것이다. 그렇다고 하여 유럽연합 사법재판소가 유럽법과 충돌하는 국내법에 대하여 직접적으로 무효를 선언할 수 있는 권한을 보유하고 있지는 않다.193) 그러므로 유럽연합 사법재판소는 그

---

191) 유럽연합법 우위의 원칙은 물론 회원국 국내적 차원에서도 헌법보다 우월할 것을 요구함은 물론이다(김대순, 「EU법론」, 357면).

192) Gerhard Bebr, "Law of the European Communities and Municipal Law", p. 487.

193) 이로 인하여 유럽연합 사법재판소는 회원국 기관과의 충돌을 회피하기 위하여 적지 않은 노력을 기울이고 있다. 특히 *Köbler* 사건에서 유럽연합법원은 지침을 집행하는 데에 당시 잘 작동하고 있었던 간접 집행의 전략을 통하여 회원국 법원의 준수를 유도하였다. 당해 사건에서 유럽연합 사법재판소는 유럽연합법의 위반의 결과로 인하여 개인에게 야기된 피해에 대한 회원국 책임의 원리를 확장시켜 회원국에게 그 자신의 법원이 유럽법을 복종하지 않은 것에 대한 책임이 있다는 다소 과감한 주장을 하기는 하였지만 사법 기능의 특별한 특성이 고려되어야 한다고 하여 침해가 명확하지 않다면, 위반 역시 충분히 심각한 것으로 여길 수는 없다고 선언하였는데 결국 유럽연합법원은 유보적인 입장을 견지하였던 것이다. 이후의 사건에서도 유럽연합 사법재판소 나아가 위원회는 회원국 법원과 대결을 하지 않으려고 매우 조심스러운 입장을 견지하고 있는 것이 사실이다(Franz C. Mayer, "The European Constitution and the Courts", in Armin von Bogdandy and Jürgen Bast(eds.), *Principles of European Constitutional*

와 같은 자신의 역량의 한계를 고려하여 회원국에 대하여 영향력을 발
휘할 수 있는 자신만의 제도를 활용하려고 애를 쓰고 있는 것으로 보인
다. 그 중 대표적인 것이 선결적 부탁제도임은 물론이다.[194]

4) 유럽연합 사법재판소 결정의 한계와 이의 극복을 위한 유럽연합의 영향력 확보 수단

　전술한 바와 같이 선결적 부탁절차에서의 유럽연합 사법재판소에
의한 결정은 회원국의 영역까지 객관적이고 일반적인 효력을 확보하고
있다고 볼 수는 없다. 유럽연합 사법재판소는 회원국에 대한 유럽연합
의 우월적인 지위를 관철시키기 위하여 유럽연합법 우위의 원칙뿐만이
아니라 유럽연합 사법재판소의 회원국 법원에 대한 우월적인 지위를
줄곧 주장하고 있지만 지금까지 고찰한 회원국 법원의 입장이나 회원
국의 국내 법규범을 통하여 알 수 있듯이 재판소의 그와 같은 주장은
정확히 실현되고 있다고 보이지 않기 때문이다. 그러므로 결국 현재 유
럽연합에서의 1차적 법원으로 인정되고 있는 리스본 조약조차 유럽연
합에게 부여된 제도로서의 속성을 변화시키지 못했다는 평가를 받고
있는 것이다. 그렇다면 현 리스본 조약은 종국적으로 국제조약으로서의
특징을 탈피하였다고 볼 수 없게 된다. 결국 회원국 내에서의 이의 법
적 유효성은 이를 국내적인 차원에서 적용시키는 해당 회원국의 국내
적인 질서에 여전히 의존하고 있다고 할 수 있다. 즉, 리스본 조약은 연
합의 질서 범위 내에서 유효한 법적 효력을 보유할 수 있을 뿐이지, 일

　　Law(Hart Publishing, 2007), p. 286).

194) 유럽연합법의 통일성과 유효성을 위하여 유럽연합법의 무효여부에 대한 최종적
　　인 결정을 내릴 수 있는 유일한 법원으로 유럽연합 사법재판소를 설정하고 있
　　는 것이 선결적 부탁절차이다. 이와 같이 유럽연합 사법재판소는 유럽연합법의
　　무효여부에 대한 독점적인 결정권(monopoly)을 통하여 회원국에 대하여 간접적
　　으로나마 영향력을 발휘하고 있는 것이다(Damian Chalmers, Christos Hadjie
　　emmanuil, Giorgio Monti, Adam Tomkins, *European Union Law*, p. 285).

반적이거나 절대적인 법적 효력을 발한다고 말할 수 없다. 특히 독일연방헌법재판소에 따라 리스본 조약 상 유럽연합법규범을 적용하라는 명령의 대상 범위에 회원국들이 포함되지 않는다고 본다면 결국 회원국들이 유럽연합에 의한 법적 조치의 국내적 적용가능성을 부인하는 것을 유럽연합은 금지하지 못하게 될 것이다. 이와 같은 맥락에서 독일연방헌법재판소는 유럽연합의 행위가 독일 기본법의 헌법적 정체성을 침해하지 않도록 하기 위하여 기본법과 유럽연합의 조치와의 합치성 여부에 대한 심사권한이 자신에게 있음을 주장하였던 것이다.[195) 특히 독일연방헌법재판소는 회원국들이 여전히 조약의 주인(Herren der Verträge)으로 존재하고 있기 때문에, 유럽연합이 연방국가로 변모할 때까지 회원국은 (연합에 대한) 통합 프로그램의 준수여부를 심사할 수 있는 권리(the right to review compliance with the integration programme)를 박탈당하지 않을 것이라는 점 역시 강조하고 있다.[196)

그런데 이와 같은 견해는 유럽연합의 통합에 있어서 유럽연합 사법재판소를 비롯한 유럽연합 기관의 주도적인 역할과 기능을 강조하는 입장과 극명한 차이를 보이고 있어서 상당한 혼란을 야기하고 있다. 유럽연합 사법재판소가 국제법과 상이한 법질서와 새로운 원칙들 그리고 회원국 차원에서 집행되고 있는 법적 장치를 만들어내는 주권적 법질서의 보호자가 되고 있다는 평가[197)에 따르면 오히려 유럽연합 사법재

---

195) Dieter Grimm, "Defending Sovereign Statehood against Transforming the European Union into a State", p. 358.

196) Lisbon Decision, Para. 334. 사실 국제조약을 통하여 유지되는 국제기구에서 체약당사국들을 구속하는 결정권한을 승계국들에게 부여하는 것은 체약당사국 자신이다. 그렇다면 회원국들이 조화롭게 행동하는 한, 그들이 기구의 지위와 특성을 변화시킬 수 있다고 할 수 있게 된다. 조약의 주인으로서의 회원국들은 기구의 주인이기도 한 것이다. 유럽연합의 헌법화(constitutionalization)의 상징으로 유럽연합법의 우위성/직접 효력, 묵시적 권한과 선점(preemption) 이론 나아가 인권의 보호 등이 언급되고 있지만(Joseph H. Weiler, *The Constitution of Europe*, pp. 292-295), 국제기구로서 출발을 한 유럽연합으로서는 회원국의 영향으로부터 완전히 벗어나 있다고 할 수는 없다.

판소가 유럽통합의 주도권(initiative)을 보유하고 있다는 결론이 자연스럽게 도출되기 때문이다.198) 특히 유럽연합 사법재판소는 자신이 유럽연합법의 효력에 대하여 결정을 내릴 수 있는 유일의 기관이며, 국내법원은 유럽연합법의 무효에 대하여 결정할 수 없다는 입장을 견지하여199) 유럽연합법질서의 통일성 확보에 상당히 적극적인 입장을 고수하고 있다. 이와 같이 평행선을 그을 수밖에 없는 국내 회원국의 입장과 유럽연합 사법재판소의 입장이 합의점 없이 지속된다면 유럽통합을 통하여 이루려는 목적을 궁극적으로 달성하기가 쉽지만은 않을 것이고, 이는 유럽연합에게나 회원국에게나 바람직한 것이 아니다. 그러므로 유럽연합은 간접적으로나마 국내 회원국에게 영향을 끼칠 수 있는 선결적 부탁절차를 적극 활용하고 있는 것으로 보이며 당해 절차의 운영에 회원국도 직접적으로 저항의 움직임을 보이지는 않고 있다. 실제로 선결적 부탁절차는 절차개시의 주도권을 회원국 법원에게 부여하고 결정의 준수를 유도하여 회원국에게 부담을 주지 않으면서 유럽연합이 회원국에게 영향을 끼칠 수 있는 적절한 방법이기 때문에, 실제로 당해 절차의 효용성을 부인할 수는 없다. 특히 선결적 부탁절차에서 국내 회원국은 원칙적으로 부탁여부에 대하여 재량을 향유하며 단지, 더 이상의 사법적 구제가 없을 때, 부탁의 의무가 있을 뿐이다.

---

197) Damian Chalmers and Adam Tomkins, *European Union Public Law*, p. 272.
198) 권한 배분의 원리에 기반한 유럽연합체제는 법의 지배에 기반 하여 통합을 구체화하고 있기 때문에 어떠한 형태로든 헌법재판의 형식은 필요하다는 평가가 있기도 하다(Francis Jacobs, "Is the Court If Justice of the European Communities a Constitutional Court?" in D. Curtin and D.O'Keeffe(eds.), *Constitutional Adjudication in European Community and National Law*(Butterworths, 1992), p. 25, 32). 나아가 유럽연합 사법재판소는 법적 통합의 정책을 추구하고 있으며, 설립조약의 실질을 채워나가고 있을 뿐만이 아니라 그를 통하여 연합법의 효율성을 강화하고 있다는 평가 역시 관찰된다(Paul Craig & Gráinne de Búrca, *EU Law*, p. 75).
199) Case 314/85 *Foto-Frost v. Hauptzollamt Lübeck-Ost*, 〔1987〕 ECR 4199, at 4230-4232, paras. 12-20.

5) 유럽연합 법질서 차원에서 선결적 부탁절차의 기여

(1) 유럽연합 사법재판소와 국내 법원의 협력관계

일찍이, 전 세계적인 차원에서의 법질서는 통상적으로 두 가지, 즉 국제법과 국내법으로 분류되었다. 국제법이 국가 간 관계를 규율하는 규칙을 만들어 내는 국제공법과 국제사법을 아우르고 있었으며, 국내법 은 각 국가 내에서의 영역에서 사인, 법인과 그리고 다른 사적 행위자 들의 행위 혹은 지위를 규율하는 규칙을 규정하고 있었기 때문이다.200) 일반적으로도 국제법과 국내법 사이에는 확고한 구분이 존재한다고 여 겨지는데 그의 대표적인 예가 국제법은 특별한 절차만을 통해서 국내 법 질서로 편입될 수 있다는 것이다. 다시 말해, 미국이 자기집행조약 (self-executing treaty)과 비자기집행조약(non-self executing treaty)과 같 은 수용절차를 보유하고 있는 것과 같이 모든 국가는 정부의 기관 중 어느 기관이 국가를 구속하는201) 조약을 체결할 수 있는 권한을 보유하 는 지 나아가 어떠한 절차를 통하여 국제법을 수용할 수 있는 지를 정 하고 있는 자신만의 국내법을 보유하고 있다.202)

하지만 유럽연합의 법질서는 통상적인 국제법·국내법 질서와는 상 이한 특징을 보유하고 있다고 여겨진다. 특히 유럽연합의 선결적 부탁 절차는 그와 같은 유럽연합의 법질서, 즉 유럽연합 자신의 사법적인 위 계질서와 더불어 독자적인 법정 제도(autonomous court system)를 창출 하여 왔다는 평가를 받고 있다.203) 실제로 유럽연합법질서와 회원국에

---

200) Barry E. Carter and Phillip R. Trimble, *International Law*(Little, Brown and Company, 1991), p. 1.

201) Valerie Epps, *International Law*(Carolina Academic Press, 2001), pp. 54-55.

202) 일반적으로 국제법과 국내법 사이에 간격이 존재한다고 여겨지는 것이 사실이 다. 다시 말해, 국제법의 국내법으로의 확고한 편입 혹은 수용 절차가 확립되어 있다고 보아도 무리는 아니다(Antonio Cassese, *International Law*(Oxford University Press, 2004), p. 220).

203) 사실 공동체 조약은 회원국의 입법과 그들의 법체제에 대해 거의 다루지는 않는

서의 국내법질서는 유럽연합 사법재판소와 회원국의 법원 사이의 직접
적인 관련성(direct connection)을 규정하고 있는 선결적 부탁절차에 대
한 리스본 조약 제267조(구 EC 제234조)를 통하여 연결되어 온 것이
사실이다. 왜냐하면, 당해 선결적 부탁절차는 유럽연합법의 해석과 유
효성이 문제가 되는 경우, 그의 해결을 위하여 모든 회원국의 법원이
그들의 지위와 무관하게 유럽연합 사법재판소에 부탁하는 것을 허용하
도록 하는 제도이기 때문이다. 즉, 선결적 부탁절차에서 국내 하급 법원
은 자신이 속한 국내법 질서에서 상급법원이 자신에게 반송한 사건의
경우에도 규정상 요건에 따라 그 사건을 유럽연합 사법재판소에 독자
적으로 부탁하여 그의 견해에 따라 사건을 해결하도록 예정되어 있
다.[204]

하지만 유럽연합 차원의 제도와 이에 대한 유럽연합 사법재판소의
견해만을 가지고 유럽연합 사법재판소 자신이 회원국의 법질서와의 관
계에서 사법적 위계질서를 수립하였다는 주장을 할 수 있는 지는 의문
이다. 유럽연합 사법재판소의 EC 법 해석에 대한 회원국의 저항이 9건
에 이르고[205] 실제로 국내 재판소가 유럽연합 사법재판소의 판결에 동
의하지 않는 경우가 적지 않은 상황[206]에서 사법적 위계질서의 수립을

데, 공동체 법이 회원국 법에 의하여 적용되고 회원국의 공동체법과 충돌하는
회원국 국내법을 취소할 수 있었던 것은 유럽연합 사법재판소의 노력 덕택이었
다(Karen V. Kole & Anthony D'Amato, *European Union Law - Anthology -*,
p. 559). 그렇다고 하여도 유럽연합 사법재판소와 회원국 법원 사이의 협력적
관계가 존재한다는 점을 고려한다면, 공동체 차원에서 위계질서가 명확히 존재
하고 있다고 단정할 수는 없을 것이다.

204) Case 166/73 *Rheinmühlen-Düsseldorf v. Einfuhr- und Vorratstelle für Getreide*
〔1974〕 ECR 33. 유럽연합 사법재판소는 특히 당해 사건에서 "재판소가 법률
문제에 관해서 상급재판소의 판결에 구속된다는 국내 법규는 하급재판소로부터
그와 같은 판결에 수반되는 공동체법의 해석문제를 유럽재판소에 부탁할 그들
의 권한을 박탈할 수는 없다"라고까지 선언하였음은 앞서 본 바와 같다.

205) Leslie Friedman Goldstein, *Constituting Federal Sovereignty - The European
Union in Coparative Context -*, p. 21.

206) 프랑스 법원들은 프랑스 국내법이 유럽연합의 조약에 순응하도록 요구하여야

일반적으로 상정하는 것은 유럽연합 사법질서에 대한 객관적인 판단이
라고는 할 수 없기 때문이다. 더욱이 현재 유럽연합 회원국수의 지나친
확대에 따라 유럽연합 내에 EU법에 대한 준수 및 수용의지가 감소하고
있으며 나아가 유럽연합법의 통용력(Geltungskraft) 역시 약화되고 있는
상황207)을 고려한다면, 과연 유럽연합법질서와 회원국 법질서 간에 사
법적 위계질서가 존재하고 있다고 결론을 내릴 수 있을 지도 의문이다.

특히 이탈리아 헌법재판소(Corte Constituzionale)는 이탈리아 사법체
계에 있어서의 유럽연합법상의 직접 효력의 원칙을 공공연하게 수용하
지 않고 있다. 당해 재판소는 자신에게 국내법과 먼저 제정된 공동체
법상의 갈등을 검토할 수 있는 배타적인 권리가 있다는 입장을 견지하
고 있기 때문이다.208) 이탈리아의 하급법원들은 실제로 유럽연합 사법
재판소의 결정에 반대하고 그를 무시한 경우가 적지 않으며 유럽연합
법 차원의 문제가 이탈리아의 판례법에 합치하는 지의 여부가 문제되
었을 때에도 이를 유럽연합 사법재판소가 아닌 이탈리아 헌법재판소에

하는 지 나아가 유럽연합 사법재판소에 의한 원칙을 따라야 하는 지에 대한 사
항에 대하여 합의를 못하고 있다. 특히 프랑스의 최고 행정재판소뿐만이 아니라
하급행정재판소 역시 프랑스의 헌법위원회(Constitutional Council)가 프랑스 국
내법의 무효를 선언할 수 있는 유일의 법원이라고 주장하였으며(Lenore Jones,
"Opinions of the Court of the European Union in National Courts", p. 237), 설
사 유럽연합법에 위반된다는 이유로 국내법의 무효(inapplicability)가 선언되어
도(Judgement of May 24 1975, Cour de Cassation 1975 Cass. ch. Mix. 6) 프랑
스의 관련 재판소들은 유럽연합 사법재판소의 권위(authority)를 원용하지 않고
있다(예를 들어 Directeur Général dss Douanes v. Société Cafés Jacques Vabre
& Société Wiegel 사건), 이는 기존의 유럽연합 사법재판소의 입장과는 상반되
는 것임은 물론이다.
207) 토마스 오퍼만(이상해 역), "확대되고 있는 '대 유럽연합'에서의 EU법의 효력",
    317면.
208) Ami Barav, *Cour constitutionelle italienne et droit communautaire: le fantôme
    de Simmenthal*(21 Revue Trimestrielle de Droit Européen, 1985), pp. 313,
    332(Lenore Jones, "Opinions of the Court of the European Union in National
    Courts", p. 237 각주 96에서 재인용).

만 부탁하고 있을 뿐이다.209) 하지만 유럽연합법원에 의한 *Simmenthal*
사건 이후 이탈리아 헌법재판소의 입장은 전향적으로 변화하고 있는
것으로 보이는데 당해 재판소는 적지 않은 사건에서 비록 국내법과 상
충하는 공동체 규정도 이탈리아의 국내 법관에 의하여 국내법 질서에
직접 적용될 수 있다는 입장을 취하고 있기 때문이다.210)

　　그러므로 유럽연합 차원에서 회원국 법질서를 포함한 법질서는 유
럽연합 사법재판소 단독에 의하여 형성된 위계질서를 구성하고 있다고
단정할 수는 없다. 오히려 양법원의 의견 조정에 따라 형성되어 가는
과정에 있다고 보는 것이 적절하다. 결국 유럽연합과 회원국법질서 간
에는 사실상의 위계질서가 존재하기 보다는 양 질서 하에서 존재하는
법원들 간의 협력적인 연계(cooperative link)를 통한 긴밀한 관계가 형
성되어 있다고 보는 것이 타당할 것이다.211) 이를 반영하듯 유럽연합
사법재판소는 국내 법원에게 자신의 법질서를 강요하고 국내 법원을
설득시키는 방편으로 직접적인 압박수단보다는 간접적인 수단인 정치
적 압력(political pressure)을 사용하는 경우가 적지 않다.212) 직접적인
집행 수단을 보유하고 있지 않은 유럽연합으로서는 어쩔 수 없는 선택
이라고 보인다. 계속 언급하고 있는 바와 같이 특히 이를 위하여 유럽
연합 사법재판소는 자신의 제도인 선결적 부탁절차를 적극적으로 활용

---

209) *Ibid.*, p. 228.
210) 대표적으로 Judgement of June 8, 1984(Soc. Grantial c. Min. Finanze), Corte
    cost., 107 Foro Italiano(Foro It.) Ⅰ 2062, 2073 (1984).
211) 이는 회원국 차원에서도 인정되는 사항이다. 특히 마스트리히트 조약과 관련한
    사건에서 독일 연방헌법재판소는 인권을 보호하는 데에 있어서의 유럽연합 사
    법재판소의 중요한 기능에 대하여 부인하지 않았다. 결국 독일 연방헌법재판소
    는 양자 즉 유럽연합 사법재판소와 회원국 법원 간의 관계를 불명확하기는 하
    지만 '협력적 관계(cooperative relationship)'로 평가하였던 것으로 보인다. 물론
    당해 관계를 통하여 유럽연합 사법재판소는 공동체의 모든 개별적인 분야와 사
    안에 있어 기본권의 보호를 보증할 수 있어야 한다(Kay Hailbronner and Hans-Peter
    Hummel, "*Constitutional Law*", p. 78).
212) Lenore Jones, "Opinions of the Court of the European Union in National
    Courts", p. 225.

하고 있기 때문에, 결국 당해 절차는 유럽연합 사법재판소와 국내 법원 간 협력적 관계의 형성에 적지 않은 기여를 하고 있다는 평가가 가능하다.

(2) 유럽연합 법질서를 위한 사법적 조치의 강화

유럽연합은 선결적 부탁절차를 통하여 유럽연합 사법재판소와 국내 법원 사이의 협력적 관계를 확립하고 있음은 이미 본 바와 같다. 그와 같은 협력적 관계가 국내 질서와 유럽연합 질서를 중심으로 하는 유럽연합 차원에서의 법질서를 형성하고 있다는 것을 고려한다면, 회원국과 마찬가지로 유럽연합 역시 자신만의 법질서를 보유하고 있다는 가정이 가능하다. 그런데 유럽연합이 자신의 지상 사명인 통합의 진전을 위해서는 회원국과의 갈등을 최소화하고 그와 같은 자신의 법질서를 회원국의 차원에서 실행하는 것이 무엇보다 필요할 것이다. 나아가 더욱 일관성 있는 통합을 위하여 EU법은 모든 회원국에서 동일하게 적용되어야 한다.213) 그렇다면 유럽연합법의 규범력과 통용력이 유럽연합의 전 영역에서 인정되어야 할 것인데 이는 다시 말해 유럽연합법에 직접효력과 직접적용성이 인정되어야 한다는 것을 의미하는 것이다. 이를 위하여 유럽연합 사법재판소는 실제로 유럽연합 기관이나 국내 당국의 시행세칙이 갖추어지지 않은 경우에도 연합법의 직접효력을 인정하고 있으며 이에 따라 유럽연합법규범의 세부 내용의 이행을 위한 배타적 권한을 국내 입법부에 유보하고 있지 않다는 견해를 견지하고 있다214). 이에 만족하지 않고 유럽연합 사법재판소는 유럽연합법의 집행에 관해서도 상당히 적극적인 입장을 보이고 있다. 특별히 유럽연합법원은 *Johnston v. Chief Constable of the Royal Ulster Constabulary* 사건에서 다음과 같이 설시하였다.

---

213) P.S.R.F. Mathijsen, *A Guide to European Union Law*(London: Sweet & Maxwell, 1999) p. 42.

214) *Ibid.*

관련 사건에 관한 한, 지침 제6조에 따라 회원국은 연합 차원의 특정 조치가
자신의 국내 법체제에 도입됨으로 인하여 시행된 차별적 조치로 피해를 받았다고
생각하는 모든 사인이 사법절차에 의하여 자신의 권리를 주장할 수 있도록 하여
야 한다. "회원국은 지침의 목적이 충분히 달성될 수 있도록 조치를 취하여야 하
며 회원국은 그에 따라 관련 사인이 부여된 권리를 국내 법원에서 효과적으로 의
존할 수 있도록 하여야 한다"라는 규정에 그와 같은 회원국의 의무는 구체화되고
있다.

당해 규정에 규정이 된 사법적 통제의 조건은 회원국에 공통된 헌법적 관습을
강조하는 법의 일반원칙을 반영하는 것이다. 당해 원리는 1950년 11월 4일에 체
결된 유럽인권과 기본권에 대한 헌장 제6조와 제13조에 규정이 되어 있는 것이기
도 하다. 유럽의회, 이사회, 그리고 위원회가 1977년 4월 5일에 공동성명215)을 통
하여 발표하고 유럽연합법원이 자신의 결정에서 인식을 하고 있는 것과 같이 당
해 협정이 기반하고 있는 원리는 공동체법 상에서 고려되어야 하는 것이다.216)

더욱이 유럽연합 사법재판소는 법적인 분쟁(legal dispute)이 있는 경
우 자신의 법원뿐만이 아니라 회원국의 법원은 유럽연합법을 원용하여
야 하는 의무(obligation to invoke)를 부담한다고까지 강조하고 있다.217)
이와 같이 유럽연합 사법재판소는 유럽연합 차원의 사법적 통치의 개
념을 설정하고 연합의 사법적 자치를 위하여 자신의 역할에 상당한 비
중을 설정하고 있는 것이다. 유럽연합의 사법적 자치란 유럽연합법의
직접효력과 연합법의 우위를 통한 연합의 사법질서라고 할 수 있을 것
인데, 당해 사법질서는 유럽연합 사법재판소라는 사법기관을 통한 사법
제도의 전반적인 운영을 통하여 달성될 수 있는 것임은 물론이다.218)
하지만 실제적으로 각 회원국들이 유럽연합의 지침을 국내법으로
전환한 통계에 따르면 당해 전환률은 그리 높은 수치를 기록하고 있지

---

215) Official Journal C 103, P. 1.
216) Case 222/84, *Johnston v. Chief Constable of the Royal Ulster Constabulary*,
　　〔1986〕 ECR 1651, at 1682, paras. 17-18.
　　당해 판례는 http://homepage.univie.ac.at/~holzlee2/EuGHJohnston1986.pdf를 참
　　조(2009. 12. 29. 방문).
217) Joined Cases C-430, 431/93, *Van Schjindel and Van Veen*, 〔1995〕 ECR Ⅰ
　　-4736, paras. 13-14.
218) Case 106/77, *Amministrazione delle Finanze v. Simmenthal* 〔1978〕 3 CMLR 263.

못하다.[219] 나아가 독일의 연방헌법재판소는 선결적 부탁절차에 자국의 사건을 맡긴 일이 한 건도 없다.[220] 더욱이 현재 적지 않은 회원국국내 법원은 유럽연합 차원에서의 유럽연합 권한의 적절한 한계 설정은 유럽연합(특히 유럽연합 사법재판소)에게 부여된 권한이 아니며, 국내 법원 자신이 이에 대한 궁극적인 관할권을 향유하고 있다는 견해까지 피력하고 있다.[221] 이와 같은 상황을 고려한다면 유럽연합법질서에서의 유럽연합 사법재판소에 의한 사법적 조치의 강화는 결국 회원국의 협조가 전제되어야 한다. 그런데 앞에서 살펴본 바와 같이 이와 같은 회원국과의 대화 혹은 연계의 확보를 위하여 유럽연합차원에서 유럽연합 사법재판소는 특히 선결적 부탁절차를 적극 활용하고 있다. 특히 유럽연합 사법재판소는 사실관계가 확정되지 않은 사건에 대해 섣불리 개입하기보다 국내 법원의 판단에 이를 맡기고 있으며,[222] 특히 국내 법원과 유럽연합 사법재판소의 관계는 국내 법원이 독점하고 있는 부탁(reference)에 기반하여[223] 이루어지고 있다. 이들은 모두 선결적 부탁절차를 통하여 국내 법원과의 협력을 이끌어 내려는 유럽연합 사법재판소의 노력의 일환이라고 할 수 있는 것이다.[224] 그런데 유럽연합의 법질서를 궁극적으로 수호하고 발전시키기 위하여 유럽연합 사법재판소는 오히려 회원국에게 정치적 비난과 압력을 가하기도 하는데 이

---

219) 토마스 오퍼만, "확대되고 있는 '대 유럽연합'에서의 EU법의 효력", 7면.

220) 위의 논문.

221) Paul Craig & Gráinne de Búrca, *EU Law*, p. 377.

222) Joined Cases C-320-322/90, *Telemarsicabruzzo and Others*, 〔1993〕 ECR Ⅰ-426, paras. 6-7(김두수, EU소송법상 선결적 부탁절차, 198~199면에서 재인용).

223) Paul Craig & Gráinne de Búrca, *EU Law*, p. 460. 즉, 국내 법원은 선결적 부탁을 위한 관련성의 평가를 위한 배타적 권한을 갖기 때문에 선결적 판결의 부탁 여부를 자체적으로 결정할 수 있는 것이다(김두수, EU소송법상 선결적 부탁절차, 145면).

224) 결국 그들은 EU법을 집행하고 적용하는 기능을 서로 나누어 가졌다고 할 수 있다(Paul Craig & Grainne de Búrca, *EU Law: Text, Cases, and Materials*(Oxford University Press, 1998), p. 408).

를 위하여 재판소는 역시 선결적 부탁절차를 적극적으로 활용하고 있다는 것을 주목하여야 한다. 결국 유럽연합 사법재판소는 선결적 부탁절차를 통하여 유럽연합법과 국내법질서의 연계를 확보하고 있으며 간접적이기는 하지만 이를 통하여 유럽연합법의 회원국 국내법질서에 대한 적용을 유도하고 있다고 할 수 있는 것이다. 특히 초기의 선결적 부탁절차는 수평적이고 양자적인 관계(horizontal and bilateral relationship)를 규율하는 제도였지만 마스트리히트 조약 이래 수직적 관계 나아가 다자적 관계(vertical and multilateral relationship)에 중점을 두는 제도로 변모하고 있다는 평가225)는 회원국 법원과의 협력을 기반으로 회원국에게 영향을 끼치는 데에 활용되고 있는226) 선결적 부탁절차의 특징을 단적으로 보여 주는 사항이라고 생각된다. 결국 유럽연합 사법재판소는 회원국 법원에 대한 영향력 확대의 주요 수단으로 당해 선결적 부탁절차를 적극 활용하고 있다는 평가가 일응 가능하다.

(3) 유럽연합 법질서 형성을 위한 회원국 법원의 기여의 창구

유럽연합법을 적용하고 연합법상의 권리를 집행하는 것이 회원국 재판관들에게는 복잡하고 어려운 직무임에도 불구하고 당해 직무가 그들에게 불가능한 것만은 아니다. 어느 정도의 교육을 통하여 회원국의 재판관에게 유럽연합법을 적절하게 적용하고 집행할 수 있는 능력을 충분히 습득시킬 수 있기 때문이다. 나아가 유럽연합법의 회원국 차원에서의 집행의 책임과 권한이 당해 회원국 재판관에게 부여되어 있기 때문에 그들의 입지를 결코 무시하여서도 안 된다. 국내 재판관의 유럽연합의 통합에 있어서의 중요성은 J. Weiler 교수의 다음과 같은 언급에도 잘 드러나고 있다.

헌정주의(constitutionalism)는 유럽공동체의 DOS와 Window와도 같다. 그러므

---

225) *Ibid.*
226) *Ibid.*

로 유럽연합의 회원국 법원 없이는 (연합의) 운영체제(operating system)가 작동할 수 없기 때문에 회원국 법원은 결국 (연합에서의) 하나의 실행 프로그램(an .exe programme)이라고 할 수 있는 것이다. 새로운 법질서(new legal order)는 국내 법원 없이는 집행될 수도, 창설될 수도 없다.227)

즉, 회원국의 법원은 유럽통합의 과정을 실질화하는 데에 있어 중요한 지위를 점하고 있기 때문에 특히 강화된 유럽통합을 위해서는 무엇보다 회원국 법원의 협력이 전제되어야 하는 것이다.228) 유럽연합 사법재판소는 자신의 관할권이나 기능상의 한계로 인하여 자신의 판결의 집행을 위해서는 결국 국내 법원에 상당 정도 기댈 수밖에 없기 때문이다.229) 다시 말해 유럽연합 사법재판소는 국내 법원 없이는 자신에 의하여 확립된 새로운 법질서를 강제할 수 없다. 그런데 회원국의 법원은 꽤 자주 중요한 헌법적인 문제점들을 선결적 부탁절차를 통하여 유럽연합 사법재판소에 부탁하여 왔기 때문에 유럽연합법질서의 확립에 있어 국내 법원의 실제적인 역할과 기능을 간과해서는 안 된다. 결국 유

227) Joseph H. Weiler, "The Reformation of European Constitutionalism," 35 *Journal of Common Market Studies* 97, 1997; 유럽연합 통합에 있어서의 국내법원의 기여에 대해서는 다음의 문헌을 참조. K. Alter, *Establishing the Supremacy of European Union Law*(Oxford University Press, 2001); Anne-Marie Slaughter, Alec Stone Sweet and J. H. H. Weiler, *The European Courts and National Courts. Doctrine and Jurisprudence*(Hart Publishing, 1998).
228) 지금까지 고찰한 바와 같이 유럽연합 사법재판소의 "우위성의 원칙"과 회원국의 헌법과의 상충과 조화는 유럽연합 법시스템의 가장 중요한 면모를 보여주고 있는 것이 사실인데 이에 따라 당해 시스템의 효율성은 유럽연합법을 인식하고 이를 고수하려는 특히 유럽법에 대한 유럽연합 사법재판소의 해석을 고수하려는 회원국 판사의 의지(willingness)에 상당 정도 의존할 수밖에 없게 된다(Ralph H. Folsom, *European Union Law in a Nutshell*, p. 87).
229) 실제로 국내 법원의 판사는 유럽연합법의 규칙으로 유래하는 법적 보호를 제공하고 유럽연합법규범이 완전한 효력을 가지도록 하는 것을 보장하는 핵심적인 행위자(key player)라고 평가되고 있으며(Allan Rosas and Lorna Armati, *EU Constitutional Law*, p. 59), 그들로 구성된 국내 법원들이 유럽연합 조약의 가장 적합한 수호자로 인식되고 있는 것이 사실이다(*Ibid.*, p. 54).

럽연합법의 사법적인 효력(judicial effect)의 완전한 보장을 위한 회원국 법원의 역할을 부정할 수는 없는 것이며 특히 그와 같은 회원국의 역할 은 선결적 부탁절차를 통하여 상당 정도 확보되고 있다고 할 수 있는 것이다. 그러므로 선결적 부탁절차는 유럽연합 사법재판소는 말할 것도 없거니와 국내 법원이 유럽연합법질서의 형성에 기여할 수 있도록 하 는 직접적인 제도라고 할 수 있다. 그렇다면 회원국이라는 전통적인 주 권국가를 그대로 유지시키는 상태에서 유럽연합이라는 국제기구적인 법적 공동체가 설립되고 그와 같은 법공동체 내에서 회원국과 유럽연 합이라는 서로 독립된 법주체간의 협력을 유도하여 통일적이고 안정적 인 법의 지배를 효율적으로 달성할 수 있도록 하는 제도가 바로 당해 선결적 부탁절차라는 종국적인 평가가 가능하다.230) 이러한 평가를 기 초로 선결적 부탁절차는 유럽연합의 정체성을 간접적으로 조망하여 주 는 유럽연합만의 고유한 제도라고도 할 수 있을 것이다.

(4) 유럽연합 내 규범통제 기능 – 타냐 크라일 사건

유럽연합의 법질서에는 두 가지의 법질서가 존재하고 있다. 유럽연 합의 법질서와 회원국의 법질서가 바로 그것이다. 그렇다면 그와 같은 질서에서의 입법의 통일적인 해석과 적용은 연합의 지속적이고 조화로 운 통합을 위하여 필수적이라고 할 수 있다. 하지만 문제는 유럽연합법 질서와 국내법질서가 완전한 조화를 이루지 못하고 있다는 것이다. 따 라서 유럽연합은 자신의 법질서의 유효성을 확보하고 법질서의 통일성 을 달성하기 위하여 국가가 통상적으로 보유하고 있는 규범통제제도를 보유하여야 함은 계속 강조하는 바와 같다. 유럽연합법의 통일적인 적 용과 해석이 확보되지 않는다면 유럽연합의 통합의 일관성과 안정성은 확보하기 힘들 것이기 때문에231) 유럽연합 사법재판소를 유럽연합법의 해석이나 기관법령의 해석 등의 유효성을 판단하는 최상의 지위에 둘

---

230) 이성덕, 유럽연합 사법제도론, 61-62면.
231) P.S.R.F. Mathijsen, *A Guide to European Union Law*, p. 42.

필요성 역시 부인할 수 없다.[232] 지금까지의 고찰을 기반한다면 유럽연합 내에서 규범통제제도로서의 역할을 담당하고 있는 제도는 리스본조약 263조 상의 사법심사제도라기 보다는 267조 상의 선결적 부탁절차라고 보는 것이 적절하다. 회원국 특히 회원국 법원의 협조가 필요하지만 유럽연합 일련의 법규범의 해석에 대한 유럽연합 사법재판소의 최종적인 해석 권한을 통하여 연합 내 법질서의 통일성을 달성하고 있기 때문이다. 특히 선결적 부탁절차와 깊이 관련된 타냐 크라일 사건에 대한 면밀한 관찰은 당해 절차의 규범통제제도로서의 특징을 부각시켜 줄 것이다.

독일연방공화국의 타냐 크라일은 전기기술 교육을 받은 여성으로서 자신의 기술을 군대에서 사용할 수 있다는 확신 하에 정비부대의 전기기술분야로 군대에 지원하였다. 하지만 당시 기본법 규정이 여성들의 군입대는 오로지 위생 및 군악대에서의 활동만을 위해서 가능하며 무기를 가지고 하는 업무는 허용을 하지 않았기 때문에 그녀는 군에 입대할 수 없다는 거부통지를 받게 된다.

이에 대해 크라일은 독일연방정부의 결정이 성을 근거로 한 차별을 금지하고 있는 공동체 지침에 위반되는 것이라는 확신을 가지고 하노버행정재판소에 행정소송을 제기하였다. 당해 행정재판소는 본안 사건의 독일기본법상 여성에 대한 집총병역금지의 공동체부합여부의 판단을 위해서는 남녀동등처우지침 76/207 EWG의 해석이 필요하다고 판단, 당해 해석의 문제를 유럽연합법원에 선결적 평결을 제청하게 된다. 특히 타냐 크라일은 독일 정부가 여성을 군복무로부터 배제시키는 것은 법률이나 명령을 통하여 여성에게 원하는 직업을 갖지 못하도록 하는 것을 금지하고 있는 유럽연합의 지침에 위배된다고 주장하였다.

하지만 독일 정부는 타냐 크라일의 군대지원 거부의 근거가 된 독일

---

232) Case 314/85 *Foto-Frost v. Hauptzollamt Lübeck-Ost*, 〔1987〕 ECR 4231, paras. 1618.

기본법 제12조 a 제4항을 근거로 하여 제정된 군인법의 제1조 제2항과 군인직업규칙의 제3a조 규정이 공동체 법에 배치되지 않는다는 취지의 의견서를 제출하였다. 왜냐하면 첫째, 공동체법은 국토방위문제에는 원칙적으로 적용될 수 없는 것이며 이는 회원국의 주권 문제와 직접적으로 관련되기 때문이다. 둘째, 병력의 부분에서 공동체법이 적용될 수 있다고 할지라도 문제가 되고 있는 독일연방군 내에서 여성이 특정 영역에 진입하는 것을 금지하는 것은 관련 지침인 공동처우 지침 76/207 EWG의 제2조 제3항의 차별 금지의 예외 규정에 따라 정당화될 수 있기 때문이다. 이로 인하여 청구인의 군입대의 금지는 정당화된다는 것이다.

당해 사건에서는 독일 기본법의 유럽연합 지침에 대한 위반 여부가 직접적으로 문제되었다고 할 수 있다. 우선 관련 유럽연합의 지침－1976의 동등처우 지침은 다음과 같이 규정하고 있었다.

제2조 제2항 이 지침에서 규정하고 있는 동등처우지침은 특히 혼인과 가족 상태 등의 성을 근거로 하여 어떠한 직접 또는 간접의 차별이 행하여져서는 안 된다는 것을 의미한다.

그리고 독일의 관련 법조항은 다음과 같았다.

기본법 제12조a 제4항 그들(여성)은 어떠한 경우에도 무기를 가지고 하는 업무를 담당해서는 안 된다.

군인법 제1조 제2항 군인직업규칙의 제3a조 여성들은 단지 자원을 근거로 하여 위생 및 군악대의 활동을 위해 군인으로 채용될 수 있다.

당해 사건에서 유럽연합법원은 독일기본법 제12a조 제4항의 규정이 유럽연합의 동등처우지침 76/207 EWG에 부합하지 않는다고 선언하였다. 즉 회원국이 자국의 외부 및 내부적인 안전의 보장을 위해 적절한 조치를 할 수 있는 것은 당연하지만,[233] 그와 같은 종류의 조치와 결정들이 공동체법의 적용을 완전히 배제시킬 수 있는 것은 아니라는 점을 지적하였던 것이다.

독일의 관련법들의 규정은 여성의 군복무를 독일연방군의 거의 전
영역에서 배제시키는 것으로 이는 동등처우지침 76/207 EWG 제2조 제
2항에서 예정하고 있는 하나의 성으로 인한 업무의 실행 등에서의 절대
적인 금지 요건에 해당하여 남녀동등처우 원칙의 예외가 인정되는 영
역이라고 할 수는 없었다. 남성과 여성의 동등처우실현을 위해서 동등
처우지침 76/207 EWG는 공동체 내에서 통일적이고 구속력 있게 적용
되어야 하는 데 독일의 관련 규정은 이를 위반하고 있었던 것이다. 나
아가 만일 독일의 무장된 병력의 구성이 지금과 같이 계속적으로 남성
들로만 이뤄진다면, 이는 이러한 예외가 관련법이 추구하는 목적의 달
성을 위해 적합하며 필요한 한도를 벗어나서는 안 된다고 하는 비례의
원칙에도 어긋나게 된다. 결국 유럽연합법원은 독일 연방군이 이미 동
등 처우지침 76/207 EWG 제2조 제2항에서 두고 있는 예외규정에 따라
특정한 종류의 업무에 대하여 한 성의 예외를 규정·실행하고 있는 사실
을 인정할 수는 있지만 여성을 모든 무기를 사용하는 업무에서 포괄적
으로 제외시키는 것은 동 지침을 침해하는 조치라는 점을 인정할 수밖
에 없다고 선언하였다.

당해 판결의 결과 독일 기본법 제12조a 제4항이 2000년 10월 27일에
개정되었다. 이에 동 조항은 "여성들에게 어떠한 경우에도 무기를 사용
하는 업무를 의무화해서는 안 된다."[234]로 변경되어 여성도 원칙적으로
무기를 사용하는 군복무에 지원하는 것이 가능해졌다. 독일정부는 기본
법 제12조a 제4항이 남녀동권규정·차별금지규정인 기본법 제3조 제2항
에 대하여 특별법임을 근거로 여성의 무기 업무를 금지시키는 기본법
을 정당화하려고 하였지만 유럽연합의 지침에 기본법이 부합하지 않음

---

233) 예를 들어, 유럽재판소는 1999. 10. 26 판결(Rs. C-273/97 Sirdar. Slg. 1999, I
    -0000)에서 내적·외적 안전의 보장을 위한 병력 조치에 대한 결정 등의 적절한
    방책을 강구하는 것은 회원국의 고유한 업무임을 확인하였다(신옥주, "유럽재판
    소 판결의 독일 국내적 효력," 공법연구 제36집 제3호, 135면, 각주) 42).
234) Sie dürfen auf keinen Fall zum Dienst mit der Waffen verflichtet werden.

이 선언되었고 급기야 독일 기본법은 개정이 된 것이다.

당해 사건을 통하여 선결적 부탁절차가 일응 규범통제제도로서의 기능을 담당하고 있다는 것을 알 수 있다. 유럽연합법 특히 지침의 내용에 따라 독일의 국내법, 특히 헌법(기본법)이 개정되었기 때문이다. 하지만 독일 기본법의 개정이 선결적 부탁절차 상 유럽연합 사법재판소의 결정의 효력에 따라 자동적으로 달성된 것은 아니라는 사실을 주목할 필요가 있다. 유럽연합 사법재판소의 유럽연합법 해석에 대한 최종적인 권한 그리고 무엇보다 독일의 협조적인 자세로 말미암아 당해 개정이 가능했기 때문이다. 결국 선결적 부탁절차는 유럽연합법을 집행하고 적용하는 기능을 유럽연합 사법재판소와 국내 법원 양자에게 나누어 보유할 수 있게 하여[235] 규범통제제도로서의 한계를 스스로 극복하고 있다는 평가가 가능하다.

제 3 절 유럽연합 사법심사제도와 선결적 부탁절차의 비교

1. 각 제도의 절차에 대한 분석

유럽연합 차원에서는 유럽연합법질서의 수호를 위하여 사법심사제도 뿐만이 아니라 선결적 부탁절차가 존재하고 있다. 리스본 조약에서 다시 확인되고 수정이 된 유럽연합 차원에서의 제263조상의 사법심사제도는 취소소송과 부작위 소송을 통하여 구체화되고 있다. 특히 취소소송의 경우에는 유럽연합 기관의 행위가 권한의 부재, 필수적인 절차요건의 위반, 제 조약 또는 그 적용되어야 할 법규범의 위반 그리고 권

---

235) Paul Craig & Grainne de Búrca, *EU Law*, p. 408.

한의 남용에 해당한다는 것을 근거로 회원국, 유럽의회, 이사회 그리고 위원회가 소를 제기하는 경우, 유럽연합 사법재판소가 그의 위법성을 확인하는 제도를 말한다. 당해 제도 하에서 유럽연합 사법재판소는 권고와 의견 이외에 유럽중앙은행의 조치, 이사회와 위원회의 조치와 입법적 조치 그리고 제3자에 대하여 법적 효력을 발하는 것으로 예정된 유럽의회와 유럽이사회의 조치의 합법성을 심사할 수 있으며 나아가 제3자에 대하여 법적 효력을 발하는 것으로 예정된 연합의 조직, 사무처 그리고 기관의 조치의 합법성까지도 심사할 수 있도록 예정되어 있다.

그런데 유럽연합법의 수호를 위하여 유럽연합이 보유하는 당해 제도는 국내적인 차원에서의 행정쟁송제도의 역할을 하는 사법심사제도와 상당한 정도로 유사성을 가지고 있다. 흔히 사법심사제도라 함은 법률이 헌법의 최고규범성에 합치하는 가의 여부를 심사하여 헌법에 위배된다고 판단되는 경우, 그 법률의 적용을 거부하거나 효력을 상실케 하는 위헌법률심사의 한 형태236)와 미국의 사법심사에서와 같이 우리의 행정쟁송까지 포함하는 개념으로 정의되고 있는데237) 유럽연합이 제263조를 통하여 보유하고 있는 사법심사제도는 이 중 후자와 유사하다고 할 수 있기 때문이다. 결국 유럽연합에서 제263조상의 사법심사제도는 연방국가의 행정쟁송의 형식·절차와 유사한 방식으로 운영되고 있는 것이다.

그런데 연방국가와 유사하게 유럽연합도 자신의 존속과 통합의 지속적인 확보를 위해서는 안정된 법질서가 필요하다. 그러므로 유럽연합 역시 또 다른 의미의 사법심사 즉 규범통제를 위한 제도를 가지고 있어야 한다. 하지만 위에서 언급한 유럽연합의 취소소송으로 대표되는 사법심사제도에는 그러한 기능이 부여되어 있지 않다. 즉, 취소소송의 역할을 하는 제263조상의 사법심사제도를 가지고는 규범통제의 목적을 달성할 수가 없는 것이다. 그러므로 유럽연합 역시 자신의 법질서의 수

---

236) 허 영, 헌법이론과 헌법, 823면.
237) 김형남, "미국법원에서의 사법심사절차", 308-309면.

호를 위한 규범통제제도의 기능을 수행하는 제도를 보유할 필요성이 인정되는데 이는 소위 선결적 부탁절차라고 불리는 제도로 구체화되고 있다. 선결적 부탁절차는 유럽연합법상의 법률문제 즉, 연합법의 해석과 연합 기관행위의 유효성 여부를 회원국 국내 법원이 유럽연합 사법재판소에 부탁하는 유럽연합법상의 소송제도를 말함은 이미 고찰한 바와 같다. 국내적인 차원에서의 사법심사제도와 그 명칭이나 운영 방안이 동일하지는 않지만 당해 절차의 기능과 특성을 감안한다면, 이 역시 유럽연합 차원에서 존재하는 넓은 의미의 사법심사제도에 포함시키는 것이 가능하다. 그렇다면 유럽연합 차원에서는 사법심사제도가 2가지의 형태로 존재한다고 볼 수 있는데 결국 이에 대한 보다 구체적인 비교 고찰은 사법심사제도에 포섭될 수 있다고 여겨지는 선결적 부탁절차와 직접적으로 사법심사로도 명명되고 있는 제263조상의 사법심사제도의 특징을 더욱 명확히 드러내 보일 것이다. 특히 이를 통하여 유럽연합이 사법심사제도의 운영에 있어서 일원화를 달성하고 있는지의 여부, 그렇지 않다면 왜 그렇지 않은지도 종국적으로 파악할 수 있을 것이다. 이와 같은 선결적 부탁절차의 규범통제적 성격의 검토는 유럽연합의 정체성을 파악할 수 있는 근거로 활용될 수도 있을 것이다.

2. 사법심사의 개시

1) 유럽연합의 제263조상의 사법심사의 경우

(1) 제263조상의 사법심사제도의 목적

유럽연합 차원에서의 제263조상의 사법심사제도는 유럽연합 기관의 전체 활동이 유럽연합법에 의하여 규율되도록 하기 위한 소의 제기로 인하여 그 절차가 개시된다. 유럽연합기관의 행위는 합법성과 유효한 효력을 가지고 있다는 추정을 받는 것이 사실이지만 특정한 하자로 인하여 위법한 경우가 얼마든지 있을 수 있다. 그런데 이를 방치한다면 법치공동체를 구현하며 통합을 구체화하고 있는 유럽연합의 목적의 달성은 요원해질 수밖에 없을 것이다. 그러므로 안정된 통합의 추진을 위하여 유럽연합은 취소소송으로 대표되는 당해 사법심사제도를 보유·운영하고 있는 것이다. 그렇다면, 유럽연합이 보유하고 있는 당해 사법심사의 주요한 목적은 개인의 권리보호보다는 유럽연합 기관의 법적 행위에 대한 합법성 통제에 있다고 할 수 있다.238) 실제로 취소소송은 여러 가지 범주에 속해 있는 유럽연합기관들에게 하자 있는 유럽연합 기관 행위의 위법성을 확인하여 주고 이를 배제하도록 함으로써 유럽연합 기관행위의 합법성을 보장하도록 하는 것을 주요 기능으로 삼고 있다는 점에서239) 그와 같은 유럽연합 상의 사법심사제도의 기능과 목적을 간파할 수 있을 것이다.

(2) 사법심사제도의 제기권자

리스본 조약 제233조상의 사법심사제도는 모든 경우에 제기할 수 있는 것이 아니라 일정한 사유가 인정될 때에 제기할 수 있다. 즉, 권한의 부재, 필수적인 절차 요건의 위반, 제 조약 또는 그 적용되어야 할 법규범의 위반 그리고 권한의 남용의 사유가 인정되는 경우에 회원국, 유럽의회, 이사회 그리고 위원회는 당해 문제를 유럽연합 사법재판소에 제기할 수 있는 것이다. 그런데, 유럽연합의 소위 사법심사제도에서는 사인도 제한된 요건 하에서240) 자신에게 영향을 끼치는 조치에 대하여 유럽연합 사법재판소에 문제를 제기할 수 있다. 이렇듯 조약 제263조상의

---

238) 김대순, EU법론, 495-496면.
239) 위의 책.
240) 이미 고찰한 바와 같이 사인은 비특권적 당사자로 취급이 되고 있다. 리스본 조약 상으로 그 대상이 결정에서 조치로 확대된 것이 사실이지만 직접적·개별적 관련성(direct·individual concern)이라는 요건은 여전히 유지되고 있기 때문에 사인은 리스본 조약상으로도 비특권적 당사자로서의 지위를 극복했다고 볼 수는 없다.

사법심사제도에 따라 위법한 유럽연합기관의 행위에 의하여 자신의 이익에 영향을 받은 사인을 포함한 유럽연합의 주체는 연합의 차원에서 기관의 행위를 대상으로 소송을 제기할 수 있는 지위를 보장받는다. 그렇다면 결국 유럽연합 차원의 사법심사제도는 각 연합기관의 위법한 행위에 의하여 자신의 이익에 영향을 받은 연합의 기관 혹은 회원국 나아가 개인이 유럽연합 사법재판소에 대하여 문제를 제기하고 이에 대하여 법원이 판단하도록 하는 제도로서, 국내에서의 사법심사 중 행정쟁송의 모양새를 가지고 있다고 평가할 수 있을 것이다.[241]

2) 유럽연합의 선결적 부탁절차의 경우

(1) 부탁권자

선결적 부탁 절차의 제기에 있어 개인이나 유럽연합 기관이 개입할 여지는 없으며, 국내 법원만이 당해 절차의 개시 단계에서 독점적인 지위를 차지하고 있다. 즉, 회원국의 국내 법원만이 EU법상의 법률문제 즉, EU법의 해석과 EU 기관행위의 유효성 여부에 대하여 의문이 있는 경우에 유럽연합 사법재판소에 그 문제에 대하여 부탁을 할 수 있도록 한 것이 바로 선결적 부탁절차이다. 그러므로 선결적 부탁절차의 부탁권자는 원칙적으로 회원국의 국내 재판소로 제한되고 있다.

(2) 부탁 판단권의 존부

관련 규정에 의하면, 국내법상 유럽연합 사법재판소의 결정에 대하여 더 이상의 사법적 구제수단이 없는 회원국의 재판소 혹은 심판소는

---

241) 특히 유럽연합 차원에서의 사법심사, 취소소송은 확인의 소가 아닌 형성의 소이다. 이미 존재하고 있는 무효를 단순히 확인하는 것을 목적으로 하고 있지 않으며, 유럽연합 사법재판소의 최종 판결은 문제된 연합 기관의 행위의 무효를 선언하고 그것을 소급하여 취소시키는 것이다. 김대순, EU법론, 496-497면.

문제를 유럽연합 사법재판소에 부탁하여야 한다. 그렇다면 당해 경우 회원국의 국내재판소는 결정을 내리기 위하여 유럽연합 사법재판소에 선결적 평결을 부탁하는 데에 있어 판단의 여지가 없다고도 볼 수 있다. 특히 *Costa v. ENEL* 사건에서 유럽연합법원은 "'본 사건에서와 같이' 그 결정에 대하여 사법적 구제수단이 없는 국내재판소는 문제를 유럽연합법원에 부탁하지 않으면 안 된다"라고 이를 확인하고 있다.

반면에 유럽연합 사법재판소에 부탁'할 수 있다'고 여겨지는 법원의 경우에는 선결적 부탁의 여부에 대하여 판단할 수 있는 재량을 보유하고 있다고 볼 수 있는 여지가 있다. 하지만 유럽연합 사법재판소는 회원국의 재판소 혹은 심판소에게 인정되는 선결적 부탁의 권리를 국내법으로써 박탈하는 것을 금지하고 있다는 것을 주목할 필요가 있다. 즉, 유럽연합 사법재판소에 따르면 회원국의 하급재판소는 법률문제에 관하여 상급재판소의 결정에 구속되는 것이 사실이지만, 그렇다고 하여 당해 하급재판소가 유럽연합 사법재판소에 선결적 부탁을 제기할 수 있는 재량권을 상실하지는 않는다.242) 그러므로 '부탁할 수 있는 재판소'라는 규정을 통하여 국내 법원에게 부탁판단권을 부여한 것이라는 해석이 가능하지만 하급재판소가 상급재판소의 결정에 구속되지 않고 자신만의 부탁권한을 독자적으로 향유한다는 유럽연합 사법재판소의 견해를 고려한다면243) 회원국 내 모든 법원은 독자적인 부탁판단권을 보유하고 있는 것이고 결국 유럽법과 관련한 문제는 유럽연합 사법재

---

242) 특히 Case 166/73 *Rheinmühlen v. EVSt*(No. 1), 〔1974〕 ECR 33 and 146/73 (No. 2), 〔1974〕 ECR 139에서 유럽연합 사법재판소는 "재판소가 법률문제에 관하여 상급재판소의 판결에 구속된다는 국내 법규는 그와 같은 판결에 수반되는 공동체법의 해석문제를 하급재판소가 유럽연합법원에 부탁할 권한을 박탈할 수 없다"라고 판시하였다(〔1974〕 ECR 33 at 38(paragraph 4 of the judgement); 〔1974〕 ECR at 46(paragraph 3 of the judgement)).

243) 특히 국내 법원이 유럽연합 법에 위반된다는 사항이 의심되면(doubtful) 이를 부탁하여야 한다고 유럽연합 사법재판소는 보고 있는데, 이는 국내 법원의 부탁 여부의 판단권을 축소시키려는 유럽연합사법재판소의 노력의 일환이라고 볼 수 있을 것이다.

판소가 판단하도록 유도되고 있다고 보는 것이 적절하다. 결국 유럽연합 사법재판소는 국내 법원의 부탁판단권의 남용을 불식시키려는 노력을 기울이고 있으며, 이를 통하여 유럽연합 차원에서의 유럽법과 관련한 문제에 대해서는 자신이 직접 개입하고 판단하도록 하여 선결적 부탁제도 설치의 본래 취지를 살리려고 노력하고 있다고 보는 것이 타당하다.

(3) 선결적 부탁절차에서 부탁 의무의 실제

리스본 조약상으로 국내적인 차원의 사법구제제도상 더 이상의 사법구제수단이 존재하지 않는 경우의 회원국 법원 혹은 재판소는 자신에게 제기된 관련 문제를 유럽연합 사법재판소에 부탁하여야 한다. 다음의 리스본조약 제267조 제3단의 규정은 그를 분명히 정하고 있다.

> 국내법상 그 결정에 대하여 더 이상의 사법적 구제수단이 존재하지 않는 회원국의 법원 혹은 재판소에 그와 같은 문제가 계류되어 있는 사건에서 당해 법원 혹은 재판소는 그 문제를 유럽연합 사법재판소에 부탁하여야 한다.

하지만 당해 사항이 유럽연합 모든 회원국 차원에서 관철되고 있는 것으로 보이지는 않는다. 유럽연합 차원에서 모든 회원국 법원이 위의 규정과 같이 유럽연합 사법재판소에 대하여 부탁을 무조건적으로 하고 있는 것으로는 보이지 않기 때문이다. 특히 독일 연방헌법재판소는 유럽연합 기관의 권한의 행사에 대하여 독일 국내법에 따라 심사할 수 있다는 견해를 견지하고 있기 때문에, 지금까지 유럽연합 사법재판소에 선결적 평결을 부탁한 적이 없다.244) 나아가 이탈리아 헌법재판소

---

244) 예를 들어 1993년의 *Brunner* 사건에서도 독일 연방헌법재판소는 유럽연합 사법재판소에 선결적 부탁을 제기하지 않고, 오히려 위원회의 법적 조언(Legal Service)에 대한 사무총장의 의견을 참조하여 자체적으로 결정을 내렸을 뿐이다 (Franz C. Mayer, "Verfassungsgerichtsbarkeit", S. 565). 이뿐만이 아니라 독일연방헌법재판소는 제한된 조건 하에서이기는 하지만 유럽연합법에 대하여 무효선

(Corte Constituzionale) 역시 1991년 *Giampaoli* 사건245)에서 선결적 부탁을 하여야 하는 의무를 국내 법원이 부담하지 않는다는 입장을 표명하였으며, 1995년의 *Massagero Servizi* 사건246)에서도 선결적 부탁절차를 통하여 국내 법원이 직접적으로 유럽연합 사법재판소와 연계되는 것은 아니기 때문에 TEU 제234조(현 리스본 조약 267조)에 의하여 국내 법원이 유럽연합 사법재판소에 부탁하여야 하는 의무를 부담하지 않는다는 입장을 개진하였다. 나아가 스페인의 헌법심판소(Tribunal Constitucional)는 유럽법의 적용이 헌법의 문제가 아니라는 이유로 자신의 관할권 행사를 회피하고 있다. 프랑스의 국참사원은 *Cohn-Bendit* 사건에서 보았듯이 유럽연합 사법재판소의 *CIFIT* 사건 이후에도 여전히 유럽연합 사법재판소의 관할권과 양립하지 않는 결정을 내리고 있으며 선결적 부탁절차에 대한 규정인 TEU 제234(3)조를 무시하고 있기까지 하다.247) 단지, 유럽연합의 회원국 중 오스트리아, 벨기에, 리투아니아의 헌법재판소정도만이 유럽연합 사법재판소에 대하여 선결적 부탁을 적극적으로 제기하고 있을 뿐이다.248)

언을 할 수 있다는 견해를 견지하고 있는 데, 이는 체코 헌법재판소도 취하고 있는 견해이기도 하다(Judgement of 26 November 2008; P. Bríza, "The Constitutional Court of the Lisbon Treaty: Decision of 26 November 2008," 5 *European Constitutional Law Review* (2009), p. 143; A. Albi, "Supremacy of EC Law in the New Member States: Bringing Parliaments into the Equation of "Co-operative Constitutionalism"", 3 *European Constitutional Law Review* (2007), p. 25). 체코헌법재판소 역시 리스본 조약에 대한 독일연방헌법재판소의 판결을 수용한 것으로 여겨지고 있기 때문이다. 예를 들어 체코 헌법재판소는 리스본 조약에 대한 최근의 결정에서 "가치의 포기와 같은 예외적인 경우에서는 체코 공화국이 부여한 권한을 초과하여 취해진 유럽연합 기관의 모든 행위에 대하여 심사할 수 있다"라고 선언하였다(Jan Komárek, The Czech Constitutional Court's Second Decision on the Lisbon Treaty of 3 November 2009, 5 *European Constitutional Review*, 2009, pp. 351~352).

245) Entscheidung Nr. 168/91 - Giampaoli, Foro italiano, 1992,, I, 660 Rn. 5 f.
246) Entscheidung Nr. 536/95 - Massagero Servizi, Gazz. Uff. n. 1 I, 3.01.1996.
247) Franz C. Mayer, "Verfassungsgerichtsbarkeit", S. 566-567.
248) Allan Rosas and Lorna Armati, *EU Constitutional Law*, p. 58, Fn 20.

  물론 유럽연합의 차원에서 선결적 부탁절차에 대한 적극적인 입장을 견지하고 있는 회원국 국내 법원도 있다. 벨기에의 최고 법원이나 네덜란드의 최고법원 나아가 룩셈부르크의 최고 법원은 선결적 부탁절차의 활용에 비교적 적극적이기 때문이다. 영국의 상원(House of Lords) 역시 1970년대에 선결적 부탁절차를 개시하였으며 이후에도 정기적으로 당해 절차를 활용하고 있다.[249] 나아가 덴마크의 대법원(Højesteret)은 유럽연합의 통합에 대하여 가장 비관적인 입장을 견지하고 있었던 법원 중 하나였지만 1978년 이래로 상당한 수의 선결적 부탁을 제기하고 있는 것이 사실이다. 나아가 아일랜드, 그리스, 스웨덴, 핀란드, 오스트리아 등 여러 회원국 법원들 역시 선결적 부탁절차에 대하여 비교적 적극적인 입장을 견지하고 있다. 하지만 이와 같은 회원국의 관행은 일관되게 관철되고 있지는 않기 때문에 규정상의 부탁의무가 회원국에게 직접적인 의무를 부과한다고 할 수는 없을 것이다. 특히 독일, 스페인 그리고 이탈리아와 같은 헌법재판소 체제를 유지하고 있는 국가들은 독단적인 사법체계를 추구하고 있어서 유럽연합 사법제도를 다룸에 있어서 그들만의 방식을 고수하고 있음은 앞에서 살펴본 바와 같다. 물론 이는 당해 법원들이 자신들을 국내적인 차원에서의 "헌법의 수호자"(Hüter der (nationalen) Verfassung)로 상정을 하고 있기 때문이다.[250] 이와 같은 상황을 고려하면 결국 선결적 부탁절차의 실효적인 운영은 회원국의 자발적인 협력과 준수를 통하여 확보되고 있으며 또한 확보될 수 있다고 보는 것이 적절하다. 하지만 유럽연합법의 일관성과 이의 법적 확실성을 위하여 유럽연합 사법재판소 역시 자신을 유럽통합을 위한 원동력(Motor der Intergration)으로 상정하고 있기 때문에[251] 유럽

---

249) Franz C. Mayer, "Verfassungsgerichtsbarkeit", S. 567.
250) *Ibid.*, S. 569; 특히 독일의 경우 독일 헌법은 헌법재판을 통해 시대에 부응하는 보편성을 획득하게 되고, 이를 통해 모든 법률의 토대로서 권위를 유지할 수 있기 때문에 독일연방헌법재판소가 "헌법의 수호자" 역할을 한다고 할 수 있다 (강정인 외, 유럽민주화의 이념과 역사(후마니타스, 2010), 289면).
251) Franz C. Mayer, "Verfassungsgerichtsbarkeit", S. 570.

연합 사법재판소는 선결적 부탁절차와 관련하여 회원국 법원이 부담하는 규정상의 의무에 대해 강조하는 것을 포기하지 않고 있다. 그렇다면 결국 유럽연합 사법재판소와 국내 법원 간 이익의 충돌은 불가피하다고 할 수 밖에 없을 것이다.

3) 절차 개시 주체의 상이

취소소송으로 대표되는 유럽연합의 사법심사제도에서는 국내법원 등 국내 기관이 당해 절차에 개입할 여지는 없으며, 오히려 회원국이나 유럽연합의 기관들에 의하여 소송이 제기되며 단지 사인에게는 그 당사자 적격이 제한적으로나마 인정되고 있다. 그러므로 유럽연합에서의 제263조상의 사법심사제도는 국내의 사법심사제도에서와 유사하게 사인의 당사자 적격이 인정되고 있다고 할 수 있다. 이에 반해 유럽연합의 선결적 부탁절차에서는 원칙적으로 사인이 아닌 국내 법원이 부탁을 주도하므로 당해 절차에서는 사인이 당해 절차에 관여할 수 있는 통로가 존재하지 않는다. 나아가 관련 절차의 개시와 관련하여 최종적인 판단을 하는 기관은, 사법심사 제도의 경우 회원국과 유럽연합 기관임에 비하여, 선결적 부탁절차의 경우에는 국내 법원이라는 점을 고려한다면 사법심사제도와 달리 선결적 부탁절차는 그 제도의 운영 상 회원국 국내 상황까지 관련을 맺게 된다는 것을 쉽게 알 수 있다.252)

---

252) 유럽연합 차원에서의 선결적 부탁절차를 통하여 확립된 유럽연합법 우위의 원칙이 회원국의 국내 헌법적인 원칙에 직접적인 영향을 끼치고 있다는 주장을 감안한다면(J-V. Louis, *The Community Legal Order*(The European Perspective Series, 1990.), p. 138), 위와 같은 언급이 전혀 불가능한 것은 아니다.

3. 사법심사의 심리

1) 유럽연합의 제263조상의 사법심사의 경우

유럽연합 차원에서 존재하는 사법심사제도는 유럽연합법의 효력을 보장하기 위한 것이다. 애초에 유럽공동체 설립조약, 즉 유럽연합 차원에서 헌법적 문서(constitutional charter)로 간주되는 법규범을 수호하고 연합 기관의 행위를 통제하기 위하여 도입된 것이 바로 사법심사제도이기 때문이다. 이에 따라 사법심사제도의 취소사유 중 설립조약 혹은 그 적용에 관한 법규의 위반이 인정되어 만일 유럽연합 차원의 헌법적 문서인 설립 조약에 위반된다고 판단된 유럽연합 기관의 행위는 유럽연합 사법재판소에 의하여 취소당하게 된다. 물론 유럽연합이 보유하고 있는 사법심사제도에 있어 요구되는 여타의 취소사유인 무권한, 본질적인 절차 요건의 위반 그리고 권한의 남용 등의 여부를 판단하는 데에 있어서도 유럽연합법이 판단기준으로서의 역할을 수행하고 있다.

2) 유럽연합의 선결적 부탁절차의 경우

유럽연합은 이미 법치공동체라는 점이 확인되고 있는데[253] 이를 위하여 특히 연합기관이나 회원국이 법위반행위를 하는 경우 이에 대한 엄밀한 규율의 필요성을 인정할 수밖에 없음은 이미 본바와 같다. 그런데 이와 같은 법위반행위에 대해서는 그를 확정하고 위반시 무효를 선언할 수 있는 단 하나의 기관이 필요할 뿐만 아니라 특히 법위반을 확정할 수 있도록 기준을 제시하여 주는 법규범 역시 필요함은 물론이다. 국내적인 차원에서, 실정 헌법을 국가의 최고법으로 삼고 있는 헌법 국

---

253) Hallstein, "Die EWG - eine Rechtsgemeinshaft", in: ders.(Hg.), *Europäische Reden*(1979), S. 341.

가의 법구조에서 헌법보다 하위에 위치하는 법률이나 명령은 법존재와 법효력의 측면에서 보다 상위에 존재하는 헌법을 위반할 수 없다. 헌법 국가를 유지하고 수호하기 위해서는 법률에 의한 헌법의 침해를 방지 하여야만 하는 것인데 이를 통해 공동체의 법질서를 수호하고 국민주 권에 바탕을 둔 입헌주의를 실현할 수 있기 때문이다. 그런데 유럽연합 도 법치 공동체로서 자신의 법치주의의 확립을 위하여서는 자신만의 법질서를 보유하여야 하고 특히 최고법인 법규범을 가지고 있어야 한 다. 그런데 유럽연합 차원에서 "유럽연합법 우위의 원칙"이 확립되어 있고254) 이를 통하여 유럽연합법의 질서가 통일성을 구현할 수 있는 기 반을 마련하였다는 사실을 감안한다면 유럽연합 역시 그만의 헌법적 문 서(constitutional document)를 보유하고 있다고 하여도 과언은 아니다.255)

그런데 만일 유럽연합법이 그 우위성을 향유한다고 하여도 그에 대 한 해석권한이 권위 있는 유일의 기관이 아닌 다양한 기관에게 부여된 다면, 초국가적 체제로서의 유럽연합은 실효성 있는 기능을 할 수 없을 뿐만이 아니라 유럽연합법의 우위성의 원칙은 유명무실하게 될 수밖에 없다. 그러므로 선결적 부탁절차가 유럽연합법의 우위성의 확립과 더불 어 이를 보장하는 절차로서 도입된 것이며 특히 당해 절차에서는 권위

---

254) 이는 물론 유럽연합 사법재판소의 견해일 뿐이지 회원국 차원에서 절대적으로 인정되고 있는 사항은 아니다. 적지 않은 수의 회원국 법원은 유럽연합법의 조 치에 대한 헌법적인 차원의 궁극적인 권한이 자신에게 있다는 견해를 피력하고 있기 때문이다(Paul Craig & Gráinne de Búrca, *EU Law*, p. 344).

255) 이 역시 유럽연합 사법재판소의 견해이다. 즉 유럽연합 사법재판소는 특히 유럽 공동체의 설립조약이 유럽연합의 기본 헌법전(basic constitutional charter)을 형 성했다는 견해를 밝히고 있다(Case 294/83, *Parti Écologiste 'Les Verts' v. European Parliament*, 1986 ECR 1339, at 1365 para 23). 이에 따라 당해 유럽 연합의 법규범은 연합의 규범체계상의 문제를 해결할 수 있는 성문헌법의 성질 을 가지고 있다는 견해가 있기는 하지만(김두수, EU소송법상 선결적 부탁절차, 93면), 헌법이 사실상 유효하기 위하여 규범력이 필요하다는 혜세의 견해 (Konrad Hesse, *Grundzüge des Verfassungsgerichts der Bundesrepublik Deutschland*(20. Aufl. 1995), S. 16ff)를 상기한다면 과연 유럽연합법이 완전한 성문 헌법의 지위를 향유하고 있는 지에 대해서는 재고를 요한다.

있는 유일의 해석기관으로서 유럽연합 사법재판소가 직접적으로 등장
하고 있다. 특히 당해 유럽연합 사법재판소는 실제적으로 그 심사와 판
단의 기준으로 유럽연합법을 상정하고 있기 때문에[256] 선결적 부탁절
차에 있어서도 유럽연합법은 주요한 심사기준으로서의 역할을 수행하
고 있다고 볼 수 있다.[257]

3) 판단 기준으로서의 유럽연합법

유럽연합 차원에서의 취소소송으로 대표되는 사법심사제도 그리고
선결적 부탁절차 모두는 그 심사의 기준으로 헌법적 문서(constitutional
document)라고 주장되는 법규범을 제시하고 있다. 그러므로 유럽연합의
경우, 사법심사제도뿐만이 아니라 선결적 부탁절차에서도 유럽연합 사
법재판소는 유럽연합법을 적극적으로 원용하고 있다고 할 수 있다. 유
럽연합은 유럽통합헌법의 부결 등 많은 부침에도 불구하고 종국적으로
통합을 포기한 것은 아니다. 그러므로 여전히 자신만의 법질서가 필요
하다고 할 수 있고, 특히 이를 위하여 유럽연합 사법재판소는 자신만의
제263조상의 사법심사제도와 선결적 부탁절차를 적극 활용하고 있다고

---

256) 이에는 제1차적 법원뿐만이 아니라 제2차적 법원도 포함된다고 여겨진다(Paul
Craig & Gráinne de Búrca, *EU Law*, p. 344).

257) 이는 앞서 고찰한 *타냐 크라일* 사건에서 극명하게 드러나는 사항이기도 하다.
당해 사건에서 유럽연합 사법재판소는 독일 기본법이 유럽연합 지침 즉 유럽연
합법에 위반됨을 선언하였는데, 자신의 판단 기준으로 유럽연합법을 직접적으
로 활용하였기 때문이다. 물론 앞서 고찰을 하였듯이 유럽연합 사법재판소의 해
석과 그의 집행은 구별을 하여야 한다. 당시 1976년의 유럽공동체의 차별금지
지침 76/207을 기본법 제12a조의 개정을 통하여 집행하였다는 평가가 가능하지
만(토마스 오피만, "확대되고 있는 '대 유럽연합'에서의 EU법의 효력", 9면), 당
해 집행은 유럽연합 사법재판소 판결의 집행력으로 인하여 말미암은 것이 아니
라 국내적인 차원에서의 합리적인 숙고의 결과로 가능했다고 보는 것이 보다
타당하기 때문이다(위의 논문). 여하튼 유럽연합 사법재판소의 관점에서는 유럽
연합법이 직접적인 판단의 기준으로 등장하고 있다.

보인다. 유럽연합 차원에서의 유럽연합법이 국내적인 차원에서의 헌법
과 정확하게 동일한 지위를 향유하는 것은 아니다. 하지만 연합 차원에
서 유럽연합법이 우월하다고 보는 유럽연합 사법재판소의 견해를 고려
한다면, 유럽연합 차원에서 존재하는 연합의 모든 형식의 법규258)는 유
럽연합 사법재판소에 의하여 척도규범과 심사규범으로서 활용되고 있
다고 할 수 있다. 그렇다면 국내적인 차원과 유럽연합의 차원에서 모두 최
고성의 지위를 향유하는 범규범이 일응 존재하고 있다고 볼 수 있다.259)

4. 결정의 효력

1) 소위 사법심사의 경우

원고가 사법심사, 특히 취소소송에서 승소하는 경우, 다시 말해 유럽
연합 사법재판소가 원고의 주장을 받아 들여 문제된 유럽연합 기관의
행위를 무효를 선언하게 되면, 그 행위는 행위의 존재시점으로 소급하
여 그 효력을 상실하는 것으로 여겨진다.260) 나아가 취소판결은 대세적

---

258) Paul Craig & Gráinne de Búrca, *EU Law*, p. 344.
259) 물론 앞에서 고찰했듯이, 유럽연합이 상정하는 최고성과 회원국이 상정하는 최
    고성은 그 의미를 달리한다. 유럽연합은 자신의 판결을 통하여 회원국의 헌법보
    다 유럽연합법이 우위에 있다고 하지만, 이를 회원국이 수용하고 있지는 않기
    때문이다. 여하튼 각자의 입장에서는 자신의 법규범의 최고성을 주장하고 있는
    다소 복잡한 상황에 유럽연합은 처해 있다고 볼 수밖에 없다.
260) 즉 유럽연합 기관의 행위가 무권한, 설립조약의 위반 혹은 권한의 남용 등과
    같은 실체적 이유로 취소되었다면 다른 규정을 담은 새로운 행위로 대체해야
    하는 경우가 있을 수는 있지만(Trevor C. Hartley, *The Foundations of European
    Community Law*, p. 451; David Vaughan, *Law of the European Communities*(London:
    Butterworths, 1986), §2·52) 원칙적으로 그 행위를 다시 제정하는 것은 금지되
    기 때문에 당해 경우에는 유럽연합 사법재판소의 결정이 소급효를 가질 수밖에
    없다. 하지만 유럽연합의 행위가 단지 형식적 이유로 취소되었다면, 통상적으로
    제정 당국은 올바른 절차에 따라 문제의 행위를 다시 제정할 수 있을 것인데,

효력(*erga omnes* effect)을 갖는다고 여겨지고 있다.261) 이에 따라 소송을 제기한 원고뿐만이 아니라 취소소송을 제기하지 않은 다른 제3자들도 무효로 선언된 유럽연합 행위에 구속되지 않으며,262) 유럽연합기관 역시 취소된 행위를 적용하거나 강제할 수 없다.263)

　하지만 유럽연합 차원의 사법심사제도는 그 규율 대상을 주로 유럽연합의 기관으로 하고 있다는 점을 염두에 두어야 한다.264) 즉, 유럽연합 차원의 사법심사제도상으로는 이사회와 위원회의 조치와 그 입법적 조치 그리고 유럽의회와 유럽이사회의 조치의 합법성을 심사하도록 예정되어 있는 제도일 뿐이지 회원국을 직접적인 규율대상으로 삼고 있는 제도는 아니다. 위의 기구들이 유럽연합의 통합을 위하여 직접적으로 설립된 기구들이라는 것을 감안한다면, 취소 판결의 효력에 대하여 위와 같은 규범적인 통제를 인정하는 것은 오히려 당연하다고 보인다. 하지만 유럽연합의 입법에 있어 중추적인 역할을 수행하는265) 이사회

　　당해 경우, 새로 제정한 행위는 소급효를 가지지 않는 것이 원칙이다. 하지만 이와 같은 경우에도 공공의 이익이 그와 같은 소급효를 요구하고 관련 당사자들의 합법적 기대가 충분히 존중되는 경우라면, 소급효를 가지는 것이 금지되는 것은 아니다(Case 108/81, *Amylum v. Council*, 〔1982〕 ECR 3107 at 3130-3134; Case 110/81, *Roquette v. Council*, 〔1982〕 ECR 3159 at 3178-3182; Case 114/81, *Tunnel Refineries v. Council*, 〔1982〕 ECR 3189 at 3206-3210).

261) 취소소송은 확인의 소가 아니라 형성의 소로 여겨지기 때문이다(Léontin-Jean Constantinesco, *Das Recht der europäischen Gemeinschaft* Ⅰ(Baden-Baden: Nomos Verlagsgesellschaft, 1977), §§ 753-754.

262) 김대순, EU법론, 540면; 이성덕, "EU의 분쟁해결제도", 박덕영 외 14인 공저, EU법 강의(박영사, 2010). 161면.

263) 취소판결로 인한 무효선언은 무효선언을 받은 조치에 기반한 후속조치 역시 무효로 만들기 때문이며, 당해 취소선언은 이후의 사건에서 무효로 된 조치의 적용을 막도록 원용될 수 있기 때문이다(Josephine Steiner, Lorna Woods and Christian Twigg-Flesner, *EU Law*, p. 276).

264) 이에 따라 무효로 선언된 행위를 행한 유럽연합의 기관은 유럽연합 사법재판소의 판결을 준수할 의미를 부담하게 되며, 자신의 행위로 인하여 피해를 입은 당사자가 있는 경우에는 그에 대하여 손해배상을 하여야 하는 책임을 부담할 수도 있다(이성덕, "EU의 분쟁해결제도", 161면).

가 회원국의 대표 특히 정치인으로 구성되어 있는 기구라는 점266)을 고려하면, 취소판결에 대하여 위와 같은 여러 가지 효력이 인정된다고 하여도 과연 당해 이사회에 대하여 유럽연합 사법재판소의 결정을 효과적으로 강제할 수 있는 지는 여전히 의문으로 남는다.

2) 선결적 부탁절차의 경우

선결적 부탁 절차에서의 유럽연합 사법재판소가 발하는 평결의 효력에 관하여 이전의 조약뿐만이 아니라 리스본 조약도 특별한 규정을 가지고 있지는 않다.267) 그러므로 선결적 부탁 절차에 있어서 결정의 효력에 대해서는 유럽연합 사법재판소 자신이 판례를 통하여 구체적으로 형성하여 가고 있다고 볼 수 있다.

(1) 부탁재판소에 대한 구속력

선결적 부탁절차에서 유럽연합 사법재판소의 평결은 문제를 부탁한 부탁재판소에 대해서는 구속력이 있다고 여겨진다.268) 그러므로 회원

---

265) F. Hayes-Renshaw and H. Wallace, *The Council of Minister*(Palgrave, 2006), p. 321.

266) M. Westlake and D. Galloway, *The Council of the European Union*(John Harper Publishing., 2004).

267) 다만, 유럽연합 사법재판소 규정 제65조에서는 평결(ruling)이 아닌 판결(judgment)의 효력에 대한 원칙적인 규정을 두고 있기는 하다(판결은 설시일로부터 구속력이 있다(The judgement shall be binding from the date of its delivery)).

268) 왜냐하면, 사건을 직접 관할하는 국내법원은 소송개시뿐만이 아니라 소송이후에도 법적 관점에 관하여 선결적 판결의 내용에 따라 이행하여야 할 의무를 부담하기 때문이다(김두수, EU소송법상 선결적 부탁절차, 109면). 하지만 유럽연합 사법재판소의 선결적 부탁 결정이 부탁재판소에 대해 구속력이 있다고는 하지만 당해 결정이 일반적인 효력까지 보유한다고 확정적으로 말할 수는 없다. 유럽연합 사법재판소는 단지 유럽연합법에 대해서만 결정을 내릴 수 있을 뿐

국의 관련 부탁재판소가 일단 유럽연합법을 적용하는 경우에는 문제된 연합법 규정에 대한 선결적 평결을 적용하여야 할 것이다. 나아가 선결적 부탁절차는 유럽연합의 법질서 유지를 위하여 도입된 절차이기 때문에 상급재판소에 대해서도 구속력이 있다고 볼 수 있는 여지가 있다.269) 그렇다면 선결적 절차에서 유럽연합 사법재판소의 평결은 부탁재판소가 임의로 배척할 수 있는 단순한 권고적 의견(advisory opinion)이라고 할 수는 없을 것이다.

(2) 소급효

유럽연합 사법재판소는 원칙적으로 선결적 평결에 소급효를 인정하고 있다.270) 하지만 유럽연합의 중요한 법의 일반원칙(general principles of law) 중 하나인 법적 안정성을 침해하지 않기 위하여 무효라고 선언한 연합명령 일부의 효력을 확정적인 것으로 간주하는 경우가 있다.271) 특히 유럽연합 사법재판소는 권한 있는 유럽연합 기관이 소급효에 따라 유럽연합 행위의 무효를 교정하기 위하여서는 필요한 조치를 채택하여야 한다고 선언하고 있다.272)

회원국법과 유럽연합법의 양립가능성에 대해 판단을 할 수 있는 관할권을 가지고 있지는 않기 때문이다(Case 52/76, Benedetti v. Munari, 〔1977〕 ECR 163 at 182(paragraph 25 of the judgment); Case 91, 127/83, Heineken, 〔1984〕 ECR 3435 at 3451(paragraph 10 of the judgment); Case 14/86, Criminal Proceedings against a Person Unknown, 〔1987〕 ECR 2435 at 2569(paragraph 15 of the judgment).

269) 김대순, EU법론, p. 457. Lenore Jones, "Opinions of the Court of the European Union in National Courts", p. 227. 다만, Ibid., p. 227에서는 규정에서 명확히 평결의 구속력을 인정하는 규정을 두고 있다고 하는데, 규정상으로 국내 법원이 구속된다고 정하고 있는 것은 「제청 여부」에 대한 사항이지 유럽연합 사법재판소 평결의 구속력에 대하여서는 구체적으로 정하고 있지는 않다. 혼동을 하고 있는 것으로 보인다.

270) Case 222/82, *Apple and pear Development Council v. Lewis*, 〔1983〕 ECR 4083 at 4125(paragraph 38 of the judgment).

271) Case C-94/00, *Roquette Freres*.

(3) 국내 재판소의 반응

유럽연합 사법재판소는 유럽연합법을 해석할 권한은 있지만 그를 적용할 수 있는 권한은 직접적으로 보유하고 있지 않다는 사실에 주의 할 필요가 있다. 즉, 해석된 조약을 사실관계에 적용하여 그것의 효력을 보장하는 것은 국내 법원일 뿐이다.273) 특히 유럽공동체의 원 회원국 중에서 베네룩스 3국을 제외한 이탈리아와 독일이 유럽연합의 권위에 대하여 (비록 제한된 방식이기는 하지만) 꾸준히 저항을 해 오고 있다 는 사실을 고려하면 유럽연합 사법재판소의 판결에 효력을 부여하기 위해서는 국내 법원의 협조가 필수적이다. 물론 적지 않은 회원국 담당 기관들이 유럽연합법에 존중과 경의를 표하고 있는 것은 사실이지만, 이들의 사정을 면밀히 관찰하면 회원국에 따라 연합법을 수용하는 데 에 있어서 상이한 태도를 취하고 있다는 사실274)을 부인할 수는 없을 것이다. 결국 유럽연합 사법재판소의 평결에 객관적이고 절대적인 효력 을 인정하는 것은 논란의 여지가 있다.

3) 유럽연합 사법재판소에 의한 선결적 평결의 한계 극복 노력

유럽연합의 사법심사제도와는 달리 선결적 부탁절차의 경우에는 그 결정의 효력을 완전히 인정하기가 힘들다. 선결적 부탁 절차에서의 결 정의 효력에 대세적 효력이 있다는 평가가 없는 것은 아니지만275) 회원

---

272) Case 117/76, 16/77, *Ruckdeschel*, 〔1977〕 ECR 1753 at 1771~1772; Case 110/81(paragraph 13 of the judgment).

273) 이에 따라 유럽연합 사법재판소와 국내법원 간에 권한의 분담(division of authority) 현상이 나타났다는 평가가 있다(Paul Craig & Gráinne de Búrca, *EU Law*, p. 493).

274) 토마스 오퍼만, "확대되고 있는 '대 유럽연합'에서의 EU법의 효력", 319면.

275) 선결적 부탁절차가 국내 재판을 보조하기 위해 계획된 것이라는 이유로 오직 당사자 간에만 법적 효과를 가진다고 생각하는 것은 오해라는 견해가 있다 (Koen Lenaerts, Dirk Arts and Robert Bray, *Procedural Law of the European*

국 국내 법원의 관행이나 입장, 그리고 점점 약화되고 있는 유럽연합법
에 대한 수용의지 등을 고려한다면 그와 같은 효력까지 인정하는 데에
는 아직은 상당한 부담이 있을 수밖에 없다. 나아가 유럽연합 사법재판
소는 선결적 부탁절차에 있어 해석할 권한이 있을 뿐이지 국내 법원이
보유하고 있는 적용 권한은 여전히 보유하고 있지 못하다는 점 역시 선
결적 평결의 효력에 더욱 부정적인 평가를 가능하게 한다. 그런데 유럽
연합이 자신의 법질서를 보장하기 위한 제도로서 직접 마련한 것이 선
결적 부탁절차이기 때문에 당해 절차에서의 평결의 효력이 확보되지
않는다면, 자신의 법질서의 보장 역시 요원해질 수밖에 없을 것이다. 이
에 따라 유럽연합 사법재판소는 자신이 주도하는 선결적 부탁절차에서
평결의 효력을 확보하기 위하여 보다 자세한 해석을 제공하려고 할 뿐
만이 아니라 나아가 법규범을 직접 적용하려고까지 시도하고 있는 것
으로 보인다. 특히 유럽연합 사법재판소는 관련 심급에서 법적 쟁점이
문제되는지에 대하여 상세한 지시(guide)를 하고 있는데[276] 결국 이는
해석과 적용간의 차이를 줄이려는 재판소에 의한 노력의 일환으로 상
정할 수 있는 것이다.[277] 그렇다면 실제적으로 자신의 평결의 구속력을
객관적으로 확보하지 못하고 있는 한계를 가지고 있는 유럽연합 사법
재판소로서는 그 한계를 극복하기 위한 방편으로 당해 선결적 부탁절

Union, p. 134).

276) *Cristini v. SNCF* 사건에서는 특히 다른 회원국에서 일을 하고 있는 공동체 노동
    자가 당해 국가의 노동자 만큼의 사회적 복지(social advantage)를 누려야 한다
    는 규칙 1612/68의 Article 7(2)가 문제되었다. 프랑스 법원에 의하여 제기된 문
    제는 프랑스의 대가족에게 부여되고 있는 철도 운임의 할인을 허용하고 있는
    규정이 규칙 1612/68의 Article 7(2)의 범위 내에 있는 사회적 복지인 가의 문제
    였다. 유럽연합법원은 자신이 실제 사건에 대해 결정할 권한을 보유한다는 것은
    부인하였지만 사회적 복지의 개념은 당해 운임의 할인 역시 포섭하는 것이라고
    언급함으로써 실제로는 당해 사건에 대해 법을 적용하고 말았다(Case 32/75
    Cristini v. SNCF 〔1975〕 ECR 1085). 즉 유럽연합 사법재판소는 실제적인 사
    건에 대한 상세한 해석을 통하여 사실관계에 법을 적용하는 효과까지 달성하고
    있는 것이다.

277) Paul Craig & Gráinne de Búrca, *EU Law*, p. 493.

차를 우회적으로나마 활용하고 있다고 할 수 있을 것이다.

5. 결정의 집행

1) 유럽연합의 소위 사법심사의 경우

유럽연합이 보유하고 있는 리스본 조약 제263조상의 사법심사제도
는 집행에 대한 규정을 가지고 있지 않지만, 이는 유럽연합 사법재판소
의 판결을 통하여 간접적으로나마 보장되고 있다고 볼 수 있다. 유럽연
합 사법재판소는 사법심사와 관련하여 특히 배상금의 지급을 명할 권
한을 가지고 있는데, 실제로 사법심사로 피해를 입은 사인 당사자를 위
하여 배상을 명하고 있기 때문이다. 하지만 유럽연합 사법재판소가 사
법심사의 결정의 효력을 확보하기 위한 직접적인 방법을 보유하지 못
하고 있는 것은 사실이다.

규정상으로 유럽연합기관들이 유럽연합 사법재판소의 판결에 따르
기 위하여 필요한 조치를 취하도록 요구받는 경우가 인정되고는 있지
만278) 이는 유럽연합 사법재판소가 자신의 판결을 직접 집행할 수 없음
을 의미하는 것이며, 문제된 유럽연합의 기관들에 대하여 취소와 관련
된 구체적인 사후 조치를 명할 수 없음을 의미하는 것이기도 하다. 이
에 따라 유럽연합 사법재판소가 취소 결정을 하는 경우, 필요한 행위가
무엇인지에 대해서는 일차적으로 피고인 유럽연합기관이 결정할 수밖
에 없게 된다. 물론 유럽연합 기관은 그 필요한 행위를 결정함에 있어,

---

278) 이는 리스본 조약 제266조에서 규정하고 있다. 다음과 같다.

The institution, body, office or agency whose act has been declared void or whose failure
to act has been declared contrary to the Treaties shall be required to take the necessary
measures to comply with the judgment of the Court of Justice.

물론 이는 기속력과 직접 관련이 있는 규정이지만 본문과 같이 이를 통하여
간접적인 집행력 역시 확보할 수 있기 때문에 제시하였다.

판결 주문과 함께 판결 이유부분도 고려하여 판결의 취지를 최대한 고
려하여야 할 것이다.[279] 유럽연합 기관은 취소된 행위를 더 이상 집행
하지 않아야 함은 이미 본 바와 같지만 이에 나아가 관련 기관은 과거
집행의 효력들을 원상태로 되돌려 놓기 위하여 적극적인 행동도 취해
야 한다고 여겨진다. 특히 원고가 그 연합기관의 행위로 인하여 손해가
있는 경우에는 손해배상까지도 하여야 할 것이다. 하지만 이는 대부분
규정이 아닌 유럽연합 사법재판소의 견해에 의하여 주장되는 사항이기
때문에 결국 조약 제263조상의 사법심사제도를 위한 집행절차가 규정
상 직접적으로 확보되어 있다고 볼 수는 없다.

2) 유럽연합의 선결적 부탁절차의 경우

　유럽연합은 자신의 법규범 위반행위에 대한 직접적인 제재 방식이
나 집행 방식을 보유하고 있지 않다는 점을 고려한다면, 자신의 정책을
집행하는 데에 있어 상당한 어려움을 겪고 있다고 볼 수 있다. 그렇다
면 회원국 법원과 유럽연합 사법재판소 중 어느 법원이 상호간 권한배
분에 있어 다른 법원에 대하여 우월한 권한을 보유하고 있다고 단정할
수 없게 된다.[280] 그런데 이는 선결적 부탁절차에서도 어렵지 않게 관
찰되고 있는 사항이다. 선결적 부탁절차에서도 역시 유럽연합 사법재판
소는 자신의 판결을 국내 회원국 법원에 강제할 수는 없기 때문이다.
유럽연합 사법재판소가 국내 회원국 법원에 대하여 자신의 판결을 집

---

279) The 22nd General Report on the Activities of the European Communities 1988,
　　p. 417. 이는 유럽연합 사법재판소의 견해이기도 하다. 특히 재판소는 Cases 97,
　　99, 193, 215/86 *Astreris and Others v. Commission* 〔1986〕 ECR 2181 at 2208
　　에서 다음과 같이 판시하였다.
　　　판결에 따르고 이를 완전하게 집행하기 위하여서 공동체 기관은 판결의 주문을 고려하여
　　야 할 뿐만이 아니라, 주문에 언급되어 있는 것의 정확한 의미를 결정짓는 데에 있어 필요
　　하다면, 판결에 이르는 나아가 판결의 본질적 기초를 구성하는 이유들까지 고려하여야 할
　　것이다(paragraph 27 of the judgement).
280) David Vaughan, *Law of the European Communities*, §2·01.

행하도록 하기 위해서는 회원국 법원에 대하여 우위의 지위를 점하여
야 할 것인데 오히려 당해 절차에서는 양 법원을 상호 협력의 관계에
놓고 있을 뿐이다. 물론 선결적 부탁 절차상으로 유럽연합법의 해석과
유럽연합 기관 행위의 유효성과 해석에 대한 최종적인 해석권한을 유
럽연합 사법재판소가 보유하고 있는 것이 사실이지만 그의 최종적인
집행·적용기관은 국내 법원 혹은 기타 당국이므로 선결적 부탁절차 상
의 유럽연합 사법재판소 평결의 집행에 있어서는 국내 기관의 재량이
상당 정도 인정된다고 볼 수밖에 없다. 이미 검토한 *타냐 크라일* 사건
에서도 유럽연합 사법재판소는 독일 기본법이 유럽연합의 법규범 중
하나인 지침에 위배됨을 선언하였지만 이와 같은 결정이 직접적으로
그리고 자동적으로 국내에 집행된 것은 아니었다. 국내에서는 이에 대
한 찬반의 여론이 존재하였고,281) 단지 독일 기본법이 개정되어야 한다
는 국내 의견이 많아 개정되었을 뿐이다. 이렇듯 선결적 부탁절차에서
의 집행은 국내적인 차원에서의 논의와 국내 당국의 협조를 통해서 가능
하다고 일응 볼 수 있다.

3) 집행력의 우회적인 확보 노력

집행이 보장되지 않는 법원의 판결은 그 실효성이 반감될 수밖에 없
다. 통상적으로 집행력이라 함은 판결로 명한 이행의무를 강제집행절차
에 의하여 실현할 수 있는 효력을 말한다. 나아가 집행력을 광의로 파

---

281) 독일에서는 *타냐 크라일* 사건 이후, 실제로 학자들 사이에서는 유럽법과 독일법
의 관계에 대한 논의가 전개되었다. 유럽법이 독일법에 우선한다는 것에 대하여
반대하는 입장의 경우, 유럽연합의 법규범 중 단순한 지침으로 말미암아 독일
기본법을 개정할 필요가 없다고 주장을 하였으며, 이에 반대하는 입장에서는 *타
냐 크라일* 사건에서의 유럽연합 사법재판소의 결정에 대하여 긍정적인 견해를
견지하여 유럽연합의 남녀동등 지침은 독일 국내적으로 적용되어야 하며, 독일
기본법이라 하더라도 이에 위반되는 경우에는 개정되어야 한다는 점을 강조하
였다(신옥주, "유럽재판소 판결의 독일 국내적 효력", 138면).

악한다면, 강제집행 방법 이외의 방법에 의하여 판결의 내용에 적합한 상태를 실현할 수 있는 효력이라고 할 수 있다.282) 유럽연합법은 회원국의 국내법에 비해 우위의 지위를 점한다는 사항이 유럽연합 사법재판소에 의하여 지속적으로 강조되고 있으나, 유럽연합 차원에서는 자신의 연합법을 집행할 수 있는 연방국가에서와 같은 사법, 경찰, 군사적 강제수단이 기본적으로 결여되어 있는 것이 사실이다. 행정상, 사법상 영역에서의 일정한 강제금과 과태료가 유럽연합 차원에서 부과되며, 경찰업무283)뿐만이 아니라 안보 및 방위 정책이 공동으로 이루어지고 있는 것이 사실이지만, 집행력의 부재로 인하여 어려움을 겪고 있는 유럽연합의 상황이 달라지지는 않는다.284) 앞서 본 바와 같이 유럽연합 차원의 소위 사법심사제도가 개인의 손해배상소송을 통하여 그의 집행이 일부 담보되고 있다고 볼 수 있지만 그렇다고 이를 통하여 완전한 집행수단을 확보하였다고 할 수도 없다. 나아가 선결적 부탁절차에서도 평결의 집행을 위한 특별한 수단이 발견되지 않는다. 결국 유럽연합은 자신의 법규범에 대한 직접적인 제재 방식이나 집행 방식을 보유하고 있지 않기 때문에, 자신의 정책을 집행하는 데에 상당 정도의 어려움을 겪고 있다고 할 수 있다.285)

하지만 이렇듯 특별한 집행수단을 보유하고 있지 못한 유럽연합이기는 하지만 그렇다고 하여 그와 같은 상황을 방관하고 회원국의 저항

---

282) 이시윤, 신민사소송법(박영사, 2005), 551면.

283) 특히 여타 회원국내에 체제하는 범죄자를 신속하게 체포하여 요청 회원국에 인도하기 위한 소위 유럽 체포영장(Europäischer Haftbefehl)이 현재 유럽연합에는 존재하고 있다(토마스 오퍼만, "확대되고 있는 '대 유럽연합'에서의 EU법의 효력", 318면).

284) 위의 논문.

285) 유럽연합 차원에서 집행가능성이 전혀 확보되어 있지 않은 것은 아니다. 리스본 조약(유럽연합 기능조약) 제299조 1단에 따르면 "회원국 이외의 사람에게 금전채무를 부과하는 이사회, 위원회, 또는 유럽중앙은행의 행위는 집행가능성이 있어야 하기" 때문이다. 하지만 이 역시 회원국 국가기관을 통하여 이루어지기 때문에(리스본 조약 제299조 2단) 유럽연합이 자체적으로 집행가능한 수단을 보유하고 있다고 결론을 내릴 수는 없다.

을 방치할 수만은 없다. 실제로 유럽연합 사법재판소는 회원국의 연합
법 준수를 유도하기 위하여 상당히 과감하다고까지 할 수 있는 자신의
입장을 지속적으로 표명하고 있다. 물론 회원국이 자발적으로 연합법에
대하여 순응할 수도 있겠지만 유럽연합 특히 위원회는 강제이행소
송286)·침해소송 등의 수단을 가지고 그리고 유럽연합 사법재판소는 자
신의 판결을 통한 비난 여론의 형성을 통하여 연합법의 준수를 확보하
려는 시도를 줄기차게 경주하고 있다. 다시 말해 유럽연합 사법재판소
는 선결적 부탁절차를 통하여 자신의 정치적 압력(political pressure)수
단을 적극 활용하고 있는 것으로 보인다.287)

---

286) 즉, 선결적 판결의 이행의무에 응하지 않는 국내 법원은 EU법을 위반하게 되는
    것이며 당해 경우, 다른 회원국이나 위원회를 통하여 위반회원국을 상대로 강제
    소송이 제기될 수 있다(김두수, EU소송법상 선결적 부탁절차, 110면). 하지만
    이의 실현 가능성은 희박할 수밖에 없을 것이다.
287) Lenore Jones, "Opinions of the Court of the European Union in National
    Courts", p. 225. 이와 같은 간접적인 정치적인 수단의 활용은 직접적인 집행수
    단을 보유하고 있지 않은 유럽연합 특히 유럽연합 사법재판소로서는 어쩔 수
    없는 방안이라고 할 수 있다. 그런데 이는 국제적인 수준에서 존재하는 다른
    기관의 경우에도 마찬가지로 관찰되는 현상이다. 가장 발전된 형태의 국제법원
    으로 평가받고 있는 유럽인권재판소 판결 이행의 경우에도 직접적인 수단은 확
    보되어 있지 않기 때문이다. 유럽의회가 인권재판소 판결의 불이행의 해소에 적
    지 않은 도움을 주고 있다고 볼 수 있지만 이 또한 간접적인 수단으로 볼 수밖
    에 없다. 유럽의회는 중요한 이슈들이 정치적으로 눈에 띄도록 만들고, 책임 있
    는 정책 결정자들에 대하여 압력을 가하며 나아가 문제의 해결을 위하여 건설
    적인 대안들을 제시하고 개별 국가 차원에서 적절한 의회의 행동이 있을 수 있
    도록 독려할 수는 있지만(홍성필, "유럽의 인권보호체제", 박덕영 외 14인 공저,
    EU법 강의(박영사, 2010), 296면) 이를 유럽인권재판소 판결의 직접적인 이행
    수단이라고 볼 수는 없는 것이다. 국제기구의 정체성을 완전히 극복하지 못했다
    고 볼 수밖에 없는 유럽연합에게 있어서도 자신의 직접적인 집행수단의 보유는
    통합을 진전시키는 데에 있어 필수적으로 요구되는 사항이지만 연합 역시 아직
    직접적인 집행수단을 보유하고 있지는 못하다.

제 4 절 선결적 부탁 절차의 성격 규명과 유럽연합의 정체성

1. 유럽연합 차원에서의 소위 사법심사제도와 선결적 부탁 절차

유럽연합 차원에서 조약 제263조상의 사법심사제도와 선결적 부탁 절차는 그 목적과 기능이 상이하다고 할 수 있다. 사법심사제도는 유럽연합 기관의 법적 행위에 대한 합법적(legality) 통제를 통해 여러 범주의 유럽연합 주체들의 하자 있는 위법성을 확인하여 그 위법한 행위를 배제시키도록 하는 제도인 반면에 선결적 부탁절차는 회원국의 요청에 의하여 유럽연합법의 해석이나 유럽연합 기관 행위의 해석이나 유효성에 대하여 유럽연합 사법재판소가 최종적으로 판단하도록 하는 제도이기 때문이다. 그러므로 일응 제263조상의 사법심사제도는 유럽연합법의 준수를 확보하기 위하여 유럽연합 기관 행위의 합법성 통제를 담당하는 제도이고 선결적 부탁절차는 유럽연합 차원에서의 규범통제를 담당하는 제도[288]라고 할 수 있을 것이다.

2. 국내 사법심사제도와의 비교

국내적인 차원에서 존재하는 규범통제제도와 유럽연합 차원에서 존

---

[288] 위에서 고찰을 한 사항을 통하여 선결적 부탁 절차의 목적이 연합법질서의 통일성의 확립이라는 것을 어렵지 않게 추론할 수 있을 것인데 실제로도 선결적 부탁절차의 목적으로 법질서의 통일성(uniformity)이 언급되고 있다(Norberg Andreas, *Preliminary rulings and the Cooperation between National and European Courts*(Lunds Universität, 2006), p. 16).

재하는 선결적 부탁절차는 상당 정도 닮아 있다고 할 수 있다. 선결적
부탁절차는 유럽연합 차원에서의 법질서의 통일성의 확립을 직접적인
목적으로 삼고 있으며289) 그 모습이 규범통제의 모습을 띠고 있을 뿐만
이 아니라290) 국내 법원과 유럽연합 사법재판소의 협력적 관계291)를 기
반으로 절차가 진행되고 있기 때문이다. 특히 사법심사제도의 의미에
"법률이 헌법의 최고규범성에 합치하는 가의 여부를 심사하여 헌법에
위배된다고 판단되는 경우, 그 법률의 적용을 거부하거나 효력을 상실케
하는 위헌법률 심사의 형태"292)도 포함된다는 것을 감안하고 선결적 부
탁절차의 특성을 고려한다면 당해 절차를 유럽연합법상의 사법심사제도
라고 명명할 수도 있을 것이다. 반면, 유럽연합 차원의 제263조상 사법
심사제도는 유럽연합 기관의 행위에 대한 합법성 통제 즉, 기관의 유럽
연합법 준수를 확보하고 그 위반을 규율하기 위한 것이라는 점에서 오
히려 유럽연합 차원에서의 행정쟁송의 일종이라고 볼 수 있다. 물론 넓
은 의미로 사법심사는 통상적인 행정쟁송까지 포함하기 때문에,293) 당
해 제263조상의 사법심사 제도 역시 유럽연합 차원에서의 사법심사제도
의 범주에 포함된다고 할 수 있다. 결국 선결적 부탁절차는 유럽연합에
서의 규범통제의 기능을 본격적으로 담당하고 있다고 할 수 있기 때문
에 선결적 부탁절차 역시 그 명칭과는 상관없이 유럽연합 차원에서 규
범통제의 기능을 수행하는 사법심사제도로 설정할 수 있는 것이다.294)

---

289) Paul Craig & Gráinne de Búrca, *EU Law*, p. 493.
290) Paul Craig, *EU Administrative Law*, p. 302.
291) 유럽연합 사법재판소는 "제177조(리스본 조약 267조)상의 특별사법협력분야에
   있어서 국내법원과 유럽연합 사법재판소는 각각의 관할권을 유지할 뿐만이 아
   나라 공동체법의 통일된 방식으로의(in a unified manner) 적용 보장을 위하여
   각자 판결을 함에 있어 상호 직접적으로 그리고 보충적으로 기여하여야 한다"
   라고 선언한 적이 있다(Case 16-65, *Schwarze v. Einfuhr- und Vorratsstelle für
   Getreide und Futtermittel*, [1965] ECR 877, at 886).
292) 정만희, 헌법과 통치구조, 253면.
293) 김형남, "미국법원에서의 사법심사절차", 308-309면. 이는 미국과 영국의 사법
   심사를 염두에 두고 제기되는 사법심사의 범주임은 이미 언급한 바와 같다.
294) Eric Engle, "Constitutive Cases: Marbury v. Madison meets Van Gend &

3. 유럽연합의 정체성과 사법심사

1) 유럽연합 차원에서 시행되는 사법심사제도의 운영 실태

국내적인 차원에서는 사법심사제도를 일원화하여 운영하고 있는 것이 사실이다. 기관 행위의 합법성에 대한 통제의 기능을 수행하는 행정쟁송뿐만이 아니라 법률이 헌법의 최고규범성에 합치하는가의 여부를 심사하는 규범통제까지 포섭하는 완전한 형태의 사법심사제도가 국가차원에서는 존재하고 있기 때문이다. 이를 통하여 법질서의 통일성을 확고히 할 수 있음은 물론, 최고법의 지위를 향유하는 헌법의 실효성을 보다 효과적으로 보장할 수 있게 된다.

통합을 추진 중인 유럽연합 역시 그와 같은 기능을 수행하는 사법심사제도를 필요로 한다. 법치공동체를 표방하는 유럽연합의 경우에도 자신의 실효적인 기능의 수행을 위해서는 연합법의 준수를 확보하여야 할 것이고 회원국 법질서와 구분되는 독자적인 자신만의 법질서를 확보하여야 하기 때문이다. 이에 따라 유럽연합도 특히 규정 제263조를 통해 '사법심사제도(the system of judicial review)'라고 명명되는 제도를 보유하고 있음은 계속 고찰한 바와 같다. 하지만 당해 사법심사제도는 통상적인 의미에서의 규범통제제도가 아닌 단지 기관행위의 합법성을 심사하는 행정쟁송으로서의 역할을 담당할 뿐이다. 오히려 선결적 부탁절차가 통상적인 의미에서의 규범통제제도의 기능을 담당하는 사법심사제도와 유사한 기능을 수행하고 있다고 할 수 있다. 왜냐하면 당해 절차에서 EC 설립 조약 등의 헌장급의 규범들이 유럽연합 법령의 유효성 심사에 대한 판단의 척도가 되고 있으며, 기관 법령의 유효성을 검

Loos," 5 *Hanse Law Review* (2004), pp. 43-46에서는 사법심사제도의 기원을 이루고 있다는 평가를 받고 있는 미연방대법원의 *Marbury v. Madison* 사건과 유럽연합법의 최고성의 지위와 지침의 직접 효력을 선언한 *Van Gend en Loos* 사건을 비교 분석하고 있어 본문의 언급을 뒷받침해주고 있다.

토·판단하는 최상의 지위에 있는 유럽연합 사법재판소[295])에게 유럽연합법질서의 확보를 위한 주요한 역할이 부여되어 있기 때문이다. 이와 같은 규범통제의 기능을 수행하는 선결적 부탁절차의 특징을 고려하고, 유럽연합이 보유하고 있는 제263조상의 사법심사제도 역시 국내적인 차원에서는 사법심사에 포섭될 수 있다는 점을 감안한다면 유럽연합은 사법심사제도를 이원화하여(dualized) 운영하고 있다는 평가를 내릴 수 있을 것이다.

2) 유럽연합 차원에서의 사법심사제도의 함의

유럽연합은 회원국이 국내에서 보유하고 있는 사법심사제도 만큼의 강도로 회원국 국내법규범의 효력 여부를 심사할 수는 없다. 유럽공동체의 출범당시 설립 조약의 제정자들이 상소 제도가 아닌 선결적 부탁절차를 도입한 것도 그와 같은 엄밀한 의미의 사법심사제도를 도입하여 운영하는 데에는 적지 않은 한계가 있다고 절감하였기 때문이다. 그런데 당해 사항은 유럽연합의 정체성을 가늠해볼 수 있는 하나의 근거로 활용할 수 있다. 실제로 아직 국가로서의 완전한 요건을 구비하고 있지 않은 유럽연합으로서는 국가가 보유하고 있는 정도의 사법심사제도를 보유하고 운영하는 것은 불가능하다. 물론 유럽연합은 국제법과 다른 새로운 법질서를 창설하고 유럽연합법의 최고성과 직접 효력의 원칙을 확립하였을 뿐만 아니라 주권의 이전(transfer of sovereignty)이라는 개념을 통하여 기존의 국제기구와는 차별적으로 그 통합을 강화하고 있는 것이 사실이다. 하지만 아직 유럽연합은 회원국의 주권을 무시할 수 없을 뿐더러 탈퇴의 가능성 또한 명문으로 인정하고 있는 실정이어서[296) 결국 회원국 법규범의 무효선언까지는 직접적으로 할 수 없

---

295) Case 314/85 *Foto-Frost v. Hauptzollamt Lübeck-Ost*, 〔1987〕 ECR at 4231 paras. 16-18.
296) 어떤 회원국이든지 자국의 헌법규정에 따라 EU로부터 탈퇴하기로 결정할 수

는 등 자신만의 실체적 한계를 안고 있다. 하지만 통합을 위한 구체적인 목적을 가지고 출범하였고 현재 그의 과정을 더욱 구체화하고 있는 유럽연합으로서는 통합의 진전을 위하여 사법심사의 필요성을 부인할 수는 없을 것이다. 그러므로 유럽연합으로서는 다소 소극적인 사법심사제도와 이와 별개의 선결적 부탁절차를 도입·운영할 수밖에 없었던 것으로 보인다. 다시 말해 유럽연합은 회원국과는 달리 사법심사제도를 이원화하여 운영할 수밖에 없었던 것이고 이와 같은 사항은 결국 유럽연합의 현 정체성인 준연방적인 속성(quasi-federal character)을 드러내주고 있는 것이라고 할 수 있다.297) 그렇다면 유럽연합의 통합 과정에

있다. 탈퇴하기로 결정한 회원국은 유럽이사회에 그 같은 의사를 통고한다. 탈퇴협정은 유럽의회의 동의를 구한 뒤 가중다수결로 행동하는 이사회와 그 국가 간에 체결된다. (EU기능조약을 포함한) EU 조약은 탈퇴협정이 발효하는 일자부로, 혹은 탈퇴협정이 없을 경우에는 유럽이사회에 탈퇴의사를 통고한 날로부터 2년 후에, 탈퇴국가에게 더 이상 적용되지 아니한다. 다만, 이 2년의 기간은 만장일치로 행동하는 유럽이사회가 문제의 회원국과 '합의(合意)'하여 연장하기로 결정할 수 있다(김대순, 국제법론, 1530-1531면).

297) 결국 현재의 통합 상황을 감안한다면 유럽연합의 정체성에 대한 종국적인 판단을 내리는 것이 쉽지는 않다. 특히 유럽연합은 회원국이 양도하지 않은 그들의 주권적 권리에 의하여 활동이 제한되는 국제기구와 닮아 있지도 않다(EC를 국제기구(international organization: 1982년 UN 해양법협약 제9부속서) 혹은 지역적 경제통합기구(regional economic integration organization: 교토의정서 제25조 제4항, UN 사막화방지협약 제36조 제4항)라고 명명하는 조약 규정이 있기는 하다(Ian Macleod, I. D. Hendry and Stephen Hyett, *The External Relations of the European Communities*(Clarendon Press·Oxford, 1996), p. 32). 하지만 이와 같은 국제기구의 범주를 가지고는 국가주권의 공동이양을 통해 성립된 부분적으로 주권적인 주체인 EU(이성덕, "혼합조약(Mixed Agreements)의 조약법상 문제점에 관한 연구", 국제법학회논총, 제41권 제2호(1997), 124면)의 정체성을 파악하는 것은 어려울 수밖에 없다(이근관, "EU 대외관계법", 박덕영 외 14인 공저, EU법 강의(박영사, 2010), 191면). 특히 유럽연합은 회원국에 대하여 직접 효력이 있는 주권적 권리를 보유하고 있다고 여겨지고 있어서, 국가와 국제기구 간에 인정되고 있었던 구식의 이원론을 사용하거나 나아가 전문용어(terminology)를 사용한다 하더라도 그의 정체성에 대하여 명확한 판단을 내릴 수도 없다. 결국 유럽연합의 현 통합 상황을 고려한다면 연합은 설명할 수 없는

계속 언급되고 있는 헌법화를 무비판적으로 수용할 수는 없을 것이다. 실제로 유럽연합 차원에서는 헌법화와 상충하는 현상이 적지 않게 관찰되고 있는 데 조약개정 방식에 의하여 유럽연합법이 개정되고 있으며, 유럽의회 권한이 미약할 뿐만이 아니라 나아가 헌법화에 대한 유럽시민들 사이의 법적 확신도 존재하지 않아 이에 대한 관습 역시 발견되고 있지 않은 사항 등이 그의 대표적인 예라고 할 수 있을 것이다.298)

3) 유럽연합 차원의 통합 상황

유럽연합의 회원국 특히 이탈리아와 독일은 원칙적으로 국민의 기본권 수호를 위하여 유럽공동체의 법규범을 심사할 수 있다는 입장을 견지하고 있을 뿐이기 때문에 미국 초기의 주들에 비하여 연합의 통합에 상당히 동조하고 있는 것이 사실이다. 특히 유럽연합의 통합에 소극적인 이탈리아와 독일이라고 하더라도 이들은 초기 미국의 경우와는 달리 유럽연합법을 직접적으로 위반하거나 무효로 선언한 적이 없다.299)

하지만 독일 연방헌법재판소는 유럽연합법의 독일기본법과의 합치

중개적 정체(intermediary polity)로서 변모하고 있다는 정도의 평가만이 가능하다고 보인다(Dieter Grimm, "Treaty or Constitution?", p. 69).

298) Joseph H. Weiler, *The Constitution of Europe*, p. 297. 특히 유럽의회의 권한이 미약하다는 것은 유럽의 인민들이 유럽 조약을 헌법으로 받아들이고 있지 않다는 하나의 반증으로 상정할 수 있을 것이다(*Ibid.*). 또한 유럽 학자들은 국제 조약 협정을 유럽공동체의 헌법이라고 명명하고 있으며 유럽연합 사법재판소 역시 공동체가 조약의 형태로 헌법을 보유하고 있다고 상정하고 있지만 당해 가정이 옳다면, 공동체가 헌법이 필요하다는 애초의 주장은 어불성설이 되고 만다(Dieter Grimm, "Treaty or Constitution?", p. 70).

299) Leslie Friedman Goldstein, *Constituting Federal Sovereignty - The European Union in Comparative Context* -(, p. 34. 하지만 독일 연방헌법재판소는 유럽연합법의 독일기본법과의 합치성 여부에 대한 판단의 가능성을 인정하고 있으며, 유럽의 초국가적인 차원에서 이루어지는 유럽연합 사법재판소의 판결에 대하여 독일 기본법의 관점에서의 감시 가능성을 선언하고 있기는 하다(J. Richard Piper, *The Major Nation-States in the European Union*, p. 54).

성 여부에 대한 판단의 가능성을 인정하고 있을 뿐만이 아니라300) 이를
무효화할 수 있다는 입장을 지속적으로 견지하고 있다.301) 그러므로 통
합 과정에 있어서 회원국으로부터 야기되는 장애로부터 유럽연합은 완
전히 자유롭지 못하다고 할 수 있다. 그렇다고 유럽연합이 회원국의 저
항을 줄이기 위하여 노력을 전혀 기울이지 않는 것은 아닌데 회원국 법
원이 유럽연합 사법재판소의 권위에 저항하는 경우 유럽연합 사법재판
소는 자신의 정치적 권력을 이용하여 이를 바로 잡는 경우가 적지 않기
때문이다. 특히 이 같은 사항은 *The Slaughtered Cow* 사건에서 어렵지
않게 알 수 있다. 당해 사건은 규칙의 직접효력과 관련된 사안으로 당
시 이탈리아 정부는 당해 규칙의 직접적용성과 법적 적용성에 의심을
불러일으킬 수 있는 방식으로 집행방식을 선택하여 문제가 되었다. 유
럽연합법원은 이에 대해 직접적인 비난을 가하게 되는데, 특히 이탈리
아 정부의 당해 집행방식이 공동체 규칙의 직접효력에 장애를 초래할
수 있다는 점을 꼬집어 지적하게 된다. 나아가 유럽연합법원은 공동체
전 지역에서 규칙의 자동적이고 일관적인 적용을 위험에 빠뜨릴 수 있
는 모든 집행방식은 조약에 위반된다고 판시하여302) 이탈리아 당국의
위법적인 행위를 직접적으로 비난하기도 하였다.

  궁극적으로 유럽연합 사법재판소는 통합을 위한 유럽법규범의 실효
적인 집행을 위하여 그와 같은 회원국과의 갈등상황을 방관할 수만은
없어 자기 나름대로의 노력을 기울이고 있는 것이 사실이지만, 회원국
에게 자신의 법규범을 강제할 수 없는 현 상황에서 결국은 회원국과의
협력을 고려할 수밖에 없다. 규칙에 효력을 부과하도록 의도된 국내 조
치의 경우 당해 조치가 공동체 규칙의 속성과 직접효력을 변경시키거

---

300) (*Solange Ⅰ*) Case 2 BvL 52/71, 37 BVerfGE 271, 〔1974〕 2 *Common Market
    Law Review*, at 549.

301) Lenore Jones, "Opinions of the Court of the European Union in National
    Courts", p. 235.

302) Paul Craig & Gráinnie de Búrca, *EU Law*, p. 278; Case 39/72 *Commission v.
    Italy* 〔1973〕 ECR 101, para. 17.

나 방해하거나 불명확하게 하는 경우에만 무효가 될 수 있다는 다소 소극적인 유럽연합 사법재판소의 입장은 그 같은 회원국의 협력을 이끌어 내기 위한 것이기도 하다. 나아가 유럽연합 사법재판소는 회원국이 국내 입법을 통하여 당해 규칙에 규정되어 있지 않은 적절한 제재 방식을 스스로 채택할 수 있을 뿐만이 아니라, 규칙에서 정하고 있지 않은 다양한 관련 문제들을 계속하여 다룰 수 있다는 점 역시 인정하는 다소 소극적인 입장을 보이고 있는데303) 이 역시 회원국의 협조를 이끌어 내기 위한 것임은 물론이다. 실제로 '규칙'은 유럽연합의 정책 추진에 필수적일 뿐만이 아니라 몇몇 사건의 경우에는 적극적인 국내 집행 조치가 필요하기 때문에,304) 특히 당해 규칙의 경우 유럽연합 사법재판소의 회원국과의 협력적인 관계 모색은 필수적인 것이라고 할 수 있을 것이다.

4) 유럽연합 통합의 동력과 실제

계속 강조를 하고 있는 바와 같이 유럽연합 통합을 추진하는 데에 있어서는 회원국의 협조가 필수적이다. 제1차적 법원이라고 할 수 있는 설립 조약과 개정 조약에 기반 하여 그 통합을 구체화하고 있는 연합의 현 상황을 고려한다면, "조약의 주인"이라고 할 수 있는 회원국의 협조 없이는 통합을 진행하는 것 자체가 불가능할 것이기 때문이다. 그러므로 특히 통합에 있어 주요한 장애요인으로 작동을 하고 있는 것은 다름 아닌 통합의 진전을 위하여 회원국 내에서 이루어지는 국민투표 (referendum)라는 것을 염두에 둘 필요가 있다. 노르웨이의 유럽연합 가입을 좌절케 한 것이 국민투표였으며 나아가 유럽헌법조약의 발효를

---

303) Case 50/76 *Amsterdam Bulb BV v. Producktschap voor Siergewassen* [1977] ECR 137.

304) Case C-403/98 *Azienda Agricola Monte Arcosu v. Regione Autonoma della Sardegna* [2001] ECR Ⅰ-103, para. 26.

막은 것 역시 프랑스와 네덜란드에서의 국민투표였기 때문이다. 국민투표 제도는 다수결에 따라 그 안건의 성사 여부가 결정된다는 점을 감안한다면, 결국 유럽연합에 있어서의 통합과 관련한 국민투표는 유럽연합 통합 찬성론자와 통합 반대론자 간의 대결을 보여주는 대표적인 상징이라고 할 수 있을 것이다. 실제로 유럽헌법조약의 발효를 위한 프랑스 내 국민투표에 임박하여 "더욱 강한 유럽", "더욱 강한 프랑스의 선택"이라는 구호305)를 들고 나와 유럽헌법조약의 발효 필요성을 주장한 집권여당과 제1야당 녹색당의 공식적인 지지에 대하여, 유럽헌법은 결국 주권약화를 가져올 뿐만이 아니라 프랑스의 영향력의 약화를 초래할 것이라는 극우파 그리고 유럽헌법은 결국 영미식 자본주의에 치우쳐 실업과 복지문제를 악화시킬 것이라는 노조 및 공산당 등 좌파 강경세력들의 반대가 주요하게 부각되었던 것이 사실이다.306) 결국 유럽연합 헌법 자체에 대하여 우호적이지 않았던 극우파가 유럽헌법에 대하여 우호적이었던 중도 우익보다 반대 입장을 더욱 명확히 함에 따라307) 다수의 국민들을 설득시켰고,308) 결국 유럽연합 헌법의 채택은 좌초되고 말았던 것이다. 결국 유럽연합 통합 과정을 면밀히 들여다보면, 유럽통합 이상주의자들과 현실주의자들 간의 대결이 내재되어 있음을 알 수 있다. 결론적으로 유럽연합의 통합이 법적 통합(integration through law)을 통하여 진전되었다는 사실을 부인할 수는 없겠지만 당해 법적 통합

---

305) "French politics; Après mai, le déluge?", *Economist*, 2005. 4. 30.

306) 김승민·은은기, "유럽헌법 부결과 프랑스 여론", 한국프랑스학논집 제53집 (2006), 4~5면.

307) 박인수, "프랑스의 유럽헌법안 수용과 변화", 세계헌법연구 제12권 1호, 33면.

308) 이는 네덜란드의 사정도 마찬가지였다. 찬성입장을 견지하였던 주요 정당들은 국민들에게 유럽헌법조약의 강점을 효과적으로 인식시키는 데 실패하였던 반면, 반대 입장의 정치 세력은 자국 주권의 약화, 경제의 침체, 불법 이주민 문제, 유로화도입의 부정적 영향, 터키 가입에 따른 부정적 영향 등 유럽헌법 조약의 부정적인 측면을 부각시키는 데 성공하여 반대 여론을 효과적으로 형성하였기 때문이다(Chalotte Wennekers, "A First Analysis of the Dutch Referendum", EU Constitution Newsletter(June 2005), p. 7(방청록, "유럽헌법조약부결과 유럽통합 심화에의 함의 연구", 유럽연구 제23호(2006년 여름), 20면에서 재인용)).

이 회원국의 국내적인 수준에서 이루어지는 정치적 논쟁과 결정을 대체할 수는 없기 때문에[309] 유럽연합의 통합을 연구하는 데에 있어서는 결국 회원국 통합론자와 통합반대론자 양측의 담론과 토론을 면밀히 관찰하여야 하는 것이다.

5) 유럽연합 차원의 정체성 확보 노력과 회원국의 감내 이유

언급한 바와 같이 회원국 국내 상황이 유럽연합의 통합에 있어 상당한 영향을 끼치고 있음에도 불구하고 유럽연합이 통합의 동력을 그나마 유지하고 있는 이유는 무엇일까? 이에 대한 해답은 유럽연합재판소의 통합을 위한 역할과 기능에서 찾을 수 있을 것이다. 유럽연합은 자신의 취약한 사법적 기반으로부터 출발하였지만, 유럽연합 사법재판소는 그를 극복하고 특히 공동체법과 국내법을 구분하기 위하여 자기 자신에게 궁극적인 권위(ultimate authority)를 스스로 부여하려는 노력을 그치지 않고 있다. 더욱이 당해 재판소는 제한적이기는 하지만 상충하는 회원국 국내법에 대하여 확장하는 권한 분야에 있어 회원국 법질서에로의 공동체법의 직접 통합(direct integration)과 공동체법 우위(the supremacy of Community law)의 광범위한 원리를 확립하였다는 평가까지 받고 있다.[310] 유럽연합의 통합의 첨병역할을 맡고 있는 기관은 결국 당해 유럽연합 사법재판소라고 할 수 있는데[311] 실제로 재판소는 유

---

309) Ulrich Haltern, "Integration through Law", in E. O. Eriksen, J. E. Fossum and A. J. Menéndez(eds), *European Integration Theory*(Oxford University Press, 2004), p. 192.

310) Eric Stein, "Lawyers, Judges, and the Making of a Transnational Constitution" 75 *American Journal of International Law*, 1981.

311) 실제로 유럽연합 사법재판소는 지금까지 "기능이 가장 잘 발휘되고 있는 공동체기관"으로 평가받고 있다(Ulrich Everling, Müller-Graff and Schwarze(hrsg.), *Die Zukunft der europäischen Gerichtsbarkeit nach Nizza*, EUR 2003, Beiheft 1(토마스 오퍼만, "확대되고 있는 '대 유럽연합'에서의 EU법의 효력", 17면에서 재인용)).

럽연합의 정체성 확보에도 상당한 기여를 하고 있는 것이 사실이다. 그렇지만 유럽연합 사법재판소는 집행상의 치명적인 한계로 인하여312) 결국 회원국의 협조를 구하여야만 한다. 연합 차원의 법질서를 보유하는 데에 직접적으로 활용될 수 있는 선결적 부탁절차를 유럽연합 사법재판소가 적극적으로 활용하는 것은 우연이 아니다. 당해 절차를 통하여 회원국과의 협력적 관계를 발전적으로 설정할 수 있기 때문인데 유럽연합 사법재판소는 유럽연합의 정체성 확보를 위하여 결국 당해 선결적 부탁절차를 더욱 적극적으로 활용할 수밖에 없을 것으로 보인다. 특히 당해 절차를 통하여 통합의 스펙트럼에도 영향을 끼칠 수 있다는 것을 고려하면313) 유럽연합 사법재판소의 선결적 부탁절차의 활용에 대한 선호는 계속 강화될 것이다.

　　실제로 회원국은 유럽연합의 통합에 있어 특히 사법적인 측면에서 권한을 결정할 수 있는 권한(*Kompetenz-Kompetenz*)을 보유하고 있으며,314) 정책과 법규범의 구체적인 집행의 경우에도 주도적인 권한과 책임을 보유하고 있기 때문에,315) 유럽연합 사법재판소의 통합을 위한 과

---

312) Ralph H. Folsom, *European Union Law in a Nutshell*, p. 84.

313) Lenore Jones, "Opinions of the Court of the European Union in National Courts", p. 221.

314) Ulrich Haltern, *Europarecht −Dogmatik im Kontext −*, S. 226.

315) 사실 이는 회원국 차원에서 유럽연합을 조망하는 기본적인 사항이기도 하다. 특히 과거 마스트리히트 조약과 관련한 사건에서 독일 연방헌법재판소는 유럽연합을 '국가 연합(Confederation of States)'의 일종이라고 명명하였고 이를 통해 마스트리히트 조약이 유럽연방국가의 확립을 위한 구성 도구(constitutive instrument)로 의도되지 않았다는 점을 명확히 하였다. 특히 연방헌법재판소는 민주적 정당성과 같은 전통적인 헌법원리가 독일 헌법의 개정을 통하지 않고는 마스트리히트 조약에 적용될 수 없다고 확실히 선언하였다. 실제로 "국가연합"으로서의 유럽연합의 법적 특징에 대한 연방헌법재판소의 분석은 다음의 세 가지 사항에 기반을 두고 있었는데(Kay Hailbronner and Hans-Peter Hummel, "Constitutional Law", pp.74~75), 이는 현재의 유럽연합의 특징까지 극명하게 보여주는 것으로 보인다.

　- 연합 권한과 권력의 제한된 특징

　- 회원국의 정체성과 주권에 대한 존중과 승계 권리

도한 시도는 회원국과의 마찰을 불러일으킬 가능성이 적지 않다. 그러함에도 유럽연합 사법재판소는 지속적으로 회원국의 영향을 최소화하려는 노력을 하고 있으며 나아가 회원국 국내법 질서에 유럽연합법질서를 심기 위한 노력 역시 병행하고 있다. 하지만 회원국은 유럽연합사법재판소의 시도를 방관하고만 있지는 않기 때문에 결국 유럽연합법질서와 회원국 국내법질서는 충돌할 수 있는 가능성이 상당하다고 할수밖에 없으며316) 실제로 당해 충돌은 발생하고 있다. 그렇다면 회원국은 통합을 위한 유럽연합 사법재판소의 그와 같은 시도와 노력에 부담을 느낄 수밖에 없을 것이다. 특히 프랑스가 유럽연합의 제1차적 법원의 비준을 위하여 자신의 헌법을 개정하여야 하는 경우가 적지 않았다는 것317)은 그와 같은 복잡한 상황을 극명히 보여준다고 할 수 있다.318)

그런데 그와 같은 국내법 질서의 근간을 뒤흔들 수 있는 유럽연합의 노력을 회원국이 감내하는 이유는 무엇일까? 이는 무엇보다 회원국 자

- 경제·통화동맹의 최종 단계로의 진입을 위한 독일 사전 동의의 필요

316) Ulirich Beck 교수는 이를 "정부 간 유럽과 초국가적 유럽 간의 투쟁"과 "초국가적 사회에 의하여 대표되는 변혁과 주권국가의 개념을 지지하는 대응 사이의 투쟁"으로 표현하고 있다. 특히 그는, "유럽연합을 '끝나지 않은 국가'나 '완전하지 않은 연방국가'로서가 아니라 '새로운 유형의 전 세계에 걸친 프로젝트(a new type of cosmopolitan society)'로서 간주하는 것을 시작하자"라고 언급하고 있기까지 하다(Ulrich Beck & Anthony Giddens, Nationalism has now become the Enemy of Europe's Nations, The Guardian, Oct. 4, 2005, at 28(http://www.guardian.co.uk/politicks/2005/0ct/04/eu.world, 2010. 10. 5. 방문).

317) 프랑스의 경우, 국내 유럽법의 지위는 유럽법이 민사법, 형사법 혹은 행정법에 적용되느냐에 상관없이 동일하다. 특히 프랑스에서 헌법이 최고법으로 여전히 간주되지만 유럽법은 초국가법(supra-legislative)으로 여겨지고 있기 때문에, 헌법과 상충하는 유럽법은 결국 헌법의 개정을 초래하게 된다(David Marrani, "A Love-Hate Relationship: France and European Law", p. 180).

318) 마스트리히트 조약의 비준과 관련하여 독일 기본법도 개정된 적이 있다. 독일연방공화국 권한의 유럽공동체에 대한 이전을 위하여 독일 기본법은 1992년 12월 21일에 개정이 되었기 때문이다. 독일의 비준이 독일 헌법의 개정을 초래할 필요가 없다고 보는 일부 변호사도 있기는 하였지만 결국 헌법 개정은 이루어졌다(Kay Hailbronner and Hans-Peter Hummel, "Constitutional Law", p. 74).

신의 경제적 이득 때문이 아닌가 한다.319) 최근의 그리스 금융위기에서
알 수 있듯이, 유럽연합의 회원국이라는 이유가 재정적으로 부담이 되
는 악재로 작용하기도 하지만320) 전반적으로 유럽연합이라는 초국가적
기구는 회원국 자신에게 적지 않은 경제적 이득을 보장해주기 때문이
다.321) 사실 금융 경제(financial economy)에는 국내적인 차원뿐만 아니
라 국제적인 차원에서도 엄격한 감독 체제와 관리가 필요하다. 그런데
재정 시장의 상호 관련성 때문에 어떠한 재정적 문제도 순수하게 국내
적인 문제로 남아 있을 수 없어 경제적·재정적 성장과 본격적인 경제적

---

319) 물론 과거 유럽연합 통합의 주요한 동기는 유럽에서의 평화와 안보의 유지였지
만(Paul Taylor, The *End of European Integration-Anti-Europeanism Exam
ned*-(Routledge, 2008), p. 37) 냉전 종식 후의 유럽연합 회원국들은 자신들의
사업운영에 있어서의 경제적 이익을 특히 중시하고 있는 것이 사실이며, 이와
관련 상호 이익(mutual interest)을 위하여 유럽연합 사법재판소에 의한 법규범
을 고수하고 있는 것 역시 사실이다(Ralph H. Folsom, *European Union Law in
a Nutshell*, p. 86).

320) 실제로 유럽연합 경제에서 재정적 위기가 존재하는 경우, 독일과 같은 대형국가
가 그 재정 위기에 대하여 책임이 없는 회원국들의 구제를 위한 부담을 떠안을
수 있다(Ekin Inal, "The Recent Greek Crisis: Harbinger of A New Contagion?",
16 *The Columbia Journal of European Law Online*, p. 96).

321) 그리스 재정 위기에 있어 국제통화기금과 더불어 위원회와 유럽중앙은행은 그
리스에게 110 billion 유로를 지원하도록 하였다(Ibid., p. 97). 나아가 현재 유로
화의 위기로 인하여 유럽연합의 통합 진전에 대한 비관적인 견해가 없지는 않
지만 오히려 당해 위기가 재정동맹을 이루게 할 것이라는 분석도 있다. 즉 통합
없이는 공멸한다는 공동체 의식을 전달한 정치적 의지와 강력한 통합 재정의
원칙, 예산 부담, 세금 조달, 감사 등과 같은 기본원칙의 준수 그리고 EU 차원
의 강력한 정책적 제시를 기반으로 구제금융안을 원칙적으로 처리하고 회원국
의 세입과 지출을 투명하게 운영하게 하는 개혁이 뒤따른다면 EU는 강력한 재
정통합의 길을 달성할 수 있다는 것이다(National Bureau of Economic Resear
ch(2011.9.). A Fiscal Union for the Euro: Some Lessons from the History; 이에
대한 소개는 정민경, 유로화의 현재 위기는 재정 동맹의 기회, EU Brief(Yon
sei-SERI Centre, 2011.10), 35~36면 참조). 회원국 차원의 금융위기에 대한 유
럽연합 차원의 해결 노력은 여전히 경제 그리고 금융과 관련하여 유럽연합이
주요한 역할과 기능을 수행하고 있음을 어렵지 않게 알 수 있게 해 준다.

성장을 위해서는 통제 메커니즘을 갖추고 있는, 제대로 작동하는 재정 시스템이 필요하다. 그런데 유럽연합 회원국들에게는 유럽연합이 그와 같은 역할을 수행하고 있는 것으로 받아들여지고 있다.322) 사실 유럽연합은 경제적인 차원에서 국제적인 규율을 시험해 볼 수 있는 시험대로서 평가를 받고 있는데 실제로 회원국들에게 유럽연합은 국제경제적인 차원에서 적지 않은 이득을 실현시키는 중요한 수단으로서 비쳐지고 있는 듯하다.323) 특히 유럽연합은 내부 시장의 조건과 기능을 향상시키고, 무역상의 장애물이 등장하는 것을 방지하기 위하여 필요한 정도의 규제적 조치만을 취할 수 있는 권한을 보유하고 있다고 여겨지고 있으며, 회원국 역시 연합을 중심으로 하는 내부 시장(internal market)을 좌

---

322) 송호영, "유럽연합(EU) 차원의 사법통일이 EU 회원국들의 국내법에 미치는 영향에 관한 연구", 외법 논집 제34권 3호(2010.8), p. 127에서는 "오늘 날 세계경제는 단일국가의 경제 활동 체제를 극복하고 상호 연합하여 경제 규모를 키워나가고 있는 블록화 현상이 두드러지는 특징을 보유하고 있다고 상정할 수 있는데, 그 중 대표적인 예로 유럽연합을 들 수 있으며 특히 유럽연합은 공동시장의 완전한 실현을 목표로 하고 있다"라고 강조한다. 특히 회원국들이 경제적인 이해관계로 말미암아 유럽연합을 통하여 공통의 경제 정책을 수립하는 것이 용이하다고 한다.

323) 실제로 유럽연합은 현재 시장의 이익을 위하여 자신의 규제적 권한을 행사하고 있다고 여겨지고 있기 때문에, 경제적 현안이 가장 주목을 받고 있을 뿐만이 아니라 경제적 현안과 무관한 분야에 대한 유럽연합의 영향력 행사 시도에 대해서는 적지 않은 회원국의 저항이 존재하고 있는 것이 사실이다(Dieter Grimm, "Treaty or Constitution?", p. 83).
　이와 같은 사항은 리스본 조약에도 반영되어 있다. 리스본 조약상으로 더욱 혁신적인 국내 시장정책(internal market policy)을 위한 필수적인 법적 기제가 마련되었기 때문이다(Inge Govaere, "The Future Direction of The E.U. Internal Market: On Vested Values and Fashionable Modernism", 16 *Columbia Journal of European Law*, 2009-2010, p. 69). 특히 리스본 조약은 다음과 같은 관련 규정을 두고 있다.
　연합은 내부시장을 확립한다. 이는 완전 고용과 사회의 발전 그리고 높은 수준의 환경의 질적 보호와 향상을 목표로 하는 동시에 균형된 경제 성장과 가격 안정, 고도로 경쟁적인 사회 시장 경제에 기반을 둔 유럽연합의 안정적인 발전을 위하여 행동을 하여야 한다. 이는 나아가 과학적·기술적 진보를 향상시켜야 한다.

지우지할 수는 없다고 간주되고 있다.[324] 그러므로 유럽연합의 내부 시장 정책은 회원국의 협조를 전제로 유럽연합을 중심으로 운영되고 있다고 볼 수 있다. 결국 유럽연합의 당해 정책은 회원국의 이민정책이나 이민법 등을 폐지시킬 수 있을 정도의 국내법과의 충돌상황을 야기할 수도 있지만,[325] 연합 내 내부 시장으로부터 오는 경제적 이득을 회원국이 쉽사리 포기할 수는 없기 때문에 유럽연합 차원의 영향력과 압력을 감내하고 있다고 평가할 수 있다.[326]

4. 소 결-유럽연합 정체성 평가

지금까지 유럽연합의 정체성에 대한 진지한 고민을 제기하고 이에 대한 객관적인 결론을 도출하기 위하여 연합의 입장에 치우치지 않는 연구를 수행하였다. 즉 회원국들의 입장에도 주안점을 두고 논의를 전개하였을 뿐만 아니라 유럽연합이 보유하고 있는 제도에 대한 연구도 수행하여 연합이 보유하고 있는 정체성 연구의 객관성을 기하였다. 본

---

324) *Ibid.*, p. 72.

325) *Ibid.*, p. 73.

326) 경제적 이득을 보장해주는 유럽연합의 면모는 최근의 리스본 조약 개정 논의에서도 직접적으로 반영되고 있다. 그동안 지속적으로 유럽역내 시장이 확대되어 그에 상응하는 유럽연합 차원의 정책이 수립되었는데 당해 사항은 리스본 조약에서도 반영이 되고 있기 때문이다(채형복, "EU 단일시장", 박덕영 외 14인 공저, EU법 강의(박영사, 2010), 341면). 또한 재정위기를 맞고 있는 유로존(유로화 사용 16개국) 국가들에 대해 유로안정화기구(ESM)를 출범시키고 긴급대책자금(구제금융 시스템: bailout fund)을 상설화하기 위한 법적 근거를 마련하기 위해서 유럽연합(EU) 27개국 정상들이 리스본조약 일부 개정에 합의를 하기도 하였다. 이번 개정된 조약 조항은 27개 회원국이 모두 입법부의 동의나 국민투표를 거쳐 비준하는 절차를 밟아야 효력을 가질 수 있지만 경제적 이득이 유럽연합의 주요한 통합 동기라는 점을 고려한다면 당해 비준이 그렇게 어려울 것으로 보이지는 않는다(http://www.irishtimes.com/newspaper/world/2010/1217/12 24285792509.html, 2010. 12 18. 방문).

논문의 각 부분의 고찰을 수행함에 있어 얻어진 결론들을 간략히 제시하면 다음과 같다.

우선 유럽연합은 아직 통합의 꿈을 포기하지 않고 있으며 통합을 지속적으로 추진하고 있다. 이를 위하여 유럽연합은 법치 공동체로서의 연합을 강조하며 자신의 통합을 구체화하고 있는 데 특히 "유럽연합법 우위의 원칙"과 "직접 효력의 원칙"은 그를 위하여 만들어낸 유럽연합 사법재판소만의 발명품이다. 하지만 이는 주권을 유효하게 보유하고 있는 회원국 법질서와의 직접적인 충돌을 야기하고 있으며, 급기야 회원국 법원들은 유럽연합의 독단적인 통합 추진에 적극적으로 반기를 들고 있다는 것을 관찰할 수 있었다. 결국 통합의 주도권은 여전히 "조약의 주인"이라고 할 수 있는 회원국이 보유하고 있다는 객관적인 사실을 부인할 수는 없는 것이고 유럽연합 차원에서 주장되는 유럽연합법 우위의 원칙은 회원국의 국내 질서에까지 완전하게 관철되고 있다고 볼 수는 없다.

하지만 자신의 존립이유이기도 한 통합을 포기할 수 없는 유럽연합으로서는 그와 같은 회원국의 반항을 묵인할 수는 없으며 회원국의 협조를 유인하고 나아가 본격적인 통합을 위한 자신만의 법질서를 확립하고 강요하여야 한다. 이를 위하여 국가와 유사하게 유럽연합 역시 자신만의 제도를 도입하고 운영하여야 할 것인데 실제로 유럽연합은 자신의 법질서에 대한 침해를 예방하고 교정하기 위하여 사법심사제도를 보유하고 있다. 그런데 유럽연합은 통상적인 국가와는 달리 이를 이원화하여 운영하고 있다는 것을 발견할 수 있었는데 리스본 조약 제263조상의 사법심사제도와 제267조상의 선결적 부탁절차가 바로 그것이다. 다음의 각 제도에 대한 기술은 양자의 차이를 어렵지 않게 발견할 수 있게 하여 준다.

· 사법심사제도는 권고와 의견 이외에 유럽중앙은행의 조치, 이사회와 위원회의

조치와 입법적 조치 그리고 제3자에 대하여 법적 효력을 발하는 것으로 예정된 유럽의회와 유럽이사회의 조치의 합법성을 유럽연합 사법재판소가 심사할 수 있도록 한 제도로 재판소는 또한 제3자에 대하여 법적 효력을 발하는 것으로 예정된 연합의 조직(bodies), 사무국(offices), 그리고 기관(agencies)의 조치의 합법성에 대하여 심사할 수 있다. 나아가 당해 목적을 위하여 유럽연합 사법재판소는 권한의 부재, 필수적인 절차 요건의 위반, 제 조약 또는 그 적용되어야 할 법규범의 위반 그리고 권한의 남용을 근거로 하여 회원국, 유럽의회, 이사회 그리고 위원회에 의하여 제기된 조치에서 관할권을 향유하고 있다.

· 이에 비하여 선결적 부탁절차는 유럽연합 사법재판소가 일련의 조약들(the Treaties)의 해석 그리고 연합의 조직 및 기타 부서 행위의 유효성과 해석의 문제가 회원국의 법원이나 재판소에 의해 제기되는 경우 이에 대하여 선결적 평결을 부여하는 절차를 말한다. 특히 이 경우 회원국 법원이나 재판소는 위의 문제에 대한 (유럽연합 사법재판소의) 결정이 자신이 판결을 설시하는 데에 필요하다고 판단한다면, 유럽연합 사법재판소에 대하여 그 문제에 대한 평결을 내려줄 것을 부탁할 수 있다.

결국 위의 양 제도의 특징을 비교 검토한 결과 제263조상의 사법심사제도는 유럽연합 기관 행위의 합법성을 심사하는 행정 쟁송으로서의 기능을 수행하는 제도로, 제267조상의 선결적 부탁절차는 회원국과의 관계에 있어 유럽연합 차원의 법질서의 통일성을 위한 규범통제의 기능을 수행하는 제도로 평가할 수 있었다. 유럽연합의 사법심사제도는 리스본 조약상으로도 구분하여 규정되고 있는 것인데 이는 유럽연합의 정체성 즉, 아직 연방국가로서의 통합을 위하여 갈 길이 먼 유럽연합의 상황을 나타내 주고 있다고 할 수 있다. 통합의 진행에 있어 회원국 차원에서 이루어지는 국민투표가 가장 중요한 변수로 등장하고 결국 통합 추진 여부가 국내적인 차원에서 이루어지는 통합 찬성론자들과 반대론자들 사이의 토론과 담론을 통하여 결정된다는 것은 유럽연합의 여전한 한계적인 정체성을 여실히 보여주는 것이다.

하지만 고유한(*sui generis*) 혹은 준 연방적인 구조를 가지고 있는[327]

---

327) Lenore Jones, "Opinions of the Court of the European Union in National Courts", p. 221.

유럽연합의 통합이 강화되고 그 국가성이 강화된다면 유럽연합, 특히 유럽연합 사법재판소는 유럽연합법과 양립하지 않는 회원국 국내법에 대하여 특히 연합법과 상충하는 회원국의 조치와 법규범에 대하여 직접적으로 무효선언을 할 필요성이 높아지게 될 것이고 실제로 그와 같은 무효선언이 이루어질 가능성이 높다. 이를 통하여 결국 유럽연합은 사법심사제도를 일원적으로 운영할 수 있게 될 것이다. 이와 같이 향후 도입될 수 있는 사법심사제도의 통합 혹은 통합적인 운영 여부는 역으로 유럽연합의 정체성을 측정할 수 있는 하나의 지표로 활용될 수 있을 것이다.

제 5장
결 론 – 남북한 통합에의 함의

1. 법치주의를 통한 통합

유럽연합은 자신의 회원국들이 서로 상이한 문화와 정치체제를 가지고 있음에도 불구하고 비교적 성공적으로 통합을 추진해 나가고 있다. 유럽 연합은 원래 경제공동체로서 시작되었음에도 오늘날 지속적이며 안정적으로 확대되는 통합을 도모하고 있는 것이다. 그런데 이는 유럽연합 차원의 법질서 지원이 있기에 가능한 것이었으므로 연합은 법공동체이며, 특히 EU 법질서는 갈등상황에서 회원국법에 앞서 적용되는 새로운 자율적 법질서라는 평가1)가 어색하지 않다. 다시 말해 유럽연합은 민주주의의 가치보다는 법치주의의 가치를 통하여 자신의 통합을 구체화하고 있는 것인데 특히 유럽연합의 기관 중 유럽연합 사법재판소가 이를 위한 적극적인 입장을 견지하고 있다. 유럽연합 사법재판소는 연합의 통합을 위하여 법치공동체를 표방하고2) 특히 1차적 법원과 규칙, 결정, 지침과 같은 여러 가지 유형의 법규범을 통하여 회원국에 대하여 영향력을 끼치려고 부단히 노력하고 있는 것이다.

남북 간 통일이 자유민주주의와 법치주의에 바탕을 둔 평화통일이어야 한다는 것과 향후 남북교류협력도 확대될 것이라는 것 그리고 통합의 과정과 통일 이후에도 북한과의 관계에 있어 여러 종류의 법적 분쟁이 발생할 가능성이 있다는 것을 고려하면 아무래도 법치를 통하여 통합의 정도를 구체화하고 있는 유럽연합의 경험은 우리에게도 시사하는 바가 적지 않다고 할 수 있다. 남북한 관계에서 발생하는 다양한 문

---

1) 장경원, "경제통합과 법의 통합 - 동아시아의 관점에서 본 EU법 -", 서울대학교 법학 49권 4호(2009), 173~174면.

2) Case 294/83, *Parti écologiste 'Les Verts' v. European Parliament* 〔1986〕 ECR 1339 at 1335 (paragraph 23 of the judgement); Opinion 1/91, First EEA, 〔1991〕 ECR Ⅰ-6069 at 6102(para. 21). 실제로 유럽연합 통합 초기부터 통합의 진전에 있어 중요한 역할을 담당하였던 것은 법(das Recht)이었다(Ulrich Halten, *Europarecht -Dogmatik im Kontext -*, S. 169).

제들을 법치주의의 틀 안에서 해결하지 않고 그때그때의 정치상황에
따라 통치행위의 차원에서 해결하게 된다면 남북한 관계에 법적 안정
성과 예측가능성을 담보할 수 없을 뿐만 아니라, 남북한 관계가 정치적
으로 이용될 위험성을 인정할 수밖에 없기 때문이다.3) 그러므로 남북한
통합의 신속하고 안정적인 달성을 위해서도 유럽연합과 같이 법치주의
에 입각한 사법질서의 통합이 요구된다고 볼 수 있다.

2. 법질서 통합의 유인 제공

그런데 장기간 단절되어 있는 남한과 북한의 법질서 나아가 사법질
서를 순조롭게 통합할 수 있을 것인지에 대한 우려의 목소리가 높은 것
이 사실이다. 순조로운 통합을 위해서는 북한의 적극적인 협조가 전제
되어야 하기 때문에 더욱 그러하다. 하지만 북한과의 통일을 단기간 내
에 이룰 수 없는 현 상황을 감안한다면 사법질서와 같은 통일을 위한
전제조건을 만들어 나가는 것의 중요성을 부인할 수 없다. 북한과의 관
계에 있어 소극적인 입장만을 고집할 수 없는 이유도 거기에 있다. 그
렇다면 무엇보다 사법질서의 통합을 위해서 북한과의 대화와 협력이
필요할 것이고 나아가 이를 위해서는 북한을 대화의 자리로 이끌어내
는 것이 필요하다. 북한의 비협조적인 자세를 극복하기 위한 가장 효과
적인 수단은 아무래도 경제적인 유인을 가지고 있는 평화체제를 상정
할 수 있을 것이다.4) 이는 북한이 포기하기 힘든 경제적인 유인의 확보

---

3) 이효원·박명규, 남북한 교류협력에 관한 판례분석, 2010년도 서울대 통일평화연
   구원 특별과제 보고서 (2011. 6. 10), 26면.
4) 평화체제란 일반적으로 휴전체제를 전환하여 형성되는 휴전체제의 전환 체제이
   다. 결국 이는 평화에 관련된 체제를 의미하는 것(지봉도, "한반도평화체제의 구
   축방안과 그 보장방안의 국제법적 접근", 북학학보 제25권, 2000, 108면)으로 구
   성원들 간의 자발적 평화공존에 대한 합의로 인하여 제도를 통한 안정성이 보장
   된 기대구조라고 할 수 있다(최철영, "법체제를 통한 한반도 평화연구", 성균관
   법학 제17권 제3호, 성균관대학교 비교법연구소, 2005. 12, 97면).

를 보장해주는 평화체제라는 점, 장기적으로 당해 평화체제를 통하여 북한에 대한 법치주의 교육과 북한과의 지속적인 접촉 유지를 확보할 수 있다는 점 나아가 이를 통하여 통일을 보다 구체화할 수 있다는 점에서도 당해 평화체제에 대한 논의의 당위성과 필요성을 부인할 수만은 없다.

3. 새로운 법원 제도의 도입 시도

북한과의 평화체제를 상정하는 데에 있어 특히 자기완비적 체제(self-contained system) 도입을 심각하게 고민할 필요가 있다.5) 이의 시도는 현재 여러 종류의 자기 완비적 체제가 유효하게 작동하고 있다는 점에서 나아가 북한과의 관계에 적용할 수 있다는 점에서 그 의미를 곱씹어 볼 수 있다. 특히 유럽연합도 다음과 같은 규정에서 알 수 있듯이 자기 완비적 체제를 고집하고 있다.

> 회원국들은 이 조약의 해석이나 적용에 관한 분쟁을 조약에 규정된 해결방법들 이외에 다른 어떤 것에도 부탁하지 않을 것을 약속한다.6)

특히 유럽연합은 성공적인 자기 완비적 체제의 운영을 위해서 내부적으로 강력한 사법기관을 가지고 있다는 사실을 염두에 두어야 한다. 앞서 계속 고찰한 것과 같이 유럽연합 사법재판소(The Court of European

---

5) 자기완비적 체제를 추구하는 이유는 물론 레짐의 목적 즉 당사자 공동의 혹은 그들 상호간의 이익의 증대를 달성하기 위해서이다. 결국 자기 완비적 체제를 수립함으로써 국가들은 이들 레짐이 그들 상호간의 이익을 위하여 작동할 것이라는 기대에 기초하여 조약 위반의 결과에 적용되는 일반 규칙들로부터 벗어나려는 유인을 가지게 되는 것이다(김대순, 국제법론(삼영사, 2007), 598면).

6) 리스본 조약 제344조. WTO 역시 자기완비적 체제를 운영하고 있다는 평가를 받고 있다(앞의 책, 595면). 해당 조항은 WTO의 분쟁해결양해인 DSU 제23조 제1항이다.

Union)가 분쟁해결 기능을 독점적으로 담당함으로 그와 같은 효과적인 자기완비적인 체제를 유지하고 있기 때문이다. 그러므로 우리의 경우에도 자기 완비적 체제를 만드는 목표를 설정했다면 잘 작동하는 사법기관의 설립을 우선적으로 고려할 필요가 있다. 물론 북한의 자발적인 참여와 법준수가 전제되지 않는다면 이의 성과를 장담할 수는 없겠지만 당해 사법기관으로 말미암아 북한에 대한 법치 교육이 가능할 것이고 사법기관에 의한 비난 여론의 형성을 통하여 북한의 법규범 준수를 유인할 수 있다는 점에서 당해 방안의 유효성을 부인할 수만은 없다. 그리고 사법기관의 구체적인 설계도 중요하게 고려하여야 하는데 통일한 국의 사법기관이 아닌 통일 전 평화체제에서의 사법기관의 설립에 대한 논의라는 점에서 남한과 북한 동등한 수의 재판관과 제3국의 재판관으로 구성된 사법기관을 일단 상정할 수 있을 것이다. 그렇다면 결국 당해 기관은 중재재판소(The Court of Arbitration)의 모양새를 띠게 될 것인데 북한 재판관의 독단적인 결정과 비협조적인 태도까지 고려한다면 북측 재판관의 불참석의 경우에도 일단 부탁된 사건에 대해서는 당해 기관에게 지속적으로 관할권을 향유할 수 있도록 해야 할 것이다.[7]

4. 선결적 부탁절차의 적용

통합과 통일을 시도하는 데에 있어 또한 중요한 것이 그 방향이다. 이를 위해서는 법질서를 확보하는 가운데 통합의 방향을 구체화하고 심화하는 것이 필요한 데 그를 위한 구체적인 기준으로 물론 헌법을 상정하여야 한다. 그러므로 헌법의 규범력과 통용력을 확보하는 가운데 북한과의 통합을 진행하는 것이 필요함은 물론이다. 여기서 다시 한 번 참고를 할 수 있는 제도로 유럽연합이 보유하고 있는 제도인 선결적 부

---

7) 김용훈, "북한과의 평화체제 구축방안 – 민족내부거래를 통한 원조 방식의 연장선에서", 법학연구 제22권 제1호(2011.6), 110~111면.

탁절차를 상정할 수 있다. 유럽연합이 회원국과의 갈등상황에서 연합법의 우위성을 확보하며 그나마 성공적인 통합을 도모할 수 있는 것은 바로 당해 선결적 부탁절차 덕분이기 때문이다.

그런데 구체적인 남북한 통합 과정에서 북한의 사법제도와 법규범을 무시할 수는 없겠지만 법적 분쟁의 신속한 해결과 안정적인 통합을 위하여 활동하는 기관은 제기된 사건에 대하여 확정적인 결정을 내리지 않을 수 없다. 결국 제시한 사법제도·기관의 실질적이고 효율적인 운영을 위해서는 당해 사법기관 재결의 구속력을 확보할 필요가 있는 것이다. 실제적으로 위에서 언급한 사법체제에서의 사법기관은 재결작용을 할 것인데, 이는 국내법적으로 수용되고 또 국민에게 구속력을 가져야 그 운영의 묘를 살릴 수 있을 것이기 때문이다. 하지만 정치적인 그리고 사실적인 변수가 중요하게 작용하는 북한과의 관계에 있어 기관결정의 구속력을 직접 확보하는 것에는 적지 않은 부담이 있다. 국제적인 차원에서 존재하는 법원 중 대표격이라고 할 수 있는 세계 법원 즉 국제사법법원의 관할권이 임의적 관할권이라는 것은 그를 직접적으로 대변해주는 사항이기도 하다. 또한 당해 법원의 경우 설사 법원에게 관할권이 인정된다고 해도 그 판결의 집행을 위한 효율적인 수단을 확보하는 것이 어렵다는 점에서 북한에 대한 평화체제 내 사법기관의 재결 혹은 결정의 구속력 역시 확보하는 것이 쉽지만은 않다. 그렇다면 결국 간접적인 방식으로 북한에 대한 사법기관 결정의 구속력을 확보할 수밖에 없을 것이기 때문에 유럽연합이 보유하고 있는 선결적 부탁 절차를 참고할 필요가 있다. 특히 유럽연합 사법재판소는 유럽연합법이 국내 회원국법에 대하여 우위를 차지하고 있다는 원칙적인 입장을 가지고 있기는 하나 회원국에 대한 직접적인 강제 수단까지 고집하고 있지는 않다. 즉 공동체법에 위배되는 회원국 국내법 규정이 제기됐을 때 이를 무효(non-existence)라고 선언하기보다는 국내 법원이 이를 적용하지 말아야 한다는 식의 판결을 내리고 있는 것이다.[8] 나아가 유럽연합

---

8) Cases C-10-22/97 *Ministero delle Finanze v. In. Co. Ge' 90 Srl and others*

의 회원국 역시 유럽연합 사법재판소의 결정에 대하여 대체로 준수를 하고 있다. 이는 유럽연합의 회원국으로 존재함으로 누리고 있는 정치적 특히 경제적 이익을 포기할 수 없기 때문일 것이다.

즉 남북한 통합과정의 심화를 위해서는 남북한 간 지속적인 관계 확보를 위한 평화체제를 도입하는 것이 필요하고 보다 구체적으로 자기완비적 체제 나아가 이의 구체화와 지속적인 운영을 위한 중재재판소로 대표되는 특수한 사법기관의 도입을 고려할 수 있다. 특히 당해 사법기관은 남북한 간 통합의 연착륙을 위하여 보다 융통적인 결정을 내릴 필요가 있는 것이며 유럽연합의 선결적 부탁절차는 그를 위한 소중한 참고가 되어 줄 것이다. 보다 구체적인 연구는 향후 과제로 남기고 당해 연구의 당위성을 강조하는 차원에서 글을 맺기로 한다.

〔1998〕 ECR I-6307, para. 21.

참고문헌

국내 문헌

1. 단행본

강원택·조홍식, 유럽의 부활: 유럽연합의 발전과 전망(서울: 푸른 길, 1999).
강정인 외, 유럽민주화의 이념과 역사(후마니타스, 2010).
게오르그 옐리네크(김효전 역), 일반국가학(태화출판사, 1980).
권영성, 헌법학원론(법문사, 2006).
권영설, 헌법이론과 헌법담론(법문사, 2006).
김대순, EU법론(삼영사, 1995).
_____, 국제법론(삼영사, 2009).
_____, EU법의 연구(삼영사, 2007).
김두수, EU소송법상 선결적 부탁 절차」(한국학술정보, 2005).
_____, EU법론(한국학술정보, 2007).
김영삼 외 2인(공저), 영미공법론(형설출판사, 1992).
김운용, 위헌심사제도론(법문사, 1998).
김정건, 국제법(박영사, 2004).
성낙인, 헌법학(법문사, 2011).
유타 림바흐(정남철 역), 독일연방헌법재판소(고려대학교 출판부, 2007).
윤명선, 미국헌법과 통치구조(유스북, 2006).
이관희, 한국민주헌법론 II -통치구조대개혁론-(박영사, 2004).
이성덕, 유럽연합 사법제도론(진원사, 2007).
이시윤, 신민사소송법(박영사, 2005).
이준일, 헌법학강의(홍문사, 2007).
이한기, 국제법강의(박영사, 2004).
이희범, 유럽통합론(법문사, 2007).
정만희, 헌법과 통치구조(법문사, 2003).

정종섭, 헌법소송법(박영사, 2010).
_____, 헌법학원론(박영사, 2009).
채형복, 유럽연합법(한국학술정보, 2009).
_____, 유럽헌법론(높이깊이, 2006).
천상덕, 유럽연합의 이론과 연방건설(동국대학교 출판부,2005).
허 영, 헌법이론과 헌법(박영사, 2005).
_____, 헌법소송법론(박영사, 2008).

2. 논문

강승식, "위헌법률심사제의 유형에 관한 연구", 한양법학 제16집.
권형준, "위헌법률심사의 유형," 세계헌법연구 제8호.
김대순, "마스트리히트 유럽동맹조약에 나타난 보충성의 원칙(Principle of Subsidiarity)에 관한 연구", 국제법학회논총, 제39권 제2호(1994. 12.).
_____, "EU 시민권 개념에 관한 연구", 유럽연구, 통권 제4호(1996년 가을호).
_____, "2007년 리스본 조약의 개관," 국제법학회논총, 제53권 제1호.
_____, "유럽재판소의 사법 적극주의에 관한 연구", 유럽연구, 통권 제7호(1998년 여름).
김두수, "EU 통합상 회원국의 주권문제", 외법논집, 제26집(2007. 5).
_____, "EU통합 과정상 회원국 국내법원의 역할", 유럽연구 제22호(2005년 겨울).
_____, "EU법상 선결적 부탁절차의 실체법적 기능", 외법논집 제19집(2005 .8).
김문현, "헌법재판소와 국회의 관계에 관한 일 고찰", 법학논집(이화여자대학교 법학 연구소), 제11권 제1호(2006. 9.).
김성원, "영국의 사법심사제도의 동향", 공법연구 제24집 제2호.
김승민·은은기, "유럽헌법 부결과 프랑스 여론", 한국프랑스학논집 제53집(2006).
김영삼, "사법심사의 형식과 기관에 관한 고찰", 토지공법연구 제3집.
김용훈, "북한과의 평화체제 구축방안 – 민족내부거래를 통한 원조 방식의 연장선에서", 법학연구 제22권 제1호(2011.6),
_____, 유럽연합의 규범통제제도 ―선결적 부탁절차를 중심으로―, 서울대학

교 법학박사학위논문(2011.2.).

_____, "유럽연합의 민주주의 결여 극복 노력의 함의", 원광법학 제27권 제1 호(2011.6).

_____, "유럽연합의 민주주의와 법치주의", 공법연구 제39집 제4호(2011.6.).

_____, "유럽연합의 헌법재판제도", 유럽헌법연구 제9호(2011.6).

김운용, "미국의 위헌심사제도", 미국헌법연구 제8호(1997).

김원기, "유럽 연합 기구의 조직 및 기능에 관한 고찰", 국제정치논총 제33집 제2호(1993).

김은경, "유럽연합시민권의 법적개념과 의미", 유럽연구 제17권(2003년 여름).

김종철, "정치의 사법화의 의의와 한계 – 노무현 정부 전반기의 상황을 중심으 로 – ", 공법연구 제33집 제3호(2005).

김형남, "미국법원에서의 사법심사절차," 공법연구 제27집 제3호.

_____, 김형남, "캐나다·미국·한국의 헌법재판기준에 관한 비교법적 고찰," 성 균관법학 제19권 제3호.

문재완, "사법소극주의의 재검토," 외법논집 제27집(2007. 8.).

박노형, "EC 사법법원에 의한 회원국 행위의 사법심사 – 개인의 주도에 의한 경우를 중심으로 – ," 법학논집 제27집(1992).

박인수, "프랑스의 유럽헌법안 수용과 변화", 세계헌법연구 제12권 1호.

_____, "EU 헌법의 주요 내용과 특징", 유럽헌법연구 Ⅰ(영남대학교 출판부, 2006).

방청록, "유럽헌법조약부결과 유럽통합심화에의 함의 연구", 유럽연구 제23호 (2006년 여름).

변해철, "유럽연합조약과 프랑스 헌법", 외법 논집제2권(한국외국어대학교 법 학연구소, 1995).

_____, "유럽인권협약과 프랑스 국내법원", 외법논집 제17집(한국외국어대학 교 법학연구소, 2004. 11).

서보건, "유럽헌법과 국내법 간의 효력", 유럽헌법연구 Ⅰ, 영남대학교 출판부 (영남대학교 출판부, 2006).

성선제, "조약의 사법심사", 법학연구(충남대학교 법학연구소) 제20권 제1호 (2009. 6.).

손희만, "유럽연합에서의 초국가적 공동체 헌법의 발전에 관한 연구", 국제지 역연구 제8권 제1호.

손병권·이옥연, "미국과 캐나다의 비교 연구: 건국과정과 헌법을 중심으로,"

국제 정치 논총 제44집 제4호(2004).

송호영, "유럽연합(EU) 차원의 사법통일이 EU 회원국들의 국내법에 미치는 영향에 관한 연구", 외법 논집 제34권 3호(2010. 8).

신옥주, "유럽 재판소 판결의 독일 국내적 효력," 공법연구 제36집 제3호(2008. 2.).

아르민 폰 복단디(Armin von Bogdandy, 박진완 역), "유럽을 위한 헌법원리", 헌법학연구 제13권 제3호(2007. 9.).

오세혁, "규범충돌 및 그 해소에 관한 연구-규범 체계의 통일성과 관련하여", 서울대학교 법학 박사학위논문, 2002. 2.

윤재만, "헌법이론과 '유럽헌법조약'의 헌법성", 토지공법연구 제38집(2007. 11.).

이근관, "EU 대외관계법", 박덕영 외 14인 공저, EU법 강의(박영사, 2010).

이성덕, "혼합조약(Mixed Agreements)의 조약법상 문제점에 관한 연구", 국제 법학회논총, 제41권 제2호(1997).

_____, "EU의 분쟁해결제도", 박덕영 외 14인 공저, EU법 강의(박영사, ㄴ 2010).

이옥연, "연방제를 통한 통합과 분권의 구현: 캐나다의 경험을 중심으로", 세계 지역 연구 논총 제24집 1호.

이헌환, "현대 사법제도의 경향과 특징-세계국가들의 헌법규정을 참고로-", 세계헌법연구 제16권 제4호(2010.12).

이호선, "유럽공동체형성에 있어서의 유럽재판소의 사법적극주의", 정보와법 연구 제8호.

임종훈, "영국에서의 인권법시행과 의회주권원칙의 변화", 세계헌법연구 제11 권 제2호.

장경원, "EU행정법의 작동원리로서 보충성의 원칙," 행정법연구 제9권 2호 (2007년 상반기).

_____, "경제통합과 법의 통합 – 동아시아의 관점에서 본 EU법 –", 서울대학 교 법학 49권 4호(2009).

전학선, "프랑스에서 위헌법률심사청구의 취하", 헌법학연구 제10권 제3호 (2004. 9.).

전 훈, "유럽헌법상의 보충성의 원칙", 유럽헌법연구 I (영남대학교 출판부, 2006).

정재각, "유럽연합: 정치체계에서 국가성과 유럽의회의 논의", 한·독 사회과학논총 제17권 제3호(2007년 겨울).

지봉도, "한반도평화체제의 구축방안과 그 보장방안의 국제법적 접근", 북학학
보 제25권(2000).

채형복, "EU 단일시장", 박덕영 외 14인 공저, EU법 강의(박영사, 2010).

최 유, "연방체제의 헌법적 전개-미국, 독일, 유럽 연합을 중심으로-", 중앙대
학교 법학 박사학위논문, 2009. 8.

최철영, "국제기구에서 유럽연합(EU)의 법적 지위", 사회과학연구(대구대학교
사회과학연구소) 제11권 제1호(2003).

_____, "법체제를 통한 한반도 평화연구", 성균관법학 제17권 제3호, 성균관
대학교 비교법연구소(2005. 12).

토마스 오퍼만(이상해 역), "확대되고 있는 '대 유럽 연합'에서의 EU법의 효
력", 법학연구(부산대학교 법학연구소) 제 46권 제 1호(2005. 12).

홍성필, "유럽의 인권보호체제", 박덕영 외 14인 공저, EU법 강의(박영사,
2010).

외국문헌

1. 단행본

Alter, Karen J., *Establishing the Supremacy of European Union Law*(Oxford
University Press, 2001).

Anderson, David W. K., *References to the European Court*(London Sweet &
Maxwell, 1995).

Arcber, Clive and Fiona Butler, *The European Union-Structure & Process*-(St.
Martin Press, 1996).

Arnull, Anthony, *The European Union and its Court of Justice*(Oxford University
Press, 2007).

Bermann, George A., Roger J. Goebel, William J. Davey and Eleanor M. Fox, *Cases and Materials on European Union Law*(West Group, 2002).
_____, *Cases and Materials on European Union Law*(West Group, 2004).

Bickel, Alexander, *The Least Dangerous Branch*(Yale University Press, 1962).

Brealey, Mark and M. Hoskins, *Remedies in EC Law*(Sweet & Maxwell, 1998).

Brinkhorst, Lauren J. and H G. Schemers, *Judicial Remedies in the European Communities*(Kluwer, 1969).

Burgess, Michael, *Federalism and European Union: Political Ideas, Influences and Strategies in the European Community, 1972-1987*(London, Routledge, 1989).

Chalmers, Damian, Christos Hadjieemmanuil, Giorgio Monti, Adam Tomkins, *European Union Law*(Cambridge University Press, 2006).

Carter, Barry E. and Phillip R. Trimble, *International Law*(Little, Brown and Company, 1991).

Cassese, Antonio, *International Law*(Oxford University Press, 2004).

Chalmers, Damian and Adam Tomkins, *European Union Public Law*(Cambridge University Press, 2007).

Chemerinsky, Erwin, *Constitutional Law-Principles and Policies-*(ASPEN, 2006).

Christiansen, Thomas and Christine Reh, *Constitutionalizing The European Union*(Palgrave Macmillan, 2009).

Collins, Lawrence, *European Community Law in the United Kingdom*(London: Butterworths, 1984).

Constantinesco, Léontin-Jean, *Das Recht der Europäischen Gemeinschaft* I (Baden-Baden: Nomos Verlagsgesellschaft, 1977).

Craig, Paul, *EU Administrative Law*(Oxford University Press, 2006).

Craig, Paul and Gráinne de Búrca, *EU Law, Text, Cases and Materials*(Oxford University Press, 2008).

de Burca, Grainne and Joseph Weiler, *The European Court of Justice*(Oxford University Press, 2001).

Epps, Valerie, *International Law*(Carolina Academic Press, 2001).

Fairhurst, John and Christopher Vincenzi, *Law of the European Community*(Pearson Longman, 2003).

Foster, Nigel, *Foster on EU law*(Oxford University Press, 2006).

Gordon, Richard, *EC Law in Judicial Review*(Oxford University Press, 2007).

Halten, Ulrich, *Europarecht─ Dogmatik im Kontext ─*(Mohr Siebeck, 2007).

Hartley, Trevor C., *The Foundations of European Community Law*(Oxford University Press, 2003).

_____, *The Foundations of European Community Law*(Oxford University, 2007).

_____, *European Union Law in a Global Context: Text Cases*

Materials(Cambridge: Cambridge University Press, 2004).

Hayes-Renshaw, F. and H. Wallace, *The Council of Minister*(Palgrave, 2006).
Hesse, Konrad, *Grundzüge des Verfassunggerichts der Bundesrepublik Deutschland*(20. Aufl. 1995).

Horspool, Margot and Matthew Humphreys, *European Union Law*(Oxford University Press, 2008).

Ibanez, Gil, *The Administrative Supervision and Enforcement of EC Law: Powers, Procedures and Limits*(London: 1999).

Jackson, Paul, *O, Hood Phillips' Leading Cases in Constitutional and Administrative Law*(London: Sweet & Maxwell, 1988).

Jackson, Robert, *Sovereignty*(Polity Press, 2007).

Jackson, Vicki C. and Mark, Tushnet, *Comparative Constitutional Law*(Foundation Press, 2006).

Jarvis, Malcolm A., *The Application of EC Law by National Courts - The Free Movement of Goods* -(Oxford University Press, 1998).

Kapteyn, Paul Joan George, *Introduction to the Law of the European Communities- After the coming into force of the single European Act* -(Kluwer Law & Taxation Publisher, 1990).

Kapteyn, Paul Joan George, A. M. McDonnell, K. J. M. Mortelmans, C. W. A. Timmermans and L. A. Geelhoed (eds.), *The Law of the European Union and the European Communities-with reference to changes to be made by the Lisbon Treaty*-(Wolters Kluwer, 2008).

Kole, Karen V. and Anthony D'amato, *European Union Law - Anthology* -(Anderson Publishing Co., 2003).

Kronenberger, Vincent(ed), *The European Union and the International Legal Order : Discord or Harmony?*(T.M.C Asser Press, 2001).

Landber, Brian and Leslie Jacobs, *Global Issues in Constitutional Law*(Thomson/West, 2007).

Lenaerts, Koen, Dirk Arts and Robert Bray(eds.), *Procedural Law of the European Union*(London: Sweet & Maxwell, 1999).

Lenaerts, Keon, Ignace Maselis and Robert Bray(eds.), *Procedural Law of the European Union*(London, 2006).

Lindseth, Peter L., The Contradictions of Supernationalism: European Integration and the Constitutional Settlement of Administrative Governance, 1920s-1980s(Ph. D. dissertation, Department History, Columbia University, 2002).

Macleod, Ian, I. D. Hendry and Stephen Hyett, *The External Relations of the European Communities*(Clarendon Press·Oxford, 1996).

Mathijsen, P.S.R.F., *A Guide to European Union Law*(London: Sweet & Maxwell, 1999).

Mckay, David, *Designing Europe: Comparative Lessons from the Federal Experience*(Oxford University Press, 2001).

Neville, Brown L. and Tom Kennedy, *The Court of Justice of the European Communities*(Sweet & Maxwell, 1994).

Newman, Michael, *Democracy, Sovereignty and the European Union*(London: Hurst & Company, 1996).

Nugent, Neil, *The Government and Politics of the European Union*(Duke University Press, 2003).

O'Keefe, David and Anthony Bavasso(eds.), *Judicial Review in European Union Law*(Kluwer Law International, 2000).

O'Keefe, David and Henry G. Schermers(eds), *Mixed Agreement*(Deventer, 1983).

Parry, Anthony, Stephen Hardy and James Dinnage, *EEC Law*(London: Sweet & Maxwell, 1981).

Pinder, John, European Community - The Building of a Union(USA: Oxford University Press, 1995).

Piper, J. Richard, *The Major Nation-States in the European Union*(Pearson Education Inc., 2005).

Pollard, David and Malcolm Ross, *European Community Law - Text and Material* -(Butterworths, 1994).

Rosas, Allan and Lorna Armati, *EU Constitutional Law*(Hart Publishing, 2010).

Rawlinson, William and Malachy Corn well-Kelly, *European Community Law - A Practitioner's Guide* -(London: Sweet & Maxwell, 1994).

Rudden, Bernard and Diarmuid Rossa Phelan, Basic Community Cases(Oxford University Press, 1997).

Sadurski, Wojciech, Rights Before Courts-A Study of Constitutional Courts in

Postcommunist States of Central and Eastern Europe(Springer, 2005).

Schlichte, Klaus, *Der Staat in der Weltgesellschaft. Politische Herrschaft in Asien, Afrika und Lateinamerika*(Frankfurt a. M.: Campus, 2005).

Schermers, Henry G, and Denis F. WaelBroeck, *Judical Protection in the European Communities*(Kluwer, 1987).

_____, *Judicial Protection in the European Union*(Kluwer, 2001).

Sinaniotis, Dimitrios, *The Interim Protection of Individuals before the European and National Courts*(Kliwer Law International, 2006).

Slaughter, Anne-Marie, Alec Stone Sweet and J. H. H. Weiler, *The European Courts and National Courts. Doctrine and Jurisprudence*(Hart Publishing, 1998).

Sørensen, Max(ed.), *Manual Public International Law*(Macmillan. 1968).

Steiner, Josephine, Lorna Woods and Christian Twigg-Flesner, *EU Law*(Oxford University Press, 2006).

Taylor, Paul, *The End of European Integration −Anti-Europeanism Exammined −*(Routledge, 2008).

Tridimas, Takis, *The General Principles of EU Law*(Oxford University Press, 2007).
Türk, Alexander H., *Judicial Review in EU Law*(Edward Elgar Publishing, 2009).

Walker, Geoffrey de Q., *The Rule of Law: Foundation of Constitutional Democracy*(Melbourne University Press, 1988).

Ward, Angela, *Judicial Review and the Rights of Private Parties in EU Law*(Oxford University Press, 2007).

Weatherill, Stephen, *Law and Integration in the European Union*(Oxford University Press, 1996).

_____, *EU Law -Cases & Materials-*(Oxford University Press, 2006).

Weber, Max, *Wirtscharft und Gesellschaft*(Tuebingen: Mohr Siebeck, 1976).

Weiler, Joseph, *Constitution of Europe*(Cambridge University Press, 1999).

_____, *The Constitution of Europe*(Cambridge University Press, 2004).

Weindenfeld, Werner, Die *europäische Verfassung verstehen*(Bonn: Bertelsmann Stiftung, 2006).

Westlake, M. and D. Galloway, The Council of the European Union(John Harper Publishing., 2004).

Wolfer, Christopher, *The Rise of Modern Judicial Review*(Rowman & Little filed Publishers, 1994).

Vaughan, David, *Law of the European Communities*(London: Butterworths, 1986).

2. 논문

Albi, Anneli, "Supremacy of EC Law in the New Member States: Bringing Parliaments into the Equation of "Co-operative Constitutionalism"", 3

European Constitutional Law Review, 2007.

Alter, Karen J., "The European Court's Political Power", 19 *Western European Politics*, 1996.

Ballin, Ernst Hirsch, "The Italian Republic", in Lucas Prakke and Constantijn Kortmann(eds.), *Constitutional Law of EU 15 Member States*(Kluwer Legal Publisher, 2004).

Balme, Richard and Cornelia Woll, "France: Between Integration and National Sovereignty", in Simon Bulmer and Christian Lequesne(eds.), *The Member States of the European Union*(Oxford University Press, 2005).

Barav, Ami, "Enforcement of Community Rights in the National Courts: The Case for Jurisdiction to Grant an Interim Relief", 26 *Common Market Law Review* 3, 1989.

Bindi, Federia and Manuela Cisci, "Italy and Spain: A Tale of Contrasting Effectiveness in the EU," in; Simon Bulmer and Christian Lequesne(eds.), *The Member States of the European Union*(Oxford University Press, 2005).

Bridge, J., "Procedural Aspects of the Enforcement of European Community Law through the Legal System of the Member States", *European Law Review*, 1984.

Bríza, P., "The Constitutional Court of the Lisbon Treaty: Decision of 26 November 2008" 5 *European Constitutional Law Review*, 2009.

Brown, Neville, "The First Five Years of the Court of First Instance and Appeals to the Court of Justice: Assessment and Statistics," 32 *Common Market Law Review*, 1995.

Burley, Anne-Marie & Walter Mattli, "Europe Before the Court: A Political Theory of Legal Integration," 47 *International Organization*, 1993.

Cappelletti, Mauro(et al), "Integration Through Law: Europe and the American Federal Experience A General Introduction," in Mauro Cappelletti, Monica Seccombe, Joseph Weiler(eds.), *Integration Through Law*(Walter de Gruyter·Berlin·New York, 1986)

Craig, Paul, "Constitutions, Constitutionalism and the European Union", 7 *European Law Journal*, 2001.

_____, "The ECJ, "National Courts and the Supremacy of Community Law," in. Ingolf Pernice and Roberto Miccu(eds.), *The European Constitution in the Making*(Baden-Baden NOMOS Verlag, 2003).

de Búrca, Gráinne and Oliver Gerstenberg, "The Denationalization of Constitutional Law" 47 *Harvard International Law Review*, 2005.

de Búrca, Gráinne, "The Principle of Proportionality and its Application in EC Law", 13 *Yearbook of European Law*, 1993.

Defeis, Elizabeth, F., "A Constitution for Europe? A Transatlantic Perspective", *Temple International & Comparative Law Journal*, 2005.

Donnelly, Martin and Ella Richie, "The College of Commissioners and their. Cabinets," in Edwards and Spence (eds.), *The European Commission* (London, 1997).

Edward, David, "How the Court of Justice works," 20 *European Law Review*, 1995.

Engle, Eric, "Constitutive Cases: Marbury v. Madison meets Van Gend & Loos," 5 *Hanse Law Review*, 2004.

Everling, Ulrich, "Richterliche Rechtsfortbildung in der Europäischen Gemeinschaft," *Juristenzeitung* 217, 2000.

Fennelly, Nial, "Reflections of an Irish Advocate General," 5 *Irish Journal of European Law*, 1996.

Forsyth, Murray, "Federalism and Confederalism" in Brown(ed), *Political Restructuring in Europe: Ethical Perspectives*(London: Routledge, 1994).

Friesenhabn, Ernst, "Wesen und Grenzen der Verfassungsgerichtsbarkeit," *Zeitschrift fur Schweizerische Recht*(NF, Bd. 73, 1954).

Gervan, Walter van, "The Role and Structure of the European Judiciary Now and in the Future," 21 European Law Review, 1996.

Govaere, Inge, "The Future Direction of The E.U. Internal Market: On Vested Values and Fashionable Modernism", 16 *Columbia Journal of European Law*, 2009-2010.

Grimm, Dieter, "Does Europe Need a Constitution?" 1 *European Law Journal*, 1995.

_____, "Defending Sovereign Statehood against Transforming the European Union into a State" 5 *European Constitutional Law Review*, 2009.

_____, "Integration by Constitution," 3 *International Journal of Constitutional Law*, 2005.

_____, "The Achievement of Constitutionalism and its Prospects in a Changed World", Petra Dobner and Martin Loughlin(eds.), *The Twilight of Constitutionalism*(Oxford University Press, 2010).

_____, "Treaty or Constitution?" in Erik Oddvar Eriksen, John Erik Fossum and Augustín José Menéndez(eds.), *Developing a Constitution for Europe*(Routledge, 2004).

Gusy, Christoph, "demokratiedefizite postnationaler Gemeinschaften unter Berüksichtigung der EU," 45 *Zeitschrift für politik*, 1998.

Habermas, Jurgen, "So, Why does the European Union need a Constitution?", 11 *New Left Review*, 2001.

Hailbronner, Kay and Hans-Peter Hummel, "Constitutional Law", in Werner F. Ebke and Matthew W. Finkin(eds.), *Introduction to German Law*(Kluwer Law International, 1996).

Hallstein, "Die EWG - eine Rechtsgemeinshaft", in: ders.(Hg.), *Europäishe Reden*(1979).

Haltern, Ulrich, "Integration through Law", in E. O. Eriksen, J. E. Fossum and A. J. Menéndez(eds), *European Integration Theory*(Oxford University Press, 2004).

Hauser, Heinz and Alexia Müller, "Legitimacy: The Missing Link for Explaining EU Institution Building" 50 *Aussenwirtschaft*, 1995.

Hay, Peter, "Supremacy of Community Law in National Courts," 16 *American Journal of Comparative Law*, 1969.

Hijmans, Hielke, "The European Data Protection Supervisor: The Institutions of the EC Controlled by an Independent Authority," 43 *Common Market Law Reiew*, 1996.

Howe, Geoffrey, "Euro-justice: yes or no?" 21 *European Law Review*, 1996.

Høegh, K., "The Danish Maastricht Judgement" 24 *European Law Review*, 1999.

Jacobs, Francis G. and Kenneth. L. Karst, "The 'Federal' Legal order: The USA and Europe Compared -A Juridical Perspective," Mauro Cappelletti, Monica Seccombe, Joseph Weiler(eds), *Integration through Law*(Walter de Gruyter & Co., 1985).

Jacobs, Francis, "Advocates General and Judges in the European Court of Justice: Some Personal Reflection," David O"Keefe & Antonio Bavasso(eds.) *Judicial Review in European Union Law*(Kluwer Law International, 2000).

_____, "Recent and Ongoing Measures to Improve the Efficacy of the European Court of Justice," 29 *European Law Review*, 2004.

Jones, Lenore, "Opinions of the Court of the European Union in National Courts," Thomas M. Franck & Gregory H. Fox(eds.), *International Law Decisions in National Courts*(Transnational Publishers, Inc., 1996).

Kapteyn, Paul Joan George, "Administration of Justice", in Paul Joan George Kapteyn, A. M. McDonnell, K. J. M. Mortelmans, C. W. A. Timmermans and L. A. Geelhoed (eds.), *The Law of the European Union and the European Communities- with reference to changes to be made by the Lisbon Treaty* -(Wolters Kluwer, 2008).

Kennedy, Tom, "Paying the Piper: Legal Aid in Proceedings before the Court of Justice", 27 *Common Market Law Review*, 1988.

Kirchhof, Paul, "The Balance of Powers between National and European Institutions" 5 *European Law Journal*, 1999.

Knelagen, Wilhelm, "Regierungssystem sui generis? Dieinstitutionelle Or dungder Ein Vergleichender Sicht," *Zeitschrift für Staats- und Europawissenschaft* 1, 2005.

Koopmans, Tim, "'Judicial decision-making'," in Campbell and Vayatzi(eds.), *Legal Reasoning and Judicial Interpretation of European Law*, 1996.

_____, "The Future of the Court of Justice of the European Communities" 11 *Yearbook of European Law*, 1991.

Kuile, Ter, "The Refer or not to Refer: About the Last Paragraph of Art. 177 〔now art 234〕 of the E.C. Treaty" in Curtin and Heukels(eds.), *Institutional Dynamics of European Integration, Essays in honour of H. G. S Shermers*(Dordrecht: Martinus Nijhoff, 1994).

Lauwaars, R. H., "Institutional Structure", in Paul Joan George Kapteyn, A. M. McDonnell, K. J. M. Mortelmans, C. W. A. Timmermans and L. A. Geelhoed (eds.), *The Law of the European Union and the European Communities- with reference to changes to be made by the Lisbon Treaty* -(Wolters Kluwer, 2008).

Lavranos, Nikolaos, "The Interface between European and National Proccedural Law: UN Sanctions and Judicial Review", in D. Obradovic and N. Lavranos(eds.), *Interface between EU Law and National Law*(Europa Law Publishing, 2007).

Levi, Lucio, "Recent Developments in Federalist Theory" in Levi, Altiero Spinelli(ed.), *Federalism in Europe and the World*(Milan: Franco

Angeli, 1990).

Lindseth, Peter, "Delegation is Dead, Long Live Delegation: Managing the Democratic Disconnect in the European Market-Policy," in Joerges and Dehousse (eds.), *Good Governance in Europe's Integrated Market*(Oxford University Press, 2002).

MacComick, Neil, "Beyond the Sovereign State," 56 *Modern Law Review 1*, 1993.

Marrani, David, "A Love-Hate Relationship: France and European Law", 16 *Columbia Journal European Law*, 2009-2010.

Marshall, William P., "Conservatives and the Seven Sins of Judicial Activism," 73 *University of Colorado Law Review*, 2002.

Mayer, Franz C., "Verfassungsgerichtsbarkeit," in Armin von Bogdandy und Jürgen Bast (hrsg.), *Europäisches Verfassungsrecht*(Springer, 2009).

Meier, Gert, "Der Streit um die Umsatzausgleichsteuer aus integrationspolitischer Sicht," 3 *Recht der Internationales Wirtschaft*, 1994.

Meij, Jan de, "The Kingdom of Sweden", in Lucas Prakke and Constantijn Kortmann(eds.), *Constitutional Law of EU 15 Member States*(Kluwer Legal Publisher, 2004).

Moravcsik, Andrew, "Negotiating the Single European Act", R. Keohane and S. Hoffmann(eds.), *The New European Community: Decision Making and Institutional Choice*(Boulder: Westview Press, 1991).

Moxon-Browne, Eddie, "Citizens and Parliaments," in Brigid Lawfan(ed.),

Constitution- Building in the European Union(Institute of European Affairs, 1996).

Nergelius, Joakim, Xavier Groussot and Timo Minssen, "Preliminary Rulings and Article 234(3) EC".

Neuwahl, Nanette A., "Shared Powers or Combined incompetence? More on Mixity," *Common Market Law Review*, 1996.

Mullen, Paul Fabian, "Do You Hear What I Hear? Translation, Expansion, and Crisis in the European Court of Justice," in Maria Green Cowless and Michael Smith (eds.), *The State of the European Union ─Risks, Reform, Resistance, and Revival─*(Oxford University Press, 2002).

Offe, Claus, "Gibt es eine europäische Gesellschaft? Kann es sie geben?", 4 *Blätter für deutsche und internationalle Politik*, 2001.

Oliver, P., "Enforcing Community Rights in English Courts", 50 *Modern Law Review*, 1987.

Patterson, C. Perry, "Judicial Review as a Safeguard to Democracy", 29 *Georgetown Law Journal*, 1941.

Prakke, Lucas, "The Kingdom of Spain", in Lucas Prakke and Constantijn Kortmann(eds.), *Constitutional Law of EU 15 Member States*(Kluwer Legal Publisher, 2004).

Preuss, Ulrich K., "Discerning Constitutions from Statehood - Is Global Constitutionalism a Viable Concept?", Petra Dobner and Martin Loughlin(eds.), *The Twilight of Constitutionalism*(Oxford University Press, 2010).

Ritter, Cyril, "A new Look at the Role and Impact of Advocate General-Collectively Individually," 12 *Columbia Journal of European Law*, 2005-2006.

Schmidt, Karsten, "Einheit der Rechtsordnung - Realität? Aufgabe? Illusion?", K. Schmidt(hrsg.), *Vielfalt des Rechts - Einheit der Rechtsordnung?*(Dunker & Humbolt 1994).

Shaw, Jo and Antje Wiener, "The Paradox of the 'European polity'," in Maria Green Cowless and Michael Smith(eds.), *The State of the European Union*(Oxford University Press, 2002).

Steiner, Josephine, "How to Make the Action Suit the Case: Domestic Remedies for Breach of EEC Law," 12 *European Law Review*, 1987.

Timmermans, Christiaan, "The Constitutionalisation of the European Union", 21 *Yearbook European Law*, 2002.

Tridmas, Takis, "The Court of Justice and Judicial Activism," 21 *European Law Review*, 1996.

_____, "The Role of the Advocate General in the development of Community Law: Some Reflections," 34 *Common Market Law Review*, 1997.

Weiler, Joseph, "The Reformation of European Constitutionalism," 35 *Journal of Common Market Studies* 1, 1997.

_____, "The Community System: the Dual Character of Supernationalism" 1 *Yearbook of European Law*, 1981.

Ernest A. Young, "Judicial Activism and Conservative Politics," 73 *University of Colorado Law Review*, 2002.

자 료

1. 국내 자료

김용훈, EU 법제도 개혁의 함의, EU Brief(Yonsei-SERI Centre, 2011.10).

이효원·박명규, 남북한 교류협력에 관한 판례분석, 2010년도 서울대 통일평화
연구원 특별과제 보고서 (2011. 6. 10),

정민경, 유로화의 현재 위기는 재정 동맹의 기회, EU Brief(Yonsei-SERI
Centre, 2011.10).

채형복 역, 리스본 조약(국제환경규제 기업지원센터, 2010).

2. 해외 자료

Beck, Ulrich and Anthony Giddens, Nationalism has now become the Enemy of
Europe's Nations, The Guardian, Oct. 4, 2005.

Foster, Nigel G., Blackstone's Statutes: Legislation 2004/2005, Oxford University
Press(15th eds.).

General Report on the activities of the European Union, 1995(Brussels,

Luxembourg, 1996).

Handbook on the Peaceful Settlement of Dispute between States, §§ 165～167.

Kenner, Jeff(ed.), European Union Legislation 2009-2010(Routledge, 2010).

Komárek, Jan, The Czech Constitutional Court's Second Decision on the Lisbon Treaty of 3 November 2009, 5., *European Constitutional Review* (2009).

Léger, Philipe, The Advocate-General(video from the European Navigation), available at www.ena.lu

Information Note on Reference from National Courts for a Preliminary Ruling, 10 Jud. Rev. 363 2005.

National Bureau of Economic Research(2011.9.). A Fiscal Union for the Euro: Some Lessons from the History.

찾아보기

가

차

타

김용훈

서강대학교 사회과학대학 정치외교학과 졸업(정치학사)
서울대학교 법과대학 법학부 졸업(법학사)
서울대학교 대학원 법학과 졸업(법학석사 및 법학박사)
서울대학교 법학연구소 간행부 편집조교
서울대학교 법학연구소 선임연구원
한국법제연구원 부연구위원
감사원 감사연구원 연구관
이화여자대학교, 국민대학교, 아주대학교, 한국방송통신대학교 강사 역임
현 상명대학교 인문사회과학대학 법학과 전임강사

주요논저

유럽연합의 민주주의 결여 극복 노력의 함의, 원광법학 제27권 제1호, 원광대학교 법학연
　　　구소.
유럽연합의 민주주의와 법치주의, 공법연구 제39집 제4호, 한국공법학회.
북한과의 평화체제 구축방안 - 민족내부거래를 통한 원조방식의 연장선에서 -, 법학연구
　　　제22권 제1호, 충남대학교 법학연구소.
유럽연합의 헌법재판제도, 유럽헌법연구 제9호, 유럽헌법학회.
인권 보장 체제의 특징 - 인권 보장 체제의 보충적 역할을 중심으로 -, 저스티스 통권 제
　　　127호, 한국법학원.
헌법재판에 있어서의 조약 - 국제(통상·인권)법의 국내 실행과 관련한 판례를 중심으로
　　　-, 헌법학연구 제17권 제4호, 한국헌법학회.
유럽연합의 통합 동력으로서의 법치주의 - 유럽회계감사원을 통한 법치주의의 구체화 -,
　　　유럽헌법연구 제10호, 유럽헌법학회.
지방자치단체의 자치권과 감사원 감사 - 지방자치단체와 감사원 간 바람직한 관계 정립
　　　을 중심으로 -, 지방자치법연구 제12권 제1호, 한국지방자치법학회.
모로코의 사법체계, 최신외국법제정보(연속간행물), 한국법제연구원, 2011년 제6호.
EU 법제도 개혁의 함의, EUBrief(EU동향)(연속간행물), 연세-SERI EU CENTRE, 2011.10.

유럽연합의 규범통제제도
- 유럽연합 정체성 평가와 남북한 통합에의 함의 -

초판 인쇄 ‖ 2012년 4월 16일　　　　　　초판 발행 ‖ 2012년 4월 23일

지은이 ‖ 김용훈　　　　　　　　　　　펴낸이 ‖ 한정희
펴낸곳 ‖ 경인문화사　　　　　　　　　주소 ‖ 서울시 마포구 마포동 324-3
전화 ‖ 718-4831　　　　　　　　　　　팩스 ‖ 703-9711
출판등록 ‖ 1973년 11월 8일 제10-18호
홈페이지 ‖ www.kyunginp.co.kr / 한국학서적.kr　이메일 ‖ kyunginp@chol.com
ⓒ경인문화사, 2012
ISBN 978-89-499-0852-6　93360　　　　　값 24,000원
*잘못 만들어진 책은 구입하신 서점에서 교환해 드립니다.